중국의 내셔널리즘

조 영정

지음

2020

사회사상연구원

Chinese
Nationalism

by
Yungjung Joh

Social Idealogy Research Institute Press
Seoul, Republic of Korea

2020

머리말

필자가 대학 다닐 때 아주 참한 후배가 있어서 여자친구를 소개해 주려 하였다. 후배한테 뜻을 물었더니 묻는 순간 즉답으로 거절하였다. 뜻밖이라 이유를 물었더니 자신은 화교여서 한국 여학생을 만날 수 없다는 것이었다. 그리고 자신들은 한국인과 결혼하지 않는다고 했다. 다시 그 이유를 물었더니 피를 섞어서는 안 된다고 했다. 후배의 말은 상당히 인상적이었다. 한족의 자존심을 그대로 느낄 수 있었다. 그런데 2007년 간쑤(甘肅)성 란저우(蘭州)대학 생명과학원 셰샤오둥(謝小東) 교수는 혈통으로 보아 현재 한족은 존재하지 않는다는 연구 결과를 발표하였다. 한족은 이민족 간의 피가 워낙 많이 섞여서 한족 고유의 유전적인 특징을 찾지 못했다는 것이다. 그렇게 피를 소중히 여기는 한족이 그 고유의 피가 없다니 이는 아이러니가 아닐 수 없다.

세상은 얼마나 민중들의 생각과 다르게 흘러가는가? 피가 중요하다고 했지만 사실 중국에서 피는 중요하지 않았고 중요한 것은 영토였다. 수천 년 전제군주가 지배했던 중국에서 전제군주가 원하는 것은 순혈의 사람이 아니라 더 많은 영토였던 것이다. 그래서 힘닿는 대로 그의 지배영역을 확대했고 그 안의 사람들을 가릴 것 없이 자기 백성으로 삼았던 것이다. 피가 중요하다고 한 것은 이렇게 들어온 백성을 동화시켜 국가를 통합하기 위해서였을 뿐이었다.

흔히들 한국인들은 슬픈 민족이라고 한다. 나라가 작아서 외적의 침입을 많이 받아 그렇게 되었다고 한다. 그런데 이는 잘못된 생각이다. 어느 민족이나 다 마찬가지로 슬프고 힘든 과거를 지닌 사람들이다. 중국만 보더라도 중국 사람들의 나라에 대한 고초는 한국에 못지 않다. 사람들은 중국은 대국이어서 침입도 당하지 않고 떵떵거리면서 살아왔을 것이라고 생각하지만, 이는 착각이다. 외적이 들어오면 한국에서는 그냥 보이는 대로 죽이고 휩쓸고 지나가버리고 말았지만, 중국에서는 외적이 들어오면 그 땅에 눌러앉아 수십 년 수백 년 동안 원중국인들을 죽였다. 중원땅에 외적이 들어왔을 때 진정 나라를 사랑하고 충성하는 사람들은 살아남지 못했다. 그러나 중원땅에 나라는 언제나 있었다.

청나라가 중국을 지배하게 되었을 때 수천만의 사람들이 목숨을 잃었다. 역사적인 대학살이었다. 만주족은 자신들의 변발과 옷을 강요하였고, 한족들은 이를 거부하면서 죽었다. 청나라시절 내내 한족 사람들의 꿈은 멸청흥한(滅淸興漢)이었다. 그런데 한족에 의하여 청나라가 망한 지 백 년도 더 지난 2013년, 상하이 국제영화제에서 중국 여배우 쉬자오가 중국의 전통한복 한푸(漢服)를 입고 나왔을 때 사람들은 비난을 퍼부었다. 왜 일본옷을 입고 나왔냐는 것이었다. 사람들은 전통 한복을 일본옷으로 생각한 것이다. 대다수의 사람들은 원래 한족이 입었던 전통의상을 모르는채 자신들이 즐겨입는 호복(胡服) 치파오를 전통 한복이라고 알고 있었던 것이다. 중국의 국부 쑨원만큼 만주족을 미워하고 한(漢)의 회복을 외쳤던 사람도 없다. 그런 그가 즐겨 입었고 지금도 중국 지도자들이 입고 있는 중국인들의 상징적인 옷, 중산복은 만주 사람들의 옷을 이어받은 개량복이었다. 그리고 그의 부인 송미령이 가장 즐겨 입은 옷이 치파오였다. 한족들은 선조들이 목숨을 걸고 거부했던 그러한 옷을 자기 선조들의 옷으로 생각하고 자랑스레 입고 다닌 것이다.

후손들이 이럴 줄 알았으면 그때 그 사람들은 뭣 하러 목숨 바쳐 자신들의 풍속을 지키려 했던가? 헛되이 아까운 생명만 버린 것이다. 그렇다면 한족의 후손들은 왜 한을 회복하지 않았을까? 근대국가의 수립으로 청으로부터 권력을 되찾은 중국의 통치자들에게는 오로지 큰 나라가 중요하였다. 그러기 위해서는 한족의 것을 회복하기보다는 만주족도 감싸면서 여러 민족이 서로 반목하지 않도록 해야 했다. 한족의 것을 찾게 되면 다른 민족들도 자기 것을 찾게 될 것이고, 그렇게 되면 큰 나라가 깨질 수도 있었기 때문이다. 후손들에게는 조상보다 큰 나라가 더 소중했던 것이다. 그래서 후손들은 더 큰 나라를 위해서 자신의 조상들이 지키고 싶었던 것을 조상과 함께 모두 묻어버린 것이다. 중국에서는 이민족이 침략해 들어와 지배해도 중국의 왕조가 되고 중국의 역사가 되며, 지금의 중국 영토가 과거에는 다른 나라의 영토였어도 그 영토 위의 역사가 중국의 역사가 된다. 그래서 지금 중국의 역사에서는 청에 대항해서 싸우다 죽은 명의 장수는 쓸데없이 내전에 참가해서 죽은 장수가 되고, 살수대첩에서 중국군을 수장시킨 을지문덕은 원수가 아니라 중국의 훌륭한 장수로서 칭송의 대상이 되며, 청의 강희제는 영토를 많이 넓혔다 하여 중국인들이 가장 사랑하는 황제 3인 중의 한 사람이다. 이런 상황에서 사람과 나라 간에 혼돈이 생긴다. 주인은 사람이 아니라 나라다.

그래서 중국은 땅은 옛 땅 그대로의 중국땅이지만, 사람은 옛 사람 그대로의 중국인이 아니다. 이같은 중국 사람들은 이스라엘 사람들과 대비된다. 이스라엘은 영토와는 상관없이 민족적인 혈통을 지켜온 반면에, 중국은 민족적인 혈통은 상관없이 영토만 계속 확대해 온 것이다. 이런 면에서 민족이나 왕조에 상관없이 국가로서만 계속 성장하여 온 중국은 민족주의가 아니라 국가를 전제로 하는 내셔널리즘의 의미와 특성을 잘 보여주는 나라이다. 여기서 잠시 사람들에 있어서의 국가의 의미를 생각해 본다.

> 사람은 들풀이요 나라는 바람이라
> 연풍에 섰다가도 강풍 불면 드러눕고
> 훈풍에 컸다 했더니 삭풍 불자 쓸려가네

사람은 들풀이요 나라는 바람이라
실바람에 비켜서고 샛바람에 엎드리고
섬기는 그 마음이야 풀잎만 하겠는가

백성은 들풀이요 나라는 바람이라
폭풍에 찢기어도 섭리로 알라 하니
바람이 없는 데 살고자 하나 그런 곳은 없어라

중국은 특이한 나라이다. 우선 나라의 규모가 워낙 크다. 많은 경우에 그렇듯이 민족을 단위로 국가를 이루는 경우를 상정하면 56개의 국가 분에 해당하는 나라이다. 또 세계 국가들의 평균인구가 약 4천만인 것을 감안하면 14억의 중국은 인구로 보자면 약 35개 국가 분에 해당한다. 이런 나라 중국의 내셔널리즘을 살펴보는 것은 의미 있는 일이다.

내셔널리즘 연구는 서양선진국들에 의하여 주도되고 있다. 그러다 보니 서양학자들이 서양국가를 대상으로 하여 개발한 이론을 비서구지역에서도 그대로 적용하고 있다. 대표적으로 근대주의 이론이다. 중국은 서구국가에 비해 상당히 다른 면이 있다. 우선 동양 국가인 점에서 다르다. 동양의 국가들은 대개 과거 전제적 군주체제였고, 중국 또한 절대권력 황제체제의 오랜 역사를 갖고 있다. 그래서 동양과 서양은 국가 권력에 대한 인식이 다르다. 국가의 최고 권력에 오르는 것에 대하여 서양에서는 국가의 제일공복이라거나 국민의 대표 등과 같은 말을 사용하지만, 동양에서는 천명을 받는다거나 대권을 잡는다 등과 같은 말을 사용한다. 서양에서는 사회가 수평적인 구조이기 때문에 국가의 관리자가 된다는 것은 그 구성원 중의 한 사람으로서 그 일을 맡는다고 생각하지만, 동양에서는 수직적인 구조이기 때문에 국가의 관리자가 된다는 것은 그야말로 통치자가 되는 것으로 생각하는 것이다. 그렇기 때문에 동양인과 서양인은 국가에 대한 인식이 다르고, 이에 따라 국가를 위하는 마음인 내셔널리즘의 구조도 다를 수밖에 없는 것이다. 이러한 문제를 중국을 통하여 검토해 보려 한다.

그리고, 한국인의 입장에서도 중국의 내셔널리즘을 살펴보는 것은 의미 있는 일이다. 한국과 중국은 그 역사의 시작에서부터 함께해온 나라이다. 때로는 친구로서 때로는 원수로서 긴 애증의 세월을 보냈으므로 양국 간의 감정은 복잡하고 미묘하다. 내셔널리즘은 그 나라 사람들의 자기 나라에 대한 마음이다. 중국사람들의 속을 들여다보고 중국사람들이 무엇을 원하고 있는지를 알고, 그래서 중국이 어떤 일을 하려 할지를 알고 이에 미리 대비하는 것이 무엇보다 중요하다. 뿐만 아니라 우리가 국가에 대하여 어떠한 태도를 취해야 할 것인가를 판단하기 위해서는 다른 나라의 사람들은 어떤지를 알 필요가 있다. 우리만 과도하게 국수주의자가 되어서도 안되고, 반대로 과도하게 세계주의자가 되어서도 안 된다. 그래야만 경쟁하는 국제사회에서 한국을 지켜내고 한국을 발전시켜 나갈 수 있다. 그래서 미국의 내셔널리즘, 일본의 내셔널리즘에 이어서 중국의 내셔널리즘을 내게 되었다. 미국, 일본, 중국은 한국 사람들이 잘 알아야 하는 나라들이다. 내셔널리즘을 연구하면서 세계 각국의 내셔널리즘에 내해 집필하게 되었지만, 이 세 나라는 그 나라의 내셔널리즘 자체와 이론적인 측면뿐만 아니라 우리와 연관하여 알아두어야 할 점도 많기에 한국사람들이 유의해서 보아야 할 사항들에도 관심을 놓치지 않았다.

지금 세계정세는 중국 주변으로 큰 소용돌이가 일고 있다. 중국의 기존 세계질서에 대한 도전이 거세고, 이에 대항하는 다른 국가들의 중국에 대한 견제의 기류가 강하게 일고 있다. 중국은 과거 동아시아 세계에서 그랬듯이 지금 이 시기 넓은 세계에서도 중심국가가 되려 하고 있다. 최근에 경제적인 성공을 거둠으로써 중국은 국가의 위상이 크게 높아졌고, 이를 계기로 중국인들의 자부심은 크게 높아져서 이젠 세계의 패권국가가 되겠다는 꿈까지 꾸고 있다. 하지만 중국의 도전에 대해 미국을 비롯한 세계 국가들이 견제에 나서면서 세계는 긴장 국면으로 가고 있다. 이러한 상황에서 중국은 그 앞에 험로를 예고하고 있다. 중국이 험로를 잘 헤쳐 나가서 그 꿈을 실현할 수 있을지 아니면 현재 상황도 유지하지 못하게 될지는 아무도 알 수 없다.

이러한 격랑이 몰아치는 세계 속에 중국에 이웃해 있는 한국에게 밀려오는 파고 또한 높고 거세다. 이에 대비하기 위해서는 우리 한국인들이 현명해져야 한다. 지금 세계에서의 경쟁은 단순히 미사일과 상품의 국제경쟁력에서만의 경쟁이 아니라 지적능력에서의 경쟁이다. 중국을 알고 세계를 알고 시대의 흐름을 잘 알아야 하겠지만 이것만으로 충분한 것은 아니다. 깊이 있는 성찰로 우리의 철학과 신념 속에서 대상을 깊이 있게 이해하고 판단할 수 있어야 한다. 우리가 항해를 잘하려면 바다의 표면보다 물밑의 조류를 잘 알아야 한다. 사람들은 미국에 트럼프가 대통령이 되어서 미국이 보호무역을 한다거나 일본에 아베가 수상이 되어서 일본이 우경화되었다고 한다. 그러면서 대통령이 바뀌면 미국이 바뀌고 수상이 바뀌면 일본이 바뀔 것처럼 말하지만 실상 그렇지 않다. 지식은 체계적이어야 한다. 피상적이고 마구잡이 체제로 지식을 운용한다면 차라리 지식이 없는 것이 더 낫다. 보호무역을 내세울 만한 상황이 미국에 트럼프를 등장시켰고, 우경화된 사회가 일본에 아베를 등장시킨 것이다. 그래서 보호무역을 두고 미국인들의 의식을 알 필요가 있고, 우경화를 두고 이에 근원이 되는 일본인들의 의식을 알아야 한다.

강한 국가가 되기 위한 제1조건은 현명한 국민이다. 이 책은 일반인들이 읽을 수 있는 전문서로서, 학술서이자 교양서이다. 내셔널리즘은 일상적으로 많이 말하지만 학문적으로 잘 다뤄지지 않는다. 대학 강좌에서도 잘 다뤄지지 않는 내셔널리즘이라는 다소 난해한 내용을 주제로 하여 일반 독자들을 대상으로 출판하는 것은 이 책이 국민들이 보다 현명해지는데 작으나마 도움이 될 것이라는 믿음 때문이다.

그간 우리나라에서는 내셔널리즘에 관한 연구가 많지 않았다. 한국에서는 내셔널리즘을 민족주의라고 번역하여 용어에서부터 혼동되는 가운데 내셔널리즘에 대한 논의 자체가 어려웠다. 네이션, 내셔널리즘은 민족, 민족주의가 아니며, 이를 민족, 민족주의라고 해서는 네이션, 내셔널리즘의 논의에 한 발자국도 나아갈 수 없다. 그래서 본서에서는 먼저 이 용어에 대한 문제부터 정리하고 난 이후에 중국의 내셔널리즘에 대하여 논하게 된다. 저자는 내셔널리즘의 이론을 담은 『국인주의 이론』, 『미국의 내셔널리즘』, 『일본의 내셔널리즘』에서 이 용어 문제를 이미 논의한 적 있는데, 본서에서의 용어 설명은 여기서 논의된 내용을 바탕으로 하고 있다.

지식의 발전에 이바지하기 위해서는 문헌의 내용적인 부분은 말할 것도 없고 형식 또한 중요하다. 본서는 그 형식으로서 APA (American Psychological Association) 방식을 따랐다. APA 방식은 사회과학분야에서 가장 일반적으로 사용되는 방식이다. APA 방식은 본문에 인용되는 서지사항을 간략하게 표기하고 그 구체적 서지사항은 참고문헌에서 그대로 확인할 수 있도록 하고 있다. 그래서 이 방식은 간명하고 편리하다.

그런데 APA 방식은 본문 속에 인용정보를 괄호 속에 넣고 있어서 가독성이 떨어지는 단점이 있다. 논문의 경우는 쪽수가 많지 않기 때문에 문제되지 않을 수 있지만, 쪽수가 많은 책의 경우에는 읽는데 부담을 주게 된다. 그런데다 한국문헌에서 이 형식을 사용할 때는 문제가 더 커진다. 한글서적에는 외국 사람이나 지명이 나올 경우, 한글과 함께 괄호 속에 원어도 표기하기 때문에 너무 많은 괄호들로 인하여 가독성은 크게 떨어진다. 또 이 같은 괄호가 사용되는 경우 APA의 형식을 그대로 지키기도 어렵다. 이러한 문제를 해소하기 위하여 APA 방식을 약간 변형하여 본문 중 괄호 속 삽입 부분을 각주 형식으로 표기하였다. 간명한 APA의 장점을 살리면서도 가독성을 높일 수 있도록 한 것이다. 본서가 이 분야에 내용면뿐만 아니라 형식면에서도 새로움을 불어넣었으면 하는 바람이다. 이러한 시도가 한국인의 지식 세계가 더 넓고 깊게 발전하는데 보탬이 되기를 기원한다.

아울러 민족, 인민 등의 용어 문제, 개별 국가의 현실, 국가 간 비교 등에서의 기술이 순수하게 학술적으로 이해되기를 바란다. 객관적이고자 했지만 중국인들의 입장에서 볼 때 생각이 다르거나 비판적인 내용이 있다고 하더라도 학술적으로, 그리고 한국인의 시각에서 서술된 것으로 이해되기를 바란다.

좋은 책을 내고 싶었지만 워낙 천학비재인 탓으로 미흡한 점이 많을 줄 안다. 독자 여러분의 기탄없는 질정을 기대한다. 이 책으로 우리 사회에 지식이 더 늘어나고 단 한 사람이라도 더 현명하게 된다면 저자는 더 이상 바랄 것이 없다.

2020년 10월 1일
한강가에서
조 영정 씀

목 차

제 1 장

1 천하제일

중국은 중앙에 있는 나라라는 것이다. 이는 지리적으로 한가운데 있는 나라를 의미할 뿐만 아니라 중심이 되는 나라라는 의미도 있다. 중국인들은 자신들을 중화라고 부르고 있다. 중화라는 것은 세상의 중심일 뿐만 아니라 가장 빼어나게 우수하기까지 하다는 것이다. 이렇게 중국인들의 우월의식은 스스로 드러낼 만큼 강하며, 이는 중화사상이라는 이름으로 오랜 역사를 두고 흘러내려 왔다.

중화사상은 중국인들의 천하관(天下觀)과 연결되어 있다. 천하는 하늘 아래이니 세상 전부를 의미한다. 중국에서는 천하제일이라는 말을 잘 사용한다. 경치가 좋아도 천하제일, 아름다운 도자기가 있어도 천하제일, 힘센 장수가 있어도 천하제일, … , 자신들이 아는 범위에서 제일이면 이는 곧 온 세상에서 제일이었다. 어떤 의미에서 중국 바깥의 세상은 무시되는 것이다. 그리고 이를 역으로 생각하면 천하제일은 모두 중국에 있어야 한다는 것이 된다. 그래서 중국은 세계 제일을 추구한다. 중국은 다른 나라보다 오래되어야 하고, 커야 하고, 앞서야 하며, 무엇이든 더 우위에 있어야 한다.

중국이라는 나라의 시작과 관련하여 원래 삼황오제의 신화가 있었다. 중국정부는 2002년에서 2005년에 걸쳐 중화문명탐원공정(中華文明探源工程)을[1] 하였다. 이 공정을 통하여 삼황오제의 신화를 역사

---

1 이유진, 2006, p.434~437

적인 사실로 만들어 중국 역사의 시작을 5,000여 년에서 10,000여 년 가량 더 이전으로 끌어올렸다. 원래 세계사에서 중국은 세계 4대문명의 발상지 중의 하나로 알려져 왔다. 그런데 이렇게 역사를 끌어올림으로써 중국문명은 4대문명 중에서도 가장 오래된 문명으로 주장할 수 있게 된 것이다.[2]

지난 세기 중국에 사회주의 사상이 철저했던 때에도 중국의 자랑거리로 내세웠던 것이 세계 최대의 건축물 만리장성, 세계 최대의 궁궐 자금성 등과 같은 것이었다. 만리장성이나 자금성은 인민들의 피와 땀의 노역으로 만들어졌다. 노동자, 농민이 해방되는 세상을 추구하는 것이 사회주의라면 이들이 자랑거리가 될 수 없다. 하지만 중국인들이 좋아하는 세계 최고이기 때문에 이념이나 내용적인 것은 문제가 되지 않는다.

중국의 유적지나 기념시설은 대개 엄청난 규모를 자랑한다. 중국 황제들의 묘역은 수십만 평에 달하는 것도 즐비하다. 진시왕릉은 39년에 걸쳐 만들어졌으며, 이 공사에 동원된 죄수 인원이 70만 명이었다고 한다. 1974년 진시왕릉을 발견하고 그 규모가 워낙 커서 발굴조차 중단하였다. 이러한 것은 과거 전제황제 시대의 전근대적인 유물들이어서 그러려니 해서는 안 된다. 난징에서 가장 풍수가 좋다는 자금산 자락에 너비 6.6km, 길이 7km, 총면적이 약 20km^2 이르는 광대한 부지에 자리 잡고 있는 쑨원의 묘, 중산릉은 그 규모나 위풍이 황제의 능 못지 않다. 그리고 마오쩌둥의 묘 또한 마찬가지다. 천안문광장 마오쩌둥기념관에는 마오쩌둥의 살아생전 모습 그대로 안치해두고 있다. 이들은 워낙 웅대하고 위엄 있게 만들어 놓아서 참배하는 것만으로도 중국의 위인들에 대한 존경심을 갖게 되고, 중국이라는 나라에

---

2 이 내용에 대해서는 제8장 2절, 중국 내셔널리즘의 주요 문제, 역사공정에서 자세히 다루기로 한다.

대한 자부심과 애국심이 생기도록 만들어 놓고 있다.

중국에는 세계 최대 규모의 댐 산샤댐이 있다. 하도 뉴스에 많이 나와 어린아이도 이 댐을 알 정도이다. 뉴스에 많이 등장한 것은 이 거대한 댐의 위용에 대한 것도 있었지만, 이 댐이 무너질지도 모른다는 것이었다. 이 댐을 건설한 것은 효익이 크기 때문이었지만 비용 또한 적지 않다. 이 댐으로 인하여 수몰지역의 거주자나 문화재 등의 이주와 이전에 대한 문제는 말할 것도 없고 지진과 산사태 등으로 피해가 적지 않았다. 그리고 만약 이 댐이 무너진다면 수많은 사람들이 죽고, 4억명이나 되는 인구가 수재를 입게 되는 상황이 발생하는 것으로 알려져 있다. 실제로 중국에서는 1975년 반차오댐 붕괴로 23만명이 사망하기도 하였다. 이와 같은 큰 피해를 가져올 수도 있다는 것을 알면서 댐을 만든다는 것은 중국 말고 다른 나라에서는 쉽지 않은 일이다. 이렇게 거대한 댐이 탄생하게 된 데에는 세계 제일이라는 요인도 작용하지 않았다고 말하기 어려울 것이다.

2019년 현재 세계 최상위 10대 고층빌딩 중 5개가 중국에 있다. 높이 200미터 이상 전세계 초고층 건물 1,478개 중 절반에 가까운 678개가 중국에 있다.[3] 2019년 새로 건설한 200m 이상의 초고층 빌딩 143개 중 61.5%인 88개가 중국에서 지은 것이었다.[4] 2013년 중국 후난성 창사에는 스카이시티(Sky City)라는 220층의 빌딩건립 공사가 착공되었다.[5] 이는 2010년 아랍에미레이트 두바이에서 높이 828m의 세계 최고층 빌딩 부르즈 칼리파(Burj Khalifa)가 완공되자, 중국에서는 이보다 10m 더 높게 하여 838m 높이의 빌딩을 짓겠다는 것이었다. 2014년에 완공되어 현재 세계에서 두번째 높이를 자

---

3 중국이 초고층 빌딩 행진을 멈추기로 했다, 2010
4 하늘 뚫을 기세의 중국 마천루 올해만 88개 지어 세계 최다, 2018
5 세계 최고층 빌딩, 중국에 두바이 보다 높은 220층 높이 건물 세워진다, 2013

랑하는 상하이타워 빌딩은 2019년 현재 128층 중 55개층 이상이 비어 있으며, 2020년 6월에는 공사 하자로 물이 새어 큰 피해가 발생하는 일도 있었다. 2019년 10월, 중국 허베이성 핑산현 홍야구에 위치한 유리다리를 폐쇄하였다. 이 다리는 길이만 488m로 세계에서 가장 긴 다리로서 중국이 자랑하는 다리였다. 이 다리는 2017년 말에 완공되어 사고가 계속 발생하자 채 2년이 못되어서 폐쇄하였다.[6] 보통의 아파트와 같은 건물도 통째로 쓰러지는가 하면 부실공사로 인하여 건물이 무너지는 등 건물 하자가 매우 많은 곳이 중국이다. 건물을 높게 지어서 경제성이 있는 것도 아니다. 고층건물 건축은 건축비 부담을 증가시키고, 공실률 또한 높은 것이 일반적이다. 중국은 땅이 넓어서 고층빌딩이 반드시 그렇게 필요한 것도 아니다. 건설기술이 특별히 좋아서 그런 것도 아니다. 설계나 고급기술 대부분은 유럽의 전문가들에 의존하고 있다. 이런 중국이 고층건물을 많이 짓는 것은 과시욕이 가미되지 않았다고 보기 어렵다.

중국에 경제력이 생기자 건물과 마찬가지로 많은 세계 최고의 시설들을 건설하였다. 그래서 중국은 세계 최고의 다리, 세계 최대의 광장, 세계 최대의 공항 터미널, 세계 최대의 불상 등 최고, 최대를 자랑하고 있다. 이렇게 최고, 최대를 좋아하다 보니 산을 오르는 엘리베이터를 만들어 두고 세계에서 가장 높은 엘리베이터라고 자랑하는가 하면, 세계 최다의 의사, 세계 최다의 병원, 세계 최다의 학교, 세계 최다의 군인, 세계 최대 담배소비 등에 이르기까지 인구가 많으니 자연히 많은 것들까지 최다라고 하고, 심지어 국제 시합만 하면 팬들이 스트레스를 받는 축구에서도 연속 패스를 가장 많이 한 기록을 가진 나

---

6 세계 최장 488m 中 '유리다리'폐쇄, 2019

라가 중국이라고 자랑한다.[7] 이것으로도 성에 차지 않는지, 최다 사형 집행 기록, 최대 탄광 참사, 최대 지진 참사, 최대 홍수 참사 등과 같은 것에 대해서도 중국이 제일이라고 하는 일도 있다.

2012년 중국은 만리장성의 길이가 21,196.18km라고 발표하였다.[8] 이는 기존에 주장하던 8,851.8km를 두배 이상 늘린 것이다. 지구의 둘레가 40,075km이니 만리장성의 길이가 지구 둘레 반도 넘는다는 이야기이다. 장성은 옛날에 좀 과장해서 만리라고 한 것으로 생각할 수 있고, 만리면 4,000km이다. 그간 지도상의 길이는 약 2,700km이지만 기복이 있거나 중첩된 부분을 고려하면 총길이 5,000~6,000km에 달하는 것으로 알려져 왔다. 하지만 과학기술이 발전한 오늘날 조사에 따라 길이가 두배 세배로 늘어난다는 것은 과학의 영역을 벗어난 것이다. 이렇게 새로 늘어난 수치의 만리장성에는 고구려가 쌓은 천리장성도 포함되었다. 천리장성은 고구려의 입장에서 오랑캐인 중국의 침입을 막기 위해서 쌓은 성이다. 중국은 자신들을 막기 위해서 적국이 만든 성도 자신들의 성으로 포함시키고서 만리장성이 중국인들이 북방 오랑캐를 막기 위한 성이라고 말하고 있는 것이다. 중국이 만리장성을 더 늘린 것은 장성을 더 길게 하려는 것뿐만 아니라 고대 중국의 땅을 넓히려는 역사공정의 결과로 나온 것이기도 하다. 하지만 이렇게 과거에 대한 역사에서까지도 중국을 뻥튀기하려는 것, 이것 또한 중국 천하제일에 대한 집착에서 나온 것이다.

중국 쓰저우에는 영국 런던의 상징인 타워브리지가 있다. 중국인들은 이 다리의 웅장함이 런던의 타워브리지를 능가한다면서 자랑거리로 삼고 있다. 타워브리지뿐만 아니라 중국은 나라안에 세계 각지의

---

7 2002년 5월, 홍콩 칭이에서 열린 맥도날드 유소년 축구대회에서 연속적으로 557회의 패스를 하였다고 해서 세계 최고라고 한다.
8 China's Great Wall is 'longer than previously thought', 2012

명물들에 대한 모조품을 다 만들어 놓고 있다. 저장성 항저우 외곽 티엔두청에는 에펠탑, 허베이에는 스핑크스, 톈진에는 피사의 사탑, 쑤저우에는 개선문 등 세계 각지의 유명 건축물들을 똑같이 만들어 놓고 있다. 이것은 무슨 심리인가? 중국의 우월성을 과시하기 위한 것이다. 고대로부터 중국은 정복한 나라의 궁전 건물을 중국에 똑같이 지어 중국의 지배적인 위치를 확인하는 풍습이 있었다. 그리고 또 다르게 해석하자면 세계의 좋은 것들은 모두 중국에 있으니 굳이 그곳에 가지 말고 중국에서 보라는 것이다. 그리고 최근에는 창의적인 모조품까지 등장하였다. 2007년 4월, 중국 정저우에 산 하나를 통째로 깎고 다듬고 돌을 쌓아 중국 전설상의 황제인 염제와 황제의 얼굴을 엄청나게 크게 만들어 놓았다. 이 석상은 스핑크스나 미국의 러쉬모어산(Mountain Rushmore)의 미국 건국 대통령 조각상을 연상케 하는 그러한 형태로 만들어 놓은 것이다. 이 석상은 그 높이가 106m로 규모면에서 세계 최대를 자랑하고 있다.

이렇게 웅장하고 위대한 중국을 보여주는데 있어서 군사 퍼레이드나 대규모 매스게임과 같은 것을 빼놓을 수 없다. 중국은 10월 1일 건국절이나, 9월 3일 전승절 같은 날에는 군사 퍼레이드를 한다. 중국군의 강력하고 새로운 무기와 함께 훈련되고 용맹스러운 중국군의 모습을 드러내 보이는 것이다. 이로써 중국이 강한 힘을 가진 나라임을 다른 나라들에 보여줄 뿐만 아니라 중국인들에게 자신들이 최강의 힘을 가진 국가의 국민이라는 긍지와 자부심을 심어주는 것이다. 2019년 10월 1일, 70주년 건국절 행사에서도 천안문광장에서 80여분에 걸친 군사퍼레이드가 있었다. 시진핑 주석의 축사에 이어서 59개의 각기 다른 병과의 1만 5000명의 장병과 580여 단위의 무기들이 거리를 행진하며, 160개의 군용기와 각종 신무기들을 선보였다. 이 행사에 참가한 미국의 한 군사전문가는 역사적인 세계 최대규모의 군사퍼레이

드였으며, 매우 인상적이었다고 평하였다.[9] 행사장에 나온 많은 관중들은 국기를 흔들며 열광하였다. 어떤 이는 인터뷰에서 중국이 이렇게 강하다는 것을 느끼면서 앞날에 희망과 신뢰를 갖는다고 하였다. 또 어떤 이는 강한 조국의 건설에 지금 자신이 참여하고 있다고 생각하니 가슴이 벅차다고 하였다. 또 한 여성은 행사를 보기 위하여 새벽 1시에 집을 나왔으며, 이 날은 모든 중국인이 기억해야 할 날로 이런 날은 24시간 잠을 안 자도 좋다고 하였다. 이날 온라인 공간에는 신형 무기에 대한 사진과 중국에 대한 애착과 귀속감을 표현하는 글과 그림으로 채워져 있었다. 외신기자는 중국 국민들이 보여준 강한 애국심이 매우 인상적이었다고 말하였다.[10]

과거에는 중국에서 제일인 것이 곧바로 천하제일이었다. 세계를 다 돌아보지 않고도 중국에서 제일인 것은 당연히 세계에서 제일이었던 것이다. 오늘날에도 중국인들의 마음속에는 여전히 그렇다. 그래서 현실에서도 그래야 하기 때문에 중국인들은 무엇이든 세계 제일을 만들려고 하는 것이다. 중국인들은 자신의 정체성에서 국가의 비중이 크다. 보통 사람들은 자신이 소속한 국가, 종교, 문화, 민족, 지역공동체 등을 그 범주의 요소로 하여 정체성을 갖는다. 그런데 중국은 종교가 없고, 민족적인 정체성도 억누르고, 문화는 획일화되고 있는 가운데, 전체주의 정치체제로서 국가를 강조하고 있기 때문에 사람들의 의식속에 국가가 차지하는 영역이 그만큼 클 수밖에 없다. 이렇게 중국인들의 마음속에는 세계 제일의 국가 중국에 대한 내셔널리즘이 강하게 작동하고 있는 것이다.

---

9 Daigle, 2019
10 Sheng & Siqi, 2019

2 거대국가 우월의식

중화의 우월주의는 어디에서 나오는가? 그것은 바로 거대국가에서 나온다. 일찍이 중국은 동아시아의 단절된 공간 가운데에 위치하여 주변의 나라들에 비하여 큰 국가를 형성할 수 있었다. 큰 국가로서 더 강한 힘을 가졌기 때문에 이 지역 주변의 국가들도 이 국가를 존중하여 중국이라고 불러준 것이다. 그리고 주변 국가들이 불러준 또 하나의 이름은 대국이었다.

1902년 량치차오는 중국학술사상의 변천과 대세(中國學術思想變遷之大勢)라는 글에서 다음과 같이 적고 있다.

> 오대주 중에서 가장 큰 주에 있고, 그 주에서 가장 큰 나라는 누구인가? 바로 우리 중화이다. 인구가 전세계 인구의 삼분의 일을 점하는 자가 누구인가? 바로 우리 중화이다. 4천여 년 동안 역사가 중단되지 않은 자가 누구인가? 바로 우리 중화이다.

청나라 말기 나라가 쇠할 대로 쇠한 상태에서도 중국인들은 그들의 국가적인 자존심을 세우고 있고, 그리고 그 주요 근거는 대국이라는 것이다. 그로부터 120여년이 지난 2020년 1월, 스웨덴 주재 중국 대사 구이충유(桂从友)는 스웨덴 방송 SVT와의 인터뷰에서 언론이 중국에 대한 비판적인 보도를 하는 스웨덴에 못마땅한 기색을 드러내며, "48kg의 라이트급 권투선수가 86kg의 헤비급에게 도발하는 것과 같다면서 몸조심할 것"을 경고하였다.[11] 그리고 2020년 7월 17일, 화춘잉(華春瑩) 중국 외교부 대변인은 정례브리핑에서 미국이 중국 공산당원 가족의 미국 입국을 금지하는 방안을 검토하는 것에 대하여 "이는 세계인구의 5분의 1을 차지하는 14억 중국 인민에 맞서는 것"이라고

---

11 Sweden summons Chinese envoy over lightweight boxer remark, 2020

비난하였다.[12]

량치차오 시대로부터 120여년이 지난 오늘날에도 가장 먼저 중국이 내세우는 것은 자국의 덩치, 자국의 인구임을 보게 된다. 이렇게 중국인들의 우월의식은 큰 집단으로서의 우월의식이다. 모든 생물은 자기집단의 수를 의식한다. 큰 집단 속에 있는 개체들은 그만큼 자신이 안전하다고 생각한다. 전장의 병사들이 가장 먼저 의식하는 것이 아군과 적군의 수다. 아군의 수가 많을 때 훨씬 더 안도하게 되고 용기를 갖게 된다. 그래서 아군의 수가 많음을 보이기 위하여 더 큰 함성을 지르고, 많은 깃발을 펄럭이기도 하고, 횟가루를 강물에 풀어 많은 군량미를 씻은 것처럼 하는 위장전술을 쓰기도 한다. 집단괴롭힘(bullying)도 소수를 대하는 다수의 행태에서 일어난다. 사람이든 동물이든 다수의 세력을 업고 있을 때 자신감이 생기게 된다. 자신이 큰 집단에 있다는 것은 안도를 갖는 것은 기본이고, 더 나아가서 으스대고, 경우에 따라서는 힘을 행사하고 싶은 충동까지 생기는 것이다.

대국은 소국에 비하여 유리한 점이 많다. 전쟁이 일어나면 많은 병사를 동원할 수 있는 대국이 유리하겠지만 전시가 아니더라도 대국은 유리한 점이 많다. 치열하게 이익을 다투는 국제경제에서 대국은 큰 시장과 생산공급 능력을 갖고 있기 때문에 언제든지 이를 활용하여 소국에게 힘을 행사할 수 있다.

2019년 11월 11일, 중국 알리바바의 글로벌 쇼핑이벤트 광군제에서 단 하루의 매출액이 약 45조원이었는데,[13] 이는 2019년 한국 전체의 연간 인터넷쇼핑 매출액 47조 9천억원에[14] 맞먹는 수치이다. 이렇게 많은 양의 제품을 사줄 수 있는 중국은 어느 나라 어느 기업이든

---

12 또 트럼프 도발하는 중국 … "14억인민에 맞설 생각 하지 마라", 2020
13 45兆 역대급 기록 쓴 광군제 … '명품 조연' 韓 기업은? 2019
14 통계청, 2019

탐내는 시장이 아닐 수 없다. 이 시장을 이용하려거든 중국정부의 눈치를 보아야 한다. 한동안 서방세계의 회사들은 중국정부의 인터넷 보안심사를 거부해왔다. 인터넷 내용검열의 성격을 갖고 있기 때문이다. 하지만 2014년 12월 6일, 애플의 CEO 팀쿡(Tim Cook)은 아이폰, 아이패드, 맥 등 애플 제품에 대하여 중국정부의 인터넷 안전심사를 받을 것이며, 중국의 안보유지에 적극적으로 협조하겠다고 나섰다. 애플은 그해 4분기 아이폰 매출비중이 미국은 29%인 반면 중국은 35%로서 그 판매량에서 중국이 미국을 추월하자 중국정부에 순응하고 싶게 된 것이다. 이후에도 애플은 중국에 대해 계속 저자세를 취하게 된다. 2019년 10월 10일, 애플은 중국정부를 위하여 실시간 지도 앱 홍콩맵라이브를 앱스토어에서 삭제하였다. 홍콩시위에서 홍콩시위대가 경찰의 움직임을 파악하기 위해 애플의 지도를 사용하는 것을 알고 중국 공산당기관지 인민일보가 '애플은 홍콩 폭도들이 더 많은 폭력에 개입하도록 돕고 있는가? 라는 제목의 논평을 내자. 논평이 나온 지 하루 만에 애플은 문제의 지도를 없애버린 것이다.[15]

또, 중국의 경제적 부상으로 많은 중국인들이 중국 바깥으로 관광을 나가게 되었고, 이에 따라 세계는 중국관광객 특수를 누리게 되었다. 중국인들의 물품구매와 관련하여 한국에서는 싹쓸이 쇼핑, 일본에서는 바쿠가이(暴買)와 같은 신조어도 생겨나게 되었다. 중국인들이 일제히 몰려가서 물건을 다 사버리니 판매자는 몇 날 며칠을 두고 해야 할 일을 한 순간에 끝내는 것이다. 이렇게 되다 보니 세계 각지의 판매자들은 큰 손인 중국인들을 유치하려고 노력하게 된다. 중국인들을 환대하고 중국인들의 취향과 편의를 고려한 면세점을 만들고 관광지를 조성하였다. 이렇게 되자 중국인들로서는 "우리가 가면 너희들

---

15 '중에 굴복'한 애플? 이번이 처음 아니다, 2019

물건 다 팔아 줄 수 있어", "우리는 너희들을 구제해 줄 수 있어"하는 심리를 갖게 되었다. 그리고 이에 더 나아가서 중국인들의 비위를 거슬리게 하는 곳에 대해서는 "그래, 그렇다면 혼 좀 나봐", "우리는 너희들 물건 안 살 거야."혹은 "너희들에게 관광객 안 보낼 거야."와 같은 생각을 갖게 되었다. 대국의 다수의 이점을 활용하고 이를 즐기는 것이다. 그래서 중국 구매자와 관광객들이 몰려올 때 환호했던 사람들은 중국의 위세를 감내하지 않으면 안 되었다. 자국과 이해관계가 발생할 때마다 중국은 상대국을 굴복시키는데 이렇게 큰 손의 힘을 행사하였다.

2020년 중국은 호주유학을 제한하는 조치를 취하였다. 호주가 외환을 벌어들이는 주요 수입원 중의 하나는 외국 학생들에 대한 교육이다. 2019년 호주교육부에 따르면 호주 고등교육 외국인학생 중 37.7%가 중국에서 온 학생들이다.[16] 그런데 코로나 바이러스와 관련하여 호주총리가 이것이 어디서 시작됐는지 조사를 해야 한다고 하자 중국이 호주유학을 제한하는 조치를 취한 것이다. 이와 함께 중국은 호주산 쇠고기 수입을 부분적으로 중단하고, 호주산 보리에 최대 80%의 징벌관세를 부과하였다. 또 캐나다정부가 2018년 미국의 이란제재 위반혐의로 화웨이 창업자 런정페이의 딸 멍완저우 부회장을 연금하자 중국정부는 캐나다산 카놀라유, 돼지고기, 쇠고기, 목재 등 주요 품목의 수입을 중단하는 조치를 단행했다.[17]이들 나라 외에도 한국, 일본을 비롯하여 중국에 보복 공격을 당한 나라가 한둘이 아니다. 중국은 경제적인 보복과 이익제공으로 다른 나라를 중국의 이해에 맞게 행동하도록 길들이기 하는 것을 당연한 것으로 생각한다. 중국이 하도 자주 경제적 보복조치를 하게 되자 국제사회에서는 차이나 불링

---

16 Needham, 2020
17 美 의존 줄이려 中에 밀착한 '파이브아이즈'의 후회, 2020

(China bullying)이라는 용어가[18] 생겨나게 된다.

큰 나라는 이렇게 힘을 가진다. 사실 지금의 중국은 단지 세계의 큰 나라 중의 하나일 뿐이다. 지금 중국이 세계 최강의 국가가 아닌 데도 이런데, 세계가 하나로 연결되기 이전 동아시아의 울타리 안에서 동아시아가 세계의 전부였던 때, 중국이 절대적인 위치에 있던 시절에는 중국의 위력 행사가 어떠했겠는가? 대국으로서의 힘의 행사는 중국인들이 오래전부터 해오던 방식이다. 옛날 한국에서는 중국을 대국으로 불러왔다. 그리고 대국인보다는 대국놈이 더 친숙한 용어이다. 이러한 대국으로서의 호칭은 오늘날 중국이 하는 것과 마찬가지로 위세를 부렸고, 상대가 자발적으로 불러주는 것이기 보다는 강요에 의한 것이었기 때문에 한국에서는 중국인을 대국인이라고 부르기도 하였지만 대국놈이라고 부르는 경우가 많았던 것이다.

그렇다면 중국은 어떻게 거대국가가 되었는가? 지금 아시아 구대륙에서 중국만 비정상적으로 큰 영토를 가지고 있다. 그 인구가 약 14억명이고, 그 인구의 절대다수는 한족으로 세계 한족의 인구는 약 13억에 이른다. 먼저 중국은 왜 그리 영토가 넓은가? 중국 바깥지역에 대한 침략으로 끊임없이 영토를 넓혀왔기 때문이다. 중국의 동북쪽만 보더라도 중국과 이웃한 한국을 두고 그 경계를 보면 시간이 갈수록 한국땅은 줄어들고 중국 땅은 늘어났다. 중국이 북방경계선으로 쌓았던 만리장성이 지금은 중국땅 한참 안쪽에 있는 것만 보더라도 중국이 바깥으로 영토를 넓혀온 것을 알 수 있다. 중국인들이 가장 존경하는 인물 중의 한 사람이 당태종인데, 그가 넓은 땅의 통일된 중국을 후세에 물려주었기 때문이다. 2013년 4월 1일, 중국의 언론매체 인민망은

---

18 이에 대한 연구도 나오고 있는데 포스코 경영연구원의 남대엽, 박용삼 (2018)은 차이나불링에 대응하는 상대국가의 유형을 백기투항형, 읍소무마형, 정면대응형, 와 신상담형의 네개로 나누고 있다.

중국인들이 사랑하는 황제로 한 무제, 당 태종, 청 강희제를 들고 있다. 한결같이 중국의 영토를 넓힌 사람들이다.[19]

중국은 영토에 집착하기로 유명하다. 중국은 아주 작은 땅도 절대 양보하려 하지 않으며, 사소하게라도 자국과의 연고가 있으면 이를 빌미로 자국의 영토로 만들어 나가려 한다. 그러다 보니 중국과 국경을 맞대고 있는 국가치고 중국과 국경분쟁을 겪지 않는 나라가 거의 없다. 1969년 중소 국경분쟁도 우수리강 안에 있는 작은 섬 진바오 섬(珍寶島)에 대한 영유권 문제였고, 결국 이 섬을 중국 영토로 만들었다. 부자가 되는 데는 부에 대한 집요함에 있어야 하듯이 대국이 되는 데는 영토에 대한 집요함이 필요하다. 오늘날의 중국의 광대한 영토는 중국의 영토에 대한 집요함을 그 결과로써 말해주고 있는 것이다.

다음으로 중국은 왜 그렇게 인구가 많은가? 세계의 수백 민족 중에서 유독 한족은 그 숫자가 많다. 한족은 왜 그렇게 인구가 많은가? 생산력이 높아서라고 대답하는 사람은 없을 것이다. 이유는 간단하다. 이민족에 대한 흡수와 동화 때문이었다. 2007년 간쑤(甘肅)성 란저우(蘭州)대학 생명과학학원 셰샤오둥(謝小東) 교수는 한족의 혈통에 대한 연구결과를 발표하였는데, 그는 혈통으로 보아 한족은 존재하지 않는다고 주장하였다.[20] 한족이라고 하는 사람들의 유전적인 공통적인 특징을 찾지 못했다는 것이다. 한족은 워낙 많은 민족들의 집합으로 구성되어 있어서 고유한 특징이 없는 것이다. 크게 보더라도 중국은 난링·우이산맥을 경계로 북방계의 사람들과 남방계의 사람들이 신체외형에서부터 다르다. 중국은 말에 있어서도 같은 중국어를 사용한다고 해도 지방마다 소통이 어려울 정도로 다른 곳이 많다. 그런데도 모두 한족이라고 하는 것이다.

---

19 중국인들이 사랑하는 황제들, 2013
20 중국에 한족은 없다, 2007

천자는 만물을 지배하고 모든 사람을 통치한다는 명분 하에 중국은 긴 세월을 두고 끊임없이 주변지역으로 그 영역을 확대하여 민족에 상관없이 지배만 할 수 있으면 누구라도 백성으로 삼았다. 여기에 이민족이 들어와서 지배를 당해도 이를 중국이라고 하여 이민족의 영역까지도 보태어 중국의 영역을 확대해 왔다. 이렇게 하여 한족의 숫자가 많아지자 한족은 어떤 민족보다 인구가 많았으므로 이민족지배 하에서도 시간이 흐르다 보면 이민족이 한족에 동화되어 지배하던 민족은 사라지고 지배를 당한 한족만 남게 되었던 것이다.

지금도 중국은 중국 내 민족들에 대하여 매우 강한 동화정책을 행하고 있다. 표면상으로는 이민족을 존중하고 보호한다고 하지만 실제에 있어서는 소수민족지역에 한족을 유입시키는 등 드러나지 않는 다양한 조치들로 동화시켜나가고 있다. 중화인민공화국이 들어서고 1953년 처음으로 민족별 인구조사를 하였을 때 400개 이상의 민족들이 조사되었으나, 이중 41개 민족만을 인정하여 기록에 올렸다. 1964년의 인구센서스에서도 183개의 민족이 조사되었으나, 정부는 53개 민족만을 인정하였다. 그리고 1990년 센서스에서는 55개 소수민족을 인정하였고, 75만명에 대해서는 민족적으로 미확인자로 분류하였다. 그리고 이러한 민족 미확인자는 2010년에 와서는 64만명으로 줄었다.[21] 그래서 중화인민공화국에서 처음 민족별 인구를 조사할 때부터 소수민족수는 실제보다 크게 축소된 것이었다. 그리고 세계 어느 곳이나 국가적으로 강하게 동화정책을 쓰지 않는다고 하더라도 소수민족은 시간이 갈수록 점차 축소 소멸되는 것이 일반적이다. 개개인의 입장에서 소수민족으로 살아가기에 너무 어려워 결국 주류민족에 합류하게 되기 때문이다.

그리고 이러한 동화에는 한족 우월의식이 큰 역할을 하였다. 한족

---

21 World Directory of Minorities and Indigenous Peoples-China, 2017

은 우월의식이 있기 때문에 항상 한족으로 남는다. 그리고 한족은 우월의식이 있기 때문에 다른 민족을 차별하고 멸시한다. 그래서 한족 가까이에 살아가는 이민족 사람들은 차별 속에서 살아가는 것이 너무 힘들기 때문에 한족으로 편입하게 된다. 이러한 일은 한족이 세력을 가지면서 시작되었고, 한족으로 편입되는 사람들이 많아지면서 한족은 규모가 커지고, 이와 함께 우월의식도 더욱 커지면서 한족의 인구는 눈덩이처럼 불어나게 된 것이다.

중국인의 우월의식은 바로 중화사상이다. 오랜 역사 동안 중국인들이 생각해온 중국은 세상의 중심에 있는 나라이자 세상을 지배하는 나라였다. 그리고 중국인들은 스스로 중화라 하여 자신들만이 앞선 문명을 가진 사람들이자 사람다운 사람들이었다. 이러한 생각은 수천 년에 걸쳐 내려오면서 중국인들의 의식 속에 깊게 자리 잡고 있다. 이렇게 강한 우월의식을 가진 중국인들이 강한 차별의식을 갖는 것은 당연한 일이었다. 중국인은 사람으로서 중화였고, 주변 국가의 사람들은 짐승과 벌레에 불과하였다. 그리고 이는 세상의 질서를 수직적으로 설정하는 동아시아문화 속에서 불평등관계를 당연시하는 가운데 중국은 만국의 중심이고, 위에서 군림하는 지배적 위치에 있는 나라라는 중국인들의 전통적인 세계관과 함께 하고 있다. 중국은 유일무이한 천조국(天朝國)으로서 주변국가들에게 자국을 섬기기를 요구하였다. 지금의 선진국이라고 하는 서양국가들조차도 중국에 있어서는 오랑캐에 불과하였다. 사실 지금도 중국인들은 내심으로는 서양문명의 우위를 인정하지 않으려 한다. 인정한다고 해도 15세기까지만 하더라도 중국문명이 서양문명보다 훨씬 앞서있었다고 하면서 대수롭지 않게 여긴다. 그래서 중국인들은 지금도 세계 최고의 역사와 문명을 가졌던 사람들의 후손이고, 자신들은 세상의 장삼이사(張三李四)가 아닌 특별한 사람들로 생각한다.

중국인들은 이러한 우월의식과 많은 사람수에서 나오는 자신감으로 다른 나라를 대수롭지 않게 여긴다. 2016년 10월 7일, 경기도 옹진군 소청도 남서방 76km 해상에서 중국의 불법어선이 한국 해경의 고속단정을 들이받아 침몰시키고 도주하였다. 다행히 탑승했던 해경대원은 가까스로 구조되었다. 사건은 한국 영해에 들어와 불법으로 고기를 잡던 중국 어선을 단속하는 과정에서 일어났다. 중국 어선은 40여 척이고 한국의 단속선은 2척이었다. 중국 어선들은 한국 단속선을 에워싸고 그중 한 척이 전력으로 질주하여 고속선을 들이받아 침몰시켰다. 그리고는 모두 유유히 자국으로 돌아갔다.[22] 중국인들의 떼거리 폭거는 이미 널리 알려져 있다. 중국 어선들의 한국 영해에서의 불법조업은 상시화되었고, 이로 인한 사고도 수없이 많이 일어났다. 2008년 9월, 한국 해경 1명이 불법어업 단속을 하다 중국 선원의 흉기에 맞아 숨지고, 2011년 12월에도 한국 해경 1명이 중국 선원의 흉기에 맞아 숨졌다. 이와 같은 중국인들의 불법어로활동과 폭행으로 다친 사람은 부지기수이고 피해 또한 말할 수 없을 정도이다.

중국하면 인해전술이다. 중국은 인구가 많으니 어민도 많다. 중국 어민들은 대규모 선단을 형성하여 한국의 영해뿐 아니라 고기철 따라 세계 전역을 누비면서 싹쓸이를 한다. 중국의 어획량은 전세계 어획량의 30%이상을 점하고 있다. 이러한 중국인들의 어로활동은 현지 어민들에 피해를 줄 뿐만 아니라 어류 생태계조차 위협하고 있다. 이러다 보니 인근의 한국, 일본, 동남아에서부터 남미의 아르헨티나, 에콰도르, 아프리카의 남아프리카공화국에 이르기까지 중국의 불법어업활동으로 골머리를 앓고 있다. 하지만 정작 중국정부나 중국인들은 별로 신경 쓰지 않는다.

세계 어디에 가든지 중국인 없는 곳은 없다. 중국은 해외의 화교인

---

22 불법조업 중국어선, 해경 고속단정 침몰시키고 도주, 2016

구만 하더라도 거의 5,000만에 이르러 이들만의 인구로도 국가로 치면 세계 30위권 안에 들어간다. 세계 각지에 나가 있는 화교들은 중국인들만의 공동체를 이루면서 살아간다. 해외 어디든지 큰 도시에는 차이나 타운(China town)이 있고, 차이나 마켓(China market)이 있다. 중국인들끼리는 중국말을 하고 자녀들에게도 중국 말과 관습을 교육하면서 중국의 문화를 간직하며 중국인으로서의 정체성을 잃지 않는다.

중국인들은 세계 어느 나라에 가든지 현지국 사람들에게 별로 신경 쓰지 않은 편이다. 해외에 관광을 나가는 중국인들은 해외에 관광을 나가서도 자신들의 방식대로 하고, 하고 싶은 대로 하는 경우가 많다. 세계 사람들의 집단 중에서 우리가 가장 크기 때문에 우리가 중심이 되고 표준이 되어야 한다는 생각을 한다. 중국이 세계의 중심이고 세계의 표준인데 중심이 아니고 표준이 아닌 사람들에 맞춰줄 필요가 없다는 것이다. 다르게는 나는 대국의 국민이고 내 뒤에는 내 편이 많다는 생각을 하고 있는 것이다.

2020년 10월 7일, 미국의 비영리단체 코리아 소사이어티로부터 밴플리트 상을 받은 방탄소년단(BTS)은 수상소감에서 "올해는 한국전쟁 70주년으로 우리는 양국이 함께 겪었던 고난의 역사와 많은 남성과 여성의 희생을 영원히 기억해야 한다"라고 말했다. 이 소식을 들은 중국의 누리꾼들은 방탄소년단이 항미원조의 역사를 알지 못한 채 전쟁에서 희생된 중국군인을 존중하지 않고 중국을 모욕했다고 비난했다. 중국에서는 6.25동란을 중국이 북한을 도와 미국 제국주의의 침략에 대항하여 싸워 이긴 의롭고도 정의로운 전쟁이라고 하고 있기 때문이다. 중국인들은 우리가 방탄소년단에게 그렇게 많은 돈을 줬는데 이게 뭐냐며 아우성쳤다. 중국 내에서 방탄소년단의 입장에서는 그럴 수 있지 않겠느냐는 방탄소년단을 지지하는 듯한 글을 올린 어느 누리꾼은 다른 누리꾼들이 중국군 선열을 모독했다 하여 처벌을 요구하는 바람에 그의 계정은 삭제되고 그는 사과문까지 올렸다.[23] 중국에 방탄소년단 후원사들의 불매운동의 움직임이 보이기 시작하자, 삼성전자, 현대자동차, 휠라, 바디프랜드 등 중국에서 활동을 하는 기업들은 중국 내 홈페이지 및 오프라인 매장에서 방탄소년단 관련 홍보물을 삭제하였다.

이 사건은 세상의 기준을 중국에다 맞추라는 중국인의 생각을 보여주고 있다. 한국인들의 생각까지도 중국인의 입장에서 거슬리면 허용될 수 없다는 것이다. 한국전에 대한 판단은 누가 하는가? 우리 중국인이 하겠다는 것이다. 왜냐? 우리가 숫자가 많기 때문에. 우리는 한국인보다 숫자가 더 많고 한국에서보다 돈을 더 많이 벌어줄 수 있다. 돈을 더 벌려면 우리의 기준에 맞추어라. 우리에게 맞추기 싫다면 그만한 대가를 치르게 것이고 결국 손해보는 것은 너희들이라는 것이다. 이렇게 돈과 다수결로 하여 중국은 이미 상당 부분 세상을 지배하고 있다.

여기서 문제는 중국사람들이 방탄소년단을 좋아하지만 방탄소년단은 과거 중국과 싸웠던 나라의 사람이라는 점에서 시작된다. 싸우던 옛날은 지나가고 평화를 찾아 서로 교류하게 되어 방탄소년단을 좋아할 수 있게도 된 것이다. 그렇다면 지금 시점에서 옛날의 기억은 좀 접어둘 수도 있다. 또 중국에서 돈을 많이 벌어준다고 하여 방탄소년단 자신의 정체성을 버리라고 하는 것은 과한 요구임을 중국인들이라고 모를리 없다. 그럼에도 불구하고 그러는 것은 중국에 대한 생각이 방탄소년단보다 몇배 더 크기 때문이다. 여기에 문제가 있다. 그 정도로 자국에 대한 생각이 크다면 외국의 가수를 좋아한다는 것이 갈등을

---

23 중국 누리꾼 'BTS 발언 지지했다가'…계정삭제에 사과까지, 2020

야기하는 일이 되는 것이며, 이는 곧 국제화된 사회를 살기 어렵다는 것이다. 시대에 맞게 국제화된 사회를 살기 위해서는 국가적인 차원에만 맞추어져 있던 사고의 촛점을 국제적인 차원으로 분산시켜 균형을 유지하는 것이 필요하다. 그런데 현재 중국은 그것이 쉽지 않다. 그러기 위해서는 다른 나라에 대하여 어느 정도는 우리 나라와 다르지 않다고 생각하거나 평화롭게 함께하는 일원으로 생각하여야 하지만 중국은 자국을 매우 앞세우는 데다 국가 간의 관계를 적대적이거나 경쟁적인 관계로 보는 쪽에 치우쳐 있기 때문이다.

3 중국은 지금 전쟁 중

> 일어나라,
> 노예가 되기 원치 않는 사람들아!
> 우리의 피와 살로 우리의 새 장성을 쌓자!
> 중화민족에 닥친 가장 위험한 시기에
> 억압에 못 견딘 사람들의 최후의 함성
> 일어나라! 일어나라! 일어나라!
> 우리 모두 한마음 되어
> 적의 포화를 무릅쓰고 전진!
> 적의 포화를 무릅쓰고 전진!
> 전진! 전진! 전진!

이는 중국의 국가이다. 이 노래는 원래 항일투쟁기인 1935년에 나온 영화 "풍운의 자녀들(風雲兒女)"의 주제가였다.[24] 이 영화는 일본에

---

24 중국 국가는 1935년 전한(田漢)이 작사하고, 섭이(攝耳)가 작곡하였다. 1949년 9월 27일, 중국인민정치협상회의(中國人民政治協商會議)에서 중화인민공화국 국가로 결정되었고, 1982년 12월 4일, 전국인민대표대회(全國人民代表大會)를 통해 중화인민공화국 정식국가로 결정되었다.

맞서 싸우는 중국 인민들의 투쟁의지를 북돋우는 내용이었고, 그래서 이 노래의 가사는 보는 대로 전투적이고 역동적이며 절박하다.

이 같은 국가를 일상으로 부르는 중국인들은 전장의 전사들과 다름없다. 이렇게 볼 때 오늘의 세계에서 전시가 아닌데도 전시처럼 살아가는 중국인들 같이 국가라는 짐을 무겁게 지고 사는 사람들은 그리 많지 않을 것이다. 물론 전투의 상황을 국가 가사 내용으로 하고 있는 나라는 중국만이 아니다. 미국의 국가가 그렇고, 프랑스의 국가 또한 그렇다. 하지만 이들 국가의 가사가 먼 옛날 국가 수립 당시의 이념과 정신을 되새기는 것으로서의 의미를 갖고 있을 뿐이지만, 중국 국가는 중국인들이 살아가고 있는 현재 상황 그대로 현실적이라는 점에서 차이가 있다.

2012년 중국 하이난의 한 청년은 중일전쟁이 나게 되면 일본이 이길 것이라고 말했다가 다른 사람에 의하여 찔려 죽었다.[25] 당시 중국과 일본 간에 댜오위다오(센카쿠열도) 영토분쟁 문제가 생기자 중국인들이 보인 반일감정은 격렬했다. 중국 도처에서 시위가 일어났다. 중국 내 일본 상품이나 기업은 말할 것도 없고 이를 사용한 중국인들도 공격을 당하였다. 그리고 2018년 미국과 무역마찰이 일어났을 때 중국 사람들은 이를 항미결사항전이라고 하였다. 중국 언론매체들은 미국의 행위는 중국의 발전을 저해하려는 시도로서 이는 반드시 실패할 것이며, 중국이 더는 과거 누구나 마음대로 괴롭히던 그런 나라가 아니라고 성토하였다.[26] 2020년 3월 22일, 중국 랴오닝성 선양에서 양마마죽집이라는 유명 죽 체인점에서는 "미국의 코로나19 발생을 열렬히 축하하고, 일본의 감염이 순조롭게 진행되어 영원히 이어지길 기원

---

25 Briefs, 2012
26 미중 무역전쟁, 중국은 과거 누구나 마음대로 괴롭히던 나라가 아니다, 2018

한다"는 대형 광고물이 가게 앞에 세워지기도 하였다.[27] 코로나 바이러스가 중국에서는 어느 정도 잡힌 이후 세계로 퍼져 미국, 일본에 확산되는 시기였다. 이 광고는 이 가게에 오는 손님과 그 지역 사람들을 생각하고 세웠을 것이므로 가게 주인뿐만 아니라 이 지역 중국인들의 마음을 나타내고 있다고 할 수 있을 것이다. 이렇게 평화시인 지금도 중국인들에게는 미국과 일본에 대한 증오심이 살아 움직이고 있다.

지난 두 세기 동안 중국은 서양제국들과 일본에 의하여 모질게 시달렸다. 아편전쟁 이후 중국은 많은 이권을 침탈당하고 엄청난 피해를 입었다. 세계는 덩치만 클 뿐 무능하고 무기력한 중국을 일컬어 아시아의 병자라고 조롱하였다. 그런데 오늘날의 중국은 그때와 다르다. 지금 중국인을 노예로 만들기 위하여 중국을 침입하고자 하는 나라는 없다. 오늘에 이르러서는 어느 누구도 무시하지 못할 대국이 된 중국이다. 그럼에도 불구하고 국가 위기상황의 극적인 노래를 모든 국민으로 하여금 일상의 삶에서 부르게 하는 것은 그때를 잊지 않으려는 중국인들의 의지를 반영하고 있다. 과거의 기억을 되새기고 잊지 않음으로써 다시는 그와 같은 처지에 놓여서는 안 된다는 경고와 함께 이에 더 나아가서 이것을 되갚아주겠다고 다짐하는 것이다. 그래서 현실에서는 전쟁이 끝났지만 중국인들의 마음속에는 전쟁이 끝나지 않은 것이다. 지난 세기에 제국주의의 희생양이 되어 고통을 당한 나라와 민족이 하나둘이 아니지만 중국만큼 그렇게 분하고 억울해하면서 그때를 기억하려고 애쓰는 나라는 많지 않다. 중국인들이 이러는 이유는 우리가 그런 수모를 당할 사람들이 아니라는 자존심이 있기 때문이다. 그리고 원래 중국인들은 원한을 잊고 용서하기보다는 복수의 마음을 간직하며 긴 기간을 두고서라도 복수하는 것을 미덕으로 생각한다.

와신상담(臥薪嘗膽)은 중국인들의 복수에 대한 이야기이다. 오왕

---

27 중국 음식점서 '미국 코로나19 축하' 현수막 눈총, 2020

부차는 월왕의 구천에 의하여 죽은 아버지의 원수를 갚기 위하여 부드럽고 편한 침상에서 자지 않고 일부러 갈대자리에 잠자며, 신하가 자신의 방을 드나들 때마다 "부차야! 너는 아버지를 죽인 구천을 잊었느냐?"라고 소리치게 하였다. 이렇게 자신을 다잡으며 기다린 끝에 결국 복수를 하게 되고, 그리고 다시 부차의 복수에 의하여 치욕을 당한 구천 또한 복수하기 위하여 쓸개를 달아놓고 맛보면서 스스로 몸과 마음을 괴롭히면서 채찍질하였다는 내용이다.

와신상담의 이야기는 지금의 중국인들에게 그대로 반복되고 있다. 중국인들은 지난 세기 서양제국과 일본이 자국에 한 행위를 되새기며 치를 떨고 있다. 중국인들은 이들 국가로부터 엄청난 모욕과 침해를 당하였고 이를 참기 어려운 수치로 생각하고 있다. 그래서 중국은 국가적인 날로서 국경일 외에도 국치일이 있다. 중국이 수모를 당한 국치를 되새기기 위하여 국치일을 두고 있는 것이다. 그리고 학교교육에서 역사수업에서는 말할 것도 없고 모든 수업에서 국치와 관련된 내용이 중요한 한 부분을 차지하고 있다. 또, 침략자에 의하여 파괴된 문화재를 일부러 복원하지 않고 두고 두고 국민들이 이를 보게 하는가 하면, 나라 곳곳에 국치를 되새기는 사적들을 조성해 두고 있다. 문화, 예술뿐만 아니라 일상생활 전반에 있어서도 국민들로 하여금 국치를 기억하고 분한 감정을 간직하도록 하기 위한 다양한 조치들을 취하고 있다.

중국이 세계경제에 참여하면서 덩샤오핑은 국가전략으로서 도광양회(韜光養晦)를 내세웠다. 도광양회란 칼날의 빛을 감추고 어둠 속에서 힘을 기른다는 것이다. 서양사람들에게 화해의 손을 내밀면서 뒤로는 몰래 복수의 칼날을 갈겠다는 것이다. 중국에 있어서 서구는 지금은 교류도 하고 협력도 하는 상대이지만 언젠가는 반드시 복수의 장에서 만나야 할 적들이다. 이러한 복수에 불타는 마음으로 대결의 장을 준비하고 있는 중국인들에 있어서 내셔널리즘이 약할 수 없다.

이렇게 볼 때 중국 우월주의만이 중국 내셔널리즘의 전부가 아니다. 1840년 아편전쟁 이후 근 1세기 동안 중국은 서구국가와 일본에 의하여 농락당하면서 자신들이 세상의 중심이라고 생각하던 미몽에서 깨어나게 되었고, 이들 국가에 대한 분노와 함께 열등의식을 쌓게 되었다. 하지만 중국인들의 아픈 경험은 이것이 처음이 아니었고, 열등의식과 분노가 형성된 것도 그보다 훨씬 더 이전이었다. 그보다 200여년 전 만주족이 지배하는 청나라시대에도 중국인들의 분노는 적지 않았다. 만주족의 지배 하에서 한족은 매우 힘든 삶을 살아야만 했다. 의복은 만주족과 같이 입고, 머리는 만주족이 하는 변발을 하지 않으면 안 되었으며, 피지배 하급민족으로서 차별대우를 받으며 살아야 했다. 한족의 꿈은 만주족의 지배에서 벗어나는 것이었다. 이러한 상황에서 19세기 서양세력이 들어와 중국인들을 짓밟게 되자 한족의 중국인들은 엎친데 덮친 격으로 더욱 더 어려운 상황에 몰려서 질곡의 시간을 지내야 했던 것이다. 19세기 중반 청의 학자이자 관리인 풍계분(馮桂芬)은 "우리는 우리의 기후, 토양, 자원이 그들보다 열등하기 때문이 아니라 우리 국민이 열등하기 때문에 수치스럽게 굴욕을 당하고 있다"고 했다. 청말의 강유웨이나 량치차오도 중국의 열등함을 부끄러워하였다. 이러한 열등감은 제2차 세계대전이 끝날 때까지, 300년 이상 지속되었던 것이다.

그리고 이것 또한 전부가 아니었다. 그 이전에 원나라는 몽고의 지배를 당한 시대였고, 또 그 이전에도 부분적으로 이민족의 지배를 받은 때가 많았다. 중국이 중화라고 하여 특별한 국가로서 내세우지만, 사실 중국의 역사를 살펴보면 우월감만 가질 수 있는 상황과는 거리가 멀다. 중국이 강대국으로 위세를 떨치던 통일왕조 시절은 진나라, 한나라, 수나라, 당나라, 명나라 정도인데 진나라(BC 221~206), 수

나라(AD 581~619)는 곧 망하였고, 한나라(BC 202~220)는 400년 정도 지속되고, 당나라(AD 618~907), 명나라(AD 1368~1644)는 각각 300년도 지속되지 못했다. 기원 후의 역사만으로 본다면 한족에 의한 통일왕조는 800년 정도였다. 이에 비하여 이민족의 지배는 북위(AD 386~534), 요(AD 916~1125), 금(AD 1115~1234), 원(AD 1271~1368), 청(AD 1616~1912) 등 이민족지배기간은 거의 900년이나 되고, 이중 중국전체를 지배한 왕조만 해도 거의 400여 년이 된다. 그리고 2,000년 역사 중에서 700~800여 년은 분할되었거나 내분과 전쟁으로 혼란스러운 기간이었다. 한나라와 당나라와 같은 통일국가 시대에도 이민족들의 침략에 시달렸다. 또, 중국 최대의 영토를 이룬 시기도 원, 청의 이민족 지배국가 때였다. 중국은 대국이기 때문에 주변 국가를 누르는 위치에 있었지만, 반대로 주변 국가들이 강성해졌을 때 중국은 항상 이들 강자의 먹잇감이 되었다. 그래서 중국인들 개개인은 대다수가 항상 힘들고 어렵게 살아왔다. 중국은 나라는 크지만 그래서 좋은 나라라고 말하기는 어렵다. 전쟁, 폭동, 지진, 수해, 한해 등 재해는 많은데다 많은 인구에 생활환경은 열악한 상태에서 절대다수의 사람들이 가난과 국가의 억압에 찌들어서 살아왔다.

우월의식이라는 것은 아래위를 구분해서 보는 계층의식 속에서 나오는 것이기 때문에 이에 익숙한 사람들은 그만큼 열등의식도 갖기 쉽다. 중국인들은 이웃의 작은 국가와 민족들에 대하여 자신의 우월성을 드러내는 것만큼 서양사람들에 대해서는 열등의식을 드러낸다. 그리고 자신들이 황인종의 본산이라고 생각하는 중국인들은 인종적으로도 백인들에게 대하여 열등의식을 갖는 것만큼 흑인들에게 대해서는 우월의식을 드러낸다.

이렇게 중국인들은 우등의식과 열등의식을 함께 갖고 있다. 사실 우등의식과 열등의식을 함께 갖는 것은 중국인들에만 해당되는 것은 아니다. 어느 나라나 긴 역사를 가진 나라치고 영광의 역사만 가진 나라는 없다. 사람들의 삶이 그렇듯 국가도 영욕을 함께 하면서 사람들에게 국가에 대한 마음을 심어주는 것이다. 사람들은 우등의식에서 내셔널리즘을 갖고, 또 열등의식에서도 내셔널리즘을 갖게 된다. 이렇게 우등의식과 열등의식이 한데 어우러져 형성되는 복합적인 마음이 내셔널리즘인 것이다.

4 중화의 회복

"중국은 불쾌하다(中國不高興)"라는 책은 2009년 중국 베스트셀러이다. 서양국가들이 주도하는 세상에서 중국이 지금 누리고 있는 위치가 응당 누려야 할 위치에 미치지 못하다는 것이고, 그래서 중국을 세계의 주도국으로 만들어 나가야 한다는 내용이다. 중국인들에 수모와 치욕을 안겨준 과거는 말할 나위도 없거니와 오늘날에 있어서도 중국에 대한 세상사람들의 인식은 중국인들의 기대를 받쳐주지 못하고 있는 것이다. 중국인들의 마음속엔 지금 중국은 보상받아야 할 것도 많고, 되찾아야 할 것도 많고, 새롭게 누려야 할 것도 많다. 세계에서의 지위, 영토, 역사, 권력, 존중 등 중국이 지금보다 더 가져야 한다고 생각하는 것이 한두 가지가 아니다.

트럼프가 미국 대통령에 취임하고 나서 얼마 되지 않은 시점인 2017년 4월, 중국의 시진핑 주석이 미국을 방문하였다. 장시간의 회담을 마치고 트럼프 대통령은 기자들에게 정상회담에 대한 이야기를 하였다. 이 자리에서 트럼프는 시진핑 주석이 중국과 한국의 역사를 이야기하면서 과거에 한국은 중국의 일부였다고 하더라고 말했다.[28]

---

28 시진핑이 '한국은 중국의 일부였다'고 하더라, 2017

이 말이 언론보도로 알려지자 한국사람들은 이 어이없는 소리에 크게 흥분하였지만 당시 한국 정부가 중국에 대해 저자세를 취하고 있었기 때문에 중국을 자극하지 않으려고 조용히 넘어갔다. 한국의 언론들은 트럼프가 잘못 들었을 것이라거나, 트럼프가 무식해서 역사를 잘 몰라서 엉뚱한 말을 한 것일 거라느니, 통역을 잘못했을 것이라는 등의 사족을 붙이거나 일고의 가치도 없다고 하면서 넘겨버렸다. 한국의 정부나 언론은 중국의 시진핑이 그런 말을 했을 리 없다는 논조로 몰고 가서 끝내버린 것이다. 한국정부나 언론이 이런 식으로 해석하는 것은 사실을 호도하는 것이고, 사실을 사실대로 알리려 하지 않고 국민들의 판단을 흐리게 하여 어리석은 백성으로 만드는 짓이었다. 아무리 그래도 일국의 대통령이 한 말인데 그가 그렇게 들었다면 들은 것으로 이해해야지, 어떻게 그렇게 들었을 리가 없다고 억측하면서 넘어갈 수 있는가? 이는 사실 한국 사람들이 뭘 잘 모르고 있는 것과도 연관되어 있다. 이는 자신들에 좋은 것만 알고 싶어하고 자신들이 편한 대로 해석하는 한국인들의 안이한 태도와 무관하지 않다. 중국사람들은 동아시아 역사에 있어서 한국사람들과 같은 인식을 갖고 있지 않다. 이러한 역사인식은 오래전부터 가져왔었고, 이미 치밀한 역사공정을 통하여 내셔널리즘적인 중국중심의 역사를 만들어 왔다. 중국의 지도부 인사들은 물론이고 일반인들도 이러한 역사를 철저히 학습해오고 있기 때문에 시진핑 주석이라면 충분히 할 수 있는 말이었다. 근대 중국을 세운 쑨원도 일찍이 한국에 대하여 그런 식으로 말했었다. 과거 중국의 여러 지도자들 중에서도 이에 관한 말을 하지 않아서 그렇지 만약 말을 했다면 적잖은 사람들이 그런 식으로 말했을 것이다.

지금 남중국해에서 중국이 하는 일들이 세계의 관심을 집중시키고 있다. 중국이 남중국해를 가로질러 동남아시아 국가들의 해안인근에 이르기까지 모두 자국의 바다라고 주장하고 있다. 그리고 여기의 무인도 모래섬들에 시멘트를 부어 활주로와 군사기지를 만들고, 인근 국가 어민들을 쫓아내거나 다른 국가의 선박의 통행을 가로막기도 한다.

[그림 1-1]의 지도는 남중국해에서 중국이 자국의 영토라고 주장하는 영역을 보여주고 있다. 지도에는 베트남, 인도네시아, 말레이지아, 부르나이, 필리핀 등과 같은 나라에 대해서 이들 나라의 해안선 가까이에 금을 그어 그 바깥의 바다는 모두 중국의 바다라고 주장하고 있다. 사실 이해관계가 없는 사람이나 상식의 눈으로 보더라도 지도를 보는 순간 참으로 황당하다는 느낌을 갖게 된다. 이 남중국해에서의 중국영역을 표시한 이 지도는 흔히 9단선지도로 알려져 있다. 9단선이란 9개의 직선으로 이루어졌다는 것으로 1953년 중화인민공화국에서 선포한 것이다. 원래 1947년 장제스(蔣介石)의 국민당 정부에서 이 지역을 11개 직선으로 된 11단선을 그어 이곳을 중국의 내해로 획정하였는데, 이후 중화인민공화국 정부에서 이를 9단선으로 단순화한 것이다.

그런데 중국이 자국영해로 주장하던 시기는 이 바다 연안 지역의 동남아국가들은 서양국가들의 통치 하에 있었기 때문에 자신들의 의사표시를 할 수 있는 상황이 아니었다.[29] 중국도 이러한 주장을 하고 난 이후에도 잠자코 있다가 중국의 군사력이 어느 정도 뒷받침이 된 이후인 2009년부터 본격적으로 주장하게 된다. 이 지역을 중국이 욕심을 내는 것은 원유를 비롯하여 많은 광물자원이 매장되어 있는 것으로 알려지고, 중국이 세계로 그 세력을 확대해 나가기 위해서는 이곳을 장악하는 것이 중요하다고 생각하게 되었기 때문이다.

중국은 자국이 이 지역을 지배하는 것은 역사적인 권리라고 주장한다. 중국은 기원전 2세기 서한 초기부터 중국사람들이 이 해역에서

---

29 인도네시아는 1949년, 베트남은 1954년, 말레이시아는 1957년, 브루나이는 1984년에 독립하였다.

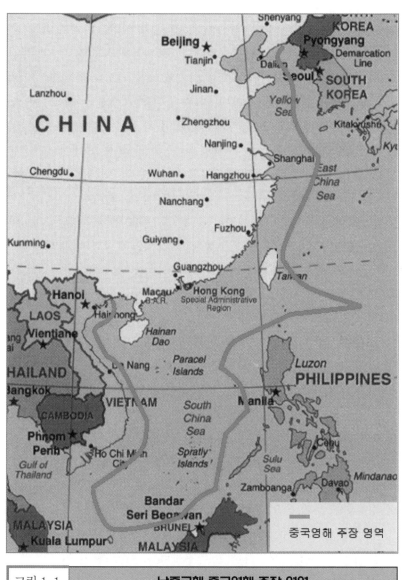

━━━	중국영해 주장 영역

그림 1-1	남중국해 중국영해 주장 영역

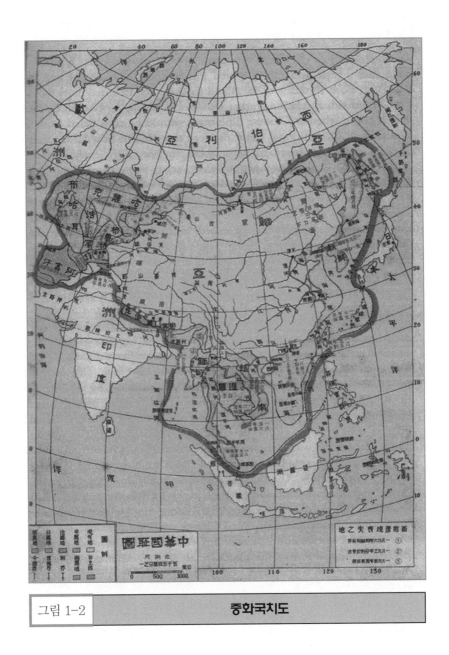

| 그림 1-2 | 중화국치도 |

어업활동을 하였다면서 중국이 최초로 발견하고 이용해 왔으므로 역사적으로 중국의 바다라는 것이다. 그리고 이름 자체가 남중국해가 아니냐는 것이다. 중국은 고대 중국문헌에 이 지역에 항해나 어로활동을 하였다거나 섬을 발견해 이름을 지었다는 기록이 있다는 것을 근거로 들었으나 이러한 것은 인근 국가들도 가질 수 있는 것이어서 이 정도의 역사성은 더 가까이에 있는 동남아국가들도 동일하게 주장할 수 있는 사항이었다. 게다가 중국은 역사적으로 대부분의 왕조가 내륙왕조로서 바다로 나가는 것을 좋아하지 않거나 금기시하였기 때문에 중국인들이 이렇게 먼 지역을 자신들의 바다라고 생각해왔다고 상상하기란 쉽지 않다. 그리고 영토주권이라는 개념이 생긴 것이 서양세력이 들어오면서부터이고, 동아시아에서 근대화 이전에는 해양영토라는 개념이 따로 존재하지 않았다. 그래서 이 영역에 대한 소유권의 문제가 생긴 것도 1930년대가 되어서였다. 1933년 프랑스가 스프래틀리군도(남사도)의 영유를 선언하자 중국은 1935년에 수륙지도심사위원회의 회보에 남중국해에 있는 132개의 섬 이름을 올리고 이들이 중국의 전통적 영토라고 주장하였다. 11단선지도, 9단선지도는 이때 만들어진 영역주장에 기초하고 있는 것이다.

2010년대에 들어와서 문제가 심각해지자, 필리핀은 자국이 중국과 다투는 영역에 대하여 헤이그 국제상설중재재판소에 제소하였고, 2016년 7월 12일, 동 재판소는 중국에 패소판결을 하였다. 중국의 남중국해 소유권 주장은 불법이며, 남중국해에서의 중국의 권리주장과 인공섬 건설은 국제분쟁을 야기하고 자연환경을 파괴하였다고 하였다. 하지만 중국은 이 판결을 완전히 무시하였다. 해당판결이 있던 날 중국은 해군에 비상령을 내리고, 남중국해에서의 중국의 이익을 수호하기 위하여 무력사용도 불사할 것이라고 선언하였다.

이렇게 중국인들은 과거 역사에 있어서 한국을 중국의 일부라고 하고, 동남아시아의 바다를 역사적으로 중국의 바다라고 하고 있는 것이다. 그렇다면 중국인들의 생각에 있어서는 과거 중국의 영역은 도대체 어떻게 되는가? 이에 대한 지도가 있다. 20세기 초반 중화민국이 수립된 이후 중화국치도(中華國恥圖)라 하여 중국이 잃어버린 옛 영토를 그린 지도를 발간하였다. 국치도는 중국이 근대식 교육을 하면서 1920년대에 제작되기 시작하여 1938년에는 중국의 초등학교 검정교과서용으로 사용되었다. 중국의 원래 영토를 알고 있어야 나중에 찾아올 수 있을 것이므로 이를 잊지 않도록 교육시켰던 것이다.

중화국치도는 [그림 1-2]에서 보는 바와 같다. 이 지도에 의하면 중국의 원래 영토는 지금의 중국뿐만 아니라 인도차이나 반도의 모든 국가들, 동인도의 일부, 부탄, 네팔, 아프가니스탄, 타지키스탄, 우즈베키스탄, 키르기스스탄, 카자흐스탄, 몽골, 러시아 극동지역과 사할린, 한국, 대만 등을 포괄하고 있다.

앞에 나열된 모든 땅들은 원래 중국의 땅인데 지금은 잃은 상태에 있고, 잃게 된 것이 수치스럽다 하여 중화국치도(中華國恥圖), 즉 중국의 수치스러운 지도로 부르고 있는 것이다. 장제스(蔣介石)나 마오쩌둥(毛澤東)과 같은 국가 지도자들은 이 지도를 중국 영토의 기준으로 삼았으며, 특히 장제스는 그의 집무실에 이 지도를 걸어둔 것으로 알려져 있다.[30] 이렇게 국치도를 만들어 모든 중국인들이 이를 보게 하는 것은 이를 잊지 않겠다는 것이며, 이를 잊지 않겠다는 것은 언젠가는 되찾겠다는 것으로 연결된다.

국치도를 보면 어떻게 시진핑이 한국이 옛날에는 중국땅이었다고 말을 하고 남중국해를 중국영해라고 주장하는 문제가 일어나는지를 금방 알 수 있다. 국치도에는 중국의 경계안에 한국이 들어있다. 그리고 국치도에서 원래 중국의 영역으로 그어놓은 경계선과 지금 중국이

---

30 남중국해 무너지면 서해도 위험하다, 2018

주장하는 구단선의 경계선이 거의 일치함을 알 수 있다. 중국이 지금 자국의 바다로 주장하는 남중국해는 원래 중국의 경계라고 생각했던 영역의 한 부분이다. 이는 중국이 잃고 싶지 않은 중국의 큰 경계안에 있는 바다이고, 중국이 잃었다고 하더라도 중국이 찾아서 회복시켜야 할 중국의 영토 중에 가장 회복시키기 쉬운 영역이기 때문에 지금 적극적으로 자국 영역으로 만들려고 나서고 있는 것이다. 중국이 동남아 국가들에게 지금 남중국해를 자국 바다라고 큰소리치는 것은 세상이 바뀌어 자유의 몸이 되어 집을 나간 옛 노비들에게 너희들이 내 논까지 가져가겠다는 것이냐라고 호통치고 있는 주인과 같은 것이다.

서양문물이 들어오면서 동아시아 세상은 크게 바뀌게 된다. 국가 간의 관계 또한 마찬가지였다. 서양의 문물이 들어오기 이전의 동아시아의 국가관계는 지금의 근대적 국제관계와 달랐다. 지금의 국제관계는 주권을 가진 개별 국가를 주체로 하는 평등하게 이루어지는 국제관계이지만, 과거 동아시아는 국가의 힘과 크기에 따라 국가가 수직적, 계층적으로 이루어지는 국가관계였다. 사대자소(事大字小), 즉 작은 나라는 큰 나라를 상국으로 존중해주고 큰 나라는 작은 나라를 보살펴주는 관계였고, 비슷한 크기의 나라 간에는 동급의 위상에서 국가관계를 형성하고 있었다. 그리고 명나라 때에는 주변국가들로부터 조공을 받고 이들 국가 왕들에게 책봉을 내리는 의례 속에 조공책봉체제를 형성하였다.

그런데 중국의 국치도에서처럼 한국을 중국의 테두리 속에 넣어놓고 한국을 중국이라고 하는 것은 무엇인가? 근대화 이전의 동아시아에서의 조공책봉체제 국제관계를 근대화 이후의 국제관계로 해석하는데 있어서 중국은 자국에 조공하던 나라를 자국의 한 부분으로 해석하고 있는 것이다. 이는 중국의 억지해석으로서 어이없는 일이다. 만약 그렇다면 동아시아 대부분의 국가들이 중국의 조공책봉체제 안에 있었으므로 이 동아시아 지역 전체가 하나의 나라이며 이곳에는 중국이라는 하나의 나라만 있었다는 것이 된다. 여기서 중화와 천하의 혼동이 있다. 중국인들은 자신들의 왕인 천자가 천하를 지배하고, 천자는 중국사람이니 천하가 모두 중국의 영역이라고 생각하는 것이다. 그런데 중국은 천하가 아니다. 중국이라는 것이 가운데 있는 나라라는 것인데 어떻게 전체가 중국이 될 수 있는가?

이러한 과거 동아시아 국가관계를 근대의 국가관계로서 해석하는 것은 불가능한 일이다. 흔히들 조공책봉체제에서 중국만이 주권을 가졌고 주변의 국가는 주권이 없었다고 주장하기도 한다. 주변의 국가들은 국가의 3대 요소 중의 하나인 주권이 없으니 나라도 아니었다는 것이다. 이러한 주장은 주로 중국과 일본의 학자들에 의해서 나온다. 과거에 한국은 나라도 아니었다고 주장하는 데에서는 앙숙인 중국과 일본이 의기투합한다. 나라도 아닌 것으로 해야 자신들이 넘보기 쉽기 때문이다. 한국에 주권이 없었다는 주장은 말도 안 되는 주장이다. 먼저 중국의 영향을 받기는 하였지만 한국의 통치자가 한국이라는 국가를 이끌어가는데 있어서 자신의 권한으로 이루어졌다. 그리고 한국의 왕은 한국인이라는 자기의 백성을 갖고 있었고, 한국의 백성들에 있어서 그들이 따르는 통치자는 한국의 왕이었다. 다음으로 주권이 없었다는 주장도 말도 안되는 주장이지만, 주변의 국가가 주권이 있었다거나 없었다거나 하는 논의 자체가 의미가 없다. 왜냐하면 주권은 근대적 국가에서 나온 개념으로 당시에는 지금의 주권과 같은 개념 자체가 없었기 때문이다.

분명한 것은 조공을 받던 나라였든 조공을 하던 나라였든 나라로서의 주체였고, 그 나라를 이루는 사람들이 서로 같거나 중복되지 않았다는 점이다. 즉 명이 조선이 아니었고, 조선 또한 명이 아니었다. 명나라사람 누구도 자신은 조선사람이라고 생각하는 사람이 없었고 조선사람 누구도 자신은 명나라사람이라고 생각하는 사람이 없었던 것이다. 명이나 조선이나 분명히 독립된 개체로서의 나라였던 것이다.

조공책봉체제에서의 중국을 오늘날의 의미에서 해석하자면 패권국가에 불과한 것이다. 이것을 두고 동아시아의 다른 나라는 모두 중국에 속해 있었고[31] 중국만이 나라였다고 한다면 몇 세기 후에 미국사람들이 21세기 초에 지구 상에는 미국 한 나라만 있었다고 말하는 것과 같다. 이렇게 중국의 주장이 타당하지 않은 것임에도 불구하고 이와 상관없이 대다수 중국인들은 그렇게 교육받고 있다. 중국이 과거에 대하여 자국을 과대하게 생각하는 것은 단순히 이 사실 자체만이 아니라 서구에 의해서 중국이 희생되고 피해를 보았다는 것을 과장하려는 의도와도 연관되어 있다. 서구제국주의에 의하여 당한 일이 억울하게 느끼기 때문에 피해규모를 크게 해서 주장하고 있는 것이다. 이것은 마치 거지가 자기 보따리를 도둑맞자 그 보따리에는 엄청나게 큰 금덩어리가 있었다고 주장하는 것과 같은 심리이다.

1992년 중국과 한국은 그동안의 적대관계를 청산하고 수교하였다. 미국의존에 식상해 있던 한국사람들에 있어서는 중국과의 수교는 한국의 대외관계를 다변화할 수 있는 기회가 되리라고 기대하였다. 그래서 한국과 중국의 경제관계는 매우 빠르게 발전하였다. 중국은 한국으로부터 많은 투자를 받아들이고 자본주의 경제의 노하우와 산업기술을 전수받았다. 한국은 중국에 수출을 늘리면서 중국은 한국 제일의 무역상대국이 되었다. 그런데 중국의 경제가 발전하고 이러한 경제발전을 바탕으로 국제적인 영향력이 커지게 되자 중국의 태도는 달라지게 된다. 한국을 무시하기 시작한 것이다.

2017년 12월, 문재인 대통령이 중국을 국빈방문하였다. 한국에 문

---

31 일본은 조공책봉체제에 들었다 나갔다 하였다.

재인 대통령의 당선으로 친중정권이 들어서면서 한국과 중국의 관계 발전이 예상되었다. 한국인들은 중국이 문재인 대통령을 크게 환대해 줄 것으로 기대하였다. 그러나 기대와 반대였다. 문재인 대통령 방문을 수행하였던 사진기자 2명이 중국경호원들에 의하여 발로 짓밟히는 등 무자비한 집단폭행을 당하였다. 문재인 대통령은 3박 4일 방중 기간 동안 10번의 식사 중 길거리 서민음식점에서 식사를 하는 등 8번을 혼자서 밥을 먹고 국빈방문의 일정을 마치고 돌아왔다.[32] 접대예의를 중시하는 문화를 가진 중국에서 대단한 모욕을 받은 것이다. 중국에서는 욕을 하는 것보다 상대를 더 경멸하는 것은 예를 갖추지 못한 행동을 보여주는 것이라는 말이 있다.

이 일은 과거의 역사를 되새기게 하였다. 중국이 한국을 대하는 데에 있어서 이러한 일은 처음이 아니었다. 조선왕조실록에는 다음과 같은 기록이 있다. 조선의 이성계가 이염(李恬)을 명나라 황제 주원장에게 사은사로 보냈다. 이염이 알현하는 날 주원장은 이염의 꿇어앉은 자세가 바르지 못하다고 머리를 숙이게 하고 몽둥이로 팼다. 그리고 이제 조선의 사신은 들어오지 못하게 하라고 명하였다. 이염은 거의 초주검이 되었으나 약을 먹고 겨우 살아났다. 그리고 명나라에서 역마를 주지 않아 걸어서 돌아왔다.[33]

먼저 조선초의 경우를 보자면 한국에서는 고려가 망하고 조선이 건립되고, 중국에서는 원나라가 망하고 명나라가 건립되는 시기였다. 명나라 태조 주원장은 원과 가까이 지내던 고려를 명나라를 섬기도록 바꾸어 놓지 않으면 안되었다. 그래서 새로 나라를 세우는 이성계와 조선에 군기를 잡기 위하여 많은 일들을 획책하였는데 조선의 사신 이염 구타사건도 이러한 과정에서 일어난 일이었다. 강대국이라 하여 황

32 방중 성과 컸지만…이면에는 대국답지 못한 중 사드 '뒤끝'. 2017
33 조선왕조실록, 태조실록 4권, 태조 2년 8월 15일

제가 약소국의 사신을 패는 야만적인 행위도 중국에서는 드문 일이 아니었다. 문명에서 앞서 있다 하여 중화이고, 중화사상의 근간인 유학에서 황제는 덕으로 다스려야 한다고 하였지만, 실제에서는 황제라고 하여 덕을 가질 가능성은 없는 것이다. 중국이 중심이 되는 동아시아 국제체제는 이런 모습이었다.

그런데 놀라운 일은 현대의 문명사회에서 육백여 년 전 중국에서 일어났던 일이 거의 비슷한 모습으로 재현된 것이다. 육백여 년 전에도 한반도에서 실권을 잡은 이성계는 친명파로서 명나라에 잘 하려고 무척 노력하였던 왕이었듯이, 현대의 문재인 대통령은 친중파로서 대통령에 취임한지 몇 개월도 되지 않아 중국을 방문했던 것이다. 그리고 이성계가 당했듯이 한국과 한국의 대통령을 군기 잡으려는 시진핑에게 호되게 당한 것이다. 주원장이 원과 가까웠던 고려에 대해서 원에 대한 분풀이로 고려인을 폭행하였듯이 시진핑시대에는 미국에 가까웠던 한국에 대해서 미국에 대한 분풀이로 한국인을 폭행한 것이다.

문재인 대통령이 중국 가서 혼밥을 하기 한달 전인 2017년 11월, 트럼프가 중국을 방문했을 때는 시진핑은 트럼프에게 자금성을 통째로 내주며 황제의 기분을 내도록 하며 극진히 모셨다. 중국에 있어서 자국을 따르는 국가와 자국보다 강한 국가에 대한 대접이 어떻게 다른지 선명하게 드러나고 있었다. 이것이 대국 중국이 다른 나라를 다루는 방식이다.

중국이 경제대국으로 부상하고 국제적인 위상이 높아지게 되면서 한국에 대하여 상국행세를 하거나 얕보는 태도를 보이는 일은 이뿐만 아니라 부지기수로 많았다. 사드사태도 그 중의 하나다. 2005년 북한이 핵무기 보유를 선언한 이래 2016년까지 5차에 걸쳐 핵실험을 하고 2017년에는 수소폭탄 시험까지 하게 된다. 이와 함께 미사일을 개발하여 중거리 미사일은 물론이고 대륙간탄도미사일(ICBM)까지 개발함에 따라 이에 대비하기 위하여 한국에 사드(THAAD: Terminal High Altitude Area Defense, 고고도미사일방어체계)를 배치하기로 결정하게 된다. 이 사드배치에 대하여 중국이 강하게 반대하고 나섰다.

한국정부는 사드의 필요성과 이 사드 레이더가 중국 안보에 위협이 되지 않도록 하겠다고 설득을 하였지만 중국은 막무가내였다. 그리고 중국인들이 한국의 사드배치에 대한 반대시위를 하고 나섰다. 중국 전역의 학교와 직장 등은 사드반대 궐기대회나 거리시위에 나섰고, 사람들은 자신들의 반한(反韓) 행동을 자랑스러워하며 사진과 동영상을 찍어 웨이보 등 온라인상에 올렸다. 한 술 더 떠서 한국인들이 중국인을 무시하는 행동을 했다거나 한국인들이 중국에 대하여 적대적인 행동을 하였다는 등의 반한감정을 자극하는 가짜뉴스와 허위소문도 유포되었다. 중국 곳곳에 한국인 거절의 문구를 내붙인 식당이 등장하였고, 반한내용의 글귀의 전광판을 달고 다니는 차량도 출현하였고, 중국인 집주인이 집을 빌린 한국인을 쫓아내기도 하였다. 한국기업에서 만든 자동차를 벽돌로 내리쳐서 파손하거나, 타이어를 펑크 내고, 유리창에 오물을 뿌리는 일들도 일어났다. 이런 상황에서 중국에 있던 한국인들은 외출을 자제하고 극도로 조심하지 않으면 안되었다.

학교에서도 반한행사가 일어났다. 당시 반한행사를 취재한 한 외신은 다음과 같은 내용을 보도하고 있다. 2017년 3월, 중국 허베이성 야리전에 있는 스지싱초등학교에서는 교직원과 학생 400여명이 참가한 가운데 반한집회가 열렸다. 이 자리에서 교사는 전쟁이 일어나면 미국은 중국을 도살장으로 만들 것이라며 사드는 중국에 치명적인 위협이라고 교사가 아이들에게 말하고, 한국 여행을 가거나 한국 방송을 시청해서도 안되며, 롯데는 어떤 상품도 사서는 안된다고 하였다. 아이들은 한국상품을 보이콧하겠다고 맹세하였다. 교사가 "여러분, 할 수 있어요?" 하고 소리치자, 아이들은 "할 수 있습니다. 할 수 있습니다. 할 수 있습니다."라고 외쳤다. 이 학교 교장은 기자에게 애국교육은 어릴 때부터 시작해야 한다고 하면서 반한집회행사는 잘한 일이며 학부모들도 지지한다고 말하였다.[34] 이렇게 반한운동은 단순한 민간차원이 아니라 언론과 학교를 비롯한 사회기관들도 함께 보조를 맞추고 있었다.

사드사태로 인하여 한국은 적지 않은 피해를 입었다. 중국은 소위 한한령(限韓令)이라 하여 자국민들의 한국에 대한 단체관광 제한, 한국 연예인의 중국 방송 출연과 공연 금지, 한국 드라마 방영 금지, 일부 한국산 상품의 통관 불허 등 한국에 대하여 광범위한 제재조치를 가하게 된다. 기업 중에는 롯데의 피해가 특히 컸다. 롯데기업이 중국인들의 집중적인 공격대상이 되었는데, 이는 사드기지가 성주의 롯데 골프장에 세워졌기 때문이었다. 중국정부는 중국 내 99개의 롯데 점포 중 40%에 해당하는 39개를 영업정지시켰다. 중국인들은 롯데는 중국에서 나가라, 롯데상품을 불태우자고 외치면서 반롯데 시위를 하고, 중국의 한 쇼핑센터에서는 한국의 롯데음료 상품들을 중장비로 깔아 뭉개기도 하였다.

한국 내 사드배치를 두고 중국이 이러한 짓을 하는 것은 그야말로 내정간섭이며, 약자를 괴롭히는 동네깡패와 같은 짓이었다. 한반도에 사드를 배치하면 중국이 위협받는다느니 중국이 탐지된다느니 하지만, 중국은 이미 지린성 통화, 랴오닝성 덩사허, 산둥성 사이우, 산시성 한청 등 여러 곳에 한반도를 사정권 내로 하는 미사일기지들을 두고 있으며, 헤이룽장성, 푸젠성, 산둥성 등에는 한반도 전역을 탐지할 수 있는 레이더 기지들이 있다. 중국은 북한과 인접한 지린성에 최신예 전략 무인기 샹룽을 10여대 이상 배치하여 한반도 전역은 물론이

---

34 Mitchell & Liu, 2017

고, 일본과 태평양까지 감시 정찰하고 있는 것으로 알려져 있다. 그러면서도 한국에 대해서는 자국 방위를 위한 사드배치를 못하게 강요하는 것은 다른 국가의 주권을 무시하는 것이며, 다른 국가를 부당하게 윽박질러서 자국이익을 챙기겠다는 것이었다.

중국이 한국을 무시하는 모습은 외교의례에서도 빈번히 나타났다. 문재인 대통령 취임이후 문재인 대통령이 보낸 특사는 두 번이나 중국 지방관이 앉는 하석(下席)에서 시진핑 주석을 만났다. 중국 외무장관 왕이는 한국 문재인 대통령의 팔을 다독거리거나, 신임 주한 중국대사가 한국에 오자 마자 신임장 제출도 하지 않은 채 기자회견을 열어 코로나 바이러스와 관련하여 한국의 중국인 입국제한조치의 해제를 압박하는[35] 등 역사상 한국이 중국에 대해서 가장 약했던 조선시대로 돌아간 듯 하였다. 이것 외에도 중국관료들은 공공연히 사드사태에 대하여 한국사람들이 반성해야 한다는 등 한국을 무시하는 발언이나 행동을 하면서 외교적 결례를 범하는 일들이 비일비재하였다.

이 같은 중국정부에 맞춰서 민간인들의 태도 또한 다르지 않았다. 중국어민들이 한국의 배타적 경제수역 내에 몰려와 불법어업행위를 하며 한국 해양경찰이 이를 단속하면 한국의 공권력을 무시하고 도끼, 망치, 칼, 몽둥이를 휘두르며 저항하는 것이 거의 일상화되었다. 2008년 베이징올림픽을 앞두고 서울에서 티베트 탄압에 항의 시위를 하는 한국인들에게 중국인들과 중국학생이 돌을 던지고 쇠파이프를 휘두르며 폭력을 행사하였다. 2019년 홍콩사태와 관련하여 한국의 대학교에서 한국학생들이 붙여 놓은 대자보와 현수막을 중국학생들이 무단으로 철거하고 훼손하는 행위를 하는 일도 있었다. 외국에 배우러온 학생들이 현지국의 법과 공권력을 무시하고 이런 행위를 하는 것은 드문 일이다. 미국과 유럽에도 중국유학생들이 많지만 한국에서와 같

---

35 中, 코로나 차단 공조는 커녕 한국 압박이라니, 2020

은 일은 거의 일어나지 않는다. 한국에 대해서는 자국이 힘있는 나라이기 때문에 이래도 된다는 생각을 하고 있는 것이다.

중국인들은 지난 세기 서양제국이 중국에 한 일들에 대하여 아직까지 분노를 삭이지 못하고 있다. 중국인들이 이 시기를 서양제국에 당한 것을 수치라고 생각한다. 수치인 것은 서양인들에게 침탈당했을 뿐만 아니라 이들에 의하여 많은 것을 빼앗겼다고 생각하기 때문이다. 결국 중화의 회복이란 이렇게 잃은 것을 되찾는 일이다. 중국은 그 힘이 증대해감에 따라 주변의 국가부터 먼저 자국의 영향력권에 편입시키려 하고 있다. 국치도에서 중국의 것으로 그려두고 있는 영역 내의 모든 땅들을 중국 영토라고 주장할 수 없다는 것은 중국인들 스스로도 모를 리 없다. 그렇다고 하더라도 최소한 과거 조공책봉제 시대와 같이 중국의 영향력 안에 두어야 한다는 것이 중국인들의 생각이다. 물론 중국이 원하는 것은 이것이 전부가 아니다.

5 중국몽

그럼 중국인이 원하는 것은 어디까지인가? 원래 중화사상에는 중국의 통치자인 천자가 천하를 통치하도록 되어 있다. 이렇게 보면 천하가 중국의 영토라고 할 수 있다. 이는 오늘에 와서도 다를 것이 없다. 단지 과거보다 그 천하의 범위가 넓어졌을 뿐이다. 이는 중국인들이 중국이라고 할 때부터 자신들의 위치를 세계의 중심으로 상정하고 있는 것이다.

2012년 11월, 시진핑(習近平)은 중국 공산당 중앙위원회 총서기로 취임하면서 집정이념으로 중국몽을 내세웠다. 이후 중국은 중국몽을 이룩하자는 표어를 붙이고 대대적으로 선전하였다. 중국몽은 중화민족의 위대한 부흥이라는 꿈을 실현하는 것이고, 이는 국가의 부강, 민족의 진흥, 인민의 행복을 실현시키는 것이라고 하고 있다. 중화민족의 위대한 부흥이라는 것은 과거와 연결되어 있다. 잃었던 과거의 것을 되찾는다는 것이며, 여기에는 영토와 국력과 같은 물리적인 것에서 자존심과 명예와 같은 정신적인 것까지의 많은 것들을 포괄하고 있다. 2017년 공산당 전당대회에서 시진핑 주석은 중국몽을 32차례나 언급하며, 2050년까지 세계 최강국으로 우뚝 선다는 목표를 제시하였다. 그리고, 시진핑은 중국의 지침어로서 만방내조(萬邦來朝)를 내세웠다. 온 세상이 중국에 조공을 바치러 온다는 뜻이다.

그리고 중국몽을 실현시키기 위한 수단이자 거쳐야할 과정으로서 강군몽(强軍夢)도 나오게 되었다. 시진핑 주석은 2035년까지 중국군의 현대화를 마무리하고 2050년까지는 세계 최강의 군대를 만들 것을 주문했다.[36] 2011년 8월, 중국이 처음으로 항공모함 바랴그호를 취역시켰고, 2015년에는 독자기술로 두번째 항공모함 산둥호를 건조하였으며, 2019년에 중국은 1년 동안 9척의 구축함을 진수하여 년간 구축함 진수량에서 세계 신기록을 세웠다. 2018년 4월 12일, 남중국해 해군열병식에서 시진핑 주석은 중화민족의 위대한 부흥을 강조하면서 강대한 해군을 건설하는 임무가 오늘날처럼 긴박한 적이 없었다고 하였다. 2011년 8월, 중국이 처음으로 항공모함 바랴그호를 취역했을 때 미국 국무부 대변인 빅토리아 눌런드는 해외에 영토도 없는 중국에 왜 이런 장비가 필요한지 대하여 답하라고 압박하였다. 중국은 이에 답하는 대신 더욱 급속하게 해군력을 증가해 가고 있다. 중국이 그 항공모함을 만드는 것은 중국이 그 힘을 국내에만 두지 않고 세계에 적극 나서겠다는 것이고 세계에 힘을 행사하겠다는 것이다. 중국의 꿈은

---

36 시진핑 "중국군 20150년까지 세계최강 만들라"… 장비 첨단화 착수, 2017

중국이 세계최고의 강국이 되겠다는 것이다.

2015년 리커창 총리는 중국 경제발전전략으로서 중국제조 2025를 발표하였다. 차세대 정보통신기술, 정밀수치제어와 로봇, 항공우주장비, 해양장비 및 첨단기술선박, 선진 궤도교통설비, 에너지절약 및 신에너지자동차, 전력설비, 농업기계장비, 신소재, 바이오의약 및 고성능 의료기기 등 첨단미래 산업을 망라하여 10대 전략산업을 선정하고 이 분야에서 중국이 세계 최강이 되겠다는 것이다. 이 산업들은 미래에 최고의 부가가치를 갖는 첨단산업들일 뿐만 아니라 군사패권을 쥐는 데에 핵심적인 역할을 하는 산업들이다. 지금까지 재래제조업에서 그랬듯이 첨단산업에서도 중국이 차지하게 되면 다른 나라는 할 것이 없다는 측면에서 이는 중국이 세계 경제를 독식하겠다는 것과 마찬가지이다.

이제 어느 정도 힘이 생겼다고 생각하는지 중국은 점차 빛을 드러내기 시작하고 있다. 지식인들 사이에서 중국이 머지않아 패권국가가 될 것이라는 주장이 자연스럽게 나오고 있다. 이러한 중국정부의 희망찬 계획과 함께 중국인들의 꿈은 부풀어 있다. 2011년에 행해진 아시아바로미터서베이(Asian Barometer survey) 조사에 의하면 중국인 중 97%는 중국이 주변지역에 긍정적인 영향을 주고 있다고 생각하고 있고, 2017년에 시행된 BBC의 조사에 의하면 중국인 중 88%는 중국이 세계에 긍정적인 영향을 주고 있는 것으로 생각하고 있었다. 그리고 2015년 시행된 퓨연구소(Pew Research Center) 조사에 의하면 중국인 중 67%는 중국이 결국 미국을 누르고 세계 최강의 자리에 오를 것이라고 생각하고 있었다.[37]

중국은 지난 몇십 년간의 경제발전을 통하여 자신감을 얻었다. 이젠 중국경제를 한 단계 더 올려서 완전히 세계 경제의 주도권을 장악

---

37 How are global views on China trending? n.d.

하고, 이와 함께 군사력도 증가시켜 세계에 그 세력을 확대해 나가려 하고 있다. 실제 한국, 일본, 동남아 국가들, 러시아 및 중앙아시아 국가들에서 시작하여 아시아 아프리카 국가들, 그리고 유럽과 남미, 오세아니아에 이르기까지 세계의 많은 국가들을 대상으로 중국의 힘을 늘려 가고 있다. 그리하여 오늘날 중국은 2020년 현재 해외 161개의 대사관과 67개의 영사관을 설치하고 있으며, 외국이 중국 내에 설치된 외국의 대사관과 영사관 수는 각각 147개와 180개에 이르고 있다.[38]

중국은 값싼 노동력을 이용하여 선후진국 할 것 없이 각국의 기간설비건설이나 대형프로젝트 사업에 참여하는 한편, 통 큰 구매자로서 자국시장을 전략적으로 활용하여 경제적 유대관계를 강화하여 왔다. 북한, 파키스탄, 쿠바, 이라크 등과 같이 사회주의 국가나 반미성향의 국가들과 강한 결속관계를 유지하고 있다. 또, 자원이 풍부한 개발도상국에 대해서는 세계의 공장인 중국이 큰 고객이 될 수 있고, 아프리카국가들은 서구 선진국들에 대한 반감이 크고, 남미국가들은 반미정서가 강한 점을 활용하여 협력관계를 넓혀가고 있다. 또 태평양상의 여러 작은 국가들과의 관계에도 신경을 쓰고 있다. 장차 세계 지배력을 갖기 위해서는 태평양을 자국의 바다로 만들어야 하기 때문이다. 아프리카, 아시아, 태평양 지역의 가난하거나 규모가 작은 나라들에 대해서는 원조나 저리금융지원 등에 중국이 조금만 비용을 지출해도 큰 효과를 볼 수 있다는 점도 활용하고 있다.

2013년 9월, 시진핑 주석은 일대일로(One Belt One Road)를 발표하였다. 중국에서부터 중앙아시아를 거쳐 유럽으로 이어지는 육상의 연결로를 일대(One Belt)로 하고, 중국에서 동남아를 경유하여 아프리카와 유럽으로 이어지는 해양연결로를 일로(One Road)로 하여

---

38 China Embassies and Consulates, n.d.

이 루트상의 국가들과 경제협력벨트를 구축하려는 사업이다. 일대를 통하여 육상세력을 구축하고 일로를 통하여 해상세력을 구축하는 것이다. 이 경제협력벨트가 만들어지게 되면 아시아, 유럽, 아프리카에 걸쳐 국가수 약 60개국, 인구 약 44억명으로 세계 인구의 약 63%를 포함하는 거대한 경제세력을 형성하게 된다.

2018년 9월, 아프리카 대륙 53개국 정상들이 중국 베이징에 모여 중국-아프리카협력포럼(FOCAC)을 열었다. 아프리카 대륙 54개국 중 대만과 수교하고 있는 에스와티니를 제외한 아프리카 정상 모두가 중국에 모인 것이다. 이 모임에서 중국은 아프리카와 중국은 한 가족이라고 하면서 아프리카 발전을 위해 600억달러의 지원을 약속하였다. 이 같은 통큰 지원은 극도의 빈곤상태에 있는 아프리카국가들의 환심을 사기에 충분하였다. 더구나 중국은 풍부한 노동력을 활용하여 아프리카에 직접 도로나 건물을 건설해 주기 때문에 서구국가들이 하기 어려운 일을 해주는 것이다. 중국 또한 이들 국가로부터 얻는 것이 많다. 세계 최대의 제조업국가로서의 필요한 원료를 천연자원이 풍부한 이들 아프리카 국가들로부터 확보할 수 있다. 또한 국제무대에서 회원국 다수결로 의사결정하는 국제기구에서는 많은 숫자의 아프리카 국가들의 지원은 큰 힘이 될 수 있다.

중국의 입장에서 아프리카국가들과의 우호관계는 세계에서 중국의 입지를 강화하는데 중요하기 때문에 도덕적 윤리적인 문제나 다른 나라의 비난의 대상이 되는 것과 같이 다소 무리가 따르더라도 이에 아랑곳하지 않고 강하게 추진해오고 있다. 이에 대한 하나의 예가 짐바브웨에 대한 지원이다. 2005년 이후 중국은 짐바브웨에 제트기, 장갑차, 탱크, 시위진압용 전차를 포함한 2억 4천만 달러어치의 무기를 판매하고, 공장도 지어 주었다. 당시 짐바브웨는 1980년 영국으로부터 독립한 이후 줄곧 독재자 무가베의 장기집권 하에 있었다. 무가베는 부정부패, 인종차별, 인권탄압을 행하였고, 국민들이 매우 어렵게 살아가는 동안에도 초호화생활을 하는 가운데 정권을 연장해가고 있었다. 국제사회는 이러한 무가베정권의 종식을 위하여 다각도로 압박을 가하는 노력을 하고 있었다. 이런 상황에서 중국의 원조는 국제사회의 노력에 역행하여 무가베정권의 연장을 돕는 역할을 하게 된 것이다. 그리고 2015년 짐바브웨는 중국 위안화를 공식통화로 채택하였다. 이 위안화 채택은 짐바브웨가 중국에 대금상환을 하지 못하자 채권 4,000만 달러를 탕감해주는 대신에 행한 조치였다. 이러한 사례는 중국이 세계를 더 나은 방향으로 이끌려고 하기보다는 자국의 이익만을 추구한다는 것이고, 자국의 이익을 위해서는 무슨 일이든 하는 나라라는 인식을 줄 수 있다.

중국의 아프리카국가들에 대한 원조와 협력관계는 그 자체가 나쁜 것은 아니나 이 같은 불미스러운 일들로 비판받는 일이 적지 않았다. 중국은 서구국가들이 이미 만들어 놓은 국제질서를 거부하고 서구국가들에 대해서 대립하고 견제하려는 성향이 있다. 그래서 중국은 국제관계에서도 서구국가들을 비롯한 세계의 다른 국가들과 함께 협조적으로 해나가기 보다는 독선적이다. 이미 서구국가들이 확립해 놓은 국제질서에서 중국이 파고들 수 있는 틈새는 비좁을 수밖에 없다. 그러다 보니 중국이 아프리카국가들과 유대관계의 수립은 무리하게 혹은 변칙적으로 들어갈 수밖에 없었다. 아프리카국가 간 혹은 종족 간에 대치하고 있는 상황에서 무기를 제공하거나, 독재나 부패 등으로 문제가 있거나, 채무상환능력이 부족하거나 사업채산성이 없어서 국제금융기관이나 서방세계국가들이 자금지원을 하지 않는 국가에 대해서 자금을 지원해 주는 것과 같은 식이었다. 그러다 보니 중국의 무기수출이 전쟁을 촉발시키는 결과를 가져오기도 하고, 선심성 지원이 독재를 연장시키거나 채무불능상태에 빠뜨려 국가의 상황이 더 나빠지게 되는 결과를 가져오게 하는 경우도 허다하였다. 그런데 더욱 문제가 되는 것은 채무불능상태에 빠지는 국가에 대해서는 이를 빌미로 중국이 천연자원 채취나 영토 사용에서의 권리를 확보하거나 국가주권에 관한 사항까지도 이양받는 식의 방법을 취함으로써 과거 제국주의 국가들이 했던 행태를 보이고 있는 것이다.

유엔인권위원회의 보고서에 따르면 2018년 8월 현재, 중국의 자치구인 신장지역에서 위구르인 약 300만 명의 사람들이 교화조치로 억류되어 있으며 위구르인들은 중국 반테러법에 따라 철저히 감시받고 있는 것으로 알려졌다. 신생아에 무슬림 이름을 짓지 못하게 하거나 할랄음식을 못 먹게 하는 등 종교의 자유와 같은 기본적인 자유를 박탈하고 있다고 보고하고 있다.[39] 그리고 티베트 또한 1959년 대규모의 반중국 봉기가 있었고, 2008년 3월에도 유혈 봉기가 일어나는 등 티베트의 독립을 향한 투쟁은 계속되고 있다. 중국은 무력과 비인도적인 국가권력의 행사를 통하여 이 지역들에서의 독립을 억압하는 정책을 계속해오고 있다. 최근 중국에서 억류되고 구속된 언론인의 44%가 위구르인이나 티베트인과 같은 소수민족인 것으로 알려지고 있다. 이들 지역의 인구가 전체의 1%도 안되는 것을 감안하면 소수민족에 대한 언론 탄압과 통제가 매우 심하다는 것을 알 수 있다.[40]

그리고 1971년 UN에서 유일한 합법적인 정부로 인정받은 중국은 세계 모든 국가에 대하여 대만과 국교를 단절하도록 압력을 가함으로써 대만은 국제 미아가 되었다. 대만사람들은 대만이 중국의 일부가 아니며 자신들끼리 살겠다고 하지만 중국은 대만은 중국의 일부라고 주장하면서 무력을 동원해서라도 중국으로 만들겠다고 위협하고 있다. 중국의 압력에 의하여 대만은 UN에서 축출되고 정치적인 색채

39 United Nations Human Rights Office of the High Commissioner, 2018
40 United Nations Human Rights Office of the High Commissioner, 2018

를 배제하는 올림픽에서조차 축출되어 1976, 1980년 올림픽에 참가하지 못하다가, 1984년부터 중국의 뜻에 맞추어 Chinese Taipei 라는 이름으로 참가하고 있다. 대만은 중국 때문에 세계보건기구에서까지 회원국이 되지 못하고 있을 뿐만 아니라 업저버 자격조차 갖지 못한 가운데 질병과 보건에 대한 정보조차 제대로 받지 못하고 있는 실정이다. 만약 대만이 중국으로 된다면 그 이유는 오로지 대만이 중국보다 작아서 힘이 약하다는 것뿐이다. 이렇게 중국은 자국을 더 큰 나라로 만들기 위하여 그 땅에 사는 사람들의 자유의사를 존중하지 않고 있다. 여기서 국가가 무엇인가라는 물음이 나온다. 그리고 중국이 추구하는 일이 옳은 것인지에 대한 물음이 생기게 된다. 중국은 민족이 달라도, 사회체제가 달라도, 주민들이 원치 않아도 무조건 중국의 일원이 되어야 한다는 것이다. 민족이 다르다는 것은 다른 국가들에서도 다 있는 일이니 그렇다고 하더라도 사회체제가 달라도 그 국가의 일원이 된다는 것은 흔치 않은 일이다. 더구나 그 속의 사람들이 원하지 않아도 그 국가의 일원이 되도록 강제하는 것은 비민주적인 억압이다. 이는 중국이 더 큰 나라가 되기 위하여 과도하게 욕심을 부리는 것이라고 하지 않을 수 없고, 이는 제국주의에서나 볼 수 있는 일이다.

중국은 19세기 후반 서양세력이 밀려왔을 때 이들 국가로부터 제국주의를 배우고 또 당시 세계에 풍미하던 사조로서 사회진화론을 받아들였다. 그래서 근대화기에 중국은 한편으로는 서구 제국주의의 침탈을 당하면서 다른 한편으로는 중국 또한 서구국가 못지않게 주변 민족들을 흡수하고 영토를 확대하는데 몰두했던 것이다. 당시 청나라의 만주족의 지배 하에 있던 한족은 원래는 오로지 만주족의 지배에서 벗어나기 원했지만 서구의 사상을 배우고 나서는 한족 주변의 소수민족을 자국 속에 포함시켰을 뿐만 아니라 주변의 국가들을 속국화시키기 위해서 적극 나서게 되는 것이다. 그래서 1880년 전후하여 중국에서는 한반도를 만주에 편입해야 한다는 주장이 강하게 일기도 하였다.[41] 이러한 중국의 제국주의적인 행태는 20세기에 걸쳐 계속 이어져 내려왔고 오늘날에 와서도 크게 바뀌지 않았다. 중국은 서양의 제국주의를 비난하면서도 정작 자신은 제국주의의 행태를 답습하고 있는 것이다.

이런 중국이 지금 중화회복을 외치고 있다. 중화회복이란 부강한 대제국을 건설하겠다는 것이고, 세계의 패권국가가 되겠다는 것이다. 낙후되고 빈곤에 시달리던 나라에서 이제 좀 먹고 살 만하니까 바로 패권국가가 되겠다는 것이다. 과거 동아시아의 좁은 공간에서 패권을 쥐었던 것과 같이 지금의 넓은 세계에서 그대로 패권을 쥔다는 것은 과거의 회복 이상이 될 수 있다. 중국의 요구가 과거를 회복하는 것 이상으로 과다한 것이 된다고 할지라도 사회진화론적인 관점에서 본다면 더 강한 힘을 확보하고 그래서 더 많은 것을 추구해 나가는 것은 당연한 것으로 생각한다. 이렇게 중국의 내셔널리즘은 중화사상에 의하여 부풀려진 자기 인식과 제국주의가 한데 어우러져 있다.

중국은 세계의 중심국가가 되기 위하여 경제력, 군사력의 확대 외에도 다방면으로 진력하고 있다. 세계의 중심국가가 된다는 것은 현재의 중심세력인 미국과 유럽 세력을 꺾어야 가능한 것이므로 과거의 원한을 갚는 것이기도 하다. 의지는 강하지만 현실에서의 능력은 제한되어 있다 보니 힘과 실리에 대한 강한 욕구에 도덕과 체면은 뒷전으로 밀리고, 또한 복수와 같은 절박한 마음으로 수단과 방법을 가리지 않고 목적을 달성하려 하다 보니 불명예스러운 일도 빈번히 일어나게 된다.

2015년 5월, 미국 로스앤젤레스 공항에서 한 중국인 교수가 긴급 체포되었다. 그의 이름은 장하오, 그는 미국기업의 정보통신기술 비밀을 불법으로 취득하여 중국정부에 넘긴 혐의를 받고 있었는데 미국 로

---

41 시진핑, 원세개袁世凱式 중화주의 되풀이? 2017

스앤젤레스에 열리는 학회에 참석차 방문했다가 체포된 것이다. 장하오는 미국 서든캘리포니아대에서 전기공학을 전공하여 미국의 스마트폰과 위성위치확인시스템에 사용하는 FBAR 기술을 가진 스카이워커스솔루션(Skyworkers Solution)이라는 회사에 취업하였다. 그는 중국의 관계자들과 상의하여 기술을 훔쳐 다른 사람의 이름으로 미국과 중국에서 특허를 내고, 자신은 톈진대 교수로 직장을 옮겼다. 그는 중국정부의 계획에 따라 스파이 활동을 하였고 이렇게 빼돌린 기술로 만든 장비는 군사용으로도 사용된 것으로 알려졌다.[42] 2020년 6월, 장하오는 미국 법원에서 15년형을 선고받았다.

중국이 매우 빠른 시간에 경제적인 성공을 거둔 것은 잘 알려진 사실이다. 산업생산에는 노동과 자본 외에도 기술이 있어야 한다. 산업이 낙후되어 기술수준이 낮았던 중국은 개방 후 외국 기업을 인수하거나 기술인력을 스카우트하여 기술을 확보하였다. 기업인수나 스카우트할 때는 좋은 조건이나 고액연봉을 제시하지만 일단 기술이 확보되면 내팽개쳤다. 그리고 또 하나의 방법은 스파이활동에 의한 기술절취였다. 중국이 짧은 기간에 산업에서 기술이 발전하고 첨단제품과 첨단무기까지 만들 수 있게 된 것은 이러한 활동 덕분이었다. 기술 외에도 중국은 세계 각국에서의 광범위한 스파이활동을 통하여 국익을 도모하였다

2020년 7월, 미국 연방수사국(FBI)의 크리스토퍼 레이 국장은 허드슨연구소 연설에서 중국이 미국의 산업기밀을 훔치고 정책에 영향력을 행사하고 있다면서, "우리는 지금 FBI가 약 10시간마다 새로운 중국 관련 방첩수사를 개시하는 상황에 와 있으며, 현재 진행 중인 5천여 건의 FBI 방첩 사건 가운데 절반 가까이가 중국과 관련되어 있

---

42 과학 굴기 中, 인재 1만명에 손짓… 美 "기술 도둑 잡아라"제동, 2020

다"고 밝혔다.[43] 그리고 "중국은 수단과 방법을 가리지 않고 계산적이고 집요하게 세계 유일의 초강대국이 되기 위해 국가 전체의 역량을 모으고 있다"고 하였다.[44] 또, 2018년 미국 법무부가 상원정보위원회에 제출한 보고서에 따르면 2011년에서 2018년 사이의 7년 간에 일어난 산업스파이 사건의 90% 이상이 중국과 관련되어 있고, 영업기밀절도사건의 2/3 이상이 중국정부에 의한 것이었다. 민주주의방어기금(The Foundation for Defense of Democracies)의 보고서에 따르면 중국의 사이버 스파이행위로 인하여 미국기업이 연간 잃는 손실이 3천억 달러에 이르는 것으로 추산하였다.[45]

중국의 이러한 불법적인 정보수집 활동에는 중국인 유학생이나 회사원, 현지교포 등과 같이 해외에 널리 퍼져있는 중국인들이 동원된다. 여기에는 중국이 국가 우선을 강요하는 전체주의라는 점이 큰 역할을 한다. 중화인민공화국 국가정보법 제14조는 "국가정보업무기구는 법에 따라 정보업무를 전개하고, 관련 기관, 조직, 공민에게 필요한 지원, 협력, 호응을 제공하도록 요구할 수 있다."라고 규정하고 있다.[46] 중국인은 일반인들도 국가가 그에게 스파이임무를 부여하면 그에 따라야 하는 것이다. 중국은 바깥세계의 자유로운 사회의 개방성을 활용하는 한편 자국민은 매우 강하게 통제함으로써 국가가 원하는 목표를 효과적으로 달성하고 있는 것이다. 중국인들이 양심을 거스르고 또 위험을 무릅쓰고 이런 일에 가담하는 것은 국가가 강요하거나 크게 보상을 해주는 것도 있지만 중국사람들의 나라를 위해서는 무엇이든 해야 한다는 의식 또한 중요한 요인이다.

중국은 각국의 영향력 있는 언론사, 대학, 연구기관, 교수, 유명인

43 Williams, 2020
44 미 FBI 국장 '10시간마다 하나씩 중국 관련 새로운 방첩수사 개시', 2020
45 Maza, 2018
46 중화인민공화국 국가정보법, 2018

사 등에 좋은 관계를 맺어 중국을 선전하고 홍보하여 여론에 유리하도록 하며, 다른 나라의 선거에서 친중국 정당이나 중국에 유리한 인사가 당선되도록 직간접으로 개입하기도 한다. 2019년 11월, 호주의 한 언론은 중국이 호주의 선거에 개입한 사실을 보도하였다. 중국 요원이 호주의 중국계 사업가 보 자오(Bo Zhao)에게 2019년 3월, 연방의원 선거에 출마할 것을 조건으로 100만 호주달러(한화 약8억9천만원)을 건네었다. 이후 자오는 호주안보정보원(ASIO)에 이 사실을 신고하였으며, 결국 자오는 한 호텔방에서 숨진 채 발견되었다. 이 사건에 대해 앤드루 해스티 호주 하원 정보위원회 위원장은 "우리 국민을 외국의 요원으로 만들어 의회에 침투시키고 우리 민주주의 체계에 영향을 미치려는 시도"라고 하였다. 그리고 같은 달 호주의 다른 한 언론은 중국 간첩 출신으로 호주 안보정보원에 망명을 요청한 왕리창에 대해 보도했다. 여기서 왕리창은 자신은 중국정부 요원으로서 호주, 홍콩, 대만 등지에서 정치공작을 벌여 왔다고 자백하였다.[47] 호주 외에도 대만, 홍콩[48], 한국[49], 미국[50] 등 많은 나라에서 중국이 선거에 개입한 정황이 알려지고 있으며, 그래서 세계의 많은 나라들이 선거 때가 되면 중국의 개입을 경계하고 있다. 이러한 일들을 하는 것은 중국은 민주주의와 같은 세계 보편적인 가치에 대한 인식을 공유하고 있지 않다는 것을 보여주는 것이다.

중국은 그간 국제기구에서 중국의 영향력을 늘려왔고, 또 이러한 목적으로 중국주도의 국제기구들을 만들기도 하였다. 2019년 코로나 바이러스가 발병하였고 이를 계기로 중국과 세계보건기구(World Health Organization: WHO) 조직 지도부와의 유착관계가 드러나

---

47 中, '호주의회에 '간첩의원' 심으려 했다' 호주정보당국 확인, 2019
48 中, 대만 선거 개입? '친중 후보에 선거자금 댔다', 2019
49 'follow the party' 민경욱, 4.15 총선 중국 해커 개입 의혹 제기, 2020
50 펜스 '중국이 美 중간선거 개입' 맹공, 2018

면서 국제기구들에서의 중국의 세력확대 작업들이 세계의 이목을 끌게 되었다. 2020년 2월 말, 세계보건기구 전문가팀은 코로나 상황에 대한 현지조사차 중국에 갔다. 중국에서는 코로나의 확산세가 진정되고, 중국 바깥의 나라들에 확산되고 있었다. 이들은 북경에서 이번 사태와 관련하여 중국의 각급기관과 사회조직들이 매우 특별하게 대응을 잘했다면서, 중국정부가 행한 조치는 "역사상 가장 야심차고 민첩한 조치"라고 말하였다. 그리고, 우한 봉쇄가 코로나19를 막는 데 큰 도움이 됐고 우한 시민들의 공헌을 인정해야 한다"면서 "세계가 당신들에게 빚졌다"고 말했다.[51] 이러한 말들은 이미 중국정부와 언론 매체들이 하던 말들이다. 중국정부가 초기에 코로나19 발생을 감추기에 급급하여 늑장대응을 하면서 이 사태가 일어난 것에 대한 책임을 희석시키기 위하여 이런 식으로 여론을 조성해 왔던 것이다. 세계보건기구 전문가의 이 같은 발언은 중국 관영언론들이 대서특필하면서 일제히 중국정부의 업적으로 찬양하고 나섰고 이는 곧 여론이 되었다.

그동안 중국은 세계보건기구에 많은 자금지원을 하면서 영향력을 키워오게 된 것으로 알려져 있다. 특히 중국이 아프리카 국가와 유대관계를 강화하면서 아프리카 이디오피아 출신인 게브레이예서스(Tedros Adhanom Ghebreyesus)가 사무총장이 된 데에도 중국의 지원이 있었던 것으로 알려져 있다.[52] 이런 식으로 세계보건기구에 막강한 영향력을 행사하면서 결국 중국은 세계보건기구의 권능을 파괴해 버렸다. 세계보건기구는 중국의 비위를 맞추느라 자신들이 해야할 일을 제대로 하지 않았다. 바이러스가 이웃국가들로 퍼지기 시작했지만 '국제 공중보건 비상사태(PHEIC)' 선포를 미뤘고, 뒤늦게 비상사태를 선포하고도 열흘이 지나서야 현지조사에 착수했다. 세계보건기구

51 코로나19 확산 비상, "우한 봉쇄, 세계가 중국에 빚졌다' 는 WHO, 2020
52 Griffiths, 2020

는 중국의 눈치를 보느라 세계적인 차원에서 전염병 차단을 위한 조치를 계속 미뤘다. 세계보건기구가 2020년 3월 11일이 되어서야 감염병의 최고 경보단계인 팬데믹을 선포했을 때는 이미 세계 확진자수가 12만 명을 넘어서고, 사망자수가 4,300여 명에 이른 때였다.

2020년 3월 12일, 시진핑 주석은 안토니우 구테흐스 유엔 사무총장과 통화에서 "중국인민의 힘든 노력이 세계 각국에 전염병 방제를 위한 소중한 시간을 벌어줬고 중요한 공헌을 했다"라고 말하였다.[53] 중국 우한에서 코로나19 바이러스가 발생하여 전세계가 엄청난 고통을 당하였지만, 이에 대해서 중국은 이 바이러스가 자국에서 발생한 것이 아니라고 주장하는가 하면, 세계인에 미안해 하거나 책임감 같은 것을 보이기는 고사하고 오히려 세계가 중국에 고마워해야 한다는 식으로 밀고 나갔다. 코로나 바이러스 사태는 전세계에 엄청난 재앙이었다. 2020년 8월 1일 현재, 전세계에 확진자 17,396,943명, 사망자 675,060명이었다.[54] 죽지 않은 사람들도 이 병으로 사회 활동이 중단되고, 인간관계가 단절되고 고립되는 등 인류에 엄청난 고통을 안겨주었다. 전세계 피해를 당하지 않은 국가가 없는데 이렇게 처신하는 중국이 환영받기는 어려운 것이다. 이 사건은 세계속 중국의 한 단면을 보여 준 것이었다. 이 사건 이전에도 다른 여러 사건들로 중국이 국제사회에서 양심적으로 행동하지 않고 문제를 일으키는 나라라는 인식이 쌓이고 있었다. 중국의 대외관계는 지나치게 힘에 의한 현실정치 성격이 강했다. 중국이 경제적으로 좀 부강해지고 군사력도 갖추게 되니 내가 힘이 세니 할 테면 해보라는 식이었다.

중국의 이러한 성향은 다른 국가를 배려하지 않는 일방적인 행동에서도 드러난다. 인도차이나 반도를 가로지르는 메콩강 상류에 중국

---

53 중 '중국이 세계에 시간 벌어줬다. 미국이 우한에 잔파 가능성' , 2020
54 World Health Organization, 2020

이 건설한 댐도˙하나의 예이다. 중국은 메콩강 상류 티벳지역에 댐을 건설하고 중국이 물을 마음대로 사용하면서 하류는 수량이 줄어 미얀마, 라오스, 태국, 캄보디아, 베트남 등 이 강을 통해서 삶을 이어가는 6,000만 명 이상의 사람들에게 큰 타격을 주고 있다. 그럼에도 중국은 강의 수량이 줄게 된 것은 기후변화 때문이며, 댐과는 아무 상관이 없다고 주장한다.[55] 또, 중국이 산업화되면서 수많은 화력발전소와 원자력 발전소를 건설하였는데, 발전소 대부분을 중국의 동해안 해안에 건설하여 매연과 사고시 유해물질은 편서풍을 타고 모두 한국으로 날아가도록 해놓았다. 한국은 중국에서 들어오는 미세먼지로 극심한 고통을 앓게 되었지만, 이에 대해서 중국은 한국의 미세먼지는 한국에서 발생한 것이며 중국과 상관없다고 주장한다.

이러는 중국이 세계패권과 같은 욕심까지 드러내자 세계가 중국을 더욱 경계하게 되었다. 특히 현재 세계 패권국가의 위치에 있는 미국은 긴장을 늦출 수 없게 되었다. 미국은 중국의 세력확대를 막기 위해 일본에서 인도로 잇는 봉쇄선을 구축하였다. 2007년 미국, 일본, 인도, 오스트레일리아 간에 쿼드(Quad), 즉 사(4)자안보대화(Quadrilateral Security Dialogue)가 결성되었는데, 이는 인도 태평양 지역에서의 군사동맹으로 중국의 세력확대를 막기 위한 것이다. 그리고 트럼프 대통령 취임 이후 중국에 대하여 무역전쟁을 선포하는 등 중국을 적극 견제하면서 양국이 첨예하게 대립하는 상황이 되었다. 역사적으로 볼 때 미국과 중국은 그리 좋은 관계도 아니고 그리 나쁜 관계도 아니었다. 중국이 그렇게 자신을 내세우고 도전적으로 나오지 않았더라면 지금같이 미국과의 관계가 악화되지 않았을 것이다. 중국의 입장에서 이 시점에 미국과 대립해서 특별히 좋을 일이 없음에도 불구하고

---

55 미·중, 또다른 접전지는 메콩강…미 "중국 댐에 태국·베트남 가뭄", 2020

미국을 불필요하게 자극함으로써 이러한 상황으로 발전하게 된 측면이 있다.

이러던 차에 코로나19 바이러스 사태가 발생하였고, 이 사태로 중국은 전세계로부터 배척받는 입장이 되었다. 미국은 이러한 반중국 정서를 이용하여 손쉽게 반중국 연합전선을 구축하였고, 이후 중국은 크게 수세에 몰리게 되었다. 2020년 3월 다이쉬(戴旭) 중국 국방대학 교수는 한 강연에서 중국이 미국에 이렇게 얻어맞는 데도 중국을 동정하거나 지지하는 나라가 없다고 하여 화제에 올랐다.[56] 중국의 경제가 발전하는 것이 중국 밖의 사람들에게 불행이 되고, 중국의 힘이 커지는 것이 다른 나라 사람들에게는 재앙이 되는데 누가 중국의 편이 되어 주겠는가?

중국이 그동안 급속한 경제발전을 이룰 수 있었던 데에는 여러 이유가 있지만, 중국과 중국 바깥의 비대칭성이 중국에 유리하게 작용하였음도 무시할 수 없다. 전후세계는 자유화, 세계화가 꾸준히 진행되어 왔는데 중국은 이런 세계로부터 고립되어 있었다. 그래서 다른 나라들은 세계화가 되어 내셔널리즘이 약화되어 자국의 이익을 많이 챙기지 않았던 반면에 중국은 세계화가 되지 않고 내셔널리즘이 강했기 때문에 자국의 이익을 많이 챙겼던 것이다. 중국이 경제개방에 나섰을 때 미국이 제대로 판단하지 못한 두 가지가 있다. 하나는 중국이 그렇게 빨리 경제발전을 하게 될 것을 예상하지 못하였고, 다른 하나는 중국이 미국을 밀쳐내고 자신이 그 자리를 차지하려는 생각이 그렇게 강한지 몰랐다. 그래서 미국이 중국을 세계시장에 편입시키고 세계무역기구 가입을 도와주기까지 한 것은 미국의 판단착오였다. 미국은 중국을 세계시장에 끌어내면 세계의 규범을 받아들여 중국이 변화될 것이

---

56 "미국이 때려도 우릴 동정하는 나라 없다"中의 통절한 반성, 2020

라고 생각하였다. 즉, 중국의 경제활동은 더 자유로워지게 될 것이고, 이를 기화로 정치적 사회적으로도 더 자유로운 체제로 변화될 것으로 예상하였던 것이다. 하지만 이런 일은 일어나지 않았다. 중국은 내셔널리즘으로 무장하여 국가적인 이해관계에 철저했던 반면, 미국은 세계주의에 빠져 자국의 이해를 망각하고 있었다. 미국의 자본가들은 중국의 값싼 노동력과 거대시장에 탐이 나서 중국을 끌어들였다. 내셔널리즘으로 무장한 중국은 국제주의에 빠져있는 미국을 비롯한 세계 국가들과 기업들을 상대로 국부를 축적하고 경제를 발전시킬 수 있었던 것이다. 중국이 경제력이 커지면서 미국에 대립각을 세우고 도전해오자, 그제야 미국도 지금까지 자신들이 너무 안이했던 것을 자성하게 된다.

그간 중국의 경제발전이 세계 경제 차원에서 보면 문제가 없는 것이 아니었다. 자유시장경제가 아닌 중국이 세계시장에 적극 참여하면서 세계의 공장 역할을 맡게 되었고, 이에 따라 중국이 발전하는 동안 다른 나라들은 희생을 감수해야 하는 결과를 가져왔다. 이러한 동안에 세계의 시장은 왜곡되어 자원은 비효율적으로 사용되고, 경제적 형평성은 감소되었으며, 환경은 악화되었다. 중국은 자유시장경제가 아니면서도 기본적으로 시장경제의 원리에 따라 작동하도록 되어 있는 세계무역기구에 가입된 것만으로도 혜택을 누린 것이다. 그런데도 개발도상국 지위로 무역상의 특혜를 받으면서도 선진국 이상의 목소리를 내고 세계무역기구의 규칙을 제대로 따르지 않았다. 중국 가입 이후 세계무역기구는 개별국가들의 이해가 더욱 첨예하게 대립하면서 식물기구가 되고 말았다.

원래 노동자의 임금이나 근로조건이 자유롭지 못한 국가와 노동자의 임금이나 근로조건이 자유로운 국가 간에 자유무역이 성립될 수가 없다. 임금수준이 낮은 중국과 자유무역을 하면 자연히 중국이 못하는 것 말고는 일감은 모두 중국에 가게 되는 것이다. 그래서 선진국 개발 도상국 할 것 없이 재래산업에서는 모두 중국에게 일자리를 내어주었다. 일자리를 잃은 다른 나라의 노동자들이 중국을 좋아할 리가 없다. 사회주의 국가라면 노동자들의 사랑을 받아야 할 텐데 중국은 오히려 세계 노동자들의 미움을 받고 있는 것이다. 그러나 중국이 값싼 임금과 낮은 환율로 세계에 값싼 상품을 공급함으로써 세계의 소비자들이 혜택을 본 것 또한 사실이다. 하지만 사람들은 물건을 잘 사용하면서도 고맙다고는 하지 않는다. 소비자는 살 때 싸게 산 것은 곧 잊어버리고 쓰다가 품질 나쁜 것은 쓰면서 두고 두고 원망을 하는 것이다. 그리고 이는 결국 자국의 산업의 축소와 자신들의 일자리 감소로 이어지는 것을 알기 때문에 우선에는 편하지만 자신들에게 좋은 결과로 돌아오지 않는 소비에 만족감은 삭감되는 것이다.

이와 같이 개개인의 차원에서 보더라도 중국이 세계 사람들에게 호감을 줄 수 없었다. 그런데다 중국이 경제발전을 하게 되자 중국인들이 세계 각지로 나가면서 현지인들과의 접촉이 늘어나게 되는데 일단 숫자가 너무 많으니까 경계심을 주고, 그 행동에서도 좋지 않은 인상을 심어 주었다. 자신들만 생각하고 너무 예의없이 행동하는데다 중국인들이 거쳐가면 공항이나 쇼핑몰 바닥은 쓰레기로 난장판이 되고 식당이나 호텔의 집기가 망가지거나 없어지고 문화재가 훼손되는 경우도 많았다. [표 1-1]은 중국에 대한 호감도를 보여주고 있다. 개방이후 세계 사람들에 있어서 중국에 대한 호감도는 전반적으로 하락하였다. 하지만 중국인들의 자국에 대한 호감 수준은 매우 높고, 또 점차 상승하고 있음을 볼 수 있다. 경제가 발전하고 국력이 강해지면서 중국인 스스로의 자국에 대한 평가는 올라갔지만, 외국 사람들의 눈에는 이러한 중국이 호감으로 다가오지 못한 것이다.

중국인들에게 있어서 중요한 것은 중국이라는 국가이다. 민족, 이념, 개인의 자유, 세계평화와 같은 것은 중요하지 않다. 크고 강한 국가를 이룩하는 것이 중요할 뿐이다. 과거에 동아시아의 고립된 공간에서 중국이 그랬던 것처럼 지금은 세계에서 중심국가가 되겠다는 것이다. 중국은 서양의 것을 좀체 인정하려 하지 않는다. 중국은 서구세계에 대하여 적개심과 경쟁심을 갖고 있기 때문에 기본적으로 서구국가들이 구축해 놓은 세계질서에 순응할 생각을 갖고 있지 않다. 미국의 패권을 인정하지 않을 뿐만 아니라, 지적재산권도 인정하지 않고, 인권이나 민주주의적인 가치도 인정하지 않는다. 중국은 서구 중심의 세계질서를 허물고 중국 중심의 질서를 구축하고자 한다. 중국이 이끄는 세계가 이전의 세계보다 더 좋은 세계라면 우리는 굳이 막아설 필요가 없다. 그러나 중국이 지금까지 해온 것을 보면 중국이 이끄는 세계가 더 나을 것이라고 기대하기 어렵다.

중화체제는 전근대적인 전제적 권력체제이다. 일찍이 미국의 헨리 키신저(Henry Kissinger)는 중국은 그 장구한 역사 동안 평등이란 기반에서 다른 나라와 접촉한 적이 없었다고 하였다. 중국은 다른 나라에 대하여 항상 상국의 입장에서 차별적으로 대해왔다. 국가관계뿐만 아니라 보다 근본적으로 중국인들은 오랜 동양 전통의 전제군주의 권위주의적 체제와 위계적 질서 사회의 수직적인 윤리의식이 배어 있어서 평등한 관계를 형성하기 어렵다. 이에 더 나아가서 중국 또한 제국이 되기를 원하는 제국주의 사상을 갖고 있으며, 사회진화론과 같은 구태연한 생각 속에서 약육강식의 사고를 갖고 있다. 중국에 있어서는 평등한 관계에 기초하는 오늘날의 세계질서가 자연스럽지 않다. 그래서 지금과 같은 모습으로 중국이 미래에 세계를 이끌어나가겠다고 한다면 문제이다. 중국이 꿈꾸는 대로 중국몽이 실현될 때 세계의 다른 나라들은 찬란히 아름다운 문화의 중국 앞에 모두 이적이 되어야 한다. 세계의 나라들은 한국처럼 대접받게 될 것이며, 세계 어느 곳에

표 1-1	세계 사람들의 중국에 대한 호감도 변화			

국가 \ 년도	2005	2010	2015	2018
미국	43	38	39	38
러시아	60	60	79	65
영국	65	46	45	49
폴란드	37	46	40	36
인도네시아	73	58	63	53
스페인	57	47	41	42
프랑스	58	41	50	41
독일	46	30	34	39
한국		38	61	38
일본		26	9	17
멕시코		39	47	45
나이지리아		76	70	61
브라질		52	55	49
중국	88	97	96	

출처: *How are global views on China trending?* by Center for Strategic and International Studies, 2020. Retrieved August 1, 2020, from https://chinapower.csis.org/global-views/

서든 남중국해에서와 같은 상황이 일어나게 될 것이다. 이는 평등하지도, 자유롭지도, 정의롭지도 않으며, 중국 이외에 어느 나라도 원치 않는 세계이다. 이렇게 볼 때 이것은 실현될 수도 없거니와 실현되어서도 안 되는 꿈이다.

6 정부 주도 내셔널리즘

2018년 11월 18일, 쑤저우 마라톤에서 결승점을 500여m 앞두고 중국 선수 허인리와 에티오피아 선수 아얀뚜 데미세와 치열한 선두다툼을 하고 있었다. 젖먹던 힘까지 다내어야 하는 극한의 시점이다. 이 때 한 여성이 이 질주에 끼어들었다. 중국의 자원봉사자였다. 자원봉사자는 중국의 허 선수에게 오성홍기를 건네주려 하였다. 오성홍기는 접혀서 커다란 천뭉치로 되어 있었다. 전력을 다해 뛰고 있던 허 선수는 국기를 받지 않고 계속 달렸다. 자원봉사자도 계속 달렸지만 마라톤 선수를 따라잡을 수 없었다. 그러자 얼마 안 가 다시 다른 자원봉사자가 코스 앞쪽에서 뛰어나와 허 선수에 같은 국기를 안겼다. 큰 국기 뭉치를 받은 허 선수는 이것을 들고 뛰다가 너무 거추장스럽고 힘들어 길에 던져버리고 뛰었다. 결국 달리는 흐름을 놓친 허인리 선수는 1위를 놓치고 말았다.

이 중계를 본 중국인들은 격앙하였다. 국기를 존중하지 않았다는 것이었다. "어떻게 국기를 길바닥에 던질 수 있느냐", "성적이 국기보다 중요하냐"는 등의 질타가 이어졌다. 이런 비난이 빗발치자 허인리는 웨이보에 "국기가 비에 흠뻑 젖어 있었고, 팔이 잘 움직이지 않아 떨어뜨린 것이니 이해해주길 바란다. 죄송하다."고 사과하였다. 중국의 대회관계자에 따르면 중국인 주자가 1, 2, 3위일 경우 반드시 국기를 걸치고 결승선을 통과하도록 하는 방침이 있었다고 하였다.[57] 중국의 국가주의 내셔널리즘은 이렇게 눈물겹다. 모든 것이 국가를 위한 것이고 국가 앞에서 개인은 존재의미를 상실한다.

아무리 거대인구에서 나오는 내셔널리즘의 위력이 막대할 수 있다고 하나 국민 개개인이 애국심이 약하거나 이를 결집시키지 못한다면 국가를 위한 힘이 될 수 없다. 만약 국민들이 내셔널리즘이 없다면 인구가 작은 나라보다 인구가 많기 때문에 오히려 더 국가 운영이 어려울 수도 있다. 그래서 중국은 국민들이 나라를 위하는 마음을 갖도록 하고 또 이를 결집하기 위하여 국가정부에서 적극 나서고 있다. 중국은 사회주의 전체주의 국가이기 때문에 자본주의 개인주의 국가와 달리 권력이 다원화되어 있지 않고 당과 정부에 집중되어 있다. 그리고 국가의 많은 영역을 정부가 직접 관리하고 통제한다. 이런 특성으로 인하여 국민들이 갖는 내셔널리즘은 지배엘리트들에 의하여 만들어지고 관리되고 조정된다. 3,000여 개의 TV 채널, 2,500여 개의 라디오 방송, 1만 2,000여 개의 신문과 잡지, 그리고 300만여 개 이상의 웹사이트[58] 등을 비롯한 중국 내 다양한 매체와 선전수단이 국민들의 생각을 이끄는데 동원되는데 내셔널리즘도 이렇게 이끌려진다. 중국정부는 나라 곳곳에 중국의 위대함을 느끼게 하는 상징을 만들고, 국가적인 행사를 통하여 국민들로 하여금 자신도 모르게 중국의 위대함을 느끼고, 중국인으로서의 긍지와 자부심을 갖게 한다. 학교와 사회 교육에서 애국심을 가르치며, 문화와 예술에서 애국심을 느끼게 하며, 선전과 홍보를 통하여 애국심을 일깨운다.

중국은 1990년대 이후 내셔널리즘이 크게 확산되는데 이는 당시

---

57 '국기' 때문에 마라톤 우승 놓쳐 억울한데 … '국기 소홀' 비난까지? 2018
58 연 4억 댓글 쏟아내는 中 '50센트軍'의 공습 … 美대선 노린다. 2019

국가적인 상황에 대응하는 정부 정책의 변화에 따른 것이었다. 천안문 사태를 계기로 중국정부는 국민들이 서방의 자유주의 사상에 물들게 되는 것을 크게 경계하게 되었다. 서방의 사상에 물들게 되면 정부가 국민들을 이끌어가기 어려울 뿐만 아니라 국가 체제가 와해될 수도 있다는 것을 인식하게 되고, 이를 막기 위해서는 국민들로 하여금 서양의 것은 좋은 것이 아니며, 중국의 것이 좋은 것이라는 믿음을 갖게 할 필요가 있었다.

그래서 정부는 중국의 위대함과 중국의 자랑거리를 부각시키는 작업에 들어가게 된다. 역사를 재정비하고 역사 유적지를 발굴하며 역사적 기념물을 건설하게 된다. 1992년 사상 최대규모로 황제릉을 조성하고, 황제릉 정비와 보호공정과 함께 중국의 역사도 재창조하게 된다. 과거에는 황제(黃帝)가 한족의 조상이었지만 지금은 황제가 한족뿐만 아니라 흉노, 만주족, 거란족, 등 중국의 여러 소수민족에서도 그 시조로 되었다. 그렇다면 같은 조상의 후예이므로 중국 내 민족구분의 의미는 없어지고 모두가 한 민족이 되는 것이다. 이렇게 모든 중국인들을 하나로 통합하고, 하나 된 중국인으로서 정체성을 뚜렷이 하여 모든 중국인의 단합을 이끌어 내고 있다. 그리하여 현재의 중국 영토 내의 민족들은 말할 것도 없고 홍콩, 대만의 중국인뿐만 아니라 해외에 있는 화교에 이르기까지 모두가 하나로 통합된 중국을 만들어가려는 것이다.

공자도 재평가되어 공자사상을 중화문명의 중요한 한 부분으로 하여 중국의 소프트파워(soft power)로서 내세우게 되었다. 20세기 초, 신문화운동이 일어나면서 중국에서 공자는 비판의 대상이었다. 이 시기 공자와 그의 사상은 노예적, 도피적, 쇄국적, 허식적, 공상적, 보수적 사상으로서 가정 먼저 혁파되어야 할 전근대적인 사상으로 지목되었다. 그리고 1960년대 문화대혁명기에 공자는 반동적이며 노예옹호사상을 가진 자로 뿌리뽑아야 할 봉건사상의 원흉이었다. 홍의병들에 의하여 공자의 무덤은 파헤쳐지고 비석은 깨트려져 널브러졌으며, 그의 책은 불태워졌다.

이러던 공자와 유학에 대한 평가가 1980년대 이후 완전히 달라지게 된다. 공자의 유적은 정비되고 단장되었으며, 곳곳에 공자의 동상이 세워지고, 공자가 태어난 취푸는 성지가 되었다. 공자탄생 기념행사가 열리고, 학자들은 공자의 화합사상을 치켜세우며 유학의 학문적인 우수성을 강조하는 가운데 공자에 대한 학술대회가 이어지게 되었다. 노벨상 수상자들이 공자를 미래에 인류를 구원할 구세주로 선언하였다고 하여 21세기 공자구세론이 논의되는가 하면, 공자는 세계 10대 사상가의 으뜸이라고 선전하게 되었다. 공자가 재평가됨에 따라 프롤레타리아 사회주의 혁명의 기치 하에서 부정되고 평가절하되었던 유교, 가족, 향리의식과 같은 중국의 전통적인 가치들도 다시 복권되었다. 공자사상과 중국문화의 확산과 보급을 위하여 중국은 오대양 육대륙에 공자학원을 설립하였다. 2004년 11월, 서울에 최초로 공자학원이 설립된 이후, 전세계에 급속하게 공자학원의 수를 늘려 2020년 1월 기준, 162개 국가에 545개 공자학원, 1,170개 공자학당이 설치되었다.

유교사상에서의 충의 대상은 과거에는 황제였지만 지금은 중국 최고지도자이기도 하고 국가이기도 하다. 현재의 중국의 정치체제에서 충은 곧 애국으로 연결될 뿐만 아니라, 국민들이 중국 최고지도자를 향하여 충성을 다한다고 해서 중국의 권력자들이 이를 싫어할 리 없다. 중국에서는 애국사상을 심어주는 것이 교육의 가장 중요한 한 부분이다. 정부는 학생들뿐만 아니라 국민들에게도 애국교육을 철저하게 시킨다. 1994년 8월 23일, 중국정부는 애국주의교육실시강요(愛國主義敎育實施綱要)를 발표하는데, "중화민족은 애국주의의 영광스러운 전통을 가진 위대한 민족이다. 애국주의는 중국 인민을 단합케 하는 기치이며, 우리의 사회 역사를 발전시키는 위대한 힘이며, 모든 민족 공동의 정신적 지주이다."라고 시작하고 있다. 여기서 중국의 애국주의 교육의 목표는 중국문화의 우수성을 알리고, 공산당의 지도체제를 공고히 하고, 국방을 강화하고 번영과 통일을 이룩하는데 기여토록 하는 것으로 하고 있다.

2000년대 들어와서는 중국의 애국심 강화를 위한 교육은 한층 고도화된다. 학교에서 뿐만 아니라 일상생활에서도 애국심 향상을 위한 전면적인 교육 및 선전활동이 범국민운동 수준으로 진행되었다. 여기에는 행정기관, 신문, 잡지, TV, 라디오, 인터넷 등 언론매체, 공산주의 청년단, 부녀연합회 등 사회단체들이 거국적으로 참여하고 있다. 학교나 공공기관에서 행사를 할 때는 반드시 국기에 대한 경례를 하고 국가를 불러야 하며, 초등학교 3학년 이상이 되면 반드시 국가를 외워야 한다. 애국적인 인물들을 발굴하고 이에 대한 선전을 하며, 학교의 교실과 강당이나 마을 및 기업체의 공공장소에는 애국인사의 초상화나 애국적인 그림과 시를 걸어두고 있다.[59] 오락 및 연예 프로그램에서도 이를 보는 동안 자연히 애국심 함양이 되도록 하고, 관광과 애국교육을 접목시켜 애국을 위한 관광지와 관광프로그램을 개발하여 국민들이 관광을 하는 동안에 애국심이 고양되도록 하며,[60] 박물관, 기념관, 기념물 등을 애국교육에 활용하는 등 다각적인 방법을 동원하고 있다.

2004년 10월, 중국정부는 애국교육을 강화하기 위한 방안으로, 영화 100편, 책 100편, 노래 100편을 선정하여 국민들에게 권장하였다. 2006년에는 베이징, 허베이, 장수, 장시, 안후이를 중앙에서 관

---

59 윤휘탁, 2008, p.154
60 Xu, 2012, p.115

리하는 거점으로 하고, 지방단위로 400여 개, 군단위로 2,000여 개의 애국교육거점을 만들고, 10,000개 이상의 유적지를 조성하여 애국교육에 활용토록 하였다. 또 애국교육을 위한 목적으로 애국주의 교육기지를 두고 있다. 애국기지는 박물관, 기념관, 열사기념시설, 혁명유적지, 전투기념시설, 역사유적, 명승지, 주요 건축물과 시설 등으로 2016년 현재 총 356곳을 선정하고 있는데, 중앙기관, 군부대, 교육기관, 주민단체, 기업체 등에서 정기적으로 여기에 와서 입당의식, 입단선서의식, 신병입대의식, 노병제대의식 등과 같은 행사를 한다.[61] 그리고 1990년대 말 이후 급속하게 보급된 인터넷과 정보통신을 활용하여 중국정부는 국민들에게 내셔널리즘을 불어넣고 있다.

2019년 11월 12일, 중국은 신시대애국주의교육실시강요(新時代愛國主義敎育實施綱要)를 발표하였다. 홍콩이 자율을 요구하는 시위를 하게 되자, 중국 젊은이들이 이에 동요하지 않도록 애국교육을 강화하기 위해서였다. 여기서 "애국주의는 중화민족의 심장이자 민족혼이고, 중화민족의 가장 중요한 정신적 재산이며, 중국인민과, 중화민족의 민족적 독립과 민족적 존엄성을 유지 수호하는 강한 정신적 동력이다."라고 하고 있다.

중국정부는 국가통치에 있어서 내셔널리즘을 적극 활용한다. 내셔널리즘은 대외적으로는 다른 국가에 대하여 자국의 협상력을 높이고 대내적으로는 국민들을 통합하여 국가의 힘을 강화시킨다. 그래서 국민들이 나라를 사랑하도록 일상생활에서 알게 모르게 이에 대한 의식을 불어넣고, 필요에 따라 국민들의 내셔널리즘을 자극하여 집회나 시위에 동원하기도 한다. 이렇게 중국에서의 내셔널리즘은 대부분 하향식 형태를 취하고 있다. 사실 중국 어느 곳에서 군중들의 시위가 있다고 했을 때, 이 시위는 정부기관이 필요하다고 판단하여 행해지고 있

---

61 윤휘탁, 2008, p.154

는 것이다. 중국은 개개인이 거리에서 시위를 마음대로 할 수 있는 나라가 아니기 때문이다. 내셔널리즘과 관련될 만한 국가적인 사건이 발생하면 먼저 정부는 내셔널리즘을 동원하여야 할지를 검토하고, 내셔널리즘을 동원해야겠다고 판단하면 언론을 동원하여 자극적으로 보도하여 여론을 불러일으키고 기관이나 단체를 통하여 대규모의 군중을 동원하여 시위를 하거나 대중적인 감정을 표출하도록 한다. 그리고 정부는 사건의 진행 상황에 맞추어 여론을 조절하고 통제해가면서 이러한 여론을 등에 업고 대응에 나서게 된다. 사건이 거의 해결되거나 여론의 지원이 필요 없게 되었을 때 당국은 국민들을 자제시키고 진화조치를 하게 된다.

내셔널리즘은 양날의 검과 같다. 유용할 수 있지만 국민들이 정치적인 에너지를 갖게 되는 일이므로 때로는 위험할 수도 있다. 예를 들면 외국을 규탄하는 내셔널리즘은 국가의 대외협상력의 제고에 도움이 되지만 이것이 정부의 무능이나 대응불만으로 전이되면 국민들의 성토는 반외세에서 반정부로 바뀔 수도 있는 것이다. 그래서 중국정부는 상황에 따라 어느 정도까지는 국민들의 내셔널리즘을 고무시키지만, 일정수준 이상 고조되면 이를 통제하여 더 이상 확대 발전되지 않도록 철저하게 관리한다.

7 대외 갈등의 내셔널리즘

내셔널리즘은 다른 나라의 존재로부터 시작된다. 그리고 이를 강화시키는 데에는 적(敵)의 존재를 필요로 한다. 1970년대 미국과 중국이 화해하면서 양국 간의 냉전관계는 해소되고 다른 서구국가들과도 우호적인 관계로 전환하였지만, 중국과 미국 및 서구국가들과의 대립

관계가 소멸된 것은 아니었다.

중국은 아편전쟁 이후 근 100년 동안 서구열강과 일본에 의하여 끊임없이 침탈당하면서 많은 피해를 입었고 큰 수모를 당하였다. 이것은 긴 시간 동안 축적되어 쉽게 지울 수 없는 기억으로 남아있다. 여기에다가 현재 중국은 국가체제에 있어서 서구국가들과 다르다. 서구국가들은 자본주의 자유민주주의 체제인데 반하여, 중국은 사회주의 공산주의 체제이다. 양자는 기본적으로 적대적 관계이기 때문에 서로 대립할 수밖에 없다. 여기에다가 중국이 경제가 좋아지면서 경제규모에서 미국과 1,2위를 다투게 되고 장차 세계패권마저 다투려는 상황이 되면서 미국의 견제를 받게 되었다. 중국은 시장경제를 도입하였다고 하지만 이는 국가의 개입 속에서 이루어지는 것으로 자유시장경제와는 완전히 다른 것이어서 시장경제국가로 볼 수 없다. 그리고 서양국가들이 중요하게 생각하는 인권, 평등, 공정성과 같은 인류 공통의 가치에 있어서도 중국은 이를 받아들이지 않고 있다. 또 서구국가와는 문화, 인종 등에서도 이질적이어서 친해지기 어려운 태생적인 여건도 갖고 있다. 이렇게 다방면에서 서로 친구가 되기에는 근본적으로 어렵게 되어 있는 것이다. 그럼에도 불구하고 지금 서방세계와 함께 하고 있는 것은 함께할 이익이 있기 때문일 뿐이다.

그래서 서방 국가와 중국 모두 서로를 동반자이기보다는 경쟁자로서 인식하는 것은 조금도 이상한 일이 아니다. 언론의 자유가 있는 서방에서는 중국에 대해서 인권, 검열, 지적재산도용, 기술절도, 위험한 장난감, 유해식품, 등과 같은 것들을 많이 보도한다. 중국인은 이 같은 보도가 의도적으로 자신들을 공격한다고 생각하며, 또 부분적으로 타당하다고 하더라도 옳고 그름을 판단하기 이전에 이런 말을 들으면 분노가 앞선다.

중국인들에게 가장 빈번히 분노를 일으키는 국가는 미국이다. 중국청년보(China Youth Daily)가 1995년 5월 중국의 젊은이 10만명을 대상으로 행한 조사에 의하면 응답자의 87.1%는 세계에서 미국이 가장 비우호적인 국가라고 하였으며, 응답자의 57.2%가 미국을 가장 싫어하는 국가로 꼽았다.[62] 중미관계는 평온하다가도 항상 예기치 못한 사건이 일어나고 이럴 때마다 분노의 감정이 폭발하게 된다. 미국과 중국 간에 대립되는 문제가 한둘이 아니지만 지금까지 이슈가 되었던 주요 문제는 대만문제, 인권문제, 중국 내 소수민족문제, 미국의 군사작전, 경제적 마찰, 패권경쟁 등이다.

중국 공산당과 국민당 간의 국공내전 당시부터 미국은 국민당을 지원하였기 때문에 처음부터 중국은 미국과 등졌고, 국민당이 패배하여 대만으로 밀려난 이후에도 미국이 국민당 정부를 지원하였으므로 이러한 관계가 유지되어 왔다. 그러다가 1960년대 이후 소련과 갈등을 빚으면서 중국은 독자적인 사회주의 노선을 추구하게 되고, 이러한 상황에서 중국과 미국은 화해를 모색하게 된다. 1972년 상하이공동성명(Shanghai Communique)을 시작으로 양국관계는 정상화의 길에 들어서게 된다. 그런데 이후에도 미중간에 빈번히 대립하는 일이 일어나게 되는데 가장 큰 이유가 대만문제였다. 미국은 중국과의 관계개선과는 별도로 대만에 대하여 지원을 계속하였고, 이에 중국이 반발하는 것이다. 특히 1995년 최초의 대만 출신 총통 리덩후이(李登輝)가 미국을 방문했을 때 중국은 대만해협에 미사일발사훈련을 감행하는 도발로 불만을 표시하는 등 반미감정이 크게 고조되었다.

1989년 천안문 사태에서 과격한 진압행위로 많은 사상자가 발생하자 미국을 비롯한 서방국가는 중국을 비난하게 되고 이에 중국과 미국 간에 관계가 냉각되었다. 미국은 세계의 패권적인 위치에 있는 국가로서 그리고 민주주의와 자유주의의 가치를 추구하는 국가로서 어느 나

---

62 미국은 최고 적대국⋯중국인 지목, 1995

라든지 인권문제나 정치적인 억압에 관련된 문제에 대하여 모른 체하고 넘어가지 않는다. 그런데 중국은 국가의 통제가 심한 사회주의국가인데다 내부에 민족독립문제가 있고, 또 대만문제나 홍콩문제와 같이 정치적인 문제가 한둘이 아니다. 그래서 이러한 문제로 미국과 맞닥뜨리게 되고, 이럴 때마다 중국인들은 미국이 내정간섭하는 것으로 받아들이고 미국을 성토하는 일이 많았다.

그리고 중국이 미국에 대하여 격하게 감정적으로 대응하는 일은 미국의 군사활동과 관련하여 많이 일어났다. 1993년 은하호사건(Yinhe incident)이 있었다. 이는 1989년의 천안문사건 이후 1991년에 중국이 2000년 하계올림픽 개최를 신청하였다가 서방국가들의 지지를 받지 못하여 유치에 실패하게 되었고, 이에 미국에 대하여 감정이 좋지 않은 상태에서 일어났다. 1993년 7월, 미국 중앙정보부(CIA)는 천진항에서 중동으로 출항하는 중국 선박 은하호에 이란으로 가는 무기용 화학물질이 실렸다는 정보를 입수하게 된다. 이에 미국은 중국에 요청하여 이 배의 짐을 내려 조사할 수 있도록 출발항으로 돌아가도록 요청하였지만, 중국은 배를 조사한 후 그런 물질이 선적되지 않았다며 미국의 요청을 거부하였다. 이에 미국 해군은 페르시아만을 항해하던 은하호를 공해상에서 가로막고 운항을 정지시켰고 이후 대치상황이 일어나면서 이 상황이 33일이나 이어지게 되었다. 결국 8월 28일, 양국의 합의로 사우디아라비아 항구에 정박시켜 운송 중인 컨테이너 628개의 화물 모두를 조사하게 된다. 조사결과 미국이 주장하던 물질은 없었다. 이 사건이 보도되면서 중국인들은 미국이 중국을 무시하였다 하여 반미감정을 표출하게 되었다.

그리고 1999년 3월 7일, 유고슬라비아 내전에서 벨그라드 중국대사관이 나토의 폭격기에 의하여 폭격을 당하는 일이 일어났다. 중국인 3명이 죽고 20여 명이 다쳤다. 미국은 폭격 작전 수행과정에서 오래된 지도를 사용하여 생긴 오폭이라고 해명하였지만, 중국인들은 이를 야만적 행위이자 중대한 전쟁범죄로 규정하고 미국을 규탄하였다. 중국시위대는 미국대사관에 벽돌을 던지고 유리창을 부수고 차량을 부쉈다. 청도에서는 17만 명이나 되는 대규모의 시위가 있었고, 미국 영사 거주지에 화염병을 투척하는 등 반미시위가 격렬하게 일어났다.

또, 2001년 4월에 하이난섬 인근 상공에서 미국의 EP-3 정찰기와 중국의 F-8 전투기가 충돌하는 사고가 발생한다. 중국기는 추락하여 조종사는 실종하였고, 미국기는 중국의 하이난섬에 불시착하게 된다. 미국기가 중국의 영공을 침입하였는가에 대하여 미국과 중국의 주장이 달랐지만, 중국인들은 이를 미국의 중국에 대한 침략이라고 하였다. 그리고 성난 중국인들은 미국계 패스트푸드점을 공격하는 등 반미시위가 격렬하게 일어났다.[63]

이러한 사건 이외에도 2009년 3월에도 하이난섬 근처에서 미국의 정찰선이 중국선박들에 의하여 포위당하는 사건이 발생하였고, 2010년대 이후에는 중국의 남중국해 무인도들에 중국이 군사기지를 건설하면서 미국과 수시로 대립하는 양상을 보이고 있다. 미국이 세계에 걸쳐 군사활동을 하다 보니 미국의 군사활동 과정에서 크고 작은 사건 사고들이 많이 일어나게 되고, 이렇게 하여 분쟁이 일어나면 중국인들은 미국에 대한 국가적인 감정을 감추지 않았던 것이다.

다음은 일본이다. 중국의 내셔널리즘의 분출에 있어서 빼놓을 수 없는 나라가 일본이다. 중국청년보(China Youth Daily)가 1995년 5월, 중국의 젊은이 10만 명을 대상으로 행한 조사에 의하면 응답자의 96.8%가 19세기 전반 일본이 중국인들에 행한 가혹행위에 대하여 지

---

63 이 사고로 양국간에 긴장이 고조된다. 결국 중국은 미국의 사과를 요구하였으나 미국의 유감표명에 조종사는 돌려보내고 비행기도 돌려보냈는데 중국 상공에서 뜰 수 없다 하여 해체하여 돌려보냈다.

금도 분개하고 있다고 대답하였으며, 응답자의 98.6% 잊어서는 안될 역사라고 대답하였다.[64] 중국과 일본과의 관계는 오랜 역사성 위에 놓여 있다. 19세기 이전만 하더라도 일본이라는 나라는 오랑캐 중의 오랑캐로서 중국이 관심조차 주지 않던 존재였다. 그러던 일본이 19세기 중반 서양문물을 빠르게 받아들이더니 중국을 침탈한 서양국가들 무리에 끼어 중국을 침탈하기 시작하였다. 만주에서 대만에 이르기까지 이전에 중국과 관련된 지역들을 손아귀에 넣고 급기야 중국의 본토까지 침입하여 중국을 거의 사경으로 내몰았다. 그러는 와중에 일본인들은 중국인들을 비하하고 매우 잔인하게 다루었기 때문에 중국에서의 반일감정은 단순하지 않다.

1972년 중국과 일본이 수교한 이래 양국은 신뢰와 우호적인 관계를 형성하려 노력해 왔다. 중국이 개방을 하면서 양국은 서로를 필요로 하는 관계였기 때문에 경제적인 측면에서 급속하게 가까워졌다. 그런데 1980년대 이후 일본이 경제적 성공을 바탕으로 하여 패전 후 자숙하던 태도를 버리고 자국의 긍지와 자존심을 내세우는 방향으로 나가면서 과거의 역사를 왜곡하고 미화하는 문제가 생기게 된다. 일본의 중국에 대한 침략을 정당화하고 난징대학살사건이나 종군위안부의 존재를 부정하거나 일본에 책임이 없는 것처럼 호도하자 중국인들은 분개하게 된다. 그래서 1990년대 이후 중국과 일본의 대립은 과거사 문제에서 시작하여 국경선상의 섬들에 대한 영토분쟁으로 이어지면서 많은 갈등을 빚게 된다.

2005년 중국에 대규모로 반일시위가 일어났다. 일본 총리가 야스쿠니 신사참배를 하고, 일본 역사교과서의 역사왜곡 문제가 대두되자 이를 성토하는 시위였다. 시위대는 일본상점, 일식집, 일본자동차 등을 공격하였다. 중국의 이러한 시위의 배경에는 당시 일본이 유엔 상

---

64 미국은 최고 적대국…중국인 지목, 1995

임이사국으로 진출하려 하고 있었기 때문에 일본의 비도덕성과 무책임성을 부각시켜 일본이 세계의 주도국이 될 자격이 없음을 세계에 환기시키려는 의도도 있었다.

그리고 무인도 조어도(중국명 댜오위다오, 일본명 센카쿠열도)를 두고 일본과 중국이 충돌하는 사태가 발생하였다. 이 섬은 현재 일본에서 관할하고 있지만, 중국과 일본이 서로 자국 영토라고 주장하는 섬이다. 2010년 9월, 조어도 해역에 중국 어선과 일본 해양 순시선이 충돌하여 일본 경찰이 중국 어선 선장을 체포하였다. 일본이 국내법에 따라 중국 선장을 처벌하려 하자 중국의 반일여론이 거세게 일어났다. 인터넷상에서는 많은 중국인들이 참여하여 여론을 뜨겁게 달구었고, 중국 당국은 일본에 대해 희토류 수출을 전면 금지하였다. 결국 일본은 중국의 압력에 굴복하여 중국인 선장을 3일 만에 석방했다.

그리고 2012년 8월 15일, 홍콩인 7명이 조어도가 중국 영토임을 주장하면서 이 섬에 상륙하였다가 일본경찰에 체포되었다. 이 섬이 분쟁의 대상이 되자, 2012년 9월, 일본은 이 문제를 유리하게 다루기 위해서 이 섬을 국유화하였다. 이때 다시 중국 각지에서 대규모 반일시위가 일어났다. 중국정부는 일본과의 주요 경제협력사업의 중단, 일본 관광객의 통제, 수출규제 등과 같은 경제적인 보복조치를 하였다. 반일시위는 중국 주요 도시 대부분에서 일어났을 뿐만 아니라, 화교들에 의하여 뉴욕, 샌프란시스코 등에서도 일어났다. 베이징에서는 시위대 수천 명이 일본 대사관 앞에 몰려가 돌을 던지고, 일본 국기를 불태우기도 하였다. 친다오에서는 시위대에 의하여 파나소닉 전자부품 공장을 비롯하여 10여 개의 일본기업 공장이 불타고 생산라인은 파괴되었고, 광둥성 장먼시에서는 일제 승용차들이 차량털이 당하였다. 도요타, 닛산, 혼다 등의 자동차 공장에서는 많은 수의 차량이 공격을 당하여 피해를 입었으며, 캐논, 파나소닉, 도시바 등 많은 일본기업의 공장들은 근로자의 시위로 조업이 중단되었다.

같은 해 9월 15일, 산시성 시안시에서는 일제승용차를 몰던 중국인 남성을 시위대가 공격하였다. 이 남성은 시위대에게 "나도 중국인이다. 나 역시 댜오위다오를 지켜야 한다고 생각하며 중국을 사랑한다"고 말했지만 소용없었다. 그는 시위대에 맞아 머리에 골절상을 입고 의식을 잃었고 이후 반신불수가 되었다.[65] 9월 17일, 시위가 너무 과격해지자 중국정부가 나서서 국민들에게 이성적인 행동을 촉구하면서 시위는 수그러들었다.

이 사건에 있어서 일본을 성토하고 나선 것은 대만 또한 마찬가지였다. 중국과 대만은 이 사건에서 일본이라는 공동의 적을 맞아 동일한 이해를 가진 사람들로서의 공감영역이 커지게 되었고, 이로써 대만과 중국이 심정적으로 더 가까워지는 결과를 가져다주었다.

8 사이버 내셔널리즘

오늘날 사람들이 생각과 정보를 나누는 중요한 한 장이 사이버공간(cyberspace)이다. 사이버공간은 익명성, 즉시성, 단순성, 무책임성의 특성을 갖는다. 사이버공간에서는 불특정 다수의 사람을 대상으로 순식간에 여론을 모아 하나로 획일화시키고 감정을 자극하여 과격한 방향으로 몰아가기도 한다. 사이버공간의 이러한 성격은 내셔널리즘의 공간으로 더없이 잘 어울린다. 그래서 오늘날 내셔널리즘이 많이 표출되는 곳이 사이버공간이다.

사이버공간은 수많은 사람이 하나의 장에 집결할 수 있다는 점에

---

65 "日공장서 일 못한다" "中관광객 필요 없다"두나라 국민 감정싸움 격화, 2012

서 엄청난 위력을 지니고 있다. 그런데다 사이버공간은 국경의 제약이 없으므로 국가를 달리하는 사람들 간에 설전을 벌이기도 하고, 다른 나라를 비방하거나 자국의 비방에 분개하기도 하고, 또 집단으로 상대국을 비난하거나 자국을 옹호하는 여론몰이를 하기도 한다. 그리고 상대국가 사이트를 공격하거나 국가 간 사이버 전쟁을 치르는 일도 종종 일어난다.

신화통신에 의하면 2019년 6월, 현재 중국의 인터넷 사용자수는 전체인구의 61.2%로 약 8억 5천 4백만이라고 한다.[66] 중국은 워낙 인구가 많다 보니 사이버공간에서도 그 위력이 대단할 수밖에 없다. 많은 인구를 활용하여 중국이 원하는 정보는 올리고, 불리한 정보는 감추며, 중국이 원하는 대로 정보를 바꾸어 놓기도 한다. 여기에다가 사이버공간은 지리적인 간격이 없기 때문에 넓은 영토의 중국 내 모든 사람이 함께하고 해외에 있는 수많은 중국인들도 함께하게 되니 중국의 사이버 내셔널리즘(cyber-nationalism)은 더더욱 위력을 발휘하게 된다. 세계의 바다에서 많은 중국어민들이 펼치는 싹쓸이 조업활동이 위협적이듯이 사이버공간에서 중국은 더욱 위협적이다. 먼 바다로 나갈 필요도 없이 집안에서 그 많은 인구가 전세계의 인터넷 공간을 점령할 수 있는 것이다.

중국에 인터넷이 본격적으로 대중화되기 시작한 것이 1997년이다. 이후 1999년 벨그라드 중국 대사관 오폭사건 때 많은 중국인들이 인터넷을 통한 반미여론몰이를 하였고, 이 사건은 중국에 사이버 내셔널리즘을 활성화시키는 계기가 되었다. 이후 중국에 정보통신이 발전함에 따라 사이버공간은 급속하게 확대되었고 이에 따라 사이버 내셔널리즘도 자리 잡게 되었다.

중국에 내셔널리즘이 표출되는 사이버공간은 주로 게시판, 대화

---

66 Xiaoxia, 2019

방, 토론방, 포럼, 블로그, 사회관계망서비스 등 매우 다양한데, 이들은 대개 수백만 명 이상의 회원을 갖고 있다. 여기서 자국미화, 자국우위, 자국피해, 자국의 정당성, 외국의 부당성, 외국비하, 외국혐오 등의 논리를 개발하고 이를 과장하고 증폭시키는 역할을 한다. 중국에는 내셔널리즘을 이끄는 강한 세력으로서 '샤오펀홍(小粉紅)', '분청(憤青)'등이 널리 알려져 있다. 샤오펀홍은 작은 분홍색이라는 의미로 이 이름은 이들이 처음 등장했던 웹사이트의 배경이 분홍색이었던데 연유한다. 분청은 분노하는 젊은이라는 것이다. 이들은 젊은층으로 이루어진 집단으로, 중국의 국가 이익을 앞세워 극단적 내셔널리즘을 표방한다. 1990년대 이후 출생해 중국이 경제적으로 부유해져 가는 상태에서의 자부심과 함께 내셔널리즘 교육을 받으며 성장한 이들은 중국에 거슬리는 외국이나 중국정부에 비판적인 자들에 대하여 무차별적인 공격을 가한다.

민간차원에서 자발적으로 내셔널리즘적인 활동을 하는 누리꾼들도 많지만 정부당국에서 정책적으로 이러한 장을 제공하는 경우도 많다. 정부에서 제공하는 경우 정부당국과 긴밀한 관계 속에서 국내외 주요 문제들을 다루게 되고, 국가정부가 원하는 방향으로 네티즌들을 이끌어 간다.[67] 예를 들자면 '강국논단'은 1999년 5월, 중국 공산당 기관지 인민일보 인터넷판인 런민왕(people.com.cn)이 개설하여 대외문제와 국가안보에 관한 내용을 주로 하여 특정국가를 반대하는 내셔널리즘을 확산시키거나 애국심을 고취시키며, '사(4)월청년(anti-cnn.com)'은 2008년 티베트 독립문제 사태 때 미국 CNN보도에 불만을 품고 개설되었다.[68] 이 외에도 수많은 누리꾼 집단들이 있으며,[69] 또한

67 어용인터넷 전사들이 판치는 중국 온라인 세상, 2019
68 박기철, 2011, p.147
69 윤경우, 2011, p.347~348

여론부대도 운영된다. 여론부대로서 '우마오당(五毛黨)'[70]이 널리 알려져 있다. 댓글 한 건을 올릴 때마다 5마오(毛)를 받는다고 해서 우마오당으로 불리는 이들은 그 숫자가 1천만 명이 넘는 것으로 알려져 있다. 2017년 하버드대 연구진이 중국에서 정부를 지지하는 내용의 댓글 43,800개를 조사한 결과 99% 이상이 우마오당에 의해 작성된 것으로 파악되었으며, 이들이 다는 댓글 수가 연평균 4억 4,800만 개에 달하는 것으로 조사되었다.[71] 이들은 중국정부의 의도에 따라 여론몰이를 하고 정부를 비판하는 글을 제거하는 일을 한다.

그리고 중국은 사이버전쟁에 대비하여 약 3만 명 규모의 사이버공격부대를 두고 있으며 이 분야에서 전력이 막강한 것으로 알려져 있다. 이러한 군부대 외에도 중국은 해커제국이라고 불릴 만큼 해커들이 많아 이 분야의 사이버 전사 숫자가 100만 이상인 것으로 알려져 있다.[72] '홍커'도 이러한 민간 사이버부대 중의 하나이다. 홍커는 홍객(紅客), 즉 붉은 손님이라는 뜻이다. 홍커는 스스로 조국을 뜨겁게 사랑하며, 정의를 지키며, 개척정신을 가진 사람들이라고 표방하면서 자신들을 조국을 위해서 자원해서 일하는 젊은이로 생각한다. 이들은 중국의 이익에 손상을 주거나 중국의 비위를 거스르는 행동을 하는 외국의 기관이나 개인에 대해 사정없이 공격한다. 토시오 나와 일본 사이버방어연구소 대표에 의하면 매년 9월이면 만주사변이 일어난 날, 9월 18일을 맞아 중국의 해커들이 일본의 국가기관, 언론사, 기업 등에 공격을 한다고 한다.[73] 이처럼 이들은 정기적으로 활동을 하기도 하고 중요한 사건이 있을 때마다 행동에 나서기도 한다.

---

70 댓글을 달면 5마오(毛)의 돈을 받는다고 해서 五毛黨으로 불리며, 중국정부에서 고용된 댓글 알바를 의미한다.
71 Earle, 2017
72 홍인표, 2011
73 애국주의로 무장한 중국만의 해커조직 홍커, 2016

중국은 이러한 사이버자원을 활용하여 외국에 대해서도 그 나라의 사이버공간에 들어가서 가짜뉴스나 여론몰이로 여론을 조작하거나 왜곡시키는 일들을 한다. 2018년 대만의 지방선거에서 민진당이 친중파 국민당에 참패했는데, 참패원인 중의 하나는 온라인 여론전에서 밀린 것이었다. 중국인들이 대만의 독립을 주장하는 민진당에 불리하게 여론몰이를 한 것이다. 중국은 이를 부인하였지만 대만에서는 중국이 선거에 개입을 강하게 주장하여 왔는데, 2019년 대만에서 활동하던 중국의 스파이 왕리창이 호주로 망명하면서 자신의 이 지방선거 개입을 자백하면서 사실로 확인되었다. 그리고 2019년 트위터와 페이스북은 중국인들로 추정되는 사람들이 홍콩시위와 관련하여 시위대를 비난하는 글을 규칙적으로 쏟아내는 것을 알고 여론호도용 유령계정 수십 만 개를 삭제하였다. 로이터통신에 따르면 중국이 2019년 5월, 호주총선을 앞두고 호주의회와 주요 정당에 대해 사이버공격을 감행했으며, 호주정부는 이를 확인하고도 중국과의 무역에 악영향을 미칠까 봐 그냥 덮고 넘어갔다고 보도했다.[74] 한국에서도 조선족 동포나 중국인들이 한국의 사이버공간상에서 여론을 조작하고 정보를 왜곡시키고 있다는 의혹이 끊이지 않고 있다.

사이버공간에서의 작업은 비밀리에 행해질 수 있기 때문에 외국 간첩활동과도 연관되어 복잡한 양상을 띠게 된다. 이 같은 방법으로 자국의 이익을 도모하는 것은 불법이고 비윤리적인 것이다. 하지만 중국은 이런 것에 별로 신경 쓰지 않는다. 이렇게 하는 이유는 중국의 입장에서 이를 활용하지 않고 지나쳐 버리기에는 아까운 요인이 많기 때문이다. 첫째, 매우 조직적 체계적으로 이루어지기 때문에 상대국이 알기 어렵고, 둘째, 절대적으로 인구가 많고 유휴인력이 많은 중국이 사이버 대결에서 유리하며, 셋째, 중국은 국내에 통제가 강해서 같

---

74 연 4억 댓글 쏟아내는 中 '50센트軍'의 공습 … 美대선 노린다, 2019

은 공격을 당하기 어렵기 때문이다. 중국의 이러한 활동과 관련하여 상대국에서도 중국과 공모하거나 이익을 보는 집단이 있는 경우가 많기 때문에 이런 일이 일어나더라도 대부분 명확히 밝혀지지 않는 가운데 큰 문제로 발전하지 않고 넘어가는 경우가 대부분이다.

2016년 초 쯔위의 대만국기사건이 있었다. 쯔위(周子瑜)는 한국에서 활동하고 있는 대만출신 가수이고 당시 나이는 16세였다. 그녀가 소속한 걸그룹 트와이스는 한국인, 일본인, 대만인으로 구성되어 동아시아 지역에서 상당한 인기를 누리고 있었다. 2015년 11월, 트와이스는 한국의 MBC 예능 프로그램, 마이리틀텔레비전 인터넷 방송에 출연하였다. 여기서 트와이스 멤버들이 외국인으로서 한국생활의 고충을 이야기하는 내용이 있었고, 시청자들의 이들 출신지 파악에 편의를 도모하기 위하여 각자 출신 국기를 들게 하였다. 국기는 방송사에서 준비하였으며 쯔위는 대만기를 들게 되었다. 이 방송을 본 중국의 연예인 황안이 쯔위가 대만독립을 선동하고 있다면서 중국사람들에게 알렸다. 이에 중국인들이 쯔위와 한국을 공격하고 나섰다. 중국의 누리꾼들은 쯔위의 인스타그램에 몰려가 비난을 퍼붓고, 황안은 쯔위가 대만독립을 부추긴 것이 아니라면 대만독립을 반대한다는 것과 대만과 홍콩이 중국의 일부라고 쯔위 스스로 말하고 인증하라고 요구하였다. 이러한 사태를 보도하면서 인민일보 자매지 환구시보는 '쯔위의 사과 논란'이라는 기사를 통해 "대륙 민중은 애국심을 표현할 권리가 있다"면서 자국 누리꾼들을 두둔하고 나섰다.[75] 중국사람들이 워낙 거세게 나오자 한국의 트와이스 그룹 소속사는 난처해졌다. 졸지에 중국의 거대시장을 잃을 위기에 직면한 것이다. 이에 한국의 소속사 JYP 엔터테인먼트 대표는 중국팬들에게 사과하고 대만국기는 MBC가 마련한 소품이었으며, 쯔위가 아직 미성년자에 불과하여 정치적인 활동

---

75 중국 관영 매체, '쯔위 역풍'에 이번에는 자국 네티즌 두둔, 2016

과는 무관함을 해명하였고, 쯔위 또한 공개사과를 하였다. 하지만 중국의 격앙된 여론은 수그러들지 않았다. 중국의 방송사와 기획사들은 이 소속사 연예인들의 출연을 거부하였다. 결국 JYP소속 연예인들의 중국 일정이 취소되고 중국에서의 활동을 중단하지 않으면 안되었다. 중국사람들을 의식하여 해명하다 보니 JYP의 해명 중에 대만을 중국의 일부로 인정하는 듯한 태도가 다시 문제가 되었다. 이번에는 대만 사람들이 반감을 드러내면서 문제는 더욱 복잡해졌다. 곧 국적을 알 수 없는 디도스 공격을 받아 JYP홈페이지는 다운되었다. 한편 쯔위사건이 알려지자 대만에는 쯔위를 응원하는 여론이 일어나 트와이스가 음원랭킹 1위에 오르게 되었다. 마침 대만에서는 선거와 맞물리면서 이 문제가 대만독립과 관련한 정치문제로 비화하게 되었다. 선거결과 입법위원투표에서 대만독립 노선의 민진당이 친중국 노선의 국민당을 크게 눌렀고, 총통투표에서도 민진당의 차이잉원 후보가 사상 최대표차로 압승하였다. 쯔위의 고향인 타이난은 양선거 모두 민진당의 득표율 1위를 기록하였다.

정보통신기술 혁명은 정치과정에서 일반 국민들의 정치참여를 용이하게 함으로써 국민들의 의사를 더 많이 수용하고 더 잘 반영하는데 긍정적인 역할을 할 수 있다. 또 정보가 쉽게 확산되게 함으로써 정보가 일부 권력집단에 독점되는 것을 해소하여 권력을 분산시키는 결과를 가져올 수도 있다. 하지만 이와 반대로 국가권력이 막강한 정보력을 지배하는 가운데 국민을 통제하고 관리하는데 사용된다면 독재의 도구가 될 수도 있다. 사회주의 국가인 중국은 인터넷을 철저히 관리한다. 중국에서 인터넷망은 국영기업들에 의하여 운영되고 정부는 이들 기업을 통하여 정보를 규제하고, 차단하고, 걸러내고, 확산시키면서 네티즌의 의사소통을 관리한다. 중국정부는 대규모의 사이버경찰을 운용하면서 감시, 검열, 규제, 위협, 처벌 등의 다양한 방법을 사용하여 매우 확실하게 사이버공간을 통제한다.[76] 정부당국은 인허가권을 무기로 인터넷업체들을 정부정책에 맞게 순응시키고 있다. 인터넷업체들은 기업을 유리하게 운영하기 위하여 정부관리들과 밀접한 관계를 유지한다.[77] 중국의 대형 포털 검색사이트들은 모두 광범위한 자기검열시스템을 갖추고 국가에 순응하고 협력하고 있으며, 인터넷 카페나 게시판 관리자들은 정부의 검열정책에 맞추어 자기검열과 자기규제를 통하여 자발적으로 인터넷을 감시한다.

정부와 국가에 부정적 영향을 줄 수 있는 사이트는 범죄로 악용될 수 있다거나 유해하다는 명분으로 차단하거나 폐쇄시킨다. 인터넷을 통한 외국에서의 정보유입도 철저히 통제된다. 외국에서 정보가 자유롭게 유입되는 상황에서는 정부가 일방적으로 정보를 관리하기 어려울 뿐만 아니라 인터넷을 통하여 외국사람들의 삶을 보고 이를 부러워한다든지, 외국의 체제나 제도가 좋다고 느끼게 될 수도 있기 때문이다. 반면에 정부가 원하는 정보는 피해갈 수 없도록 해놓는다. 그리고 필요에 따라 국민들의 여론을 한 곳으로 모으고 국민들의 행동을 동원하기도 한다. 내셔널리즘과 관련된 문제에 있어서는 정부가 적극적으로 나서지 않고 어느 정도 분위기만 만들어주는 것으로 충분한 경우도 많고, 국민들이 자발적으로 표출하는 경우도 많다. 일상생활에서 국가에 대한 애국심이 충분히 함양되어 있기 때문에 사이버공간에서도 이의 연장선상에서 내셔널리즘이 발휘되는 환경이 조성되어 있는 것이다. 사이버공간을 점하고 있는 젊은 세대들은 중국의 발전과 애국교육의 영향으로 나라에 대하여 과거 어느 세대보다 더 강한 긍지를 가지고 있다. 그래서 사이버공간에서 이들은 열성적이고도 기세 등등하다. 이렇게 중국당국과 내셔널리스트들(nationalists)에 의하여 유도되는

---

76 윤경우, 2011, p.344
77 윤경우, 2011, pp.342~343

정보는 한쪽 방향으로 몰아가고 확대 재생산되어 사이버상에서는 실제 이상으로 강한 내셔널리즘이 표출되는 것이다.

9 베이징 올림픽과 중국 내셔널리즘

2008년 8월 8일, 저녁 8시 8분, 중국 북경에서 제29회 하계올림픽이 개막되었다. 중국인들이 좋아하는 행운의 숫자인 8자의 숫자가 최대한 많이 들어가게 해서 8월 8일 8시 8분에 개막을 한 것이다. 중국이 올림픽개최국으로 선정되었을 때 중국 국내는 물론이고 세계 각지의 해외 중국인들이 열광하였다. 중국인들에게 있어서 이 올림픽개최는 더없이 뜻깊고 감격적인 일이었다. 이는 굴욕된 지난 역사를 청산하고 발전된 국가로서의 면모를 보여주는 동시에 중국의 의지와 힘을 과시할 수 있는 절호의 기회이자 중국인의 기상을 펼치는 출발점이었다.

중국은 일찍부터 올림픽개최를 희망해 왔다. 1991년에도 중국은 2000년 올림픽에 신청을 했었다. 하지만 안타깝게도 중국 베이징은 호주의 시드니에 2표 차로 지고 말았다. 중국이 패배한 이유는 서방세계의 국가들이 시드니를 지지하였기 때문이었다. 이런 실망의 과정을 거쳐서 1999년 중국은 다시 2008년 하계 올림픽개최를 신청하여 개최에 성공하게 된 것이다.

이 올림픽을 두고 중국인들의 국위선양을 위한 열의는 대단했다. 중국이 내세운 슬로건은 "세계는 우리에게 16일을 주었지만, 우리는 세계에 5,000년을 주겠다"였다. 중국은 올림픽을 위해서 전례없이 막대한 규모의 자금을 투입하였다. 지금까지 2000년 시드니올림픽에서 46억 달러, 2004년 아테네올림픽에서 150억 달러를 투입하였으며,

그리고 베이징올림픽 이후 치러진 2012년 런던올림픽에서는 146억 달러가 투입되었었다.[78] 그런데 베이징올림픽에 투입된 비용은 자그마치 약 430억 달러였다. 그 이전의 올림픽 5개에서 투입된 비용 모두를 합쳐도 베이징올림픽 투입비용의 2/3에도 미치지 못할 정도였다.[79]

중국은 올림픽을 위하여 최신식 경기장, 공항, 지하철. 도로 등을 건설하고 사회기반시설들을 현대식으로 바꾸었다. 외국인들에게 베이징의 깔끔한 면모를 보여주기 위하여 빈민촌의 낙후된 가옥이나 여관들은 폐쇄되었다. 올림픽기간 중 빈민들은 시 바깥지역으로 쫓겨나거나 억류되었는데, 여기에는 올림픽 경기장 건설에 동원된 노동자들도 포함되었다. 악명높은 베이징의 공기질을 좋게 하기 위하여 시와 시 주변의 모든 공장의 가동이 중지되고 수백만 대의 자동차가 운행을 멈췄다. 주요 지역에 경찰병력이 증강되고, 10만여 명의 반테러정예군과 특수부대요원들이 배치되었다. 신장, 티벳 분리주의자들과 같은 적대세력의 공격에 대비하여 전투기와 헬리콥터, 군함들도 대비태세를 갖추었다.

올림픽시설이나 도시 외관에 대한 투자뿐만 아니라 중국은 스포츠 강국으로서의 면모를 보여주기 위하여 선수양성과 선수들의 전력향상, 그리고 행사를 위하여 엄청난 투자를 하게 된다. 세계 각지에서 유능한 코치를 초빙하고, 선수들의 기량향상을 위한 시설과 훈련에 돈을 아끼지 않았다. 그리고 개폐막식을 중국의 연출가 장예모의 총괄기획 하에 수많은 사람들을 동원하여 화려하고 웅장하게 연출하였다. 세계에는 중국이 평화를 사랑하는 우수한 문화를 가진 나라라는 것을 알리고, 중국인들에게는 중국 내 모든 민족이 모두 하나된 중국인으로서 애국심을 불러일으키도록 하였다. 경기에서도 훌륭한 성과를 거두었

---

78 Wills, 2019
79 Chan, 2008

다. 역대 올림픽 중 참가국도 가장 많았고, 경기에서도 40여 개의 세계신기록과 130여 개의 올림픽신기록이 나왔다. 이렇게 베이징올림픽은 성공리에 치러졌다. 세계는 베이징올림픽에 찬사를 보냈다. 중국 관영 신화통신은 민족부흥의 새로운 출발점이라고 하였고, 미국 시카고트리뷴지는 차분한 내셔널리즘 속의 성공적인 올림픽이라고 평가하였다.[80]

이러한 베이징올림픽의 성공의 이면에는 중국 내셔널리즘이 있었다. 이 올림픽의 성공 결과뿐만 아니라 처음부터 끝까지의 전과정에서 중국인의 내셔널리즘이 그대로 묻어나고 있다. 이렇게 올림픽을 잘 치를 수 있었던 것은 중국정부의 국가적인 행사로서의 올림픽을 성공시키고자 하는 강한 의지가 있었기 때문이었지만, 이러한 의지는 국민들의 입장에서도 크게 다르지 않았다. 베이징올림픽에서 약 10만여 명의 봉사자가 필요하였지만, 자원봉사를 하겠다고 나선 사람이 100만을 넘었고, 올림픽기간 동안 베이징시 관리를 위한 자원봉사자도 100만 명이 넘었다.[81] 이 기회에 중국의 힘과 훌륭한 국가로서의 면모를 보여주겠다는 중국인들의 생각이 간절했던 것이다.

이 같은 중국인들의 나라사랑이 올림픽개최 성공이라는 좋은 면으로만 나타난 것은 아니었다. 이 올림픽행사와 관련하여 중국인의 과도한 내셔널리즘을 보게 하는 일들이 적지 않았다. 올림픽을 목전에 두고 있던 2008년 3월, 티베트 라싸에서 티베트의 독립을 요구하는 대규모 시위가 발생하였고, 중국당국이 강압진압을 하면서 시위자들이 목숨을 잃는 유혈사태가 일어났다. 이에 전세계의 티베트인들과 이들에 동조하는 사람들, 인권 및 민주주의 단체와 운동가들을 중심으로 중국당국을 규탄하고 베이징올림픽을 반대하는 운동이 일어나게 된

---

80 베이징올림픽은 대성공, 2008
81 Kelly & Brownel, 2011

다. 베이징올림픽에 반대하는 사람들은 각국에서 진행되는 올림픽 성화봉송 행사에서 시위를 하였다. 2008년 4월 7일, 파리의 올림픽 성화봉송 반대시위에서 티베트 독립운동가가 봉송되는 성화를 빼앗으려 하면서 성화가 세 번이나 꺼지는 사태가 발생하였고,[82] 결국 성화는 버스를 타고 봉송되지 않으면 안 되었다. 파리뿐만 아니라 런던, 아테네, 이스탄불, 부에노스아이레스, 방콕, 캔버라, 나가노, 서울 등 세계 각지에서 시위가 있었다. 그런데 이 올림픽 성화봉송을 두고 일어난 시위는 올림픽을 반대하는 사람들의 시위만이 아니었다. 사실 세계 사람들이 더 놀란 것은 이들의 시위가 아니라 시위에 대항하는 화교들의 친중국 시위였다. 올림픽 반대시위가 일어나자 각국에 있던 중국인들이 즉시 대응하는 시위에 나섰고, 이들의 시위가 반대시위를 압도하였다. 중국인들은 오성기를 흔들고 중국국가를 부르며 성화봉송을 호위하고, 서방언론을 규탄하는 시위를 하였다.[83] 특히 한국에서는 수많은 중국인들이 거리로 몰려나와 올림픽반대 시위대에 폭력을 행사하기도 하였다.

중국 내의 중국인들은 파리에서의 성화봉송 뉴스를 접하고 격앙하였다. 곧 중국 주요도시에는 반프랑스 시위가 일어났다. 이는 중국이 무시당했다는 것이며, 중국을 무시하는 프랑스에 본때를 보여주어야지 그냥 넘어가서는 안 된다는 것이었다. 네티즌들은 "중국인과 중국의 힘을 보여주자", "단결하면 중국인은 언제든 승리한다"는 구호를 퍼뜨렸다. 중국인들은 프랑스에 대한 규탄과 함께 프랑스상품에 대한 불매운동 시위를 하였다. 먼저 중국에 진출해 있던 프랑스기업 까르푸가 중국인들의 공격대상이 되었다. 까르푸의 최대주주인 LVMH그룹이 티베트의 독립운동가 달라이 라마를 지원했다는 설이 돌면서 중국에

---

82 Olympic flame put out four times in Paris, 2008
83 Xu, 2012, p.112

서 인터넷을 중심으로 까르푸 불매운동이 일어나기 시작하였다. 그리고 곧 프랑스의 로레알, 미국의 KFC 등도 공격대상에 들어가게 되었다. 이렇게 사태가 심각해지자 사르코지 프랑스 대통령이 이러면 올림픽에 불참하겠다고 어깃장을 놓자 시위는 약화되었다. 이후 중국 까르푸는 고전을 면치못하다가 2019년 중국업체 쑤닝닷컴에 넘기고 중국에서 철수하게 된다.

한편 2008년 4월 9일, CNN방송에서 이 사건과 관련한 토론을 하면서 CNN의 잭 캐프티(Jack Cafferty)는 "그들은 기본적으로 지난 50년간 같은 무리의 깡패들이다"라는 말을 하였다. 이 말을 들은 중국인들은 격앙했다. 중국계 미국인들은 이에 대한 사과를 하라고 들고 일어났다. 이에 대하여 캐프티는 이것은 중국정부에 대해 말한 것이고, 중국인이나 중국계 미국인을 두고 말한 것이 아니라고 해명하였다. 국가와 개인을 일치시키고 있는 중국인들에게는 이 해명이 도움되지 못했다. 많은 화교들은 미국 조지아주 애틀란타에 있는 CNN본사와 샌프란시스코, 할리우드의 CNN사무실 등지에 몰려가서 캐프티의 파면을 요구하는 시위를 하였다.[84] 중국인들은 서방언론이 티베트사태에 대하여 중국에 대하여 악의적으로 보도한다고 비난하였다. 중국에 수많은 반CNN사이트들이 만들어지고, 해커들은 CNN웹사이트를 공격하였다. CNN웹사이트는 해킹당하여 CNN웹사이트 화면에는 "티베트는 중국의 일부였고 앞으로도 항상 그럴 것이다"라는 글귀가 화면을 덮었다. CNN직원들은 사무실을 떠나 인근 호텔로 피신하지 않으면 안 되었다.[85]

서구와 중국과의 관계에서 이와 같은 일은 드물지 않다. 서양인과 중국인의 국가에 대한 관념이 다르기 때문이다. 서양사람들은 국민과

---

84 Xu, 2012, p.125~126
85 Xu, 2012, p.113

정부를 따로 생각한다. 그래서 서방의 지도자들은 중국을 비난하는 경우가 많은데, 이런 경우 자신들이 중국의 당과 정부를 비난한 것이며, 일반 국민들에 대해서는 어떠한 비난도 하지 않았다고 생각한다. 하지만 중국인들은 이들이 자신들을 비난한 것이라고 생각하여 분개한다. 서양국가들은 정부 외에도 공민단체나 이익집단 등 사회구조가 다원화되어 있지만 중국인들에게 있어서 자신들의 이익을 대변하는 것은 오로지 지금의 당과 정부만 있을 뿐이다. 그래서 정부와 당을 자신과 일치시키는 것이다. 즉 서양의 경우는 국민과 정부를 따로 생각하거나 같이 연결되어 있다고 해도 느슨한 관계이지만 중국의 경우는 국민과 정부와 국가가 단단하게 일체를 이루고 있는 것이다.

중국의 내셔널리즘으로 어려움을 당한 것은 비중국인들만이 아니었다. 당시 미국에 유학 온 중국학생 그레이스 왕(Grace Wang)은 미국 듀크대학 1학년이었다. 그녀 역시 이 시위와 관련된 사건으로 그녀는 물론 그녀의 가족까지 큰 곤욕을 치러야 했다. 듀크대학에서 티베트학생들이 티베트의 독립을 외치는 시위를 하자 중국학생들이 맞불시위를 하였다. 그레이스 왕은 티베트인 시위대 12명과 중국인 시위대 400~500명이 서로 대치하여 시위를 하는 것을 보고 중간에 들어가 중재하려 하였다. 그녀가 중재하겠다고 나서자 중국학생들은 격분하여 그녀를 공격하였다. 중국인으로서 어떻게 그런 행동을 할 수 있느냐는 것이었다. 중국학생들은 너는 당연히 우리편에서 들어와서 시위해야지, 중간에 중재하겠다는 것이 말이 되느냐는 것이었다. 그 다음날 바로 그녀는 중국 유명 인터넷 포털 전역을 도배하게 되는데, 그녀의 이마에는 배신자라고 쓴 글자와 함께 그녀의 사진과 신상, 가족에 대한 사항까지도 다 공개되고 있었다. 그녀는 무참히 매도되고 수억 중국인의 성토 대상이 되었다. 그녀가 졸업한 고등학교는 나라를 배신한 자라고 하여 졸업을 취소하였다. 이후 그녀는 배신자를 처참히 죽이겠다는 내용의 갖가지 형언하기 어려운 표현으로 협박을 받았다. 부모가 사는 중국 고향 아파트 벽에는 몰살시키겠다고 붉은 스프레이로 뿌려놓는 등 위협을 당하여 가족들은 사람들 몰래 피신하지 않으면 안 되었다.[86]

그리고, 파리에서의 성화봉송주자 진징(Jin Jing)은 성화탈취시도 사건 후 일약 영웅이 되었다. 파리에서 그녀가 휠체어를 타고 성화를 봉송하던 중 티베트 독립주의자들이 성화를 탈취하려던 순간에 그녀는 몸을 던져 필사적으로 성화를 움켜쥐고 빼앗기지 않았다. 이 장면을 본 중국인들은 분노하고 감동하였다. 그녀가 중국에 돌아왔을 때 중국인들은 열광하였다. 그녀를 "휠체어의 천사", "가장 아름다운 성화봉송자"라고 칭송하였다. 하지만 그것도 잠시, 그녀는 곧바로 배신자로 전락하고 말았다. 이후 그녀가 까르푸 불매운동에 대하여 이는 까르푸의 중국인 고용자들을 해하는 일이며, 중국사람들은 프랑스사람들을 따뜻이 맞아주어야 한다고 말했기 때문이다. 이것이 알려지면서 중국사람들은 그녀를 공격하기 시작하였다. 인터넷에서 네티즌들은 "그녀는 다리를 잃었을 뿐만 아니라 두뇌도 잃은 X"이라고 비난하는 등 그녀에게 무지막지한 험담을 퍼부었다. 이런 식으로 올림픽과 관련하여 수많은 적과 배신자가 만들어지면서 내셔널리스트들의 공격 대상이 되었다.

중국은 올림픽 성적에서도 그 목표를 달성하였다. 중국은 메달순위에서 금메달 51개로, 금메달 36개로 2위에 머문 미국을 압도적인 차이로 누르고 올림픽 역사상 처음으로 올림픽 금메달 획득 순위에서 중국이 1위에 올라섰다.[87] 메달을 많이 따야하는 중국이 개최국 텃세

---

86 Duke Student Targeted for Mediating Tibet Protest, 2008
87 종합메달획득에서는 중국은 메달 100개로 110개를 획득한 미국에 뒤이어 2위였다.

와 자국선수에게 유리한 판정을 하는 통에 판정시비가 많았다.[88] 중국이 내건 "하나의 세계, 하나의 꿈"이라는 슬로건과 달리 "중화주의를 선전하는 중국을 위한 축제"라는 말이 나왔다.[89] 서방의 지식인들 중에는 중국의 올림픽 개최를 1936년 나치 하의 독일 베를린올림픽에 비유하는 사람들도 있었다.[90] 올림픽으로 국가와 정부가 국민들로부터 더 많은 찬사와 지지를 받으며 공산독재가 더 강화되는 계기가 되지 않을까 우려하기도 하였다.

한국에 대해서도 중국인들은 상당히 인상적인 모습을 보였다. 개막식에서 다른 팀과 달리 한국팀이 입장할 때 박수소리를 들을 수 없었고,[91] 올림픽기간 내내 중국인들은 철저하게 노골적으로 한국의 반대팀을 응원하였다.[92] 한국과 미국의 시합에서 중국인들이 미국을 일방적으로 응원할 때까지만 하더라도 그러려니 하였지만, 한국과 일본의 시합에서도 관중들이 일방적으로 일본을 응원하는 것을 보고 한국인들은 당황하였다. 성화봉송에서 한국이 중국편을 들어 주지 않아서인지, 한국이 선전하여 중국의 메달획득에 걸림돌이 된다고 생각해서인지, 확실하게 서러움을 주어 각성시켜줄 그 무엇이 있었든지 그 이유는 분명하지 않았고, 굳이 알 필요도 없었다. 다만 확실한 것은 우의와 페어플레이와 같은 근대문화로서의 스포츠 정신 같은 것은 없었고, 중국인들이 한국에 대해서 일방적이고도 만만하게 여기는 태도를 보여주었다는 사실이다. 이는 한국에 대해서 다른 나라와 같지 않은 특별한 의식과 감정을 갖고 있다는 것이고, 여기에서는 한중 간 과거의 역사, 북한과의 관계, 미국과의 관계, 발전한 한국에 대한 부러움 등 많

88 베이징올림픽 성적표는 … 대회운영 '성공', 판정시비 '눈살', 2008
89 중의, 중에 의한, 중을 위한 축제, 2008
90 Xu, 2012, p.124~125
91 혐한, 현중, 반일, 2008
92 달라진 위상, 우리의 시선은? 2008

은 것들이 복합적으로 작용하여 나온 결과였을 것이다.

결국 중국은 베이징올림픽을 통하여 스포츠강국에다가 문화국가이자 세계의 강국으로서의 자국의 이미지를 심는데 소기의 목적을 이루었다. 이렇게 하나의 행사를 두고 중국인들은 내셔널리즘과 관련하여 많은 면들을 보여주었다. 중국인의 우월의식, 열등의식, 중화주의, 민족문제, 인구대국, 국가주의, 반서구주의, 주변국가에 대한 태도 등등 …. 물론 여기서 중국 내셔널리즘의 모습이 모두 드러난 것은 아니다. 다른 부분들도 차근 차근 살펴보기로 하자.

10 혼돈의 내셔널리즘

중국에서는 네이션(nation)을 민족으로 번역하고 있고, 중국 네이션의 의미로서 중화민족(中華民族)이라는 말을 사용한다.

중국에서 민족이라는 용어가 처음 사용된 것은 1837년으로, 중국 최초의 잡지인 「동서양고매월통기전(東西洋考每月統記傳)」의 1837년 9월호에 이스라엘 민족이라고 표현한 데서[93] 시작된 것으로 알려져 있다. 이후 1874년 왕도(王韜)의 「양무재용기소장(洋務在用其所長)」에서도 이 용어가 사용되었다.[94] 그리고 1895년 이후 국민, 민족 등의 용어가 중국어사전에 게재되기 시작하였다. 그런데 그때까지의 민족이라는 용어는 혈연적 종족적 의미였고, 나라사람(nation)의 의미로서 민족이라는 용어가 사용된 것은 량치차오(梁啓超)에 의해서였다. 그는 1899년 「동적월단」에서 민족, 민족주의라는 용어를 소개하였는데, 일

---

93 최형식, 2007. p.111
94 최형식, 2007. p.111

본으로부터 이 말을 도입했던 것이다.[95] 그리고 20세기 초에 중화민족이라는 용어도 등장하였는데,[96] 1900년 11월, 청나라의 정치가 우팅팡(伍廷芳)이 강연에서 이 말을 최초로 사용한 것으로 알려져 있다.[97] 중화민족이란 청말 혁명파에서는 한족을 의미하였지만, 입헌파인 량치차오는 중국의 민족 모두를 통합하는 의미로서 중화민족이라는 말을 사용하였다. 네이션 의미로서 민족이라는 용어를 사용한 것이다. 그리고 정부차원에서 공식적으로 중화민족이라는 말이 사용된 것은 1912년 중화민국 대통령 위안스카이에 의해서인데, 중국의 5족 모두를 합한 것을 의미하는 것으로 사용되었다.[98]

20세기 초 중화민족은 대부분 한족의 의미로 사용되었다. 중국에서는 중화민족이라는 말이 량치차오에서부터 시작된 것으로 설명하고 있다. 그런데 량치차오도 일반적으로는 중화민족을 중국민족을 포괄하는 것으로 표현하였지만, 민족에 대한 연구서로서 1905년에 쓴 『역사상 중국민족의 관측』에서는 중화민족에 만주족, 몽골족, 티베트족 등을 포함하지 않았고, 1922년에 쓴 『중국 역사상 민족의 연구』에서는 중화민족에 만주족을 포함하였다.[99]

이후 1990년대 이전까지만 해도 중국에서 민족이라는 용어가 잘 사용되지 않았다.[100] 민족 단위로 구분되어지고 심지어 분할될 수도 있다는 점에서 그것이 두드러질수록 국가에 해가 될 수 있기 때문에 민족이라는 용어는 그 사용을 자제해 왔던 것이다. 그런데 1988년 페이샤오통(費孝通)은 중국은 수천 년 역사를 통하여 소수민족들이 통합

95 楊思信, 2003 ; 최연식, 2004, p.249
96 최형식, 2007, p.111
97 中華民族, n.d.3
98 Zhonghua minzu, n.d.
99 中華民族. n.d.3
100 Wu, 1991, p.161

되어왔다는「중화민족 다원일체구조론」을 발표하였다. 중국정부는 여기에 기초하여 민족정책의 기본노선을 다시 정하게 된다.[101] 이 이론에 따라 생각하면 중국의 현실에 민족이라는 용어를 문제없이 받아들일 수 있다고 생각하게 된 것이다. 그리고 중화민족이라 하여 이 용어를 통하여 국가 내외의 중국인을 민족적으로 하나로 만들고 국가 내 여러 민족을 통합시키고자 하고 있다. 이렇게 1990년대 이후 중화민족이라는 용어를 자주 사용하게 되는데, 이것은 이 시기 중국에 내셔널리즘이 활발하게 일어나면서 이 말의 필요성이 커지게 된 때문이고, 다른 한편으로는 이제는 민족들이 어느 정도 융합되었다는 자신감에서 나온 것일 수도 있다.

중화민족이라는 말은 중국말 중에 그 뜻을 정확하게 파악하기 어려운 말 중의 하나이다. 중국사람들은 중화민족이라고 하지만 이 말에는 문제가 되는 부분이 많다. 그 의미를 찾아보면, 중국의『바이두 백과사전』은 "중화민족은 중화인민공화국 정부에 의하여 공식적으로 인정된 56개 민족 집단의 총칭이며 현대 중국 국가를 대표하는 공동체의 이름이다"라고 하고 있다.[102] 그리고『위키백과 중국어판』에서는 "중화민족은 일반적으로 대중화권의 국민과 해외 화인을 의미하는 것으로 사용된다"라고 하고 있다.[103] 여기서 대중화권이라함은 중화인민공화국, 홍콩, 마카오, 대만을 의미한다. 그리고 화인은 외국국적을 가진 중국계 혈통의 사람들로 한국에서 보통 화교라고 말하는 사람들의 범위에 해당한다. 이러한 정의는 일상적 언어사용에서의 의미를 정의하고 있을 뿐 깊이있게 정확하게 정의하고 있는 것이 아니다.

중화민족이라는 용어는 국가적인 계획에 따른 하나의 정치적인 용

---

101 中華民族, n.d.3
102 中華民族, n.d.1
103 中華民族, n.d.2

어이다. 이 용어의 사용에는 크게 두 개의 목적을 갖고 있는데, 하나는 장기적으로 중국 내 소수민족의 민족적 성격을 제거하고 하나의 민족으로 가겠다는 것이고, 다른 하나는 중국의 범위를 더 크게 설정하는 것이다.

학술적인 측면에서 중화민족이라는 용어에는 다음 몇 가지 측면에서 문제가 있다.

첫째, 각 지역의 소수민족도 민족이라 하고 이들을 합하여 이루어진 중국이라는 나라의 사람들도 민족이라고 하니 문제가 될 수밖에 없다. 어느 한 범주의 사람들을 민족이라고 규정한다고 했을 때, 이 민족이라는 범주 내에 다시 민족이 들어가게 된다. 하나의 범주 안에 다시 여러 개의 동일한 범주가 들어간다면 이는 모순이다. 그래서 학술적으로 보면 맞지 않지만, 중국에서는 그냥 그대로 민족이라는 말을 두리뭉실하게 사용하는 것이다. 일찍이 서양에서 교육을 받았던 쑨원은 네이션(nation)에 대해서 그 정확한 의미를 의식하여 국족(國族)이라고 하기도 하였다. 또한 최근에는 본래의 민족이라는 말은 족군(族群)이라고 표현하기도 한다. 이렇게 사용하는 것은 중화민족을 내세우면서 원래의 민족에 대한 의미를 격하시키려는 의도도 함께 하고 있다.

둘째, 중화민족이라고 하면 현실적으로도 문제가 발생한다. 원래 민족이라는 것은 중화민족과 같이 여러 민족이 합쳐진 것이 아니고 개개민족을 말하는 것이기 때문이다. 2016년 중국의 포털사이트 『바이두 백과사전』에서 윤동주를 중국인으로 표기하였다 하여 한국인들이 화를 낸 일이 있었다. 이렇게 중화민족이라는 표현을 사용하면 조선족도 중화민족이 되는 것이다.

셋째, 중화민족이라는 말은 20세기에 들어와서 만들어졌다. 민족이라는 것은 역사성을 갖고 있는데 중화민족은 역사에 없던 민족이 만들어진 것이다.

엄격한 의미에서 보자면 중화민족은 존재하지 않는다. 정확하게 말하자면 중화민족은 잘못된 말이고, 중국인 혹은 중화국인이라고 해야 할 것이다.

다음으로 내셔널리즘을 보자. 중국에서 내셔널리즘은 민족주의, 국족주의로 번역되지만 실제 이 말을 잘 사용하지 않는다. 중화민족이라고 하였으니 민족주의는 중화민족을 주체로 하는 말이 될 수 있지만 티베트족이나 위구르족이 주체로 될 때 민족주의는 민족분리운동을 부추기는 말이 된다. 중화인민공화국 수립 이후 중국정부는 공식적으로 민족주의라는 용어를 잘 사용하지 않고,[104] 이에 대신하여 애국주의라는 용어를 사용하고 있다.[105] 내셔널리즘(nationalism)과 애국주의(patriotism)는 같은 말이 아니다.[106] 그럼에도 불구하고 내셔널리즘이나 민족주의라는 용어는 거의 사용하지 않는다. 중국 현재의 정치상황에서 어느 티베트인이 민족주의를 가질 때 티베트는 독립해야 한다는 것이고, 애국주의를 가질 때 티베트는 독립하지 않아야 한다는 것으로 된다. 중국은 이런 민감한 문제가 있기 때문에 중국의 입장에서는 민족주의라는 말은 없는 것이 낫고, 애국주의라는 말은 많이 쓰면 많이 쓸수록 좋은 것이다.

현재 홍콩에는 홍콩의 독립을 주장하는 사람들이 적지 않다. 홍콩민족당, 홍콩독립당 등과 같이 홍콩의 독립을 정강으로 내세우는 정당도 있다. 이렇게 자치 혹은 독립을 요구하는 것을 내셔널리즘이라고 한다. 그런데 이를 민족주의라고 할 수 있는가? 홍콩사람들은 민족

---

104 정종필, 이장원, 김문주, 2011, p.280
105 이경희, 2009, p.57
106 내셔널리즘은 패트리어티즘에서 배타적인 감정을 더한 것이다. 자국에 대한 사랑에다 타국에 대한 미움과 차별을 더한 것이다. 패트리어티즘은 국가가 있는 상태에 존재하는 것이지만 내셔널리즘은 국가가 없는 상태에서도 존재한다. (보다 자세한 내용은 조영정, 「국인주의 이론」, p.74~76 참조)

적으로 한족(漢族)이 절대다수를 차지하고 있어서 중국과 홍콩은 같은 민족이다. 민족주의라고 한다면 이것은 홍콩이 같은 민족인 중국과 빨리 통합되어야 한다는 것이고, 이는 실제상황과 정반대인 말이 되는 것이다. 여기서 내셔널리즘은 민족주의가 아니며, 네이션 또한 민족의 의미가 아님을 알 수 있다. 그래서 이와 관련된 문제를 다음 장에서 보다 자세히 검토하고 넘어가기로 한다.

제 2 장

내셔널리즘은 무엇인가?

1 용어 정립의 필요성

내셔널리즘(nationalism)을 보다 명확하게 정의하기 위해서 먼저 이 말이 일상생활에서 어떻게 사용되는지 살펴보기로 하자. 우리가 내셔널리즘이라는 말을 사용하는 경우는 크게 두 가지인데, 예를 들면 다음과 같다. 첫째, 최근에 스코틀랜드사람들이 영국(United Kingdom)으로 부터 독립하기를 원하는데, 이를 두고 우리는 스코틀랜드의 내셔널리즘이라고 한다. 둘째, 미국사람들이 자국 산업의 이익을 우선적으로 고려하여 지구환경보호를 위한 국제협약에 가입하기를 거부할 때 우리는 이를 미국의 내셔널리즘이라고 한다.

첫 번째의 예는 스코틀랜드라는 민족집단이 주체가 되는 경우이고, 두 번째의 예는 미국사람이라는 국가사람들이 주체가 되는 경우이다. 현재 우리나라에서는 내셔널리즘을 민족주의라고 번역한다. 그런데 앞의 첫 번째 예에서는 민족주의라고 말할 수 있지만, 두 번째 예에서는 민족주의라고 말할 수 없다. 수많은 민족으로 이루어져 민족용광로라 불리는 미국에 무슨 민족주의라는 말인가?

이것으로써 우선 알 수 있는 것은 우리가 말하는 민족주의와 내셔널리즘이 그 의미에서 일치하지 않는다는 사실이다. 또한 첫 번째 예의 스코틀랜드와 같은 경우, 영어로는 네이션(nation)이라고 하고 우리말로는 민족이라고 하는데, 사실 여기에서도 네이션의 의미가 우리가 말하는 민족이라는 말의 의미와 일치하는 것이 아니다. 영어의 네이션과 민족, 내셔널리즘과 민족주의는 그 개념에서 완전히 합치되지 않는 것이다. 언어는 하나의 약속이므로 동일한 의미로 하기로 한다면 되지 않을까라고 생각할 수도 있지만 여기서는 그렇게 될 수도 없다. 이 불일치의 문제는 그렇게 하자고 한다고 해도 해결될 수 없는 측면이 있기 때문이다.

당장 우리가 내셔널리즘에 대한 외국 책의 번역서를 읽어보면 아무리 정성들여 읽어도 내용파악이 잘 안 된다는 것을 느끼게 된다. 그 이유는 바로 네이션, 내셔널리즘을 민족, 민족주의로 번역하고 있기 때문이다. 네이션과 민족이 일치하지 않는다는 사실에 대해서 이 분야의 연구자는 물론이고 일반인들도 이미 많이 알고 있다. 그래서 사람에 따라서는 네이션, 내셔널리즘에 대해서 민족, 민족주의라는 말이 타당하지 않을 때에는 국민, 국민주의라는 말을 사용하기도 한다. 또 학자들은 "민족"이라고 할 때의 민족의 의미와 "민족주의"라고 할 때의 민족의 의미는 같지 않다는 것을 강조하기도 한다. 그리고 이 문제에 부딪치게 되었을 때 연구자에 따라 임시방편이 동원되기도 한다. 예를 들어 장문석 교수는 내셔널리즘을 소개하는 그의 책『민족주의』에서 민족, 민족주의라는 말로서 제대로 설명할 수 없었던지 "민족"과 "민족"으로 구분하고,[107] "민족주의"와 "민족주의"로 서체를 구분하여[108] 설명하고 있다. 이와 같은 설명과 방법이 동원되는 것은 민족, 민족주의라는 말이 네이션, 내셔널리즘이라는 말을 표현해주지 못하는 문제에 직면하여 어쩔 수 없이 그렇게 하는 것이며, 이런 방식을 통하여 이 문제를 근본적으로 해소할 수 없음은 너무나 당연하다.

또한 내셔널리즘을 민족주의로 번역하게 될 때에 내셔널리즘의 본질을 이해하기 어렵게 하는 데 그치지 아니하고 다른 의미로 생각하게 하거나, 심지어 반대의 의미로 이끌어가기도 한다. 예를 들면, 서양에

---

107 장문석, 2011, p.24
108 장문석, 2011, p.61

서 "한국의 민족주의"를 "Korean nationalism"이라고 하지 않고 대부분 "Korean ethnic nationalism"이라고 한다. 내셔널리즘을 민족주의라고 번역하는 것이 맞다면 역으로 우리의 민족주의를 영어로 번역할 때 내셔널리즘(nationalism)으로 번역되어야 할 것이지만, 민족이라는 말이 갖고 있는 혈연적 성격 때문에 ethnic이라는 단어가 들어가게 되는 것이다. 그런데 서양사람들은 ethnic nationalism(민족 내셔널리즘)을 나쁜 내셔널리즘(bad nationalism)이라 부를 정도로 이 말에 대하여 강한 부정적인 인식을 갖고 있다. 한국사람이나 서양사람이나 내셔널리즘(nationalism)은 마찬가지인데 이러한 표현이 서양사람들로 하여금 한국사람들에 대하여 나쁜 내셔널리즘에 젖어 있다는 편견을 갖게 할 수도 있는 것이다.

또, 유럽에서 19세기 이후 내셔널리즘이 성행하던 시기를 내셔널리즘 시대라고 하고, 우리는 이를 민족주의 시대라고 번역한다. 그런데 내셔널리즘 시대라고 말하는 이 시기는 국가중심으로 사회체제가 재편되면서 민족들이 융해되어 나라사람으로 헤쳐모이게 되는 시기였다. 즉, 이 시대는 민족집단이 그 의미를 잃고 소멸되는 시기였는데 이를 민족주의 시대라고 부른다면 사실에 대한 왜곡이 너무 심하다고 할 수밖에 없지 않은가?

이처럼 내셔널리즘을 민족주의라고 하는 상황에서는 내셔널리즘에 대한 연구 또한 어려울 수밖에 없다. 민족주의라는 말만으로는 내셔널리즘을 제대로 논의하는 것이 불가능하다. 이렇게 잘못된 용어관계를 바로잡지 않는 한, 개념의 왜곡 속에 이 분야의 학문적인 발전은 말할 것도 없고 일상에서의 의사소통조차 혼동으로부터 벗어날 수 없다.

그래서 내셔널리즘 연구에서 가장 먼저 해야 할 일은 내셔널리즘에 대한 용어를 정돈하는 일이다. 민족, 민족주의는 19세기 말 일본이 서구문명 도입기에 만든 용어이다. 지금은 일본에서도 이 용어를 사용하지 않는다. 일본에서는 이러한 문제가 있음을 알고 오래전부터 민족주의라고 부르지 않고 그냥 내셔널리즘이라고 부르고 있다. 그렇다면 우리도 그냥 내셔널리즘으로 불러야 할까? 민족, 민족주의라는 용어를 쓰다가 이제 또다시 일본 따라 네이션, 내셔널리즘이라고 하여야 할까? 여기에 우리의 슬기와 예지를 모아야 할 필요가 있다.

2 내셔널리즘의 정의

네이션의 정의

내셔널리즘(nationalism)은 네이션(nation)에서 나온 말로서 네이션에 대한 이념이다. 그렇다면 네이션은 무엇인가? 네이션(nation)이란 "일정한 지역에서 공통의 문화와 관습을 형성하며 살아왔고, 자신들을 다른 집단과 구분되는 하나의 집단으로 의식하고 있으면서, 하나의 국가로 구성되거나 구성될 수도 있는 사람들의 집단"이라고 정의할 수 있다.

우선 네이션의 개념에 대한 기본적인 이해를 돕기 위하여 스탈린(Joseph Stalin)의 정의를 보기로 하자. 스탈린은 그의 『맑시즘과 네이션 문제』라는 책에서 네이션을 다음과 같이 기술하고 있다.

네이션(nation)이란 무엇인가?
네이션은 하나의 한정된 사람들의 공동체이다. 이 공동체는 인종적인 것도 아니고 민족적인 것도 아니다. 근대 이탈리아 네이션은 로마인(Romans), 튜톤인(Teutons), 에투르스칸인(Etruscans), 그리스인(Greeks), 아랍인(Arabs) 등으로 이루어져 있다. 프랑스 네이션은 골인(Gauls), 로마인(Romans), 브리톤인(Britons), 튜톤인(Teutons) 등으로 이루어져 있다. 영국 네이션이나 독일 네이션을 비롯한 다른 많은 네이션에서도 다양한 인종과 민족으로 네이션을 이루고 있는 것은 마찬가지이다. 따라서 네이션은 인종도 아니고 민족도 아니며, 역사적으로 형성된 사람들의 공동체이다.

반면에 비록 여러 인종이나 민족들로 구성되고 역사적으로 형성되었다고 해도 알렉산더(Alexander) 제국이나 싸이러스(Cyrus) 제국을[109] 네이션이라고 하지 않는다. 그들은 네이션이 아니라 정복자의 승리와 패배에 따라 함께하기도 하고 나눠지기도 하는 우발적이고 느슨하게 연결된 사람 무리들의 집합체이다. 따라서 네이션은 우연이나 일시적으로 형성되는 사람들의 집합체가 아니라 사람들의 견고한 공동체이다.[110]

스탈린은 네이션을 사람들의 일시적인 운집이 아니라 세대에 세대를 이어 오랫동안 같이 살아 오면서 역사적으로 형성된 견고한 집단이라고 하고 있다. 여기서 우리의 주의를 끄는 것은 네이션이 인종이나 민족을 의미하는 것이 아니라고 강조하고 있는 부분이다. 당시 유럽이나 러시아 사람들에게 있어서도 그렇게 생각될 소지가 있었기 때문에 이 부분을 제대로 이해시키고자 여러 나라의 예를 들어 가면서 설명했던 것이다.

네이션은 영어에서도 그 의미가 혼란스러운 용어로 유명하다.[111] 그래서 영어 사전을 통하여 이 말이 가진 의미를 자세히 점검해 보기로 하자. 사전을 보면 오늘날 네이션(nation)은 크게 세 가지 의미가 있다.

첫째, "구성원들이 한 집단으로 의식하면서 그들 자체의 정부를 갖고 있거나 갖기를 원하는 사람들의 집단",

---

109 싸이러스 대제(Cyrus the Great)는 싸이러스 2세(Cyrus II)로도 불리며, 기원전 6세기 페르시아의 정복자이다.
110 Stalin, 1913 / 2015, p.7
111 네이션(nation)이라는 말이 시간과 장소에 따라 의미가 다르게 사용되어 왔기 때문이다.

둘째, "자체적인 정부를 가진 사람들이 살고 있는 영역",

셋째, "동일 종족 사람들의 집단"이다.[112]

이 세 가지를 우리는 일반적으로 국민, 국가, 민족이라고 표현한다.

먼저 첫째의 의미에서 보면 네이션은 자신이 전체 구성원 중의 일원임을 의식하고 있는 사람들의 집단이다. 그리고 이 사람들은 다른 집단의 일부로 속하게 되거나 다른 집단 사람들과 섞여서 살아가는 것을 원치 않기 때문에 자기 집단이 정치적으로 이미 독립되어 있거나 독립되기를 원한다는 것이다. 여기서 이미 독립되어 있다면 이를 국가라고 하고, 이를 구성하는 사람들의 집단을 국민으로 표현할 수 있을 것이다. 만약 정치적으로 독립을 원하지만 독립을 하지 못하고 있는 상태라면 국민이라고 말할 수 없으므로 "갖기를 원하는 사람들의 집단"이라고 표현하고 있는 것이다. 따라서 국민뿐만 아니라 자기 나라의 국민이 되기를 원하는 사람까지 포함하는 것으로서 국민보다 더 넓은 개념이다. 이 첫째가 네이션의 중심적인 의미라고 할 수 있다.

한국을 예로 들어 보기로 하자. 한반도에는 사람들이 살고 있다. 여기 사람들은 자신이 한국사람이라는 것을 의식하고 있고, 대부분은 한국사람들에 의한 자치적이고도 독립된 나라로 살아야 한다고 생각한다. 이때 이 한국사람들 총체로서의 집단, 즉 한국인인 동시에 한국, 이것이 곧 네이션인 것이다. 이와 같이 미국, 중국, 영국, 스코틀랜드 모두 마찬가지이다. 네이션은 우리의 관념으로 "~ 사람들" 또는 "~인"정도가 가장 근접하다. "한국사람들", "미국사람들", "스코틀랜드 사람들" 또는 "한국인", "미국인", "스코틀랜드인"등과 같다.

여기서 중요한 것은 "국가단위의 사람집단이거나 국가가 될 수도 있는 집단"의 사람들이어야 한다는 점이다. 한국사람들은 네이션이지

---

112 Nation, n.d.1

만 충청도사람들은 네이션이 될 수 없다. 왜냐하면, 충청도사람이나, 경상도사람이나, 전라도사람이나 혈통, 역사, 문화 등으로 볼 때 별 차이가 없는 같은 사람들이므로 충청도만 별도의 네이션이 되기 어렵다. 또 구분되는 사람들이라 해서 반드시 네이션이 되는 것도 아니다. 미국 알래스카의 이누이트(Inuit)사람들은 민족, 언어, 풍속, 기질 등의 모든 면에서 미국의 백인들과 다르지만, 자신들만의 독립적인 정치체로 살고자 하는 의지가 없다. 독립적인 네이션의 의지 없이 미국사람의 일원으로 살아가겠다고 한다면 이누이트 네이션이 아니라 미국인으로서의 네이션이 되는 것이다.

지금 세계에 국가는 200여 국에 불과하지만, 민족(ethnic group)은 약 650여 개나 된다. 이 민족들이 모두 네이션(nation)이 될 수 있는가? 될 수 없다. 이들 민족 모두가 독립된 국가가 될 수 있는 여건을 갖기 어렵고, 또 모든 민족이 자기들만의 국가에 대한 열망과 의지를 갖는 것이 아니어서 모두가 독자적 정치 단위로 될 수 없기 때문이다. 이와 같이 네이션은 정치적인 측면이 고려된 사람들의 집단이다. 단순히 거주지, 혈연, 언어, 공동생활 등으로 하나의 집단으로 구분될 수 있는 집단이 있다면, 이는 앞의 이누이트 원주민과 마찬가지로 민족에 불과하다. 따라서 네이션의 범주에 들어가느냐 들어가지 않느냐는 그 사람들의 영토, 언어, 역사, 혈연, 생활양식 등에서의 독자성을 갖고 있느냐의 측면뿐만 아니라 자기 국가에 대한 열망과 의지가 있는가에 의해서 결정되는 것이다.

다음으로 둘째의 의미에서 보면, "자체적인 정부를 가진 사람들이 살고 있는 영역"이란 국가를 의미하며, 이 의미에서는 영어의 state와 가깝다. 영어의 country, state, nation 모두 국가를 의미하지만, country는 물리적, 지리적 측면의 의미가 강하고, state는 법적, 정치적, 지리적인 측면에 강한 의미를 내포하고 있는 반면에, nation은 사람의 측면에 더 주된 의미를 두고 있다. 다시 말하면, 국가(state)는 그 국민에게 복종과 충성을 요구할 수 있는 힘을 가진 법적, 정치적인 기관인 반면에, 네이션(nation)은 이러한 국가(state)와 관련된 사람들, 즉, 공통의 환경과 연대의식에 의해서 형성된 사람들의 집단이다.[113] 그런데 사람을 기준으로 하는 네이션의 측면에서 국가를 정의하기가 더 어렵다. 어떤 사람들 집단의 집단소속의식, 집단 내 유대감, 다른 집단과의 차별성, 인종적 동질성, 문화적 공통성, 역사와 기억의 공유 등과 같은 객관화하기 어려운 심리적인 요소나 추상적인 요소에 근거하여 국가를 구분하게 되기 때문이다.

미국 독립과 프랑스 혁명 이후 일반 사람들의 주권의식이 확립되면서 일반 사람집단으로서의 인민(people)과 국가(state)가 같은 것으로 등식화되는데, 자기 집단끼리 살겠다는 주체적, 정치적 의사를 가진 인민의 집단으로서의 네이션이 중간에 가교 역할을 하게 된 것이다. 즉, 네이션(nation)의 개념으로, 인민(people)=네이션(nation)=국가(state)라는 등식이 성립하게 된 것이다. 이러한 결과로 법적 정치적 단위로서의 국가인 state만큼이나 사람들 단위로서의 국가인 nation이 국가라는 표현에 자주 등장하게 된 것이다. 그래서 국제연합은 "United Countries"가 아니라 "United Nations"로 되고, 아담 스미스(Adam Smith)가 국부론에서 "The Wealth of Nations"라고 한 것도 단순한 국가의 부를 의미하는 것이 아니라 국가 구성원 사람들의 부를 합한 총체로서의 부를 표현한 것으로 이해할 수 있다.

셋째, 동일 종족 사람들의 집단이다. 이 부분이 우리말의 민족과 거의 일치한다고 할 수 있다. 여기서 한국인이 곧 한국 민족이라고 해서 네이션을 민족이라고 생각해서는 안 된다. 한국은 단일 민족국가이어서 민족이 곧 네이션으로 되지만, 세계 대다수 국가는 다민족국가이

---

113 Seton-Watson, 1977, p.1

어서 민족이 곧 네이션으로 되지 않기 때문이다.

⬤ 내셔널리즘의 정의

내셔널리즘이란 "사람들이 갖고 있는 자기 네이션(nation)의 이익을 우선시하는 사상"이라고 할 수 있는데, 여기에 앞에서 규명한 네이션(nation)의 개념을 적용하면 다음과 같다. 내셔널리즘이란 "일정한 지역에서 공통의 문화와 관습을 형성하며 살아왔고, 자신들을 다른 집단과 구분되는 하나의 집단으로 의식하면서, 하나의 국가로 구성되거나 구성될 수도 있는 사람들의 집단이 자기 집단의 이익을 우선시하는 사상"이라고 할 수 있다.

내셔널리즘은 우리가 이 장의 시작에서 본 대로 기존 국가에서의 국가 내셔널리즘과 현재 자신들의 국가가 없는 사람들이 자신들만의 국가를 수립하고자 하는 독립 내셔널리즘 모두를 포함한다. 그래서 내셔널리즘(nationalism)은 "자국이 타국보다 더 중요하고 낫다는 믿음으로 자국의 이익을 우선시하고 자국을 자랑스러워하거나, 자신들의 독립적, 자주적 국가를 가지려는 사람들의 열망"이라고 정의할 수 있다.[114]

이 분야 주요 연구자들의 내셔널리즘에 대한 정의를 보면 한스 콘(Hans Kohn)은 내셔널리즘을 "개개인의 최고의 충성은 으레 네이션으로 이루어진 국가에 주어져야 한다고 느끼는 심리상태"라고 정의한다.[115] 또, 케두리(Elie Kedourie)는 "인류는 자연적으로 네이션들(nations)로 나누어져 있고, 이 네이션들은 확인되는 특성들로 구분되며, 정당화될 수 있는 유일한 정부 형태는 각 네이션에 의한 자치

---

114 Nationalism, n.d.
115 Kohn, 1965, p.9

정부라고 생각하는 신조"라고 정의한다.[116] 이 외에도 많은 연구자들이 다양한 내용으로 정의하고 있다. 우선 연구자에 따라 그 범위를 좁게 정의하기도 하고 넓게 정의하기도 한다. 좁게 정의하면 독립 내셔널리즘 또는 내셔널리즘 운동에 한정시키는 것이고, 넓게 정의하면 독립 내셔널리즘과 통합 내셔널리즘, 그리고 국가 단위의 일상적인 내셔널리즘까지도 포함하게 된다.

좁은 정의의 예로서 겔너(Ernest Gellner)의 정의를 들 수 있다. 겔너는 내셔널리즘을 "정치적 단위(political unit)와 네이션 단위(national unit)가 일치해야 한다는 정치적 원리"라고 정의하고 있다. 겔너의 이 정의는 독립 내셔널리즘을 말하고 있다. 그리고 그는 네이션(nation)을 다음과 같이 두 가지로 정의하고 있다.[117] 첫째, 만일 어느 두 사람이 같은 문화를 공유할 때 그들은 같은 네이션이다. 여기서 문화는 생각, 기호, 연상, 행위방식, 소통방식의 체계를 뜻한다. 둘째, 만일 어느 두 사람이 서로가 같은 네이션에 속한다고 인식한다면 그들은 같은 네이션이다. 즉, 공통된 소속원으로서의 상대방에 대한 쌍무적인 권리와 의무를 확고하게 인식하는 범주의 사람들은 같은 네이션이다. 여기서도 나타나고 있는 것은 네이션의 범위는 우리말에서의 민족이 아니라는 점이다. 첫째의 경우는 민족에 가깝지만, 둘째의 경우는 같은 민족이 아니라도 네이션이 될 수 있다는 것이고, 네이션이 민족보다 넓은 개념으로 정의되고 있는 것이다.

스미스(Anthony D. Smith)는 내셔널리즘(nationalism)을 "실재적 혹은 잠재적 네이션(nation)을 구성하는 일부 구성원들에 의해서 집단 전체를 위하여 행해지는 자치, 단결, 정체성을 확보하고 유지

---

116 Kedourie, 1961, p.9
117 Gellner, 2006, pp.6~7

하기 위한 이념운동"으로 정의한다.[118] 스미스는 내셔널리즘의 목표를 자기 집단의 독립과 자치, 집단의 단결, 집단의 정체성 확립, 이 세 가지에 두고 있다. 여기서 자기집단의 독립과 자치는 독립 내셔널리즘에 해당하고, 집단의 단결과 집단의 정체성 확립은 통합 내셔널리즘에 해당한다. 통합 내셔널리즘은 주로 기존 국가에서 국가를 중심으로 국민들을 응집시키기 위한 내셔널리즘이다. 이렇게 스미스의 정의에서는 독립 내셔널리즘뿐만 아니라 통합 내셔널리즘까지 포함하고 있다. 스미스는 겔너보다는 더 넓게 정의하고 있지만, 내셔널리즘을 이념운동으로 한정하고 있다는 점에서 여전히 범위가 좁다.

현재 네이션, 내셔널리즘의 개념에 대하여 학자마다 그 인식에서 차이가 많고, 그런 만큼 내셔널리즘에 대한 정의가 명확하지 못한 상태에 있다. 이 점이 내셔널리즘 연구를 더욱 어렵게 하는 요인 중의 하나가 되고 있다. 지금까지 내셔널리즘 연구는 주로 서구에서 이루어지고 있고, 주류는 근대주의 이론이다. 그래서 내셔널리즘 연구의 대부분은 근대화 이후의 유럽이나 유럽과 관련된 지역의 독립 및 통합 이념운동에 집중되어 있고, 이러한 가운데 내셔널리즘이 독립과 통합의 이념운동만을 의미하는 것처럼 보이기도 한다.

하지만 오늘날 우리가 살아가는 현실세계는 사람들이 국가를 단위로 나뉘어져 살아가고 있으며, 국가들 간에 경쟁과 협력을 하는 가운데 세계가 돌아가는 점을 감안하면 국가가 주체로 되는 경우의 내셔널리즘을 도외시 할 수 없다. 아니 국가 내셔널리즘이야말로[119] 가장 실질적이고 중요한 부분이다. 내셔널리즘의 영역에 국가 내셔널리즘이 포함되지 않는다면 내셔널리즘 연구는 그 영역이 대폭 줄어들 뿐만 아

---

118 Smith, 1991, p.73
119 여기서 국가 내셔널리즘이라 함은 국가 단위로서의 사람들이 갖는 의식으로서의 내셔널리즘을 말한다.

니라 그 유용성도 크게 줄게 된다. 특히 유럽 외의 사람들에게는 더욱 그렇다. 영국에 네이션 의식이 언제 생겼는가는 영국의 역사학자들에게는 중요할지 모르지만 세계 다른 지역의 사람들한테는 별 의미가 없다. 지금 한국의 입장에서는 200년 전 유럽 이야기보다는 오늘날의 미국, 중국의 내셔널리즘이나 세계화 속의 내셔널리즘과 세계주의(cosmopolitanism)의 충돌 등과 같은 것이 더 중요한 문제이다.

국가 내셔널리즘이 될 때는 네이션(nation)의 의미가 국가(state)와 거의 같아지게 된다. 이러한 문제에 대하여 코너(Walker Connor)는 국가의 경우에는 내셔널리즘(nationalism) 용어를 사용해서는 안 된다고 주장한다. 그는 많은 연구자들이 내셔널리즘을 국가에 대한 헌신의 의미로 잘못 사용함으로써 내셔널리즘(nationalism)과 애국심(patriotism)이 혼동되는 것은 문제라고 주장한다.[120] 이런 주장은 그가 원초주의자로서[121] 내셔널리즘을 민족 측면에서만 보기 때문이다. 공민 내셔널리즘의[122] 측면을 함께 생각하면 이 같은 주장을 받아들이기 어렵고, 또 코너가 한탄할 만큼 많은 학자들이 국가 단위에서도 내셔널리즘이라는 용어를 사용하고 있다. 스미스는 nation과 state는 구분되는 개념이지만 현실적으로 같은 뜻으로 사용되는 경우가 많으며, 애국심(patriotism)과 내셔널리즘(nationalism) 간에 분명한 선을 긋기 어렵다고 주장한다.[123]

또 코너는 국가 단위가 될 때는 statism이나 etatism을 사용해야

---

120 Connor, 2005, pp.40~41
121 원초주의(primordialism)는 네이션 의식을 갖는 것은 태곳적부터 내려온 사람의 원초적인 성향이라고 보는 것으로서 민족이 중심적인 위치를 점하게 된다.
122 공민 내셔널리즘(civic nationalism)은 인종이나 출생지에 상관없이 개인의 자유의사에 따라 나라사람이 되도록 하는 것을 말한다. 이에 대응되는 개념이 민족 내셔널리즘이다. 민족 내셔널리즘(ethnic nationalism)은 혈통, 언어, 종교, 역사, 문화 등 개인이 선대로부터 물려받은 요인에 의하여 나라사람이 되도록 하는 것이다.
123 Smith, 2004, p.200

한다고 주장하지만[124] statism(국가주의)은 내셔널리즘과 별도로 다른 의미로 이미 사용되고 있는 말이다.[125] 일반적인 의미에서 국가주의는 최상의 조직체로서의 권능과 권한을 국가에 부여하고 국가가 경제나 사회의 모든 면을 관리하고 조정하여야 한다는 사상을 말한다. 국가주의는 정치적인 측면에서 국가의 행위에 대한 것인 반면, 내셔널리즘은 사회적인 측면에서 자기 집단과 다른 집단과 관련하여 사람들이 갖고 있는 의식에 대한 것이다. 내셔널리즘의 정의에 대한 코너의 주장은 현실에서의 용어 사용에서 볼 때에도 설득력이 없다. 중국에서 미국을 규탄하는 시위를 벌일 때 영어 매체에서 Chinese nationalism(중국 사람들의 내셔널리즘)이라고 보도하지 Chinese patriotism(중국 사람들의 애국심)이라고 보도하지 않는다. 본장 시작의 예에서도 미국사람들의 내셔널리즘이라고 하지 않고 미국사람들의 애국심이라고 해서는 말뜻이 전달되지 않는 것이다.

그래서 과거 유럽에서 있었던 이념운동으로서의 내셔널리즘을 중심으로 하는 지금까지의 연구의 틀에서 탈피하려는 노력이 필요하다. 이를 위해서 앞으로의 내셔널리즘 연구 영역은 첫째, 세계 모든 국가들을 대상 영역으로 하는 보편성을 갖는 것으로 되어야 하고, 둘째, 국가를 경계로 일어나는 경제, 문화, 스포츠 등의 다양한 영역에서의 내셔널리즘을 포괄할 수 있어야 하며, 셋째, 오늘날 세계적으로 일반화되어 있는 일상적인 삶에서의 내셔널리즘도 포함되어야 할 것이다.

이를 위해서는 먼저 무엇을 내셔널리즘이라고 할 것인가에 대한 것을 생각하여야 하고, 이는 결국 내셔널리즘의 정의의 문제로 되돌아오게 된다. 그래서 다음과 같은 내용과 조건을 갖추고 있을 때 우리는 내셔널리즘이라고 할 수 있는 것이다.

---

124 Connor, 2005, pp.40~41
125 etatism과 statism은 같은 의미이다.

i) 내셔널리즘은 사람들의 자기 집단을 위하거나 애착을 갖는 의식, 신조, 행동이다.

ii) 여기에서의 집단은 일정한 영토에 함께 살아가며, 같은 문화 및 관습 그리고 역사를 공유하는 사람들의 집단이다.

iii) 여기에서의 집단은 자신들의 집단은 다른 집단과 구분되고 자신들만의 국가가 있어야 한다고 생각한다.

iv) 이러한 의식, 신조, 행동은 주로 다른 집단과의 관계에서 발생하여, 다른 집단보다 자기 집단을 우선시하거나 다른 집단을 배척하기도 한다.

v) 이러한 의식, 신조, 행동은 지식인이나 상류층과 같은 일부의 사람들에 국한된 것이 아니라 집단 내 대다수의 사람이 함께 공유하는 것이어야 한다.

3 내셔널리즘과 민족주의의 비교

네이션과 민족

국어사전에서 "민족"의 뜻을 찾아보면, 민족이란 "일정한 지역에서 오랜 세월 동안 공동생활을 하면서 언어와 문화의 공통성에 기초하여 역사적으로 형성된 사회 집단"으로 정의하고 있다.[126] 이 정의를 기초로 영어의 네이션(nation)과 우리말에서의 민족은 어떻게 다른지 검토해 보기로 한다.

우선, 민족은 네이션보다 범위가 좁다. 앞에서 본 대로 네이션은 국민, 국가, 종족의 세 가지 개념을 담고 있는 데 반하여, 민족은 종

---

126 민족, 미상

족에 근접한 개념만 담고 있다. 다음으로 말의 중심적 의미가 다르다. 내셔널리즘(nationalism)에서의 네이션(nation)의 의미는 "특정한 땅에 사는 자신들의 국가나 정부를 의식하는 대규모의 사람집단"이다.[127] 즉, 네이션이라고 할 수 있기 위해서는 첫째, 대규모의 사람집단이며, 둘째, 이 집단의 사람들이 살 수 있는 땅이 있어야 하고, 셋째, 자신들끼리만의 정치체(polity)에 대한 의식이 있어야 한다. 여기서 민족의 경우는 둘째, 셋째가 반드시 있어야 하는 것이 아니다.

우리말의 민족은 영어의 네이션(nation) 보다는 "race", "ethnicity", "tribe"에 더 가깝다.[128] 영어에서는 원래 "race"라는 말이 많이 사용되었으나 20세기에 들어와 나치즘, 유대인 대학살(Holocaust) 등을 거치면서 최근에는 "ethnicity"라는 말이 많이 사용되고 있다. "Ethnicity"라는 말은 그리스어의 "ethnos"에서 나온 민족이라는 의미의 "ethnic"의 파생어이다.[129] 민족이란 원래 인종아래, 친족 위에 위치하는 사람 분류의 하나로서, 혈통의 의미를 지니고 있고 객관적인 성격을 갖는다. 여기서 객관적이라고 하는 이유는 같은 민족은 부분적으로 겉모습에서 드러나기도 하거니와, 유전자 분석을 통한 과학적 판단도 가능하기 때문이다. 반면에 네이션은 혈연, 영토, 언어 등과 같은 객관적인 요소뿐만 아니라 정체성과 같이 자신에 의해서 정해지는 주관적인 성격도 함께 갖고 있는데, 현실적으로 이 주관적인 측면이 더 크게 작용한다.

스미스(Anthony D. Smith)는 민족 공동체(ethnic community)와 네이션(nation)의 속성을 다음과 같이 구분한다. 먼저, 민족 공동체가 갖는 속성으로 ① 집단 고유의 이름이 있고, ② 특정한 고향 땅

---

127 Nation [Def. 1], n.d.2
128 Ethnicity라는 말은 비교적 최근에 만들어진 말로서 Oxford English Dictionary에서는 1953년에 등재되었다.
129 Spencer & Wollman, 2002, p.65

표 2-1		민족과 네이션의 속성	

민족(Ethnic community)		네이션(Nation)	
사람들 집단의 이름이 있다	①	사람들 집단의 이름이 있다	
특정한 고향 땅과 연계되어 있다	②	고유의 역사적 영토나 고향 땅이 있다	
공통 조상에 대한 신화가 있다	③	공통 조상에 대한 신화가 있다	
역사적 기억을 공유한다	④	공통의 역사적 기억이 있다	
다른 문화와 차별화되는 공통의 문화가 있다	⑤	공통의 집단 공공 문화를 형성하고 있다	
집단 내 상당 비중의 사람들은 연대 의식이 있다	⑥	구성원 모두가 공통의 법적 권리와 의무를 진다	
	⑦	구성원의 지역적 이동이 가능한 공통 경제를 갖는다	

출처: *National Identity*, by A. D. Smith, 1991, London: Penguin, p.14~21.
참고하여 작성.

과 연계되어 있으며, ③ 공통 조상에 대한 신화를 갖고 있고, ④ 역사적 기억을 공유하며, ⑤ 공통의 문화를 갖고 있고, ⑥ 집단 내에 상당한 비중의 사람들이 연대의식이 있다는 점을 들고 있다.[130] 스미스는 ③ 공통 조상에 대한 신화를 갖는다는 항목에서 민족의 혈연적 측면을 적시하고 있다. 그리고 민족은 하나의 구분되는 집단으로서 특정한 땅, 역사, 문화 등에서 연계되어 있고, 서로에 대한 연대의식은 있지만 반드시 이들 집단이 특정한 영역의 땅을 점유하고 있는 것은 아니라고 하고 있다.

반면에 네이션(nation)이 갖는 속성으로서 ① 집단 고유의 이름이

---

130 Smith, 1991, p.21

있으며, ② 역사적으로 내려온 고유의 영토가 있고, ③ 공통의 신화를 갖고 있으며, ④ 공통의 역사적 기억이 있고, ⑤ 공통의 공공 문화를 갖고 있고, ⑥ 구성원이 공통의 법적 권리와 의무를 지며, ⑦ 공통의 경제 단위를 갖는다는 점을 들고 있다.[131] 네이션(nation)이 민족 공동체(ethnic community)와 구분되는 점은 모든 속성에 있어서 민족 공동체(ethnic community)보다 그 존재가 뚜렷하다는 점도 있지만 정치적인 단위로서의 성격이다. 즉, 네이션은 민족 공동체와 달리 자신들만의 독자적인 정치 단위로 살아 가고자 하는 의지가 포함된다는 점이다. 이러한 네이션(nation)의 속성은 항목 ⑥에서 구성원이 공통의 권리와 의무를 진다고 한 항목에서 적시되고 있다. 정치적으로 하나의 집단이 될 때 법과 행정 조직을 갖게 되고, 이에 따라 서로 간에 법적 권리와 의무를 지게 되는 것이기 때문이다. 또 항목 ⑦에서 공통의 경제단위에 산다는 점을 들고 있다.

싱가포르를 예로 들어 보자. 싱가포르 안에서는 같은 통화를 사용하고 사람들은 어디든지 이동하면서 살아갈 수 있지만 싱가포르 바깥으로는 그렇지 않다. 싱가포르 내의 사람들은 하나의 경제단위를 이루고 있는 것이다. 여기서 중국 내 한족과 싱가포르 내 한족은 민족으로는 같은 한족이지만 같은 경제단위가 아니고, 따라서 하나의 네이션이 아니다. 반면에 이 싱가포르 내에 같은 경제단위 구성원으로 살아가는 중국계 사람과 인도계 사람은 같은 네이션인 것이다.

네이션의 예를 보자. 한국을 보면, ①한국인 또는 한민족이라는 이름이 있고, ②한반도와 만주 땅이 있으며, ③단군신화가 있고, ④선대의 사람들이 살아온 역사를 갖고 있으며, ⑤모두가 함께 하는 집단 공공 문화로서의 한국 문화가 있고, ⑥국민 모두가 서로에 대하여 권리와 의무를 갖고 살아가며, ⑦국경의 범위 내에서 하나의 경제 단위로

---

131 Smith, 1991, p.14

살아왔다.

다음으로 민족의 예를 보자. 세계에는 국가의 유무와 상관없이 수많은 민족이 있다. 민족이 네이션과 구분되는 데에는 독자적 정치체에 대한 의식이 중요한데, 이에 대한 하나의 예가 19세기 이전의 유대민족이다. 유대인들은 19세기 이전에는 민족이었고 네이션이 아니었다. 오늘날의 이스라엘이 있게 된 것은 19세기 말 시오니즘(Zionism)이 일어나 고토에 자신들만의 나라를 세우겠다는 생각이 확산되었고, 그 결과 제2차 세계대전 후 자신들의 고토에 나라를 세웠기 때문이었다. 그 이전의 수천 년 동안 유대인들은 세계 각지에 흩어져 살면서 자신들만의 나라를 갖겠다는 의식이 없었다.

또 다른 예로 고대 그리스를 들 수 있다. 고대 그리스는 하나의 민족이었지만 네이션은 아니었다. 그때 그리스 반도에 살던 사람들은 오랫동안 혈연적, 문화적으로 공통의 토대 위에 살아왔지만 정치적으로 도시국가로 나누어져 살았고, 온 민족이 하나의 국가로 살고자 하는 의식이 없었기 때문에 네이션이라고 할 수 없는 것이다. 오늘날의 경우를 보면 과거에 유구국이었던 오키나와 중국 각지에 흩어져 살고 있는 만주족 등이 여기에 해당한다. 이름도 있고, 고향 땅도 있으며, 공통 조상에 대한 신화도 있고, 역사도 알고 있으며, 자신들만의 문화도 있고, 상당수의 사람들은 자기민족 사람 간에 느끼는 연대의식도 있다. 그러나 이들에게 자신들만의 독자적인 나라가 있어야 한다는 의식이 없다. 그래서 그들은 네이션이 아니고 민족인 것이다. 그리고 민족주의는 있어도 내셔널리즘(nationalism)은 없는 것이다.

민족과 네이션의 개념에 대한 보다 명확한 이해를 위하여 하나 더 예를 들어 보기로 하자. 영국이라고 불리는 연합왕국(United King-dom: U.K.)은 원래 잉글랜드(England), 스코틀랜드(Scotland), 웨일스(Wales), 그리고 북아일랜드(Northern Ireland)의 네 나라가 합쳐져서 만들어진 나라이다. 여기서 민족과 네이션을 구분해 보면 다음과 같다.

① 스코틀랜드는 민족인가?: 그렇다

② 영국은 민족인가?: 아니다

③ 스코틀랜드는 네이션인가?: 그렇다

④ 영국(UK)은 네이션인가?: 그렇다

단, 영국(UK)이 하나의 네이션이 되는 데는 전제 조건이 있다. 영국(UK) 사람들이 영국인이라는 하나의 정체성을 가질 때이다. 대다수 스코틀랜드 지역의 사람들이 자신은 영국 내 다른 지역 사람들과는 다른 사람들로서 자신은 영국(UK)과 큰 관련이 없다고 생각하고, 잉글랜드, 웨일스, 북아일랜드 지역의 사람들도 같은 식으로 생각한다면 영국(UK)은 네이션이 아닌 것이다.

내셔널리즘과 민족주의

민족주의의 의미를 국어사전에서 찾아보면 "독립이나 통일을 위하여 민족의 독자성이나 우월성을 주장하는 사상"이라고 정의하고 있다.[132] 여기에서 중심어는 민족인데 민족과 네이션(nation)이 다르므로 이들을 토대로 하는 민족주의와 내셔널리즘(nationalism)도 자연히 다르게 된다. 내셔널리즘(nationalism)의 기반이 되는 네이션의 사전적인 정의는 나라사람 또는 나라사람이 되기를 원하는 집단, 국가, 종족을 아우르고 있지만 민족은 이 중에서 종족의 의미만 담고 있음은 앞에서 이미 논의되었다.

물론 네이션 또는 내셔널리즘이 우리말의 민족 또는 민족주의로 한정된 뜻으로 사용될 수도 있고 이럴 경우에는 문제가 없다. 그러나

---

132 민족주의, 미상

많은 경우에 문제가 될 수밖에 없는 것이 영어 네이션에 있어서는 국가와 관련된 내용이 중요한 부분인데 우리말 민족에는 이 같은 의미가 없기 때문이다.

예를 들어 독립 내셔널리즘은 하나의 나라를 만들자는 것이지 민족 단위로 살자는 것이 아니다. 즉, 민족주의가 될 수 없다. 같은 민족만의 집단이 아닌 경우에도 하나의 국가를 만들 수 있는 여건이 되면 이에 따라 개별국가를 만들려고 하는 것이 독립 내셔널리즘이고, 또 같은 민족이라도 일부분이 자신들만 분리되어 국가를 만들겠다고 하는 것도 독립 내셔널리즘이다. 네이션이 되는 여건 중에 중요한 한 요소로서 같은 혈연의 집단, 공통의 문화 집단으로서의 같은 민족도 포함될 뿐이다.

수많은 민족으로 이루어진 미국도 가질 수 있는 것이 내셔널리즘이고, 영국섬 내의 여러 민족이 합쳐져서 영국연합왕국(United Kingdom)을 만드는 것도 내셔널리즘이다. 또 독일의 내셔널리즘이라고 해서 게르만 민족만의 국가를 만들자는 것이 아니다. 앤더슨(Benedict Anderson)이 유럽보다 먼저 내셔널리즘이 일어났다고 주장한 라틴지역의 크레올 내셔널리즘을[133] 볼 때도 크레올인들(Creole peoples)은 유럽 백인 정착민들과 아메리카 원주민들이 한데 섞여 복합적 민족으로 이루어진 사회의 사람들이다.

따라서 내셔널리즘을 민족주의로 번역하거나 민족주의를 내셔널리즘으로 번역하는 경우 원래의 말뜻이 전달되지 않거나 의미가 불분명해지는 문제가 생길 수밖에 없는 것이다. 이처럼 용어가 그 의미를 제대로 전달하지 못하고 혼동되는 상황에서는 상대방을 이해하기도 어렵고 이해시키기도 어려울 뿐만 아니라 아무리 많은 논의를 한다고 해도 같은 생각에 도달할 수 없음은 당연한 일이다.

---

133 Anderson, 2006, pp.49~66

4 인접 용어와의 관계

국민, 시민, 인민

네이션과 내셔널리즘의 번역어로서 민족, 민족주의라는 말이 적합하지 않음을 느끼고 일부에서는 민족, 민족주의라는 말 대신에 국민, 국민주의라는 용어를 사용하기도 한다. 예를 들면 "국민주의 음악"과 같이 음악에서는 내셔널리즘을 주로 국민주의라고 부른다. 그래서 여기서 네이션, 내셔널리즘에 대한 번역어로서의 국민, 국민주의라는 용어를 검토해 볼 필요가 있다.

먼저 국민의 의미를 생각해 보자. 우리말에서 국민이란 "한 나라의 통치권 아래에 있는 사람, 또는 그 나라의 국적을 가진 일정한 권리와 의무를 지닌 사람"을 뜻한다.[134] 국민이라는 것은 국가가 있고 그 국가의 법에서 자격을 부여받은 사람들이다. 이 국민에 해당하는 영어말은 citizen이다. 원래 citizenship을 갖는다는 것은 투표권과 공직자로서의 피선거권을 갖는다는 것을 의미하였고, 현대에 와서 citizen-ship을 갖는다는 것은 국민으로서 제반 권리와 의무를 갖는다는 것을 의미하게 되었다. Citizen은 개인과 국가 간의 관계에서 법적 계약적인 의미를 지닌 용어이다. 개인이 국가에 대하여 의무를 이행하면 국가는 그를 국가 안에서 누릴 권리를 제공하면서 보호해 준다는 것이다.[135]

Citizen은 국민이다. 그런데 우리나라에서는 citizen을 시민으로 번역하는 경우가 많다. 문제는 영어의 citizen은 "city"라는 "시"의 단어가 들어 있지만 시하고는 아무런 상관이 없다는 사실이다. 영어에서

---

134 국민, 미상
135 Citizenship, n.d.

국민을 citizen이라고 하는 이유는 도시국가에서 이 용어가 시작되었기 때문이다. Citizen을 시민이라고 하는 것은 마치 greenhouse를 온실이라고 하지 않고 초록집으로 번역하는 것과 같다. 단어가 green이 붙어 있다고 하더라도 초록이라는 말을 넣지 말고 그 본질과 내용에 따라서 온실로 번역하지 않으면 안 된다.

마찬가지로 city가 붙어 있더라도 그 본질과 내용에 따라 시민이라고해서는 안되고 국민이라고 해야 옳다. 우리는 "민주 시민", "성숙한 시민" 등과 같이 시민이라는 말을 자주하지만 이 시민이라는 말은 법적으로나 이론적으로나 아무런 근거나 내용이 없는 용어이다. 현재 한국에서 시민이라는 용어 사용은 매우 혼란스럽다. 한국에서는 민간이라는 의미의 civil도 시민이라 번역하고, 공민이라는 의미의 civic도 시민이라 번역하고, 국민이라는 의미의 citizen도 시민이라고 번역하며, 그리고 시의 주민도 시민이라 한다.

영어권 국가에서 Citizen이 된다는 것은 법적으로 매우 중요한 의미를 갖는 것이지만, 한국에서 시민이 된다는 것은 법적 권리 의무에서 특별한 의미가 없다. 부산시민이 서울시민으로 된다고 해서 신분상으로 무엇이 달라지는가? Citizen이 된다는 것은 뉴욕시민에서 시카고시민으로 바뀔 때와 같은 것을 의미하는 것이 아니라 한국국적에서 미국국적으로 바뀔 때와 같은 것을 의미한다. Citizen은 시민이 아니라 국민인 것이다.

이어서 국민과 people(인민, 민중, 백성)의 관계를 검토해 보기로 하자. 링컨이 인용한 것으로 널리 알려진 "by the people, of the people, for the people"을 한국에서는 "국민의, 국민에 의한, 국민을 위한"이라고 알고 있음에서 보듯이 people을 국민으로 번역하고 있다. 그런데 원래 people은 인민, 민중의 개념이다. 그렇다면 people(인민)과 citizen(국민)은 다른가? 다르다. 우선 인민과 국민은 같은 위치에 있지 않다.

미국의 예를 들어 보자. 미합중국 헌법 서문에는 "미국의 인민 (people)은 …… 헌법(constitution)을 제정한다"라고 명시되어 있다.[136] 그리고 미국 수정헌법 14조(Amendment XIV)는 미국 국민 (citizen)에 대하여 규정하고 있는데, 여기서 누가 미국의 국민인가를 정의하고 있다.[137] 여기서 알 수 있는 것은 미국 인민(people)이 미국 헌법을 만들고, 헌법에서 국민(citizen)을 규정하고 있다는 점이다. 즉, 인민은 헌법으로 제정하는 주체로서 헌법 위에 있고, 국민은 헌법에 의하여 정해지는 존재로서 헌법 아래에 있는 것이다.

사실 우리가 말하는 국민 주권이라는 것은 이러한 체계이다. 그런데 문제는 올바로 말하자면 국민 주권이 아니고 인민 주권이라는 점이다. 인민은 국가 이전에 있었지만, 국민은 국가가 만들어진 이후에 국가에 의하여 창설되는 것이다. 지금 우리처럼 국민 주권이라는 말을 사용하면서 민주주의 이념의 논리적 체계를 세우기는 어렵다.

그렇다면 왜 더 타당한 용어인 인민이라는 말을 쓰지 않는가? 20세기 초반, 공산주의에서 people이라는 말을 많이 사용하였고 일본의

---

136 The Preamble to the United States Constitution: We the people of the United States, in order to form a more perfect union, establish justice, insure domestic tranquility, provide for the common defense, promote the general welfare, and secure the blessings of liberty to ourselves and our posterity, do ordain and establish this Constitution for the United States of America.

137 Amendment XIV to the United States Constitution, Section 1: All persons born or naturalized in the United States, and subject to the jurisdiction thereof, are citizens of the United States and of the State wherein they reside. No State shall make or enforce any law which shall abridge the privileges or immunities of citizens of the United States; nor shall any State deprive any person of life, liberty, or property, without due process of law; nor deny to any person within its jurisdiction the equal protection of the laws.

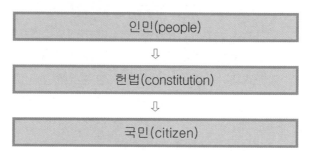

| 표 2-2 | 인민(People)과 국민(Citizen)의 관계 |

인민(people)

⇩

헌법(constitution)

⇩

국민(citizen)

좌익세력에서 인민이라는 용어를 사용하였다. 1948년 대한민국이 처음 헌법을 제정할 때 그 초안에서는 인민이라는 용어를 사용하여 주권자로서 명시하였다. 당시 헌법초안 제1장 제2조는 "대한민국의 주권은 인민에게 있고 모든 권력은 인민으로부터 나온다"로 되어 있었다. 하지만 당시 대한민국정부에서는 공산주의에 대한 부정적인 의식이 극도로 강한 상황이었기 때문에 제헌의회에서 "인민"을 공산주의자들의 용어라 하여 이 말을 쓰지 말 것을 요구하였고, 그래서 국민으로 바뀌게 되었다. 조선인민민주주의공화국이라는 명칭에서 보듯이 북한은 인민이라는 용어를 쓰고 있다. 당시에는 민주주의 이론에 대한 체계적인 지식이 없었고, 있었다 하더라도 다급한 현실 문제에 억눌려 지식이 적용될 수 있는 여지가 없었다.

물론 결국 인민이 국민으로 된다는 점에서 같다고 할 수 있다. 하지만 민주주의의 논리적인 체계를 따른다면 국민은 인민이 아니다. 국가의 법으로부터 창설된 국가 아래에 있는 사람들이 어떻게 국가의 주인이 될 수 있는가? 국가 위에서 국가의 헌법을 바꿀 수 있는 국가 위에 있는 사람들이 국가의 주인이고 이것이 민주주의인 것이다. 민주주의에서의 민(民)은 국민(國民: citizen)을 뜻하는 것이 아니고 인민(人民: people)을 뜻하는 것이다. 결론적으로 국민 주권이라는 말은 논리적으로 맞지 않고 국민이라는 표현은 잘못된 것이다. 한국에서처럼 People도 국민이고 Citizen도 국민인 용어의 상태에서는 민주주의를 이해하기도 어려운 것이다.

● 네이션과 국민

앞에서 본 국민의 개념에 대한 이해를 바탕으로 하여 네이션과 국민을 대조해 보기로 하자. 네이션(nation)은 people과 동등한 위치에 있는 개념으로 어느 나라 안에 한정되어 있는 인민들을 의미한다. 그래서 네이션과 국민은 대개 다음과 같은 점에서 다르다.

첫째, 네이션은 국가 및 영토와 연관된 인민(people)이다.[138] 영국의 앤서니 쿠퍼(Anthony A. Cooper)[139]는 인민(people)에 대해서 정의하면서 네이션(nation)에 대해서도 언급하고 있다. 인민은 사회적 연대(league) 혹은 사회적 연합(confederacy)으로 공동체의 회원들을 결속시키는 상호동의, 그리고 공동선이나 공동이해에 기초하여 형성된 집단이라고 하였다. 그는 사람의 집단이 강압에 의해 형성되었을 때 하나의 수장 하에 하나의 집단으로 있다고 하더라도 단합될 수 없으므로 그러한 집단은 인민이 될 수 없다고 하였다. 그래서 강압 아래서는 인민(people)이 없고, 헌법(constitution)이 있을 수 없고, 모국(mother country)이 없으며, 네이션(nation)도 있을 수 없다고 하

---

138 Greenfeld, 1992, p.160
139 앤서니 쿠퍼는(1671~1713)는 영국의 정치가이자 철학자로 Third Earl of Shaftesbury라고도 불려진다.

였다.[140] 네이션은 주권을 가진 회원들의 공동체이다.[141] 네이션이란 존 로크(John Locke)가 『공민정부 2론(Two Treatise on Civil Government)』에서 말한 사회계약의 당사자들인 것이다.[142] 그렇다면 네이션과 국민 간의 차이는 명확하다. 네이션(nation)은 국가를 창설하는 존재인데 반해 국민(citizen)은 국가가 있고 난 다음에 있는 사람들로서 국가에 의해서 그 존재와 권리를 부여받는 사람이다.

둘째, 국민은 그 범위가 한정적이고 내용이 명확하다. 즉 누가 국민이고, 누가 국민이 아니며, 국민이 되면 무엇을 할 수 있으며 할 수 없는지가 명확하고 구체적이다. 반면에 네이션은 그 범위는 넓고 내용은 추상적이다.

셋째, nationality를 갖는다는 것은 그 나라사람이라는 것을 의미한다. 그 나라사람이 된다는 것은 이러한 권리 의무와 무관한 것은 아니지만 이것과 직접 연관되는 의미는 아니다. 예를 들면 한국 국적을 포기하고 미국 국적을 취득한 사람의 경우 한국국민은 아니지만 한국인이 될 수도 있는 것이다.

넷째, 국민의 개념으로 볼 때 이중 국적도 가능하다. 세계화의 진전으로 국민의 개념은 점점 거주자의 개념으로 되어 가면서 이중국적을 허용하는 국가도 많다. 하지만 네이션은 이중 네이션이 있을 수 없다. Nationality는 그 사람의 내면적인 성격을 규정하는 것이기 때문이다. 미국 국적과 한국 국적을 동시에 가질 수는 있지만 한국인이면서도 미국인일 수는 없는 것이다

다섯째, national(나라사람)은 citizen(국민)과 법적으로 구분된다. National은 citizen보다 넓은 개념이다. 즉 citizen은 national

---

140 Greenfeld, 1992, p.399
141 Greenfeld, 1992, p.426
142 Greenfeld, 1992, p.400

이지만, national이라고 해서 citizen인 것은 아니다. 예를 들면, 미국의 경우, 사모아인들은 미국의 national이지만 citizen이 아니다.[143] 사모아인들은 미국에서 사업도 하고 일자리를 가질 수 있지만 선거권이나 피선거권이 없다. 또 nationality는 국적이라고 하여 사람뿐만 아니라 기업, 선박, 항공기와 같은 사물에 대해서도 적용된다.

이와 같이 원래 그 개념에서 다른 것이기 때문에 깊은 논의에 들어가지 않더라도 당장 일상 생활에서도 네이션을 국민이라고 부를 때 문제가 드러난다. 먼저, 국민은 국가(state)에서 나오는 개념으로 국가가 성립된 이후에 존재하기 때문에 네이션을 국민으로 번역하면 말이 되지 않는 경우가 많다. 예를 들면, 현재 네이션으로서의 스코틀랜드를 스코틀랜드 국민이라고 한다면 말이 안 된다. 스코틀랜드 사람들이라고 해야 자연스럽다.

다음으로, 우리가 "국민주의"라고 하였을 때 국가 내에서 일어나는 국민의 권익이나 국민의 위상에 대한 개념으로 생각이 들게 되고, 국가와 관련하여 대외적으로 표출되는 정서로서의 내셔널리즘 개념과 연결되지 않는다.

이러한 점들을 고려할 때 네이션, 내셔널리즘을 국민, 국민주의라고 하는 것도 타당하지 못함을 알 수 있다.

5 해결 방안

 인

지금까지 네이션, 내셔널리즘의 의미가 국어에서 제대로 전달되지

---

143 8 U.S.C.§1408. Nationals but not citizens of the United States at birth

못하는 문제를 살펴보았다. 이제 이에 대한 해결 방안을 논의해 보자.

이 문제를 해결하는 유일한 방법은 네이션, 내셔널리즘에 맞는 말을 찾아내는 것이다. 근본적으로, 이 영역에서 개념 단위는 nation, state, citizen, ethnic group의 4개인데, 이에 대한 한국말 어휘는 국가, 국민, 민족 3개이다. 한국말 어휘 수가 절대적으로 부족한 것이다. 그래서 네이션(nation)개념을 표현하기 위해서는 새로운 용어가 반드시 추가되어야 한다. 새로운 용어를 만들지 않고서는 해결될 수 없는 문제인 것이다. 그래서 우리말의 여러 어휘들을 검토해 보았다.

그 결과 네이션에 대한 가장 적절한 한국말은 "국인(國人)"이었다. 국인이라는 말이 적합한 이유는 다음과 같다.

첫째, 국인이라는 용어는 과거에 사용되던 우리말로서 네이션의 번역어로 가장 정확한 말이다. 과거에 국인이라는 표현이 사용된 예를 보자.

조선 성종 때 사헌부와 사간원 관리들이 죄인을 죽일 것을 요청하면서 다음과 같이 말하고 있다.

> 국인이 모두 죽일 만하다고 하는 것이므로 전하께서 개인적인 인정을 베풀 수는 없는 것입니다.[144]

여기서 국인은 나라사람들이다. 임금도 나라사람들의 뜻을 거역해서는 안 된다고 말하고 있다.

또, 조선 초 한국사람들과 그를 대표하는 이성계가 중국 황제에게 국호 제정을 두고 다음과 같은 내용으로 자문을 구하고 있다.[145]

---

144 조선왕조실록, 성종실록 6권, 성종 1년 7월 8일. (所謂國人皆曰可殺, 非殿下所得而私也)
145 이 예는 그 상황이 한국사람으로서 다소 언짢은 면을 담고 있기는 하지만 국인이라는 말의 의미를 잘 표현하고 있어서 여기서 예로 보았다.

요사이 황제께서 신에게 권지국사(權知國事)를 허가하시고 이내 국호(國號)를 묻게 되시니, 신은 국인과 함께 감격하여 기쁨이 더욱 간절합니다.[146]

여기서 조선이라는 나라가 있기 이전의 사람들이요, 나라를 만드는 사람들로서의 국인을 확인할 수 있다.

위에서 표현된 국인을 보면 네이션의 개념과 매우 잘 들어 맞는다는 것을 알 수 있다. 국인은 네이션과 마찬가지로 나라의 주체로서의 사람들이다.

일제 하에 독립운동을 하던 선조들은 나라와 관련하여 대한국인, 한국인, 조선인이라는 말을 썼지 민족이라는 말을 잘 쓰지 않았다. 안중근의사는 자신을 대한국인이라고 하였고, 안창호 선생이 미국에서 결성한 독립운동 단체이름은 대한인국민회[147]였다.

기미 독립선언서는 다음과 같이 시작한다.

　오등은 자에 아 조선의 독립국임과 조선인의 자주민임을 선언하노라.

여기서 조선은 state이고 조선인은 nation이다.

위의 여러 예에서 대한국인, 대한인 대신에 한민족이라고 쓰고, 조선인 대신에 조선족, 혹은 조선민족이라고 했다고 상상해보라! 절대 있을 수 없는 일이다.

---

146 조선왕조실록, 태조실록 2권, 태조 1년 11월 29일. (欽蒙聖慈許臣權知國事, 仍問國號, 臣與國人感喜尤切)
147 대한인국민회는 미주지역에서 형성된 독립운동 단체이다. 안창호는 1910년 미국에서 독립운동 단체인 대한인국민회를 조직하였다. 대한인국민회는 1908년 장인환과 전명운이 친일 미국인 스티븐스를 저격했던 사건을 계기로 미국의 한인 단체를 통합하기 위해 조직되어, 자금을 모아 만주와 연해주의 독립운동을 지원하였다.

네이션은 주권을 가진 집단으로서의 사람들(sovereign people)이다.[148] 주권은 사람에 대한 것뿐만 아니라 땅에 대한 것까지도 포함된다. 18세기 유럽에서 네이션이 주목받는 용어가 되고 내셔널리즘이라는 말이 생겨나게 것도 바로 이러한 점 때문이었다. 네이션은 자기운명에 대한 자기 결정권을 가진 사람들이다. 여기서 이 같은 요소가 들어 있지 않은 민족과는 엄청난 차이가 있다. 민족은 아무나 될 수 있지만 네이션은 아무나 될 수 없다. 민족은 가만히 있어도 그 이름이 주어지지만 네이션은 엄청난 노력과 희생을 댓가로 가질 수 있는 것이다. 한국인들은 누구보다 이것을 잘 알고 있다. 한국인이 네이션이기 위하여 얼마나 많은 피를 흘렸는가? 이것이 민족은 정말 민족에 대한 의미를 표현할 때에만 사용되어야 하고 네이션일 때 민족이라고 해서는 안되는 또 하나의 이유이기도 하다. 말은 가치를 반영한다. 한민족, 한국인 모두 쓸 수 있을 때 우리가 그 가치를 생각한다면 한국인이 맞는 말인 것이다.

둘째, 네이션(nation)은 정치적인 자치의식을 가진 사람들의 집단이므로 정치적으로 주체자로서의 성격을 갖는 국인이라는 말이 잘 부합된다. 그 나라사람으로서 또는 나라의 주인으로서 국인인 것이다. 원래 한자어의 인(人)과 민(民)은 대칭적인 의미를 갖고 있다. 인(人)은 사람을 형상화한 글자로 인격체로서의 사람을 뜻한다. 인은 사회의 주체자로서 지배계급을 의미한다. 반면에 민(民)은 맹인을 형상화한 글자로 노예를 의미한다. 전쟁에서 포로로 잡힌 사람을 눈을 찔러 장님으로 만들어 노예로 삼았던 옛 습속에서 이렇게 노예로서의 국가 구성원이 민이었다. 즉, 인과 민은 모두 백성이지만 인은 국가 사회의 주체자로서의 백성이고, 민은 다스림을 받는 피지배계급으로서의 백성인 것이다.

---

148 여기에는 현재 주권을 가진 사람들뿐만 아니라 주장하는 사람들도 포함된다.

셋째, 네이션(nation)은 민족보다 혈통적인 개념이 옅지만 이것이 완전히 배제된 것은 아니다. 특히 비서구 사회에서는 네이션에 혈연적 성격이 강한데 국인은 이러한 측면을 잘 나타낸다. 국인은 이러한 혈통적인 개념을 가진 반면에 국민에는 이러한 개념이 없다. 예를 들어 말이 담고 있는 의미에서 한국국민과 한국인은 차이가 있다. 한국국민이라고 하면 한국에 소속된 사람의 법적 신분을 나타내는 반면에, 한국인이라고 하면 그 혈통이나 뿌리까지 나타내는 것이다. 현실적으로 북한과 남한을 아우르는 한민족과 동일한 뜻을 전달하는 용어로서 한국민이라고는 할 수 없지만 한국인은 가능하다. 국민(citizen)은 국가(state)가 있고 난 이후에나 있는 것이지만, 국인(nation)은 국가(state)보다 먼저 있으면서 그 기초가 되는 사람들이기 때문이다.

넷째, 국인은 현재 혼합어로서 한국인, 영국인, 중국인 등과 같이 사용된다. Korean(한국인), English(영국인), Chinese(중국인) 등이 바로 네이션(nation)이므로, 네이션을 국인이라고 하는 것이 타당하고도 자연스럽다.

Nation을 국인이라고 했을 때 영어와 한글에서 그 의미의 대응관계를 [표 2-3]을 통하여 보기로 하자. 먼저 지금까지는 state가 국가로 번역되었고, nation은 국가 혹은 국민 혹은 민족으로 번역되었다. 그리고 citizen은 국민으로 번역되고, ethnic group은 민족으로 번역되었다. 그림에 나타나고 있듯이 nation에 대한 한글에서의 적합한 말이 없어서 한글과 영어가 1대1의 대응 관계를 갖지 못하고 복잡하게 얽혀 있음을 알 수 있다. 여기서 국인이라는 말을 사용하여 nation을 국인으로 번역하게 되면 1대1의 대응 관계가 이전보다 훨씬 더 간명해짐을 알 수 있다. 이러한 결과로 두 언어 사이에 의미전달이 훨씬 더 명확하게 되는 것은 말할 필요가 없다.

표 2-3	관련 개념의 영어와 국어 간 대응 관계

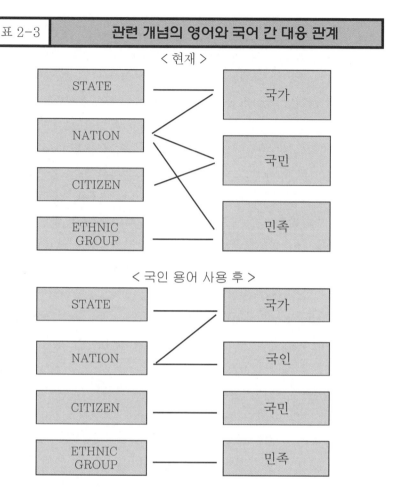

국인주의

다음으로 내셔널리즘(nationalism)에 대한 한국어 번역을 보기로 하자. 내셔널리즘은 네이션(nation)에 대한 이념(-ism)이다. 이 이념 은 우리말로는 "주의"라고 하므로, 네이션을 국인으로 번역하는 것으 로 했을 때 내셔널리즘에 대한 한국어 표현은 국인주의(國人主義)가 된다. 이 용어가 내셔널리즘의 의미에 잘 부합하는지 검토해 보자.

앞에서 본대로 내셔널리즘(nationalism)이 "자국이 타국보다 더 중요하고 낫다는 믿음으로 자국의 이익을 우선시하고 자국을 자랑스러워하거나, 자신들의 독립적, 자주적 국가를 형성하려는 열망"을 의미한다고 했을 때,[149] 내셔널리즘은 크게 두 가지로 나누어진다. 하나는 자국의 이익을 우선시하고 자랑스러워하는 국가 내셔널리즘, 다른 하나는 독립적, 자주적 국가를 가지려는 독립 내셔널리즘이 될 것이다.

먼저, 국가 내셔널리즘에서 보면 국인(nation)이 사람의 집단으로 말한 국가이므로 자국을 위하고 자랑스러워하는 이념으로서 국인주의라 말할 수 있다. 다음으로, 독립 내셔널리즘에서 민족이 아니라 국인(國人), 즉, 자기 국가를 가진 사람이 되려는 이념이라는 측면에서 국인주의라는 용어가 그 의미에서 부합한다. 국가 내셔널리즘, 독립 내셔널리즘 모두에서 국인주의라는 말이 잘 맞는다는 것을 확인할 수 있다.

지금 우리는 민족주의가 해당되지 않는 국가의 내셔널리즘에 있어서는 이를 표현하기 위하여 국수주의, 자국우선주의, 국가이기주의, 내셔널리즘 등 되는 대로 끌어쓰고 있는데, 깊게 생각해 보면 대부분 적합한 말이 아니어서 이러한 말을 쓰는 것은 바람직하지 않다. 내셔널리즘을 네이션과는 별도로 그 의미에 적합한 말을 찾아 볼 수도 있다. 이렇게 찾아 보았을 때 내셔널리즘의 의미에 잘 부합하는 용어로서 자국주의를 생각해 볼 수 있다. 우리가 개인에 있어서 자신의 이익만을 도모하거나 자신의 것을 추구하는 사고방식을 자기주의(自己主義: egoism)라고 한다. 내셔널리즘은 대상이 국가일 뿐 그 성격은 거의 같으므로 자국주의(自國主義)라고 이름 할 수 있다. 이 자국주의라

---

149 Nationalism, n.d.

는 용어에 대해서도 내셔널리즘의 의미와 부합하는지를 검토해 보자. 먼저 국가 내셔널리즘에서는 국가적 차원에서 자국의 이익만을 도모하는 사고방식을 자국주의(自國主義)라고 할 수 있다. 다음으로, 독립 내셔널리즘에서는 자신들의 나라를 추구한다는 의미를 나타내므로 여기서 또한 자국주의라는 말이 적절하다.

국인주의와 자국주의라는 용어 모두 자국의 이익을 도모하는 이념이라는 뜻과 자국을 갖고자 하는 이념이라는 뜻을 동시에 수용하는데 아무런 무리가 없다.

여기서 우리는 내셔널리즘을 부르는 방법으로 세 가지를 생각해 볼 수 있다.

첫째는 국인주의로 부르는 것이다. 네이션의 국인에서 그대로 이어지는 말로서 다소 생소하긴 하지만 논리상 가장 자연스러운 말이다.

둘째는 자국주의로 부르는 것이다. 자국주의라는 용어는 네이션(nation)의 국인과 연결되는 말이 아니라는 점이 단점이 있지만, 말 자체로 쉽게 이해가 되는 장점이 있다.

셋째는 국가 내셔널리즘은 자국주의로, 독립 내셔널리즘은 국인주의로 부르는 것이다. 국가 내셔널리즘은 네이션의 중심적인 의미가 국가이므로 자국주의로, 독립 내셔널리즘은 네이션의 중심적인 의미가 국인이므로 국인주의라고 하는 것이다. 다소 복잡하고, 내셔널리즘이라는 영어 한 단어에 두 개의 한국어 단어를 사용하게 되는 단점이 있지만, 한국어의 용어가 더 풍부해지는 장점도 있다.

지금까지 논의한 내용을 도표를 통하여 보다 명확하게 정리해 보기로 한다. [표 2-4]는 내셔널리즘(nationalism)과 이에 해당하는 우리말의 용어와의 관계를 나타내고 있다. 내셔널리즘의 주요한 의미, 두 부분을 나누어 생각해 보자.

첫 번째, 국가 내셔널리즘에서의 "자국이 타국보다 더 중요하고 낫

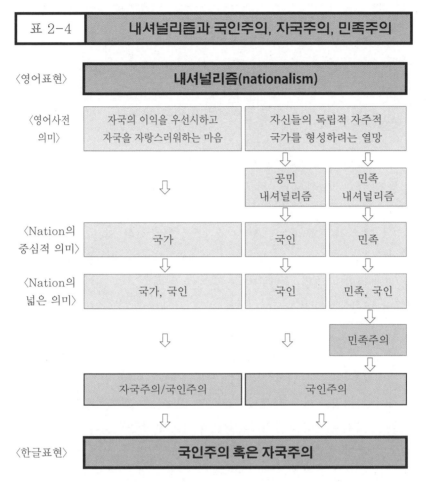

표 2-4 내셔널리즘과 국인주의, 자국주의, 민족주의

	내셔널리즘(nationalism)		
〈영어표현〉			
〈영어사전 의미〉	자국의 이익을 우선시하고 자국을 자랑스러워하는 마음	자신들의 독립적 자주적 국가를 형성하려는 열망	
		공민 내셔널리즘	민족 내셔널리즘
〈Nation의 중심적 의미〉	국가	국인	민족
〈Nation의 넓은 의미〉	국가, 국인	국인	민족, 국인
			민족주의
	자국주의/국인주의	국인주의	
〈한글표현〉	**국인주의 혹은 자국주의**		

참고: 영어사전은 Merriam-Webster dictionary, 국어사전은 국립국어원, 『표준 국어대사전』을 참고하였음.

다는 믿음으로 자국의 이익을 우선시하고 자국을 자랑스러워하는 마음"부분이다. 이 부분에서 내셔널리즘(nationalism)의 네이션(nation)의 중심적인 의미는 국가이지만 사람 중심의 국가로서 국인이라고 할 수도 있다. 그래서 이 부문에 내셔널리즘의 이념을 나타내는 적절한 용어로서 자국주의와 국인주의 모두 무난하다.

두 번째, 독립 내셔널리즘 즉, "자신들의 독립적 자주적 국가를 형성하려는 열망"부분이다. 여기서 내셔널리즘(nationalism)은 개인의 의사를 중심으로 국가 구성원이 결정되는 공민 내셔널리즘(civic nationalism)과 혈통을 중심으로 구성원이 결정되는 민족 내셔널리즘(ethnic nationalism)으로 나누어질 수 있다. 공민 내셔널리즘에서의 네이션(nation)의 중심적인 의미는 국인인 반면에, 민족 내셔널리즘에서의 네이션의 중심적인 의미는 민족이지만, 이는 동시에 국인이다.

이 민족 내셔널리즘의 경우에는 민족이 중심이 되는 측면에서 내셔널리즘을 민족주의라고도 할 수 있는데, 이때의 민족주의라는 말도 더 포괄적인 개념인 국인주의 또는 자국주의의 범위 내에 있다. 그런데 이 경우에도 민족이라는 말이 원래 자국에 대한 정치적인 의미를 담고 있는 것이 아니기 때문에 정치적인 의미가 배제된 경우에만 민족주의라는 용어를 사용하는 것이 적합할 것이다.

지금까지 민족, 민족주의라는 말을 사용하면서 민족주의가 갖는 정치적인 의미를 수용하기 위하여 "민족"에서의 민족과 "민족주의"에서의 민족의 의미는 다르다고 하여 왔다. 왜 다른지 그냥 쉽게 알 수 없고 특별히 민족주의를 공부해야만 알 수 있었다. 민족이면 민족인 것이지 여기서의 민족과 저기서의 민족은 다르다니 이 무슨 불편한 일인가? 두 개가 같지 않다면 다른 하나는 다른 말로 불러야 하는 것이 당연하지 않은가? 누구도 첫째 아들도 철수라 이름 짓고, 둘째 아들도 철수라 이름 짓지 않는다. 말이란 우리의 사고 속에 순순히 받아들여져야 하는 것인데 이렇게 우리의 사고를 혼란스럽게 하고 순순히 받아들이기 어려운 것을 받아들이도록 하는 것은 일종의 지적인 강압이다. 그런데 이제 그럴 필요가 없다. 네이션, 내셔널리즘에 맞는 용어를 사

용하게 되면 자연히 이러한 문제로부터 벗어나게 되는 것이다.[150]

6 본서에서의 용어 사용

우리나라는 오랫동안 내셔널리즘(nationalism)을 민족주의라고 불러왔기 때문에 지금까지 사용해 오던 이 용어를 다른 용어로 바꾸기는 쉽지 않은 일이다. 그러나 언제까지 계속 이렇게 갈 수는 없다고 본다. 우선 민족이 아닌 것을 민족이라고 해야 하니 의사소통이 되지 않는다. 의사소통이 되지 않으니 연구도, 토론도, 설명도, 아무것도 할 수 없다. 그래서 의미상으로 민족에 해당하는 것은 민족, 민족주의라고 하고, 민족의 의미가 아닌 것은 그것에 맞는 용어를 찾아서 사용함으로써 지금까지의 잘못된 상황에서 하루빨리 벗어나야 할 필요가 있다.

본서에서 중국의 내셔널리즘을 논하는 데에 있어 중국인으로서의 국인(國人)과 그 내셔널리즘으로서의 국인주의(國人主義)라는 용어를 사용하기로 한다.

새로운 용어가 처음에는 어색하겠지만 사용하다 보면 곧 익숙해지게 될 것이다. 당연히 네이션, 내셔널리즘에 해당하는 말에서 국인, 국인주의를 사용한다는 뜻이지 민족, 민족주의라는 말을 모두 국인, 국인주의로 대체한다는 것은 아니다. 국인, 민족, 국민, 국인주의, 민족주의라는 말을 때와 장소에 따라 그 의미에 맞도록 사용함으로써 모든 내용이 가장 정확하고 적절하게 표현되게 하려 한다.

---

150 네이션과 내셔널리즘의 개념, 한국의 민족과 국인에 관련된 용어 문제, 서양의 네이션과 내셔널리즘의 발생과정, 내셔널리즘 이론 등에 대한 더 자세한 내용은 졸저 『국인주의 이론』 참조.

제 3 장

중국인

1 중국

현재 중국의 공식명칭은 중화인민공화국이고, 영어로는 People's Republic of China이다. 세계에서 통상적으로 China라고 하며, 중국이나 중국 주변 국가들에서는 중국(中國)이라고 부른다.[151]

중국이라는 용어가 정식으로 국가를 지칭하는 이름으로 된 것은 신해혁명 이후로서 20세기에 들어와서였다. 쑨원으로 대표되는 민주주의 혁명세력이 신해혁명에 성공하여, 1912년 1월 1일, 나라의 이름을 중화민국이라고 선포하고, 중화민국의 약칭으로서 중국이라는 이름을 사용하였다. 중국 땅은 왕조에 따라 한, 당, 송, 명, 청 등과 같은 나라이름이 있었지만 동아시아 문명권에서는 중앙에 있는 나라라고 하여 예부터 나라 이름 외에도 그냥 중국이라고 불렀다.

China라는 이름은 중국의 존재가 인도, 페르시아를 거쳐 서방에 알려지면서 그렇게 표기된 것으로 알려져 있다. 인도의 고대 산스크리트어에서 중국을 Cina라고 하였다. 17세기 중국에서 활동한 선교사 마르티니(Martino Martini)는 China라는 이름이 기원전 3세기 진나라의 진에서 유래하였다고 하였지만, 진나라 이전 시기의 산스크리

---

151 중국을 지나(支那)라고도 한다. 지나는 중국의 서구명칭인 차이나(China)를 한자로 표기한 말로서, 중국이 중심이라는 관념에서 자유로운 용어이다. 제2차 세계대전 전에 일본이나 한국에서 중국을 지나(支那)로 불렀으며, 신채호는 중국이라 부르지 않고 지나로 불렀다. 과거 중국이라고 불러왔던 국가에 대하여 중국이 지나로 부르지 말고 중국이라고 불러주기를 원하기 때문에 일본도 패전 후에는 중국으로 부르고 있다.

| 그림 3-1 | 중원의 위치 |

트어 문헌에서도 이러한 표기가 발견됨으로써 논란의 여지가 있다.[152]

  중국에 국가가 처음 세워진 것은 기원전 1600년경에 시작된 상(商)나라이다. 그 이전에 하(夏)나라가 있었다고 하나 학계에서 실증적으로 밝혀지지는 않았다.[153] 원래 중국이라는 말은 지역적인 위치에서 시작되었다. 지역적으로 중앙에 있다는 것이다. 중국이라는 말이 최초로 등장하는 것은 시경으로 알려져 있는데,[154] 고대에 중국은 나라라는 개념보다는 중원(中原)과 같이 중앙에 위치한 지역을 지칭하는 말이었다. 중원은 황하의 중하류 유역, 즉 화북(華北) 평원 일대를 말하는데, 오늘날 허난성(河南省)을 중심으로 동쪽으로 산둥성(山東省)

152 China, n.d.
153 중국, 미상1
154 中國, 미상2

표 3-1	중국사연표

연대	국가
BC 1600	상
BC 1046	주
BC 770	춘추전국시대
BC 221	진
BC 206	한
AD 220	위촉오 삼국시대
AD 265	진
AD 304	5호16국
AD 420	남북조시대
AD 581	수
AD 618	당
AD 907	오대십국
AD 960	송
AD 1271	원
AD 1368	명
AD 1644	청
AD 1912	중화민국
AD 1949 현재	중화인민공화국

서부부터 산시성(陝西省) 동부까지, 산시성(山西省) 남부부터 장쑤성(江蘇省) 및 안후이성(安徽省) 북부까지의 영역이 이에 해당된다.

이는 주(周)나라가 위치한 지역이었다. 주나라가 망하고 춘추전국시대를 거치면서 많은 나라들이 패권경쟁을 하게 되는데, 이 시기 중국권의 세력범위가 주변으로 확대된다. 그리고 진(秦)나라가 이 나라들을 제압하고 통일하게 되고, 곧 한(漢)나라가 이어받으면서 중국의 범위가 크게 확대되었다. 이때부터 동쪽으로는 황해, 서쪽으로 히말라야산맥 및 쿤룬산맥, 남으로 남중국해, 북으로 고비사막을 경계로 하여 이 안의 범위를 대체적인 중국 영역으로 인식하게 되었다.

긴 역사기간 동안 이 영역에서 많은 나라들이 이어져 내려왔다. 한 나라가 이 지역 전체를 지배하는 시기도 있었고, 둘 혹은 다수의 나라들이 분할하여 통치하는 시기도 있었다. 그리고 중국 내의 한족들에 의하여 통치되는 시기뿐만 아니라 원(元)이나 청(淸)과 같이 이민족에 의하여 지배된 시기도 있었고, 오호십육국이나 금(金)과 같이 이민족이 중국영역을 부분적으로 지배한 시기도 있었다. 시대에 따라 영토를 바깥으로 확장하여 넓은 땅과 많은 이민족을 포섭하는 국가일 때도 있었고, 대륙의 큰 부분은 주변국가에 내어주고 지역의 일부분만을 차지한 채 연명하기도 하였다. 그리고 국가의 힘과 군주의 지배욕이 강성하여 주변국에 강하게 힘을 행사하는 시기도 있었고, 반면에 수많은 국가로 분할되거나 주변의 강한 국가에 눌려서 무기력하고 약한 시기도 있었다.

2 중국인

중국인(中國人)은 영어로는 Chinese 라고 하며, 예로부터 한인(漢人), 당인(唐人), 화인(華人)등으로 불려 왔으며, 지금은 중화민족이라고 부르기도 한다.[155]

전설상으로는 옛날에 중국 지역에 사람들이 살고 있었고, 삼황오제(三皇五帝)가 이들을 다스렸다고 한다. 황(皇)과 제(帝)는 모두 임금의 칭호로서 삼황오제는 세명의 황(皇)과 다섯명의 제(帝)를 말한다. 삼황오제가 누구인가에 대해서는 기록마다 다르지만, 통설로는 삼황은 수인(燧人), 복희(伏羲), 신농(神農)을 들고 있고, 오제는 황제(黃帝), 전욱(顓頊), 곡(嚳), 요(堯), 순(舜)을 들고 있다. 삼황오제는 하나라 이전, 부족국가시대에 부족을 다스린 우두머리였을 것으로 추정되고 있다. 대체적으로 이들은 불, 그물, 문자, 역법, 약초 등과 같은 것

---

155 중국인을 지나인(支那人)이라고도 한다.

을 만들어내어 사람들을 문명으로 이끈 통치자들이었다.[156]

여기서 중국인들이 자신들의 조상으로 삼고 있는 사람은 황제(黃帝) 헌원(軒轅)이다. 사마천의 사기는 오제본기(五帝本紀)라 하여 그 역사기록을 황제로부터 시작하고 있다. 중국인들은 기원전 2697년을 황제가 즉위한 해로 하고 있다. 중국은 산시성 연안시에 황제의 무덤이 있는데, 이 황제능은 중국의 고묘장 1호로서, 천하제일릉으로 불리기도 한다.

전설에 의하면 황제는 몸은 누런 용과 같았고 얼굴이 넷이어서 동서남북의 세상일 모두를 한번에 알아 볼 수 있었다고 한다. 황제는 처음으로 창과 방패를 만들어 여러 제후들을 정벌하고 신농씨를 무력으로 제압하였으며, 치우의 반란을 제압한 것으로 전해진다. 그는 법(法)과 옷짜는 방법을 만들었고, 수레, 배, 활, 지남철, 문자, 의복, 역법, 악률, 의술 등과 같은 많은 이기들을 만들어 사람들을 문명으로 이끌었다고 한다. 황제때에 이르러 황하평원이 하나의 권력자에 의하여 평정되어 이 지역의 여러 씨족들이 통합됨으로써 하나의 민족으로서 화하족을 형성하게 된 것이다.

중국의 시초가 된 황하평원의 중원은 중국문명의 발상지로서 일찍이 국가를 형성한 주나라가 자리잡았던 곳이고, 민족적으로는 이 지역의 사람들이 한족(漢族)이었다. 한족은 황하강 중하류 지역에 살던 화하(華夏)족 사람들로부터 시작되었다. 화하족으로 부르게 된 것은 그 지역의 화산(華山)과 하수(夏水)에서 나왔다는 설도 있고, 그 지역의 화씨족과 하씨족이 연합하여 화하족이 되었다는 설도 있다. 이 지역에 있던 하인(夏人), 은인(殷人), 주인(周人)을 비롯한 여러 부족들이 장

---

156 삼황 중 수인은 불을 만드는 방법을 알려주었고, 복희씨는 사냥기술을 창안하고, 신농씨는 농경기술과 시장을 만들었다. 그리고 오제도 모두 성군들로 중국의 기틀을 세우는데 공헌하였다.

기간 함께 살면서 점차 화하족을 형성하게 되었다. 주왕조가 자리한 곳은 문명지역으로의 중국이 되고, 이 지역에서 멀리 떨어진 곳은 야만지역으로의 변방으로 구분하게 되는데, 이 변방의 사람들을 오랑캐라 하여 동서남북의 위치에 따라 다르게 이름하여 불렀다.

춘추전국시대에 이 중원 지역을 중심으로 각 민족이 서로 끊임없이 대립하고 투쟁하였고, 결국 BC 221년 진(秦)이 통일하면서 주변지역에 있던 여러 민족들을 흡수하게 된다. 그리고 진이 망하고 한(漢)으로 이어지면서 한족(漢族)이라는 명칭이 나오게 되었다. 한나라 때에 이르러 그 영역이 확대되어 황하와 양자강 유역을 중심으로 하여 사람이 살만한 지역의 자연적인 경계안의 전체 영역을 그 영토로 삼았으므로 중국의 경계는 이때 거의 정해졌고 중국인은 한족이라는 개념도 이때 생기게 된 것이다.

중국은 그 세력이 강성할 때는 주변지역으로 그 지배영역이 확대되었고 세력이 약할 때는 축소되었다. 또한 주변 국가들에 의하여 지배를 당하면서 중국 아닌 국가의 국민이 되기도 하고, 지배국가 사람들이 지배과정에서 자신의 정체성을 잃고 중국인으로 편입되기도 하였다. 그래서 중국 혹은 중국인이라고 할 때 그 지리적 경계가 불분명할 뿐만 아니라 민족적으로도 경계를 짓는 것이 사실상 불가능하다. 오늘날에 와서는 다민족국가로서 국가 내 수많은 민족들을 포함시키고 있고, 과거 이민족 지배하에서의 역사나 이민족의 역사도 중국의 역사로 하고 있어서 더더욱 경계가 불분명하게 되었다. 또 중국은 대만을 중국의 일부분이라고 하지만 다수의 대만사람들은 대만은 중국이 아니라고 하고 있고, 티베트, 신장, 내몽고 등과 같이 중국 영역 내에 분리 독립을 주장하는 지역이 적지 않다.

현재 중화인민공화국에서는 중국사람들 전체를 중화민족이라고 부르고 있다. 중화민족은 인(人: ren)의 개념으로 하여 중화인민공화국

전체를 구성하는 사람 즉 국인(國人)을 의미하고, 한족, 만주족과 같은 각 개별 민족은 중화민족을 구성하는 하부 단위로서의 족(族: zu)이 된다. 중화인민공화국은 그 수에서 절대다수를 차지하고 있는 주류 민족인 한족과 한족 이외의 소수민족들로 구성되어 있다. 우리가 일반적으로 중국인이라고 했을 때 한족을 말하는 경우가 많다. 중국은 진, 한, 당, 송, 명 등 다양한 나라이름으로 역사를 이어왔다. 과거에 중국을 한(漢), 당(唐)이라고 불러왔고 여기의 사람을 한인(漢人), 당인(唐人)이라고 불러왔기 때문에, 나라이름의 변천에 상관없이 긴 역사기간 동안 중국을 구성하는 민족을 한족이라고 했던 것이다.

중국 인구에서 한족이 차지하는 비중은 2010년 기준 약 91.5%이고, 나머지 약 8.5%는 소수민족이 차지하고 있다. 중국에는 공식적으로 인정된 소수민족은 55개이고, 비공식적인 소수민족까지 합치면 이보다 훨씬 많다. 중국에서 민족 단위를 나누는 기준은 첫째로는, 공통 언어, 공통 지역, 공통 경제생활, 공통 문화의 네 가지 요건이고, 둘째로는, 독자적인 민족 단위로 존재하고자 하는 해당 민족의 의사이다.[157] 이와 같은 중국의 민족 구분에 대한 기준은 스탈린의 민족에 대한 객관적인 정의를 기초로 하여 여기에 민족의식이라는 주관적 요소를 하나 더 더하고 있는 형태이다.

중국은 실제에 있어서 중앙정부의 영향력으로부터 독립되는 것은 아니지만, 각 민족과 관련하여 민족자치제도를 두고 있다. 국가의 통일적 지도체제 하에서 헌법과 법률의 규정에 따라 자치기관이 있고, 자치기관은 자주적으로 국가 및 민족 업무를 수행하게 된다. 2010년 기준으로 중국은 5개의 자치구, 30개의 자치주, 124개의 자치현, 그리고 1,000여개의 자치향이 있다.

---

157 서상민, 2001, p.137

3 중국의 국기

중국의 국기는 오성홍기이다. 이는 1949년 10월 1일에 제정되었다. 붉은 색 바탕에 좌측 상단에 5개의 노란색 별이 그려진 형태이다. 별은 큰 별 하나를 좌측에 두고 그 우측에 이를 둘러싼 네 개의 작은 별로 되어 있다. 별이 노란색인 것은 황인종이라는 민족적 특징을 의미하기도 하고 광명을 의미하기도 하며, 바탕의 붉은 색은 공산혁명을 의미한다. 큰 별은 중국공산당을 상징하고 작은 별은 각각 노동자, 농민, 지식계급, 애국적 자본가를 의미한다. 즉 5개의 별은 중국공산당의 영도 하에 모든 계급의 사람들이 공산혁명의 바탕 위에서 단결한다는 의미를 갖고 있다.

그림 3-2	중국의 국기

4 중국의 국가

중국 국가는 제1장 3절에서 이미 보았다. 1935년 톈한(田漢)이 작사하고, 녜얼(聶耳)이 작곡하였다. 중국 국가는 의용군행진곡이라고도 한다. 이는 원래 항일투쟁기인 1935년, 일본에 맞서 싸우는 중국 인민들의 투쟁의지를 복돋우는 영화 "풍운의 자녀들(風雲兒女)"의 주제가였다. 1949년 9월 27일, 중국인민정치협상회의(中國人民政治協商會議)에서 중화인민공화국 국가로 결정되었다. 그후 문화대혁명 때, 이 곡의 작곡가 톈한이 불순분자로 숙청당하면서 국가가 금지되었다. 이후 비공식적으로 "동방홍"이라는 노래를 국가로 대신 사용하다가, 1978년 3월 5일, 전국인민대표대회 회의에서 이 곡에 마오쩌둥과 중국 공산당을 찬양하는 내용을 담은 새로운 가사로 바꾸었다. 그리고 1982년 12월 4일, 전국인민대표대회(全國人民代表大會)를 통해 톈한과 녜얼이 만든 노래가 중화인민공화국 정식국가로 다시 회복되었다.

중국의 내셔널리즘

제 4 장

중화사상

1 중화사상

중국은 중화인민공화국, 중화민국에서 이름하는 바와 같이 중화(中華)의 나라이다. 여기서 중화란 중(中)은 지리적으로 "중앙에 있다"라는 의미이며, 화(華)는 문화적으로 "뛰어나다"는 의미이다. 중화의 나라는 "세계의 중심에 있는 뛰어난 문화를 가진 나라"혹은 "세상의 중심에서 빛나는 나라"라는 것이다. 이렇게 중국은 그 이름에서부터 자기중심적인 사고를 드러내고 있고, 여기에서 중화사상이 나온다.

중화사상(中華思想)은 중국이 세계의 중심이며 가장 높은 문화수준을 갖고 있다는 중국인들의 자민족 중심주의적인 사고체계이다. 중화사상은 중국사람들이 우월하다거나 심지어 자신들만이 사람다운 사람이라는 선민의식으로서 중국 국인주의의 요체이다.

중국이 위치한 동아시아는 동쪽으로는 반도인 한국과 섬인 일본을 끝으로 아시아 대륙은 끝나게 되고, 서쪽은 히말라야 산맥이 가로막고 있고, 남쪽은 남중국해, 북쪽은 고비사막으로 둘러싸여 있다. 이 동아시아의 폐쇄된 공간에 오래전부터 동아시아문명이 형성되었고 이 문명권은 외부와 단절된 하나의 세계를 이루고 있었다. 이 공간의 중심지역에 자리 잡아 절대적으로 큰 덩어리 땅을 차지하고 있는 나라가 중국이었다. 이 동아시아 지역만의 격리된 공간에서 규모와 힘에서 절대강자의 위치에 있었던 중국은 일찍부터 중국 특유의 자국중심주의가 형성되어 왔다. 모든 국가는 다 자국중심주의가 있지만 중국은 주변 국가에 대한 상대적 우월적인 지위로 인하여 다른 나라에서 찾아보기 힘든 매우 분명하고 강화된 형태의 자국중심주의가 형성되어온 것이다.

황하 주변의 기름진 땅에 정착한 중국인들은 일찍이 안정적인 농경사회를 형성하여 자급자족의 경제를 구축하였다. 경제적인 풍요와 안정을 바탕으로 하여 문화적 정치적으로도 다른 지역보다 앞서 발전할 수 있었다. 그래서 일찍이 중국사람들은 중국이 다른 지역과 확실히 구분될 수 있을 정도로 좋은 곳으로 인식하면서 살았다. 『논어』를 보면 공자는 "오랑캐들에게 군주가 있다는 것은 중국에 군주가 없는 것만 못하다"라고 말하고 있다.[158] 또 『맹자』를 보면 맹자는 "중국의 것으로 오랑캐를 변화시킨다는 말은 들었어도, 오랑캐에 의해서 중국이 변화되었다는 말은 여태껏 들어보지 못했소"라고 하고 있다.[159] 이같이 성현의 말에도 중화사상이 배어있다. 공자와 맹자와 같이 감정과 본능을 억제하는데 특별한 능력을 가진 성현들이 이런 말을 했을 정도면 일반인들의 중국인으로서의 자긍심이 어떠했으며, 또한 중국 바깥 사람들에 대한 멸시의식이 어떠했으리라는 것은 쉽게 짐작할 수 있다.

중국인들에게 있어서 자신들 문명은 단순하게 다른 나라보다 앞서 있는 선진문화 정도가 아니었다. 천지와 우주의 이법에 대하여 고대로부터 내려오는 전설적인 성인들이 체득하여 창조한 유일하고도 최고의 문명이었다.[160] 이러한 인식 속에 중화사상은 춘추전국시대(春秋戰國時代)에 형성되기 시작하여 한(漢)대에 이르러 체계화된다.[161] 한대에 유가(儒家)사상이 국가의 통치철학이자 사회사상으로 자리 잡게 되면서 이후 중국이라는 곳은 단순히 하나의 국가로서가 아니라 예교질서

---

158 논어, 팔일. (夷狄之有君 不如諸夏之亡也)
159 맹자, 등문공(상). (吾聞用夏變夷者 未聞變於夷者也)
160 중화질서, 미상
161 중화사상, 미상

(禮敎秩序)가 구현된 특별한 공간을 의미하게 되었다. 유교의 삼강오륜(三綱五倫)과 예교가 사회질서의 기본이 됨에 따라 사람이라면 예교를 알아야 하고, 예교를 모르면 금수와 같다고 생각하였다. 여기서 중국사람들은 예교를 알지만 이민족들은 예교를 모르기 때문에 이민족들은 중국사람과 동등할 수 없을 뿐만 아니라 이들을 사람으로 대우해서도 안되었다. 도덕적 규범을 중시하는 유학사상과 자국민중심주의가 결합하여 세계는 자연히 사람이 사는 중국과 금수가 사는 중국 바깥의 세계로 구분되어진 것이다.

중국의 문화수준이 높다는 것은 주변 다른 민족과는 구분된다는 것으로서의 차별적인 인식이다. 그래서 중화사상은 곧 화이사상(華夷思想)이 된다. 화이의 화(華)는 세상의 중심에 있는 문명인으로서의 중국인이며, 이(夷)는 개화되지 못한 야만인으로서의 오랑캐들이다. 중국인들은 생령(生靈)에는 세 가지 종류가 있다고 생각하였다. 하나는 중국인(中國人)이고, 다음은 이적(夷狄)이고, 또 다른 하나는 금수(禽獸)였다. 중국인은 교화가 된 문명인이고, 금수는 교화가 불가능한 존재이고, 그리고 오랑캐는 미개하지만 교화가 가능한 존재였다. 이렇게 화와 이의 차별은 그 정도가 매우 심하였다. 중국인 자신들은 문화인으로서의 사람이지만 오랑캐는 사람으로서의 위치에 있지 않았다. 오랑캐는 서융(西戎)과 같이 개이거나,[162] 북적(北狄)과 같이 짐승이거나,[163] 남만(南蠻)과 같이 벌레에 불과하였다.[164] 그나마 좀 높게 봐준 경우에도, 동이(東夷)와 같이 포로로 잡혀온 자에 불과하였다.[165] 중

---

162 융(戎)이라는 말은 개를 본뜬 것이다.
163 적(狄)이라는 개 또는 짐승에서 나온 말이다.
164 만(蠻)은 벌레(蟲)에서 따왔고, 특히 뱀과 연관되어 있다.
165 이(夷)는 갑골문자에서 사람을 밧줄로 묶어 놓은 모습으로 원래 포로를 의미한다. 동이(東夷)에서의 이(夷)는 활(弓)을 멘 사람(人)이라고도 할 수 있다. 그런데 오랑캐의 비하적인 의미에서는 포로에서 나온 것이다.

국인들은 이들을 통틀어 사이(四夷) 또는 만이융적(蠻夷戎狄)으로 불렀다.[166] 이처럼 이민족을 비하한 것은 중국이 문화적으로 주변의 민족들에 비하여 앞서 있었기 때문에 자신들의 우월성을 드러낸 것도 있지만, 고대에 민족 간의 투쟁이 많았기 때문에 그 투쟁과정에서 생긴 나쁜 감정으로 중국인들의 화이관은 더욱 강화되었던 것이다.

이렇게 중화사상은 중국을 세상에서 가장 훌륭한 나라로서 치켜세우는 사상이지만, 이는 결국 중국사람들과 비중국사람을 구분하여 비중국인을 차별하고 멸시하는 사상이라고 할 수 있다.

2 중화와 이적

중국이 시작된 곳은 넓은 대지의 가운데에 위치하고 있다. 그래서 중국 내에도 많은 민족이 있었을 뿐만 아니라 중국 바깥으로도 많은 민족들과 접하고 있었다. 또한 국가의 흥망성쇠에 따라 국경도 자주 변경되었고 지배민족도 달라지는 경우가 많았다. 그러다 보니 실제에 있어서는 누가 중화이고, 누가 이적인가를 구분하기가 쉽지 않았다. 게다가 동아시아 전체는 중국과 동일한 하나의 문명권을 형성하고 있었다. 그래서 중화와 이적을 구분하는 사상은 중국뿐만 아니라 중국 주변의 국가들도 갖고 있었고, 이에 따라 자신들도 중화라고 생각하는 경우가 있었다.

그렇다면 누가 중화이고, 누가 이적인가? 당연하게도 중화와 이적을 정확하게 구분할 수는 없는 일이고, 이에 대한 경계의 인식이 어떠했는지를 찾아볼 수 있을 따름이다. 먼저 지리적인 측면에서 중화와

---

166 조영정, 2016, p.180

이적의 영역을 보자. 11세기 송대의 학자 석개(石介)[167]는『중국론』에서 중국에 대하여 다음과 같이 기술하고 있다.

하늘은 위에 있고 땅은 아래에 있다. 하늘과 땅의 가운데를 차지하는 곳은 중국(中國)이라 부르고, 하늘과 땅의 가장자리를 사이(四夷)라 부른다. 사이는 밖에 있고, 중국은 안에 있다. [168] 하늘과 땅이 공평하도록 안과 밖으로 경계를 만들었다.[169]

기원전 1세기 전한의 사마천이 기록한『사기』에서는 오복(五服)이라 하여 세계를 다섯단계의 범주로 구분하고 있다.[170] 당시 중국인들의 세계는 천자의 궁성을 중심으로 이를 에워싼 바깥으로 매 500리마다 다음과 같이 차등적으로 다른 지역을 이루고 있었다.

전복(甸服): 천자의 나라 오백리까지- 주왕의 직할지
후복(侯服): 전복에서 바깥으로 오백리까지- 경대부의 채읍, 남작의 봉읍, 제후국의 봉토
수복(綏服): 후복에서 바깥으로 오백리까지- 안 300리는 교화하고, 다음 200리는 무력으로 지키는 곳
요복(要服): 수복에서 바깥으로 오백리까지- 이족(夷族) 지역, 죄인추방 지역
황복((荒服): 요복에서 바깥으로 오백리까지- 만족(蠻族) 지역, 중역죄인의 거주지

이와 같이 중국인들은 오복이라 하여 다섯 단계로 나누거나, 구복[171]이라 하여 아홉 단계로 나누는 등 천지의 중앙에서 끝까지를 원근에

---

167 석개(石介, 1005~1045)는 북송의 정치가이자 학자이다.
168 이춘복, 2015, p.182
169 ShiJie, n.d.
170 사마천, BC 91a
171 9개의 겹으로 나누는 구복설은 후복(侯服), 전복(甸服), 남복(男服), 채복(采服), 위복(衛服), 만복(蠻服), 이복(夷服), 진복(鎭服), 번복(藩服)으로 이루어진다.

따라 단계적으로 구분하였다. 그리고 10세기 북송의 악사가 편찬한 지리지 『태평환우기(太平寰宇記)』에는 천지의 중앙은 낙양 고성현이고, 사방으로 가장 먼 끝을 사극(四極)이라 하고, 그 끝자락 바로 안을 사황(四荒), 그 다음 안을 사해(四海) 등으로 규정하고 있다.

다음으로 문화적인 측면에서, 중국인들은 화와 이를 다음과 같이 묘사하고 있다.

먼저 중화에 대하여 기원전 1세기 전한의 사마천은 그의 『사기(史記)』에서 "중국은 총명하고 예지 있는 사람들이 거주하는 곳이고, 만물과 재화가 모이는 곳이며, 성현이 교화를 행한 곳이고, 인의가 베풀어진 곳이며, 시(詩), 서(書)와 예악(禮樂)이 쓰이는 곳이고, 특이하고 우수한 기능이 시험되는 곳이며, 먼 곳의 사람들이 관람하러 오는 곳이고, 만이(蠻夷)가 모범으로 삼는 곳이라고"하였다.[172] 또 11세기 송대 석개(石介)는 그의 저서 『중국론』에서 중국은 "군신이 저절로 세워지고, 예악이 저절로 일어나고, 의관이 저절로 드러나고, 관혼제사가 저절로 쓰이는 곳"이라 하였다.[173] 그는 또 이적에 대해서는 "동방의 이(夷)는 머리를 깎고 몸에 문신을 하고 있으며 음식을 요리 않고 먹으며, 남쪽땅 고원지대에 사는 만(蠻)은 몸에 흉터자국을 내고 음식을 요리 않고 먹으며, 서쪽의 융(戎)은 머리를 자르고 가죽으로 옷을 입고 날곡을 먹으며, 북쪽의 적(狄)은 모피로 옷을 하고 동굴에서 기거하며 곡물을 먹지 않는다"고 하고 있다. 그리고 송대의 관찬사서 『책부원구(册府元龜) 외신』에서는 "이적은 인의를 알지 못하고, 용맹하고 강인하여, 회유에 복종하지 않아 중화로 교화할 수 없고, 인의가 통하지 않고 염치가 없으며, 교활하여 다른 민족을 병탄하고, 배은망덕하여 중국을 침략하고 능멸하며, 중화의 정삭(正朔)과 정교(正敎)가 미

---

172 사마천, BC 91b
173 徂徠集, 권10 中國論

치지 않는다고"하고 있다.[174]

어떤 사람집단을 구분하는데 보편적으로 적용될 수 있는 기준은 지역, 혈통, 문화의 세 가지이다. 이들 지역적, 종족적, 문화적 개념이 중층적으로 겹치게 되어, 일반적인 경우에는 이 세 가지 기준에 의한 결과가 거의 일치하게 된다. 하지만 국가에 영토 변경이 생기게 되면 이들 기준 간에 괴리가 발생한다. 예를 들어 어느 국가가 그 나라 바깥의 영토를 합병하게 되었다면, 새로 병합된 지역의 사람들은 지역적으로 같은 국가지역 사람으로 동일한 범주의 사람으로 되지만 혈통이나 문화에서는 여전히 다른 범주의 사람들인 것이다. 그러다가 이러한 상태에서 시간이 흐르게 되면 이 차이가 해소된다. 같은 국가 내에서 어울려 생활하면 같은 문화를 갖게 되고, 또 결혼을 하면서 혈통적으로도 연결되면서 지역, 혈통, 문화의 기준에 의한 결과가 다시 일치하게 되는 것이다.

중화의 경우에도 이와 마찬가지다. 중화라고 했을 때, 때로는 중국이 지배하는 국가영역을 말하기도 하고, 때로는 한족을 말하기도 하고, 때로는 중국의 문화 혹은 중국 중심의 문화권을 지칭하기도 한다. 중국도 초기에는 국가 영역이 작았고, 화(華)는 화하의 중원지역에 한정되었다. 이 화하지역을 제외하고 그 바깥은 오랑캐들이었고, 화하의 동서남북으로 동이(東夷), 서융(西戎), 남만(南蠻), 북적(北狄) 등으로 이름하여 오랑캐를 구분하여 불렀다. 그런데 진(秦)이 중국을 통일하면서 중원 바깥의 국가들이 흡수 통합되었다. 중국의 범위가 확대됨에 따라 오랑캐들이 대거 중국의 국경 안에 들어오게 된 것이다. 중국을 통일한 진은 불과 15년만에 망했지만, 한(漢)이 뒤를 이었다. 위의 사마천이 살던 한나라시대를 보면 중화는 장안을 중심으로 전복과 후복 지역의 반경 약 400km(1,000리 범위 내였다. 황복까지의 이적지

174 이춘복, 2015, p.180

역이 포함되는 세상 끝까지 간다고 하더라도 약 1,000km(2,500리) 정도이니, 그 반경은 오늘날의 베이징 북쪽 근교, 상하이, 형양, 청두 등을 잇는 반경 내였고, 요동지역이나 중국의 남쪽지역은 그 범위 밖에 있었다.

이렇게 한(漢)나라가 400여 년간 계속되면서 영토 내에 있던 많은 이민족들이 하나의 민족으로 되었다. 하나의 국가울타리 속에서 오랫동안 살아가면서 문화도 같아지고 핏줄도 같아지게 된 것이다. 이렇게 형성된 민족이 한족이다. 이로 인하여 원래의 오랑캐들은 화(華)가 되었고 이제부터는 확장된 중국영토를 기준으로 다시 그 바깥의 사람들을 오랑캐로 부르게 되었다.

이후에도 정치적인 상황에 따라 중국의 지리적인 경계가 부단히 변경되었지만 종족적 문화적인 측면에서 중국이라고 불리는 중화는 한(漢)나라 때 정해진 그 경계가 대체적으로 유지되었다. 이는 오늘날 중국의 모태가 되는 원중국(proto China)이 되는데, 그 경계는 대체로 북으로는 만리장성, 동으로는 요동, 서로는 감숙-사천-운남으로 이어지는 경계, 남으로는 광동성까지의 지역이다.[175] 이것이 중국의 외경(外境)이었고, 이를 경계로 그 안이 중화이고 바깥이 이적이 되는 것이다. 한(漢)나라 때 형성된 이 경계가 이후의 중국 역사에서 오랜 기간 동안 유지되면서 한족이 곧 중국인으로 굳어지게 되었다.

3 중화와 이적의 분리

중국인들은 자신들을 이적과 엄격하게 구분하고 이적들과 떨어져서 살기를 원했다. 지금으로 치자면 외인경멸사상과 함께 외인혐오도

---

175 중화질서, 미상

매우 강했던 것이다. 『중국론』에서 석개의 주장은 이러한 중국인의 생각을 잘 보여주고 있다. 위에서 본 대로 석개는 중국인의 고결함과 이적의 야만성을 설파한 후 다음과 같은 구절로 결말을 맺고 있다.

> 모두가 제 풍속을 따름으로써 평온하게 살아가는 것인데, 이러한 풍속을 바꾸게 되면 혼란이 일어나게 된다.
> ... ...
> 사람은 제 사람이어야 하고, 풍속은 제 풍속이어야 하며, 교화는 제 교화이어야 하고, 예는 제 예이어야 하며, 의복은 제 의복이어야 하고, 거처와 가옥은 제 거처와 가옥이어야 한다. 사이(四夷)는 사이에 있어야 하고, 중국(中國)은 중국에 있어야 각기 서로 어지럽지 않게 된다. 이것이다. 중국은 중국이고 사이는 사이인 것이다.[176]

청나라 초기 왕부지는 "이적과 화하는 그 땅이 다르고, 그 기(氣)가 다르다. 그 기가 다르니 습관이 다르고, 습관이 다르니 아는 바와 생각하는 바가 다르지 않은 것이 없다"고 하였다.[177] 그리고 같은 시기 황종희는 "중국이 중국을 다스리고 이적으로 이적을 다스리는 것은 마치 사람이 짐승에 섞일 수 없고, 짐승이 사람에게 섞일 수 없는 것과 같다"고 하였다.

중국의 만리장성은 이러한 중국인의 의지를 대변해주고 있다. 북방민족과 단절하고자 하는 생각이 얼마나 강했으면 장구한 세월에 걸쳐 그렇게 많은 노고와 희생을 치르면서 그 길고 긴 성벽을 만들었겠는가? 중국의 이적에 대한 입장은 한마디로 "너희는 너희대로 살고, 우리 땅에는 오지 마라. 너희들과 우리는 다른 사람들이다. 제발 우리 서로 마주치지 않고 살자. 너희들이 우리를 괴롭히지만 않는다면 우리가 너희에게 바라는 것은 아무 것도 없다"였다.

이렇게 중국인들은 주변의 이민족들을 싫어하였기 때문에 중국

---

176 ShiJie, n.d.
177 이춘복, 2015, p.186

의 주변 민족 정벌에 의하여 발생하는 주변 민족의 중국 내 유입에 대해서도 중국인들은 경계하였다. 서기 299년 서진의 강통(江統)은 사융론(徙戎論)을 지어 조정에 올렸는데, 그 내용은 중화에 들어와 있는 이적들을 중화 밖으로 내보내야 한다는 것이었다. 이러한 강통의 입장은 대부분의 중국 역사기록과 중국지식인들의 입장과 차이가 없었다.[178] 그리고, 당태종 때 위징(魏徵)도 같은 건의를 한다. 서진이 망한지 근 300년간 분열되었다가 수나라에 의해 통일되었으나 건국한지 38년만에 망하고, 이를 이어 받은 당나라 태종 이세민이 중국을 통일하였다. 당태종이 돌궐을 정벌하였을 때 위징이 돌궐족을 중국 내지로 이주시키지 말고 그들의 땅으로 돌려보낼 것을 간하였지만 당태종은 위징의 건의를 받아들이지 않았다. 당태종은 전통적인 화이분리사상과 다른 대일통사상을 가졌던 인물로 알려져 있다. 그러한 당 태종도 말년에 돌궐족이 자신을 습격한 사건을 겪은 후 위징의 건의를 받아들이지 않은 것을 후회한 것으로 알려져 있다.[179] 또, 7세기말 당의 측천무후 때 설겸광이 토번, 돌궐, 동돌궐, 거란 등의 사람들을 중국에서 받아주지 말 것을 청한다. 설겸광의 생각은 중화와 이적은 서로 다른 문화를 갖고 있기 때문에 함께해서 좋을 것이 없다는 것이었다. 그는 한나라 시절 묵특(冒頓)을 예로 들었다. 기원전 3세기 흉노족의 정복군주 묵특은 한나라를 쳐들어왔다. 한의 고조 유방이 대항하였으나 이들을 당할 수 없었다. 고조는 평성에서 포위되어 위태롭게 되었으나 묵특은 포위를 풀어주고 화친을 맺고 돌아가 버렸다. 흉노가 강성한 시기, 묵특은 중국에 충분히 들어와 지배할 수 있었지만 그는 그러지 않았다. 설겸광은 묵특이 중국에 들어오지 않은 것은 힘이 부족해서가 아니라 중국의 아름다움이 편하지 않아서였다라고 하였다. 그들의 생

---

178 이춘복, 2015, p.174
179 이춘복, 2015, p.175

활양식이 그들의 입장에서는 그들의 것이 더 편안하고 더 즐겁기 때문에 중국을 엿보는 마음이 없었기 때문이었다라는 것이다.

물론 이같은 화이가 분리되어야 한다는 사고에 있어서 중국인들의 생각은 전반적으로 매우 엄격했지만 일부 상대적으로 덜 엄격하게 생각했던 사람들이 없었던 것은 아니다. 한나라의 하휴(何休)는 이적도 중국에 동화되면 작위를 받을 수 있다고 하였다. 그렇다고 해서 하휴의 생각이 이적을 구분하지 않는다는 것은 아니었고 상대적으로 이적의 벽을 낮게 둔 사람에 불과하였고, 그나마 하휴와 같은 사람은 극히 드문 경우에 속했다.

대부분의 국가가 힘이 있으면 주변의 지역으로 그 지배영역을 확장해 나가는 것이 일반적이다. 그런데 한족들은 좀처럼 이적들이 사는 지역으로 영토를 확장하거나 세력을 확대하려고 하지 않았다. 중국에서도 외경을 넘어서 이적을 정벌하고 통치해야 한다는 사람들이 없지는 않았으나, 이런 생각을 가진 사람들이 많지 않았던 것이다. 대부분의 사람들은 중화사상으로 중화와 이적은 나뉘어져 있어야 한다고 생각했기 때문이다. 서기 1세기에 살았던 반고(班固)는 중국인의 이러한 일면을 보여준다. 반고의 『한서(漢書) 흉노편』은 다음과 같은 내용으로 그 끝을 맺고 있다.

이적(夷狄)들은 탐욕스럽고 이익을 좋아하며 머리를 풀어헤치고, 옷깃은 왼쪽 섶을 안으로 넣고,[180] 사람의 얼굴을 하고 있지만 그 마음은 짐승과 같다. 중국과 복식이 다르고, 습속이 다르며, 음식이 같지 않고, 언어가 통하지 않는다. 궁벽한 북쪽 변경의 찬 이슬이 내리는 땅에 살며 풀과 가축을 따라 옮겨다니고 사냥을 생업으로 삼는데 산곡(山谷)으로 격리되고 사막으로 막혀 있으니 천지(天地)가 안과 바깥을 끊어 놓은 것이다. 그러므로 성왕(聖王)들은 그들을 금수

---

180 중국에서는 오른쪽 섶을 안에 넣었고, 오늘날 한국인의 옷도 이와 같다.

로 대하고, 더불어 서약을 하지 않고, 공벌(攻伐)하지도 않았다. 서약을 하면 재물만 소모한 채 속게 되고, 공벌하면 군사를 수고롭게 할 뿐 결국 침략을 불러들인다. 그들의 땅은 경작하여 먹을 수 없고, 그 백성들은 신하로 기를 수 없다. 그러므로 그들을 안으로 들이지 않고 바깥으로 내치며, 멀리 하고 가까이하지 않으며, 그들에게 정치와 가르침을 베풀지 않고 역법(曆法)을 그 나라에 가하지 않은 것이다. 그들이 침범해오면 징벌하여 다스리고 그들이 떠나면 방비하며 수비하였다. 그들이 의(義)를 사모해 공헌(貢獻)해 오면 이를 받아들여 예로써 겸손히 대하고, 기미부절(羈縻不絶)[181]하여 잘못은 그들에게 있게 하니, 대저 성왕(聖王)들이 만이(蠻夷)들을 제어하는 불변의 도리가 이러하였도다.[182]

『한서』가 쓰여진 2000여년 전에도 이적들은 중국과 언어가 다르고 풍습이 다르다고 하고 있는데, 이렇게 다르다는 것은 그 이전의 오랜 기간 동안에도 중국인과 주변의 사람들은 서로 분리된 역사를 살아왔음을 의미한다.

그리고 14세기 후반 명을 건국한 태조 홍무제는 후대에 내린 유훈집 『황명조훈』에서 "조선국, 일본국, 유구국, 안남국, 진랍국, 섬라국[183]을 비롯한 15개의 이적 국가들에 대하여 중국을 침범하거나 중국에 우환거리가 되지 않는 한 정벌하지 말도록"명하였다. 그 이유는 "이러한 주변 지역들은 산과 바다로 중국과 격리된 후미진 곳이어서 그 땅을 얻어도 물자를 가져올 수 없고, 그 백성을 얻어도 부릴 수가 없다"는 것이었다.[184] 반고가 『한서』를 기록한지 1300년이 지난 이후에도 이적에 대한 중국인의 인식이 크게 변하지 않았음을 알 수 있다.

반고와 홍무제는 한족이 오랑캐의 땅으로 진출해 들어가지 않는

---

181 완전히 단절하지는 않고 고삐를 채워서 묶어서 통제가 가능한 상태로 둔다는 것이다.
182 반고, 82b
183 안남국, 진랍국, 섬라국은 지금의 베트남, 캄보디아, 타일랜드를 말한다.
184 주원장, 1373

이유를 매우 분명히 말해주고 있다. 중국인은 자신들과 주변 이민족을 매우 엄격하게 구분하고 차별하는 인식과 태도를 갖고 있었기 때문이다. 한족은 힘이 있다고 해서 무작정 더 많은 땅을 차지하려 하고 무작정 더 많은 사람들을 지배하는 것이 아니라 자신들만의 세계를 한정하고 이 범위 내에서 자신들만의 국가를 이루어 나가려 했던 것이다.

4 중화의 경계를 넘지 않은 이유

한나라 이후 중국사람이라는 한족이 정해지고 중국의 경계가 정해져서 후대에도 대체적으로 그대로 유지된다. 중화와 이적의 경계가 그대로 유지된 것은 이를 지키려는 힘이 작용했다는 것을 말해주는 것이다. 여기에는 두 가지 측면에서 이유가 있었는데 하나는 물리적인 측면으로서 지리적 여건이었고, 다른 하나는 정신적인 측면에서 중화사상이었다. 바깥으로 영역을 넓히는 것은 지리적인 여건으로 실익이 거의 없고, 효율적으로 군대를 동원하기 어렵고, 그 사람들을 통치하기도 어려웠고, 그리고 중화사상으로 중국인들이 바깥의 사람들과 섞이기 싫어했기 때문이다. 석개나 반고 및 홍무제가 말해주듯이 중국인들은 자신들과 이적은 근본적으로 함께할 수 없는 존재로서, 분리되어 살아야 하는 것을 섭리로서 여겼던 것이다.

한나라 이후 중국은 대외침략을 하지 않은 것은 아니었으나 적극적이지 않았다. 중국이 외부 정벌을 나서는 경우도 이민족이 침입이나 괴롭힘을 당하여 이를 징벌하러 나갈 때가 많았다. 원래 한족의 중국은 침략하기보다는 침략당하는 횟수가 더 많았다. 강대국이라면 약소국을 병합하고 자국의 영역 속에 두고 통치하고자 하는 경우가 많지만 중국은 그렇게 하지 않았던 것이다. 중국이 중화의 경계를 지켰던 이유를 보다 구체적으로 살펴보면 다음과 같다.

첫째, 중국의 입장에서 영토를 늘리는 것이 이익이 되지 않았다. 중국땅 내 기름진 영토를 차지하고 있고, 그 영토만 하더라도 충분히 크고, 그 바깥으로는 척박한 땅이거나 중국의 중심과 거리가 멀어질 뿐 큰 땅들이 아니다. 진나라, 한나라 시대의 통일 이후 확립된 중국 외경의 범위가 효율적으로 통치할 수 있는 영역으로서 최대치에 근접하였다. 여기서 국가규모를 더 확대하는 것은 비용이 효익보다 더 크게 발생하게 되어 결코 좋은 선택이 될 수 없었다.

모든 조직에는 최적규모가 있다. 일정한 규모까지는 규모의 경제가 발생하여 규모를 늘릴수록 이익이 증가하지만 일정 규모를 넘으면 규모의 불경제가 발생하여 규모를 늘릴수록 이익이 감소하게 된다. 그래서 적정규모가 될 때 이익극대화를 이룰 수 있는 것이다. 크다고 좋은 것만은 아니다. 거대기업으로 확장만 하다가 도산하는 기업들이 많으며, 운동시합에서 덩치 크다고 이기는 것은 아니다.

국가의 경우도 마찬가지이다. 영토가 넓어지고 사람들이 많아진다고 해서 그냥 좋은 것만 아니다. 오늘날은 광물자원이나 천연자원의 확보와 같은 이득을 취하기 위하여 척박하고 황량한 땅에 대해서도 관심이 많다. 하지만 이러한 일이 없었던 과거에는 황량한 땅을 애써 자국의 영토로 삼으려 할 이유가 없었다. 중국의 땅은 풍요롭고 충분히 큰 반면에 바깥 이민족의 땅은 그렇지 못하다는 것은 이민족들이 중국을 침입하는 것은 소득이 있지만, 중국이 이민족을 침입하는 것은 소득 없는 일이라는 것을 의미한다. 이적을 정복하여 이적과 하나의 공동체로서 살아가야 한다면 자신들이 누리고 있는 비옥한 땅에서의 풍요를 그들과 함께 나누면서 살아야 하는 것이다. 중국인의 입장에서 풍요로운 지역의 한정된 자원을 이적에게 나누어 줄 필요가 없었던 것이다.

대국이 되면 좋은 점이 있다. 나라가 크면 많은 사람들로 큰 군대를 조직할 수 있어서 강한 무력을 가질 수 있다. 또, 나라가 크면 어느 한 지역에 가뭄으로 농사를 망친다 하더라도 다른 지역은 가뭄없이 수확을 하게 된다면 극심한 기근을 면할 수 있다. 역으로, 나라가 작을수록 전쟁과 같은 외국과의 힘 겨루기에서 국가의 안위가 보장되지 않고, 천연재해와 같은 요인이 국가적인 위협이 될 가능성이 더 크다. 그런데 중국과 같이 충분히 크고 강대하여 주변에 자국의 안위를 위협할 경쟁자가 없는 상태에서 굳이 나라의 규모를 더 확대할 이유가 없는 것이다.

　　중국인들은 큰 대륙의 한 영역에서 무한히 이어진 대지에서 모든 땅을 자신의 나라로 만들지 않고 비옥한 땅과 좋은 사람들이 있는 지역의 최대범위를 정하고, 이 범위 내의 영역을 자신들의 나라로 정한 것이다. 중국인들이 이렇게 범위를 정하고 이 범위를 넘지 않으려 했던 것은 중국의 존립과 번성에 매우 좋은 정책이었다. 만약 주변 지역을 끊임없이 확대하려 하였다면 지금쯤 중국 땅은 분할되어 여러 나라들로 존립하고 있을 가능성도 있는 것이다.

　　둘째, 이적들을 정복하고 통치하는 것이 현실적으로 쉽지 않았다. 힘으로 이적들을 굴복시키는 것은 중국으로서도 만만하지 않은 일이었다. 중국인들은 이적들을 두려워하였다. 오랑캐라고 하여 짐승으로 생각하는 것은 자신들이 감당하기 쉽지 않은 존재로서의 두려운 마음도 포함하고 있는 것이다. 중국의 왕조 중에는 힘으로 이적을 정벌한 경우도 있지만, 많은 경우 중국에도 큰 부담이 되었다. 정벌에 나섰다가 이적에 패하거나 천자가 이적들에 잡혀가기도 하였다. 수양제는 고구려를 침공하다가 패하여 왕조가 망하게 되고, 1449년 명나라 정통제는 오이라트 정벌에 나섰다가 이들에게 포로로 잡혀갔다. 또 정벌하기 위하여 대규모 인력과 물자를 동원하다 보면 민생에 어려움이 닥치게 되고, 이로 인하여 폭동과 소요가 발생하고 급기야 국가적인 위기를 맞거나 왕조가 망하는 경우도 많았다.

설사 이적을 정복한다고 하더라도 수시로 반역을 한다면 이들을 정복하기 위해서 다시 군대를 동원해야 하고, 이러한 상황은 국가의 안정을 해치게 된다. 이적을 신하로 삼게 되면 실익도 없으면서 번거로운 일만 생기고 위험요소만 증가하게 될 뿐이다. 이적을 황제의 신하로 삼게 되면 나중에 이적이 조세를 바치지 않는다든가 천자에 복종하지 않을 때 다른 신하들을 생각해서라도 이를 반드시 응징해야 하는 문제가 발생하게 된다. 이는 중국이 원하든 원치않든 간에, 그리고 중국의 사정에 상관없이 다시 군대를 동원하지 않으면 안되는 상황을 만드는 것이 된다.

외경의 확장은 내부의 취약성을 노출하기 쉽다. 중국은 넓은 땅에 많은 인구로 현재의 영역에서도 자연재해나 먹고 사는 문제가 단순하지 않았고 복잡한 문제들이 많았다. 내치가 중요하였다. 진은 통일은 하였지만 나라를 유지하지 못하여 통일 후 15년 만에 망하고 말았다. 내치도 쉽지 않은데 외부의 정벌을 하지 않아도 될 만큼 크고 넓은 나라가 뭣하러 작은 이익을 찾아 나서겠는가? 이는 어리석은 욕심에 불과했던 것이다. 한무제는 자신의 외정으로 인해서 국가 경제는 무너지고 사람들의 삶이 극도로 피폐화되는 지경에 이르렀음을 알고서야 그간 자신이 행한 영토확장 추구를 후회하였다. 그래서 기원전 89년, 그는 윤대(輪臺)의 조(詔)를 내린다. 윤대의 조는 지금의 신장지구에 있는 윤대라는 지역에 변방지역을 지킬 군대를 보내 둔전을 건설하자는 상홍양의 건의를 받아들이지 않고 외정보다는 내치에 힘쓰도록 하는 조칙을 내린 것이었다.

셋째, 중국은 그 규모를 더 늘리고자 하는 전략적 동기가 없었다. 독일과 러시아는 양측이 대결국면에 들어갈 때마다 자기 몸집을 늘리기 위해서 서로 앞다투어 폴란드를 점령하였다. 중국은 동아시아에서 유일하게 강대국이 될 수밖에 없는 위치에 있었으므로 이와 같은 일은 일어날 이유가 없었던 것이다. 적어도 19세기 서양세력이 밀려오기 전까지는 그랬다. 이러한 측면에서 19세기 이후의 중국의 태도는 완전히 달라지게 되었지만 …

넷째, 외경의 범위 바깥으로는 민족들의 문화가 달라서 통치하기 어려웠다. AD 79년 한나라 장제(章帝)는 고위관료와 권위있는 유학자들을 불러 백호관회의(白虎觀會議)를 하였다.[185] 여기서 이적에 대해서도 논의되는데, "이적(夷狄)은 중국의 절역(絶域)에 위치하고 풍속을 달리하는 이들이며, 중화의 기(氣)로부터 나온 이들이 아니어서 신의(禮義)로 능히 교화할 수 있는 이들이 아니기 때문에 신하삼을 수 없다"고 결정하였다.[186]

화하를 중심으로 하는 주나라 주변의 오랑캐들은 문화적으로 그 차이가 심하지 않았기 때문에 춘추전국시대를 거치면서 문화적으로 서로 융화되었고 진나라 한나라에 통일되어 문화적으로 융화될 수 있었다. 하지만 국가의 외경이 크게 넓혀진 한나라 이후의 국경 바깥 오랑캐들은 그 문화에 있어서 중국과의 차이가 워낙 컸다. 이적 지역은 중원과는 지리적으로 매우 먼 거리에 있었고, 자연적인 장애물이 많아 서로 교류하기 힘든 환경에 있었으므로 이러한 상태에서 지금껏 격리되어 살아왔기 때문에 문화가 다른 것은 당연한 일이었다. 더구나 이적들은 중국보다 험난하고 거친 환경에서 살면서 드센 기질을 보이는 경우도 많았기 때문에 온난하고 좋은 기후에서 살아온 중국인들로서는 대적하기 버거운 상대였다.

---

185 이 자리에서 유학에 관련된 제반 개념을 해석하고 정의에 대하여 토론하고, 각종 규정과 제도, 역사, 현실 문제에 대해서도 토론하였다. 이 회의에서의 토론내용은 『백호통의(白虎通義)』라는 책에 기록되어 훗날 유학의 강령이 되었다.
186 홍승현, 2011, p.222

다섯째, 중화와 이적의 구분과 차별이 외경확대를 막았다. 중국사람들은 중화사상이 강했기 때문에 이적에 대해서는 도저히 같이 살 수 없는 사람들로 생각하였다. 오랑캐는 짐승과 같이 생각했기 때문에 이들과 같은 나라의 울타리에서 함께 살아간다는 것은 상상조차 하기 어려운 일이었다. 이것은 한족이 중국을 지배할 때보다 원나라나 청나라와 같이 이민족이 지배하게 되었을 때에 중국의 외경이 달라진 것에서도 알 수 있다. 한족이 지배하는 국가일 때에 비하여 이민족이 지배하는 국가일 때에 영토 확장에 적극적이었다. 침략하여 주변의 민족을 정복하였다고 하더라도 이민족은 직접 지배를 하는 반면에 한족은 직접 지배를 하지 않는 경우가 많았다. 또한, 중국인이 주변의 이민족에 대하여 비하하고 멸시하면, 이민족 또한 중국인을 그렇게 대하기 마련이다. 그래서 자기 나라 사람들을 우월하다고 하고, 다른 나라의 사람들은 비하하는 것은 중국뿐만 아니라 이민족들에게도 해당되는 동아시아에 공통된 하나의 문화였다. 이민족들도 중국과 마찬가지로 독자적인 정체성을 갖고 있었고, 중국이 주변 이민족을 비하하듯이 다른 이민족들 또한 중국에 대해 강한 거부감을 갖고 있었다. 그래서 중국이 외경을 확대하려고 해도 그만큼 더 어려울 수밖에 없었다.

여섯째, 유교사상이 외경 확대를 억제하였다. 외경의 확장은 더 큰 국가로 되어감을 의미한다. 그런데 질적인 측면을 감안한다면 크다고만 해서 반드시 좋은 국가가 되는 것이 아니다. 외경의 확장으로 늘어난 사람들이 가난하여 도움을 받기만 할 사람이라든지, 함께 살아가고 싶지 않은 사람들이라면 오히려 늘어나지 않은 것만 못하다. 또 무한히 큰 국가를 추구하다보면 국가 내에 이질적인 사람이 많아져 불화가 생기고 나라가 안온하기 어렵다. 같이 살고 싶은 사람들끼리 살아가는 것이 중요한 것이다. 또 외경의 범위가 넓어지면 이민족의 국경침입도 많아지게 되고 또 방어하기도 어렵게 된다. 그리고 대국이 되면 국가

조직이 비대해져 관료적인 국가체제 속에서 개인의 자유와 자발성은 억압당하기 쉽다. 백성들에 있어서 대국이 된다는 것은 별 의미가 없는 것이다. 백성들의 입장에서는 가난하고 의무 많은 대국보다 풍요롭고 의무 작은 소국이 되는 것이 훨씬 더 낫다. 하지만 이것은 일반 백성들의 생각이다. 중국 같은 황제치하의 전제국가에서 백성의 생각이란 의미가 없다.

백성들과 달리 지배자들은 더 큰 나라를 원한다. 군주나 정치가와 같이 권력을 추구하는 사람들은 더 큰 권력을 원하고 그래서 더 큰 조직을 원하는 것이다. 좋은 표현으로 항상 더 많은 사람에게 봉사하고 싶어하는 것이다. 구청장은 시장하고 싶고, 시장은 대통령하고 싶은 것이 사람의 권력욕이다. 마찬가지로 군주도 국가의 힘에 여유가 있으면 자신의 지배영역을 넓히고 싶어한다. 군주들의 이런 심리를 통제하지 못하면 세상은 항상 전쟁의 질곡으로 빠져들어갈 수밖에 없다. 그런데 중국에 이러한 일의 발생을 제어하는 역할을 한 사상으로서 유교가 있었다. 유교사상은 긴 역사기간 동안 일반인뿐만 아니라 천자에까지도 그 사고와 행동을 지배한 규범으로서의 역할을 하였다. 유교사상이 중국인들이 중화의 경계확장과 관련하여 어떤 영향을 미쳤는지 보다 자세히 보기로 하자.

5 유교사상과 반확장주의

춘추전국시대를 거쳐 진(秦)이 중국 땅을 최초로 통일하게 된다. 진은 곧 한(漢)으로 이어져 오늘날과 같은 거대 국가로서의 중국이 이때 만들어지게 된 것이다. 춘추전국시대 이래로 제자백가의 여러 사상이 있었지만, 이 시기 국가통치사상으로서 크게 힘을 발휘하였고 후대에 이르기까지 큰 영향을 미친 사상은 법가와 유가였다.

법가(法家)는 전국시대 말기 한비자에 의하여 집대성된 사상으로 법에 의한 지배를 국가경영의 원리로 삼았다. 법가는 인간은 이기적인 존재이기 때문에 국가의 강력한 통제를 통해서 사회적 화합을 이룰 수 있다고 생각하였다. 그래서 군주가 법을 정하고 이를 엄정하게 집행함으로써 좋은 사회를 만들 수 있으며, 중앙집권화된 국가권력과 강력한 통치자에 의한 부국강병과 대국을 건설하는 것이 중요하다고 생각하였다. 진나라와 한나라 초기에 법가사상을 가진 여러 인물들이 중용되어 중앙집권적인 고대국가를 형성하는데 기여하였다. 흔히들 패도(覇道)라고 불리는 이 법가사상은 진나라의 통치이념이었다. 결국 법가인 이사(李斯)를 재상으로 둔 진나라가 천하를 통일하였다. 진은 더 높고 강한 권력으로서의 황제라는 칭호를 사용하고, 군현제를 통해서 광대한 땅을 직접 통치하였다. 황제는 하늘의 상제와 마찬가지로 절대권력 그 자체였다.

하지만 패도에 의한 정치는 문제가 많았다. 우선 패도는 그 성격상 필연적으로 대제국을 추구할 수밖에 없고, 대제국이란 평화로운 삶과 거리가 멀었다. 대제국을 건설하기 위해서는 정복활동에 나서야 한다. 여기에는 많은 인력과 물자를 동원하지 않으면 안된다. 그리고 정복 후에도 반란과 불복을 힘으로 제압해야 한다. 전쟁과 분란으로 나라는 긴장되고 그 속의 사람들은 목숨을 위협하는 고통스럽고 피곤한 상황에 직면하게 된다. 많은 장정들이 전쟁과 군사훈련에 차출되면 농업생산은 그만큼 줄어들 수밖에 없다. 전쟁과 분란의 상태에서는 경제적인 풍요와 생활에서의 안정을 누리기 어렵고, 또 경제가 어려운 상태에서는 강한 군사력을 유지하기가 어려운 것이다. 황제는 제국을 무한하게 확장시키고 계속 더 높은 권력을 갖기를 원하지만 현실에 있어서 그것이 항상 가능한 것은 아니었다. 전쟁과 강권지배를 통한 인

위적인 부국강병, 그리고 이를 통한 대제국을 계속 발전시켜 나간다는 것에는 스스로 모순을 안고 있었던 것이다. 이러한 이유로 권위적이고 철권통치를 하던 진나라는 건국된 지 15년만에 무너지고 말았다. 그래서 법가사상은 더 이상 이어지지 못하고 진을 이은 한나라에서는 유가사상이 이를 대신하게 된다. 한대에 들어와서도 처음에는 법가사상은 계속되었으나 유가와의 이념투쟁을 거치면서 법가사상은 점차 약화되어 갔다. 그리고 무제 이후에는 유가는 유교라는 이름으로 종교의 위치에 오르면서 중국사상의 중심에 자리하게 된다.

유가(儒家)는 공자로부터 시작하여 이후 2,500여년간 중국뿐만 아니라 동아시아를 지배해온 국가통치와 개인과 사회에 대한 사상이다. 유가는 개인에서부터 국가에 이르기까지 인간사회의 모든 영역을 포괄하는 원리와 준칙을 설정하고 있다. 공자는 사람에 대한 사랑으로서 인(仁)이라는 도덕적 관념을 기초로 누구나 인의 완성자로서의 군자가 되어야 함을 주장하였다. 춘추시대의 공자의 사상은 여러 제자들에 의하여 계승되어 오다가 전국시대에 와서 맹자에 의해서 인의사상이 정치적으로 구현된 형태로서 왕도정치사상으로 발전하게 된다. 왕도정치(王道政治)는 백성을 국가의 근본으로 여기고 군주와 지도자의 도덕적 실천을 강조하였다. 이는 힘과 권모술수로서 강압적 통치를 정당화했던 이전의 패도정치와 상반되는 것이었다. 맹자는 정치를 왕도와 패도로 설명하였다.

힘으로써 인을 가장하는 자는 패도이니 패도는 반드시 큰 나라를 갖게 되고, 덕으로써 인을 행하는 자는 왕도이니 큰 나라여야 할 것이 없는지라 탕왕은 칠십 리로써 하고 문왕은 백 리로써 해냈다. 힘으로 복종당하는 사람은 그것이 마음속에서 복종하는 것이 아니라 힘이 부족해서이고, 덕으로 복종당하는 사람은 마음으로부터 기뻐하며 진실로 복종하는 것으로, 칠십 명의 제자가 공자를 따르는 것과

같은 것이다.[187]

법가는 국가가 강한 것은 군사가 강하기 때문이며, 군사가 강한 것은 백성의 마음을 통합하고 있기 때문이며, 백성의 마음을 통합할 수 있는 것은 백성이 법을 중시하고 있기 때문이며, 백성이 법을 중시하는 것은 군주가 법을 엄격하고 공평하게 시행하고 있기 때문이라고 했다. 하지만 유가의 생각은 달랐다. 유가는 군주가 힘을 쓰게 되면 폭정에 이르기 쉽고 힘을 사용하는 군주를 백성이 좋아할 리가 없기 때문에 결국 몰락하게 된다는 것이다. 군주가 부국강병을 추구하게 되면 백성은 도탄에 빠지게 된다. 이렇게 볼 때 무력에 의한 확장과 부국강병에 의하여 패자가 된다는 것은 가능하지 않은 일이다. 왜냐하면 백성들은 결국 인군(仁君)을 따를 것이기 때문이다. 그래서 천하의 주인이 되기 위해서는 군비확장이나 부국강병보다는 인정을 베푸는 것이 최선이라고 생각하였던 것이다.[188]

공자는 다음과 같이 말했다.

법으로써 따라오게 하고, 형벌로써 다스리면 백성들은 빠져나가려고만 하고 부끄러운 줄을 모른다. 하지만 덕으로써 이끌고 예로써 다스리면 부끄러워하여 스스로를 바로잡아 착하게 된다.[189]

그리고 『대학』은 다음과 같이 적고 있다.

시경에 이르기를 은나라가 백성을 잃지 않았을 적엔 상제에게 짝될 수 있었으니, 마땅히 은나라를 거울삼을지어다. 큰 명(大命)은 쉽지 않다 하였으니 민중을 얻으면 곧 나라를 얻게 되고, 민중을 잃으면 곧 나라를 잃게 됨을 말한 것이다. 이러므로 군자는 먼저 덕을 쌓

187 맹자, 공손추(상)
188 기무라 간, 2002, p.37~38
189 논어, 위정

아야 한다. 덕이 있으면 사람이 있게 되고, 사람이 있으면 땅이 있게 되고, 땅이 있으면 재물이 있게 되고, 재물이 있으면 이에 쓰임이 있게 된다. 덕이라는 것이 근본이요 재물이란 것은 말단이다.[190]

이렇게 기본적으로 유가들은 크고 힘있는 국가를 좋게 생각하지 않았다. 위나라 혜왕이 맹자에게 "제나라와의 싸움에서 장남을 잃고, 진나라에게 땅을 칠백리나 빼앗기고, 또 초나라에 곤욕을 당하였습니다. 어떻게 하면 이 치욕을 씻을 수 있겠습니까?"라고 물었다. 이에 맹자는 "땅이 사방 백리[191]밖에 되지 않아도 충분히 왕으로서의 역할을 할 수 있습니다. 어진 정치를 한다면 백성들이 몽둥이를 들고서도 진나라, 초나라의 갑옷을 입고 무기를 든 병사들을 물리칠 수 있습니다."라고 대답하였다.[192] 맹자는 어진 정치가 무력보다 더 우위에 있음을 설파했던 것이다.

한은 고조 때에 흉노들을 제압하기 위하여 원정을 단행하였으나 실패하여 흉노에 굴욕적인 화친을 하고, 이후 흉노에게 종실의 여자를 처첩으로 보내고 금은비단을 보내 흉노의 환심을 사는 정책을 계속하였다. 그러다가 점차 중국의 힘이 비축되면서 무제 때에 형편이 나아졌다. 무제는 강한 힘을 추구한 군주로서 안으로는 고대제국의 중앙집권제를 완성하고, 바깥으로는 흉노(匈奴), 대완국(大宛國), 남월국(南越國), 서남이(西南夷), 위만조선(衛滿朝鮮) 등을 정벌하여 영토를 크게 확장했다. 그런데 대외 정복사업으로 말미암아 국가재정이 궁핍하게 되었다. 이에 국가에 의한 염철전매, 균수법, 평준법과 같은 국가의 적극적인 개입정책으로 경제를 중앙집권화시켰다. 그런데 소금과 철을 국가가 독점함에 따라 이들 물품의 가격은 상승하고 품질은 나빠

---

190 대학, 치국평천하
191 사방 40km이다.
192 맹자, 양혜왕 (상)

져서 백성들의 원성이 자자하였다. 무제가 죽자 황제의 자리를 물려받은 선제는, 기원전 81년, 이러한 정책을 논의하기 위하여 전국의 현량, 문학의 유학자 60여명과 고위관료를 불러 염철회의(鹽鐵會議)를 개최하였다. 여기서 염철 등에 대한 경제정책과 함께 흉노에 대한 정책도 주요 논의대상으로 되었다. 관료대부들은 흉노들을 막기위한 재정지출 비용을 감당하기 위하여 국가의 전매제도는 존속되어야 한다는 주장을 한 반면에, 현량, 문학의 유학자들은 국가와 백성이 이익을 다투는 일을 해서는 안되며, 백성에게 부담을 주는 전매제도를 폐지하여야 한다고 주장하였다. 그리고 관료대부들은 흉노에 대한 무력정벌의 필요성을 주장한 반면에, 유학자들은 흉노에게 물자를 주고 달래서 화친하고 그들을 덕화하여야 한다고 주장하였다. 그리고 무제의 업적에 대해서도 관료대부들은 흉노를 정벌한 공로가 매우 크다고 칭송한 반면에, 유학자들은 무제의 흉노정벌을 나라를 피폐하게 만든 도가 넘게 사치스러운 행위였다고 비판하였다.[193]

유교사상은 무력행사와 거리가 멀다. 유학의 왕도사상에서 세계는 힘에 의하여 다른 사람들을 굴복시킨 패자가 아니라 도덕적으로 존경받는 왕자에 의하여 지배되어야 한다고 생각하였다. 유가에서는 이적을 힘으로 정복할 수 있는 대상이 아니라 황제가 덕으로써 교화시키고 이끌어야 할 대상이라고 생각하였던 것이다. 중국의 외경이 확대되기 위해서는 현실적으로 중국 바깥의 이민족들을 정복하고 동화시켜야만 가능한데, 무력행사를 기피하는 유교사상 하에서는 당연히 이러한 일이 일어나기 어려웠다.

한편 유교는 이같이 무력동원을 선호하지 않았다고 하여 천자가 지배하는 영역을 중국 내로 한정한다거나 중국 바깥의 국가에 대해서 평등한 관계로 생각한다거나 그런 것은 아니었다. 일단 중화사상은 천

---

193 반고, 82b

하가 모두 중국의 지배 하에 있다는 생각에서 시작한다. 유교라고 중화사상 바깥에 있는 것이 아니었다. 유교 경전인 대학에서도 수신제가평천하(修身齊家平天下)라 하여 평천하를 최종적인 목표로 못박고 있다. 사람들은 지배할 수만 있다면 지배하고자 하고, 그 지배하고자 하는 영역에는 끝이 없다. 스스로 자국의 경계를 결정하고 여기서 지배를 멈추는 일은 없다. 하지만 지배하기 위해서는 현실적으로 힘과 능력에서 가능해야 하고 인간의 힘에는 한계가 있다. 다른 집단, 다른 국가 보다 상대적으로 강한 힘을 가졌다고 할지라도 자연환경 또한 인간의 힘을 제약한다. 물리적으로 너무 먼 거리에 있거나, 산과 바다, 사막이 가로막고 있는 경우에는 지배하기 어렵다. 정복은 할 수 있을 지라도 계속적인 지배에 너무 많은 희생과 비용이 따른다면 그 정복과 지배를 때문에 자국이 망할 수도 있다. 그래서 유교는 이 모든 것들을 감안하여 중국에 좋은 합리적인 방안을 제시한 것이다.

그렇다면 중국과 중국 바깥을 포괄하는 천하의 차원에서 중화사상을 어떻게 적용했는지를 보기로 하자.

6 천하관과 중화질서

여기서 천하(天下)란 지금의 세계, 혹은 세상(world)에 해당하는 말이다. 천하관(天下觀)이란 세계관, 즉, 세상에 대한 사고체계 또는 세상을 이해하고 해석하는 방식이라고 할 수 있다.

중국인들은 고유의 천하관을 갖고 있었다. 중국인들은 국가 이전의 시대부터 만물을 지배하는 수호신을 믿고 있었고 이러한 믿음이 이어져 내려오면서 세상의 이치에 대하여 개념적으로 정치(精緻)시켜 나갔다. 서주(西周) 때부터 천하라는 용어가 사용되었는데, 하늘(天)은 우주만물의 원천이자 이를 주재하는 최고신이다. 하늘의 섭리 하에 있는 이 세상이 천하이다. 여기서 하늘로부터 명을 받아 사람들을 다스리는 사람이 천자(天子)이다. 즉 천자는 인간세계의 최고 통치자로서 하늘의 뜻을 지상에서 실천하는 존재이다.

세상에 천자는 오직 한 사람이고 천자만이 하늘로부터 명을 받는다. 여기서의 천하는 중국에 한정되지 않는다. 중국사람들은 보천지하 막비왕토 막비왕신(普天之下 莫非王土 莫非王臣),[194] 즉, 하늘 아래 왕의 땅이 아닌 곳이 없고, 그의 신하가 아닌 사람이 없다고 하였다.[195] 그리고 왕자무외(天子無外), 즉, 천자에게는 바깥이 없다[196] 라고 하였다. 이 세상에서 천자의 통치로부터 벗어날 수 있는 존재는 없다는 것이다. 같은 맥락에서 공자도 "하늘에 두 개의 해가 없고, 땅에는 두 임금이 없다"고 하였다.[197]

그렇다면 천자는 세상 전체를 다스리는 자이므로 중국은 당연히 천자의 지배 하에 있는 것이고, 이적의 땅 또한 하늘 아래 있으므로 이적 또한 천자의 지배 하에 있어야 한다. 그런데 현실적으로는 중국은 천자의 지배 하에 있지만 그 바깥의 비중국은 지배 하에 있지 않다. 이렇게 중국이 현실적으로 지배하고 있지도 않으면서 이들을 지배하는 것으로 하는 것으로 하고 있었는데, 이것 또한 중화우월주의 사상에 의한 것이다. 중국은 문명의 세계였지만 바깥은 비문명의 세계였기 때문에 같은 차원의 세계가 될 수 없었다. 중국 바깥의 경우는 비문명의 세계이기 때문에 천자가 직접 다스리지 않아도 그들 스스로 주인이 될 수 없고 천자의 지배 하에 있을 수밖에 없다는 것이다. 산에 짐승들이 살고 있어도 이들이 그 산의 주인이 될 수 없듯이 중국인들

---

194 보천지하란 하늘 아래의 의미로서 온 세상을 이르는 말이다.
195 중화질서, 미상
196 온 세상이 예외없이 왕의 통치하에 있다는 말이다.
197 맹자, 만장(상)

에게 있어서는 이적들이 그 땅에 살고 있어도 그들이 그 땅의 주인이 될 수 없었다. 그런데 중국인들은 이러한 비문명의 외부민족과 단절하여 살고 싶었지만 중국이 그렇게 관계를 단절하려 하더라도 중국의 뜻대로 되는 것이 아니다. 그들의 뜻에 따라 언제든지 중국을 침입해 올 수도 있고 관계유지를 요구할 수도 있었다. 그래서 이적들과 공존하는 방법이 필요하였다.

이러한 방법으로서의 이적에 대한 중국의 전략은 다음과 같았다. 첫째, 이적은 통치하지 않는다(不治夷狄). 한나라 하휴는 "왕자는 이적을 다스리지 않는다."라고 하였다.[198] 둘째, 이적은 복속시킨다(四夷歸服). 셋째, 가까이도 멀게도 하지 않으면서 고삐를 채우듯이 하여 통제가능한 상태로 둔다(羈縻不絶), 넷째, 의지해 오면 막지 않고 배반하면 버려두고 쫓지 않는다(附則受而不逆 叛則棄而不追).[199] 백호관회의(白虎觀會議)에서 우후(虞詡)는 "자고로 성왕(聖王)은 이적을 신하삼지 않으셨으니, 덕을 능히 미칠 수 없어서가 아니며, 위엄을 능히 더하지 못해서가 아니라, 그 금수의 마음과 같은 탐욕스러움을 예로써 복종시키기 어려움을 아셨던 것입니다. 따라서 기미의 도로써 그들을 어루만지셔서, 의부해 오면 받아들여 막지 않으셨으며 배반하면 버려두고 쫓지 않으셨습니다"라고 하였다.[200]

한마디로 이적을 가까이하지 않으면서도 중국이 통제할 수 있을 정도로 우위를 유지하는 것이다. 여기서 조금 미묘한 문제가 발생한다. 통치하지 않는 것과 복속시키는 것의 문제이다. 천자는 세상의 통치자로서 이적 또한 그 지배영역 내에 있는데 천자가 이적은 통치하지 않는다는 것은 모순될 수도 있다. 그렇다고 하더라도 현실적으로 이적

198 하휴
199 後漢書, 卷86 南蠻傳
200 홍승현, 2011, p.222

을 통치할 수 없는 것은 어쩔 수 없다. 여기서 중국인이 취하는 길은 통치하지 않되 복속시킨다는 것이다.

천자는 누구인가? 현실적으로 천자가 중국의 통치자가 되는 것이 아니라 중국의 통치자가 천자로 된다. 이것은 누가 중국의 통치자가 되어야 하는가의 문제와 직결된다. 전국시대 이후에는 초월적인 덕을 갖춘 성인만이 천자가 될 수 있다고 보았다. 하늘은 덕을 가진 성인에게 지상의 통치를 위임하고, 이러한 위임을 받은 천자는 지상에 태평을 구현하는 책임을 지게 된다. 천자는 매우 중요한 위치에 있었다. 성인천자가 통치하게 되면 사람들이 질병에 걸리지 않고, 가축은 역병에 걸리지 않으며, 오곡이 재해를 입지 않고, 제후들은 무력을 쓰지 않아도 바로잡히고, 백성들은 형벌이 없이도 다스려지며, 이적들은 따르고 복종하게 된다고 믿었다.[201] 천자의 덕은 금수는 물론이고 초목까지도 미치므로 천자의 덕은 이적 또한 교화하여 복속시킬 수 있는 것이다.

이와 같이 천자는 덕으로써 중국을 통치하고 중국 바깥의 이적들을 복속시킴으로써 나라의 평화와 안녕을 도모하게 된다. 이것은 달리 말하면 천자가 국내의 통치를 잘못해도 부덕한 천자가 되지만 이적을 복속시키지 못해도 부덕한 천자가 되는 것이다. 이적이 침입해 오고 이적이 복속하지 않아서 나라에 태평의 요건이 충족되지 못하면 성인천자로서의 그 자격에 의심이 생기게 된다. 그래서 이적을 복속시키는 것은 천자에 있어서 피할 수 없는 책무였다.[202]

그렇다면 천자가 직접 다스리지 않고 복속시켜야 하는 이유는 무엇인가? 앞에서 논의한 대로 중국의 통치 영역에 편입시키기에는 효익보다는 비용이 더 많다. 그렇다고 해서 그냥 내버려 두게 되면 수시

---

201 대대례기, 성덕
202 중화질서, 미상

로 국경을 침입하고 중국의 안전을 위협하게 된다. 그래서 이들을 가까이하지는 않되 소와 말을 고삐로 매어 통제하듯이 이들을 통제할 수 있어야 한다. 하지만 사람도 다스리기 쉬운 일이 아닌데 짐승과 다를 바 없는 이적들을 어떻게 복속시키는가? 이 어려운 문제를 두고 천자는 다양한 방법을 동원하지 않으면 안되었다. 구체적으로 천자가 이적을 복속시키는 방법으로 도덕적 감화, 무력에 의한 제압, 이익에 의한 회유 등이 있었다. 도덕적 감화가 이상적이지만 현실에서의 천자는 이적들이 스스로 따를 만큼 성인들이 아니었다. 무력에 의한 제압은 확실하고 깔끔한 방법이지만 군대와 물자를 동원해야 하는 부담이 따랐으므로 쉬운 방법이 아닐 뿐만 아니라 주변의 이적들을 쉽게 제압할 만큼 중국의 국력이 항상 강한 상태로 있었던 것이 아니었다. 이익에 의한 회유는 이적들이 필요로 하는 재화를 제공함으로써 중국에 복속시키는 것으로 명분으로는 좀 그렇지만 실리가 있는 방법이었다. 중국과 이적 상호 필요한 것을 교환하여 당사자 모두 윈윈(win-win)할 수 있었기 때문이다.

그래서 중국의 천자들은 앞의 방법들을 상황에 따라 선별적으로 또는 복합적으로 사용하였다. 이익에 의한 회유는 가장 현실적인 방법이었지만 이적들을 확실하게 복속시키지 못할 뿐만 아니라 이익으로 회유한다는 것은 성인천자에게 어울리지 않은 일이었다. 그래서 이익에 의한 회유와 도덕적 감화가 동시에 사용되는 경우가 일반적이었다. 실질적으로는 이익에 근거하여 이루어지지만 겉으로는 도덕적 감화에 의하여 복속하는 것으로 하는 형식을 취할 필요가 있었다. 조공책봉제도도 이러한 목적에서 만들어진 제도이다. 조공책봉은 중국주변의 이적국가들이 중국에 대하여 조공을 하고 책봉을 받는 대신에 중국으로부터 회사품을 받으면서 중국과의 우호적인 관계를 유지하는 외교방식이었다. 중국 주변의 이적의 왕들으로서는 중국이 요구하는 신례(臣禮)만 갖추면 영토도 보존되고, 왕권도 안정될 뿐만 아니라, 무역의 이익도 얻을 수 있으며, 선진 문물을 수용할 수 있는 등 여러가지의 혜택을 누릴 수 있는 이점이 있었으므로 중국의 이런 혜택제공을 굳이 마다할 이유가 없었다. 그래서 대부분의 이적국가들은 이 관계에 스스로 편입되기를 원하였다. 이들은 중국천자의 성은을 앞세우면서 뒤로는 여러가지 실익을 챙길 수 있었다. 중국 또한 다소의 경제적 부담은 있어도 변경의 평화를 유지할 수 있었고 수명천자(受命天子)[203]의 필요조건인 사이귀복(四夷歸服)을 확보할 수 있었다. 중국의 입장에서 조공책봉제도는 이적은 다스리지 않는다는 원칙과 이적복속을 동시에 만족시키는 방법이자 이적을 고삐 채우되 관계를 단절하지 않는 방법이기도 하였다.[204]

물론 이러한 중국중심의 질서는 현실적으로 중국이 강대국으로서의 힘을 유지하고 있을 때만 가능한 이야기였다. 중국이 이적 보다 힘이 약할 때는 오히려 중국이 이적으로서의 처신을 한 경우도 많았다. 전한 때 흉노를 형으로 하고 중국이 아우가 되는 형제의 맹약을 맺기도 하였으며, 당나라 때에는 돌궐에 대하여, 송나라 때에는 요나라, 금나라, 서하, 몽고 등에 대하여 동생이나 조카와 같은 위치에서 이적들을 상전으로 받들었고, 북위, 요, 금, 원, 청과 같은 때는 이적들이 중국을 지배하였다.

조공책봉제도하에서 동아시아는 비교적 오랜 기간 안정과 평화를 유지할 수 있었다. 이러한 면에서 이 제도는 선진 초강대국과 후진 약소국이 공존과 공영하는 방법으로서 나름대로 이상적인 국제질서체제로 평가되고 있다. 중화의 세계와 비중화의 세계를 엄격히 분리하는 중화사상은 다른 민족을 비하하는 차별의식이었지만 아이러니하게도

---

203 하늘의 명을 받은 천자
204 중화질서, 미상

이로 인하여 발생한 순기능 또한 작지 않았다. 우선 중화사상은 민족서로 간에 경계를 유지하는 힘으로 작용하였고, 이로 인하여 주변의약소국들이 강대국에 흡수될 위험으로부터 벗어날 수 있었다. 이적은다스리지 않는다는 원칙은 중국의 확장을 막는 역할을 하였다. 중국의이적에 대한 멸시가 이적에 대한 침략과 정벌 지배를 억제하는 작용을한 것이다. 자연히 중국으로부터의 괴롭힘을 당하는 일도 많지 않았다. 중국이 행한 이민족에 대한 기본적 입장 중의 하나가 이이제이(以夷制夷)였다. 이민족들을 통하여 이민족 문제를 해결하는 것이다. 이처럼 중국은 이민족의 문제에 대하여 직접적으로 간여하는 것을 꺼려하였다. 이러한 결과로 동아시아에서 국가와 민족들은 비교적 평화롭게 살아갈 수 있었다. 같은 역사기간 동안 전쟁의 횟수나 기간을 비교하면 동아시아 지역은 세계의 다른 지역보다 현저히 적었고 짧았다.

제 5 장
근대국가 중국

1 청말의 국인주의

이적왕조 하의 국인주의

이적이 중화의 영역에 들어와서 그 영토로 삼은 것은 여러 번 있었는데, 그 중에서 원나라와 청나라는 중국전역을 장기간 지배하였다.

원나라는 몽고의 세계지배 과정에서 생긴 국가이다. 12세기 말 테무진이[205] 몽고족을 통합하고 주변으로 영토를 확장하기 시작하여 태조에서 세조까지 5대 70년에 걸쳐 유라시아 대륙에 대제국을 건설하였다. 1271년 세조는 베이징을 수도로 삼고 나라이름을 중국식으로 원으로 바꾸었다. 원은 몽고, 만주, 중국을 직할지로 하고 나머지는 왕족에게 분봉하여 통치하였다.

원나라는 민족 간에 엄격한 계층구분이 있었다. 제1계층은 몽고인, 제2계층은 색목인, 제3계층은 한인, 제4계층은 남인이었다. 몽고인은 특권계층으로 국가의 정치 군사에 있어서 요직을 점하고 있었다. 색목인은 위구르인, 당구트인, 소그드인, 이란인, 터키인 들로 몽고인 아래의 지배계급으로 국가의 재정 행정을 담당하는 일을 하였다. 한인은 피지배계급으로서 하급관리까지만 등용될 수 있었다. 그리고 남인은 남송의 중국인들로서 남만의 미개인으로 취급당하는 최하층의 피지배계급이었다.

---

205 1206년 칭기스칸으로 즉위한 원의 태조이다.

이렇듯 중국에서 피지배민족인 중국인들에 대한 차별과 억압이 매우 심하였고, 그에 따라 원나라의 통치에 한인들의 반발이 강할 수밖에 없었다. 결국 반원세력 지도자인 주원장이 명나라를 건국하면서 원나라는 1368년 100여년간의 중국통치를 마감하게 된다. 명의 태조 주원장은 몽고의 풍속을 일소하고 이전 당나라와 송나라의 풍속을 회복하였다. 명나라는 원나라 뒤를 이었지만 원나라의 영토를 모두 인수하지 않았다. 원나라 지배자들을 몽고지역으로 쫓아내고 한족의 영역만을 국토로 삼아 한족의 국가를 건립한 것이다. 명태조 주원장의 중국에 대한 생각은 앞의 중화사상에서 본 그대로이다.

그리고 중국은 다시 한번 북방 이민족에 의하여 지배를 당하게 되는데 청나라이다. 1616년 만주의 누르하치(天命帝)는 만주를 통일하고 후금이라는 이름으로 나라를 세웠다. 누르하치 뒤를 이은 홍타이지(崇德帝)는 나라이름을 청으로 바꾸고 계속 영토를 확장해 나갔고, 홍타이지 뒤를 이은 순치제는 명나라를 정복하고, 1644년 명나라의 수도였던 베이징으로 도읍을 옮기게 된다.

청나라는 명나라를 정복한 후 몽골, 동투르키스탄, 티베트 등의 주변민족들을 정복하기 시작했다. 강희제는 1683년 대만을 정벌하고, 1689년에는 러시아와 네르친스크조약을 맺고 만주의 북쪽 국경을 아르군강으로 정하고, 1721년 티베트를 점령하였으며, 건륭제는 1759년 신장을 점령하는 등 근 1세기에 걸쳐 주변지역들을 정복하였다.

만주족은 퉁구스계의 북방민족으로서 정복민족이었다. 청은 한족이 지배하던 이전의 왕조와는 달리 왕성한 정복활동으로 영토를 확장하고 직접 통치하였다. 청의 지배를 받으면서 한족 중심의 중국에 큰 변화를 가져오게 된다. 청은 이적이었으므로 지금까지 논의한 중화사상 속의 복잡한 문제는 일어날 일이 없었다. 자신들이 오랑캐이기 때문에 한족에서처럼 오랑캐이기 때문에 같은 나라를 이루기를 꺼려하

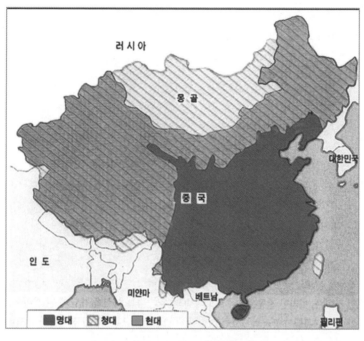

| ■명대 | ⦰청대 | ■현대 |

| 그림 5-1 | 중국 영토의 변화 |

는 일은 있을 수 없었던 것이다. 청나라는 스스럼없이 한족을 지배함과 동시에 주변의 오랑캐 나라들을 흡수 합병해 나갔다. 이러한 결과로 중국의 영토는 급격하게 확대되었다. 몽골, 신장, 티베트 지역을 병합한 것만으로도 중국의 영토는 거의 두배 이상 확대되었다. 그래서 많은 민족들이 함께 하는 다민족국가가 되었다.

중국의 영역 확대에는 정복민족으로서의 청나라가 중국을 지배하게 되었다는 점 외에 문명의 발전에 의한 영향 또한 있었다. 과학과 물질문명이 발전하면서 국가가 통치할 수 있는 반경이 넓어지게 되었다는 점이다. 즉, 청나라가 중국을 지배하던 시기는 이전보다 시대 발전으로 더 넓은 지역을 통치할 수 있게 된 것이다. 그래서 이 시기를 전후하여 동아시아뿐만 아니라 유럽에서도 국가들이 영토를 확장해 나가는 일이 일어났다. 이러한 결과로 17세기 말 북쪽으로 영토를 확대해 나가던 청나라와 동쪽으로 영토를 확대해 나가던 러시아가 만나게 된다. 1689년 러시아와 청나라가 만나 네르친스크조약을[206] 체결하게 된다. 이를 두고 러시아가 중국의 영역까지 밀고 들어와서 중국이 이를 물리친 것으로 말하기도 한다. 하지만 이 지역은 중국과 상당히 거리가 있는 곳이다. 이들이 만난 네르친스크지역은 그 이전에 러시아와도 상관없고 중국과도 상관없는 원주민들이 살던 지역이었다. 제국주의 유럽국가들과 마찬가지로 청나라도 이러한 과정을 통하여 자국의 영토를 확대해 나갔던 것이다.

중국대륙을 정복한 만주족은 한족인구의 약 0.27%밖에 되지 않았다. 자민족보다 300배 이상 많은 한족을 지배한 것이다. 그래서 청은 이전의 금나라가 중국을 지배하면서 자신들의 정체성을 잃고 중국인으로 동화되어버린 것을 기억하고 중국인들 속에 묻혀 자신들의 정체성을 잃게 되는 것을 극도로 경계하였다. 만주족은 한족을 매우 무자비하게 다루었다. 한족들로 하여금 만주식으로 변발을 하게 하고 복장을 바꾸도록 하였다. 체발령(剃髮令)으로 변발을 하지 않는 자는 죽였다. 몸과 머리카락은 부모로부터 물려 받은 것이니 감히 훼손하지 않는 것이 효도의 시작[207]이라는 한족의 신념에 정면으로 배치되었기 때문에 수많은 한족들이 죽임을 당하였다. 만주족은 한족을 비하하는 한편, 자신들은 높여 만주지역을 성역으로 하고, 만주족과 한족의 결혼을 금하였다. 하지만 사람 숫자에 있어서 만주족은 절대적으로 부족하였기 때문에 한족의 협조가 있어야만 했다. 청이 명을 제압하는 과정

---

206 네르친스크조약은 동양의 청나라와 서양의 러시아가 맺은 최초의 평등조약이다.

207 身體髮膚 受之父母 不敢毁傷 孝之始也

에서부터 명나라를 배반하고 청나라에 협조적인 한인들의 도움을 받았다. 청은 자민족과 협조적인 한인을 중심으로 나라를 이끌어 나갔다.

청나라가 들어섰을 때 이민족의 지배에 대하여 본토인인 한족들의 반발은 당연하였고, 더더구나 중화사상을 가진 한인들의 입장에서는 오랑캐인 만주족의 지배에 대한 반발은 심할 수밖에 없었다. 왕부지를 비롯한 많은 민족주의자들이 저항에 나서고 곳곳에 명의 부흥운동이 일어나고, 오삼계(吳三桂)[208]같이 청에 협조했던 한인들이 청에 대항하여 다시 반역을 일으키기도 하였다. 하지만 한족들은 만주족의 무력을 당해내지 못했고, 이러한 상태에서 시간이 가면서 점차 현실에 적응하게 된다. 이적들이 중국을 지배하게 되었을 때 그들도 한족들과 마찬가지로 자신들이 중원을 장악하고 천하의 패권을 쥔 집단으로서의 중화주의를 그대로 적용하였다.

문화를 중심으로 중화와 이적을 구분하는 중화사상은 만주족이 한족을 지배하는 데에 활용되었다. 만주나 중국이나 모두 같은 중화라고 하면서 청왕조의 정통성을 인정하도록 하고, 한인들의 복종을 이끌어 내려 하였다. 마찬가지로 한족들에게도 현실에 타협하는데 명분을 줄 수 있었다. 힘이 약하여 현실적으로 그 지배를 벗어날 수 없는 상황에서 이민족이라고 할지라도 예를 지키면 같은 중화가 될 수 있다고 생각하는 것이 이민족과의 함께 살아가는데 현실적인 방안이 될 수 있었던 것이다. 이러한 가운데 시간이 지나면서 청의 무력통치에 굴복하여 표면적인 저항은 줄어들었지만 반만의 민족적 감정은 지워지지 않고 청이 끝날 때까지 지속되었다.

청나라 옹정제(雍正帝) 때 대의각미록(大義覺迷錄) 사건이 있었다.

---

208 오삼계는 본래 명나라의 장군으로 북동부 지역의 여진족을 막는 책임자였지만 이자성의 반란으로 북경이 함락되자 여진족과 연합하여 북경으로 들어와 반란군을 제압한 다음 청나라를 세우는데 도왔다.

대의각미록은 청의 제5대 황제인 옹정제가 청나라 조정의 정통성을 강조하기 위하여 1729년에 칙령으로 간행하고 반포한 책으로, 미혹에서 크게 깨우침에 대한 기록이라는 의미이다. 이 책은 1728년 옹정 6년에 일어난 반청 역모사건을 두고 만주족 황제의 한족 평민의 반국가 사상에 대한 변론서이자, 황제와 평민 죄수 간의 문답집이라는 점에서 역사상 보기 드문 특이한 책이다.

18세기 초반, 중국 호남 영흥 이어당진에 무명서생 증정(曾静)이라는 사람이 살고 있었다. 그는 시골에서 제자들을 가르치는 유생으로 반청사상을 갖고 있었다. 그는 어느 날 청초의 반청학자였던 여유량(呂留良)의[209] 반청 내용의 시구를 읽고 그를 존경해 마지않게 되었다. 그래서 그는 자신의 제자 장희(張熙)를 절강성 여유량에게 보냈으나 여유량은 이미 작고한지 오래였고, 그의 아들로부터 여유량의 저서들을 얻어올 수 있었다. 이 책들을 읽고 증정의 반청사상은 더욱 강화되었다. 증정은 만주족의 지배에서 벗어나서 한족의 나라를 되찾기 위하여 고심하던 중 제자 장희를 시켜 천섬총독 악종기(岳鍾琪)에게 편지를 들려 보냈다. 그 편지 속에는 역모를 종용하는 내용이 들어 있었다. 악종기는 송나라 시대 만주족 요와 대항해 싸운 장수인 악비(岳飛)의 21세손이었고, 악씨는 당시 중국에서 널리 알려진 무가집안이었다. 이런 악비 집안의 악종기이니 증정은 악종기가 작금의 오랑캐 지배에 불만이 많을 것이라고 생각하였던 것이다. 그런데 증정의 예상은 빗나갔다. 악종기는 청 황제에 충성하고 있었다. 편지를 읽은 악종기는 바로 장희를 감금하고 옹정제에게 반란음모를 보고하였다. 이에 증정과 장희는 붙잡혀 황제 앞에 끌려가게 되었다. 그간의 사정을 파악한 옹정제는 여유량에 대하여 엄한 벌을 내렸다. 증정은 여유량

---

209 여유량(呂留良: 1629~1683)은 청나라 초기 대표적인 반청 주자학자로 청나라 조정에 사역되는 것이 싫어 변발을 거부하고 아예 삭발하고 승려가 되었다.

의 생각을 따랐을 뿐이지만, 여유량은 반란을 일으키려는 요망한 마음이 있었다는 것이었다. 그리고 증정은 자신을 비방했을 뿐이지만, 여유량은 선제(先帝)들의 성덕을 모욕했다는 것이었다. 여유량의 무덤을 파서 부관참시하고, 여유량의 가족들도 모두 참수하고, 문집과 서적을 모두 불태우고, 여유량의 서적 출간과 관련된 사람이나 이를 소장한 사람조차도 모두 참수하였다. 하지만 어이없게도 옹정제는 증정에게는 호의를 베풀었다. 그를 죽이지 않았을 뿐만 아니라 오히려 그에게 재물과 관직을 주었다. 그리고는 황제와 죄수 간에 오랑캐의 중국지배라는 비정상적인 현실에 대한 문제제기와 답을 찾는 문답식 논의가 진행되었다. 증정은 옹정제에 대해서 오랑캐의 중국지배에 대한 27개의 항목에 걸친 비난사유를 솔직히 고했고, 이에 대하여 옹정제는 하나하나 해명하였다.

그 내용 중에서 증정이 청조가 이민족이기 때문에 정통성이 없고 중국 백성은 충성할 의무가 없다고 한데 대하여 옹정제는 이렇게 주장한다. 예로부터 군주 없는 백성 없다. 백성이 군주에게 충성을 다하는 것은 당연한 도리이다. 성인도 그렇게 가르쳤다. 충의는 인간으로서 가장 기본적인 도덕으로, 이것을 거스르는 것은 인간도 아니다. 그렇다면 누가 정당한 군주인가? 그것은 바로 천명을 받은 군주이다. 이것 또한 성인이 가르친 바이다. 천명을 받은 군주라면 한족인지 이민족인지를 따질 필요가 없다. 또한 이민족이라 하더라도 천명에 따라 우리 조정만큼 정정당당하게 수행해 온 왕조는 없다. 청 아니어도 중국은 자주 왕조가 바뀌었는데 새롭게 개국한 군주는 모두 이전 왕조의 모반자이다. 우리 청조는 그렇게 모반한 일이 없고 만주에서 일어났지만 원래 명 왕조와는 대등한 우호국이었다. 명이 반란에 의하여 멸망하자 천명이 우리 왕조에 내린 것이다. 그것도 우리가 명을 멸망시킨 것도 아니고 명이 스스로 망한 뒤 도탄에 빠진 백성들을 구하기 위하여 청이 통치하게 된 것이다. 중국의 역사를 보건대 지금처럼 정당하게 천하를 통치하게 된 적도 없었다. 그리고 청조는 중국뿐만 아니라 사방의 오랑캐들을 전부 굴복시켜 통치하게 되었기 때문에 지금의 천자야말로 진정으로 중화의 천자이다. 만약 이민족이어서 황제를 할 수 없다면 동이의 순(舜)은 황제가 아닌가? 중국인이 몽골인을 이민족이라고 천하게 여기면 몽골인 역시 중국인을 만자라고 부르며 경멸할 것인데 이것은 후세의 타락한 사고방식이다. 충의는 중국의 성인이 가르친 부동의 교훈이며, 민족을 초월하는 가치있는 도덕이다.[210] 대개 백성을 살리는 길은 오직 덕을 가진 사람이 천하의 임금이 되어야 하며, 그런 가운데 천하가 한 집안처럼 되고 만물이 일체가 되는 것은 옛날로부터 오늘날까지 만세를 내려오면서 바뀌지 않는 진리인 것이다. 순임금은 동이사람이었고, 문황은 서융사람이었지만 성스러운 덕을 실천하는 데는 아무런 해됨이 없었다.

옹정제는 자신과 악종기 그리고 각 성의 총독들과 주고받은 편지들을 읽게 하여 황제가 얼마나 열심히 천하를 다스리고 있는지, 그리고 이들이 얼마나 황제를 신뢰하고 충성하고 있는지를 보여주었다. 이후 증정은 자신이 무지하고 완고한 금수만도 못한 인간이었으며, 이러한 자신이 다행스럽게도 천자의 교화를 입어 인간으로 다시 태어나게 되었다고 참회의 글을 올리게 된다. 그리고 증정은 사람들에게 자신의 잘못을 말하고 청조와 옹정제의 공덕을 찬양한다.

대의각미록은 옹정제가 한족중심의 화이관을 반박하고 이민족도 중화임을 주장하는 내용, 황제의 증정에 대한 심문과 증정에 대한 형부대신의 사건 심리과정과 심문, 그리고 대신들의 의견과 옹정제의 답변, 증정에게 영향을 준 반청학자들의 논설과 이에 대한 황제의 반박,

---

210 존귀한 황제와 비천한 죄인의 문답집 '대의각미록', 2012

그리고 증정과 장희의 사상개조과정과 반성문 등을 담고 있다. 옹정제는 이 책을 간행하여 전국의 모든 관리들과 학당의 선생들에게 나누어 주어 숙독하게 했으며, 전국에 걸쳐 이 내용을 강연하도록 하도록 하여 모든 백성에게 교육시켰다. 그는 증정을 통하여 한족 지식인과 일반인의 편견을 설득으로 제거하여 교화하고자 하였다. 이러한 노력에 불구하고 사람들 속에 깊게 박힌 민족의식은 쉽게 지워지지 않았다. 황제의 이러한 노력은 오히려 세간에 비웃음거리로 받아들여졌다.

옹정제의 뒤를 이어받은 건륭제(乾隆帝)는 즉위하자 곧 증정과 장희를 잡아 능지처참하였다. 옹정제가 생전에 증정은 짐이 특별사면한 사람이니 앞으로도 그를 책임추궁하여 죽이지 말라고 했지만 소용없었다. 그리고 전국의 모든 대의각미록을 회수하여 소각하고, 만약 이 책을 소장하거나 읽는 자는 사형을 처한다고 공표하여 금서가 되었다. 중화를 허물어뜨리려는, 그래서 자신도 중화가 되려 애쓰는 황제의 모습이 눈물겹다. 미혹에서 크게 깨우침에 대한 기록이라는 대의각미록은 사람들이 깨우쳐서 미혹으로부터 벗어나기를 원하는 마음에서 논리적으로 설득하였지만 사람의 감정과 문화 속에 배어있는 것을 논리로서 또는 물리력으로 바꾸는 것은 가능하지 않았다. 이렇게 가능하지 않는 것을 가능하다고 생각한 황제야 말로 오히려 미혹 속에 있었던 것일 수도 있다. 논리나 이성도 자기를 중심으로 하는 본성과 사고 위에서 작동하는 것이며, 이렇게 형성되는 민족감정의 본질을 제대로 파악하지 못한 어리석음일 수 있었다. 금서가 된 대의각미록은 이후 잊혀지고 청나라가 끝날 때까지 사람들에게 알려지지 않았다.

청나라 초기에 한족의 반만 민족주의 운동이 강했지만 이들의 저항이 만주족의 무력 앞에 제압되고, 청나라 중기 이후에는 만주족과 한족을 융합하려는 황제의 정책적인 노력도 가미되면서 반만기운이 점차 약화된다. 그러다가 청나라 통치력이 약화되자 한족들의 저항운동이 다시 일어나게 된다. 한족 세력들의 저항의 원동력은 중화와 이적을 구분하는 중화사상이었다. 아편전쟁으로 중국의 무기력함이 드러나고 만주족 황제와 지배세력의 무능함을 탓하면서 민심의 이반이 일어나게 된다. 각지에 민중들이 봉기하면서 태평천국의 난이 일어나게 된다. 태평천국의 난은 1851년 11월 1일, 홍수전이 이끄는 예수교 교단 배상제회에서 태평천국이라는 이름을 내걸고 군사를 일으키면서 시작되어, 1866년까지 근 15년간 지속되었다. 다음은 태평천국의 난 때 붙었던 격문이다.

> 아, 이네 백성들아, 이 내 말 들을지어다. 천하는 상제의 천하이지 오랑캐의 천하가 아니다. 옷과 음식은 상제의 옷과 음식이지 오랑캐의 옷과 음식이 아니다. 백성과 자녀는 상제의 백성과 자녀이지 오랑캐의 자녀와 백성이 아니다.
> …중략…
> 중국에는 중국인 모습이 있음에도 불구하고 만주인들이 중국인의 머리를 깎게 하고 한 줄기 머리카락을 뒤로 길게 늘어뜨리게 하여 중국인을 금수로 만들었다.
> 중국에는 중국인의 의관이 있음에도 불구하고 지금 만주는 저들의 모자를 쓰게 하고, 오랑캐의 옷, 원숭이의 관을 강제하여 조상의 복장을 버리게 하여 중국인으로서의 근본을 잊게 하였다.
> 중국은 중국의 인륜이 있음에도 불구하고, 요괴 강희는 만주족 한 사람이 열 가구를 관리하게 하여 중국의 여자를 겁탈하여 중국인을 모두 오랑캐 자식으로 만들려 하였다.
> 중국에는 중국의 배우자가 있음에도 불구하고, 만주의 요괴들은 중국의 아름다운 처녀들을 끌고가 노예로 만들고 첩을 삼아 수많은 미녀들이 개와 양 같은 오랑캐들에 의하여 오염되고 말았으니, 중국의 모든 여자들을 더럽히고 욕되게 한 것으로, 말하자니 가슴이 찢어지고 혀가 더러워진다.

이 격문은 당시 한족의 만주족에 대한 정서와 함께 중국 내 민족

간 대치상황을 보여주고 있다. 이 난은 그리스도교라는 이국종교 집단에 의하여 주도되어 중국전통의 유학사상과 배치하고 있었다. 그럼에도 불구하고 그렇게 많은 사람들의 호응을 받은 것은 한인들의 반청감정이 매우 강했기 때문이었다. 태평천국의 난은 겉으로는 기독교도의 반란이지만 그 밑바닥에는 한족에 의한 만주족 통치에 대한 반란의 성격을 갖고 있었다. 이 난은 한때 청나라를 전복할 듯하였으나 열강들이 청나라를 지원함으로써 난은 실패하고 말았다.

서양 세력의 침입

1793년 영국특사로서 처음으로 중국을 방문한 조오지 매카트니(George Macartney)는 중국 황제를 만났다. 매카트니는 양국 간에 무역을 늘릴 수 있도록 무역규제를 해제해줄 것을 요청하였다. 이 요청을 들은 청황제 건륭제(乾隆帝)는 다음과 같이 말하였다.

> 이 나라는 산물이 풍부하여 없는 것이 없다. 그러나 만국 위에 군림하는 황제가 주변 오랑캐들을 돌보아주는 은전으로서 오랑캐들이 필요한 물건을 이 나라에서 구할 수 있도록 무역을 허락하고 있다. 그러니 너희가 필요한 것이 있으면 나에게 조공을 하여라. 그러면 내가 그것을 하사하겠다.

이 역사적인 만남에서 중국이 서방문물을 수용하여 국력을 신장시킬 기회를 놓치게 된다. 서양 군함이 중국 땅에 정박하고 앞선 무기의 군인들이 들어와도 중국은 그들을 서양오랑캐(洋夷)라고 하며, 중국을 중심으로 세상을 이해하는 지금까지의 사고방식에 작은 변화도 허용하지 않았다. 이러한 중국의 우월의식은 개화를 가로막았고 결과적으

로 서구열강과 일본의 반식민지로 전락하는 운명을 맞게 되었다.[211]

곧 서양세력이 중국에 밀려오게 된다. 중국은 모든 제국주의 국가들이 탐내는 그런 나라였다. 많은 인구, 많은 천연자원을 가진 나라로 시장과 자원을 찾는 당시 제국주의 국가들에게 식민지로 취득하면 딱 좋은 그런 조건을 갖고 있었던 것이다. 중국의 입장에서 서양세력의 침입은 적지 않은 충격을 주었다. 처음에는 오랑캐의 한 부류라고 생각하였지만 시간이 가면서 만만치 않은 상대임을 깨닫게 된다.

1840년 아편전쟁을 치르게 된다. 오랑캐들이 중국을 침입해온 것이 처음이 아니었다. 그런데 지금까지의 오랑캐들은 힘에서 중국을 앞선다고 할지라도 문화에서는 중국에 미치지 못하였다. 그런데 서양 오랑캐들은 달랐다. 서양 오랑캐들은 힘에서 중국인들을 압도했을 뿐만 아니라 기술과 문화에서도 중국에 앞서 있었다. 앞선 무기를 가진 소수의 서양군대에 다수의 중국군대가 맥없이 무너졌다. 아편전쟁 이후에도 중국은 서양국가들과의 무력대결에서 패배를 반복하면서 서양의 무력과 기술이 자신들보다 한참 앞서있음을 알게 되었다.

1876년 10월, 중국은 영국에 처음으로 공사를 파견하였다. 외국에서 오는 조공만 받았던 중국이 외국에 외교사절을 파견한 것은 중국의 대외관계에 일대 변혁이었다. 중국이 근대 서양 국제법을 인정하고 하나의 평범한 국가로서 국제사회의 일원으로 가입하게 된 것이다. 이는 세계 위에 중국이 있는 것이 아니라 중국도 세계의 일부라는 사실을 인정한 것이다. 이는 중국인들에게 있어서 지구가 천체의 중심이 아니라는 코페르니쿠스 전환과 같은 것이었다. 자신들의 세계가 지금까지는 천하(tianxia)이었는데 이젠 국가(guojia)로 축소되었다.[212] 이는 중국인들에게 있어서 엄청난 충격이었다.

---

211 조영정, 2009, p.92
212 Zhang, 2001, p.61

그리고 서구 열강들로부터 모질게 시달리면서 중국은 자신의 무기력함을 실감하게 된다. 그럼에도 불구하고 오랜 중화사상이 워낙 강고했기 때문에 서양의 위력을 실감하면서도 우월의식은 쉬 바뀌지 않았다. 중국인들의 대부분은 자신들은 사람이고 다른 사람들은 짐승이라고 생각하며 보잘 것 없는 존재로 생각하였다. 서양의 오랑캐들은 중국에 비해 단지 무기가 앞서 있을 뿐 문명에 있어서는 중국의 높은 문명에 비하면 서양인들은 금수에 불과할 뿐이었다. 그래서 중체서용(中體西用)[213]이라 하여 중국의 문화와 가치체계를 유지한 채 서양의 기술을 도입하는 식으로 중국이 직면한 문제를 해결해 나갈 수 있을 것으로 생각하였다. 이러한 의식에 결정적인 변화를 가져다준 사건이 1894년의 청일전쟁이었다. 중국은 일본과의 전쟁에서조차 졌다. 서양 오랑캐는 원래 잘 모르는 오랑캐라서 그렇다고 치더라도 일본은 오랫동안 잘 알고 있고, 감히 자신들에 도전하는 것을 상상조차 하기 어려웠다. 그런 일본한테 지자 중국인들은 이번에야말로 세상이 뒤집히는 충격을 받게 된다. 강유웨이는 청나라 역사에서 최대의 수치라고 하였다. 이렇게 자신들의 무기력함을 절감하고서야 더 이상 자신들의 중화가 중화가 아님을 알게 된다. 그리고 서양의 옷으로 갈아 입은 일본이 그렇게 강하게 된 것을 보고 서양의 옷이 얼마나 훌륭한지 느끼게 되고, 서양의 것을 찬양하고 추종하는 지식인들이 늘어나게 된다. 그리고, 이제야 중국의 문제가 단순한 기술의 문제가 아님을 깨닫게 된다. 중체서용의 기조 하에 양무운동(洋務運動)과 [214] 같은 서양의 기술만 도입하는 식으로는 곤경에서 벗어날 수 없다는 것을 알게 되었다. 그

---

213 중체서용이란 본체로서 중국의 것은 고수하되 기술은 서양의 것을 활용한다는 것이다.
214 양무(洋務)는 청나라와 서양 여러 나라와의 관계, 교류 등을 일컫는 말로서 양무운동은 19세기 중반 군사기술을 중심으로 유럽 근대기술의 도입으로 봉건체제를 유지, 보강하려 했던 청조의 자강운동이다.

리고 서양국가에 비하여 낙후되어 있는 자신들의 국가와 사회를 인식하면서 자신들의 과거를 비난하고 열등의식에 사로잡히게 된다. 헛된 우월의식 속에서 서양을 내칠 것인가 배울 것인가를 망설이다 시간 다 보내고 일찍부터 서양을 배우기로 한 일본을 부러워하면서 서양을 배우는데 적극 나서게 된다.

이제 중화의 우월성은 말할 것도 없고 오랑캐 국가들에 눌려 나라 조차 지키기 어렵게 된 것이 자국이 처한 현실이었다. 이에 따라 중국인들이 겪게 된 정신적인 혼란은 적지 않았다. 우등의식은 열등의식으로 바뀌었다. 서양세력에 대한 저항의식과 외국인에 대한 혐오감도 커지게 되었다. 나라를 이렇게 몰고 간 만주족 지배세력에 대한 불만은 더욱 고조되었다. 이러한 분위기 속에 1851년에 멸만흥한(滅滿興漢)의[215] 기치를 내건 태평천국의 난(1851~1864)이 일어났고, 1900년을 전후하여 의화단(義和團)[216]의 반외세 반기독교 운동과 같은 외세의 침략에 반발한 민중 봉기들이 이어졌다. 서양 세력에 대한 반감에다 지배층 만주족에 대한 반감까지 더해져서 한족 중심의 국인주의가 강하게 일어나게 된 것이다.

● 개화기의 내셔널리즘

이제 중국이 당면한 문제는 식민지로 전락하지 않고 독립된 국가로서 살아남는 일이었다. 그러기 위해서는 낙후된 봉건체제에 머물고 있는 중국의 후진성을 극복하지 않으면 안되었다. 그래서 변법자강운동과 같이 국가체제와 정치사회제도에서 서양의 제도를 본받아 국가

---

215 만주족을 멸하여 한족을 부흥시킨다는 뜻이다.
216 의화단(義和團)의 난은 1899년 비밀결사조직인 의화단이 중국인 기독교 신자들을 습격하면서 시작되어 서양인들을 공격하였고 청나라의 전복과 외국세력의 배척운동으로 그 세력이 크게 확산되었으나 1901년 외국연합군에 의하여 진압되었다.

를 개혁하여 국력을 신장시키려는 노력을 하게 된다.

지식인들은 민주주의와 입헌주의를 비롯한 서양의 법제를 도입하고, 정치적으로 전제정치에서 민주공화정으로 개혁해 나갈 것을 주장하게 된다. 이러한 국가 개혁과 함께 중국의 국가적인 긍지를 세우고 중국인의 정체성을 명확히 하기 위한 다양한 노력을 하게 된다. 지식인들은 중국의 위대함과 문화적인 우수성을 찾아나서는 한편, 유가나 공자의 현대적인 가치를 찾는 등 중국의 역사, 고전, 문물 등에 대한 연구에 나서는 가운데 국학연구가 활발하게 일어나게 된다. 또한 황제를 중국인 자신들의 뿌리가 되는 조상으로서 내세우고, 류스페이(劉師培)와 같은 이는 황제의 탄생일을 중국 책력의 원년으로 삼아야 한다고 주장하기도 하였다.[217]

서양의 앞선 문물을 도입하고 국가를 개혁하려는 노력은 서양과 일본에서 서구문물을 접한 지식인들에 의해 주도되는데 이들은 주로 한족이어서 배만활동과 함께 이루어지게 된다. 한인들의 지배층인 만주족에 대한 반감은 극심하였고 만주족의 한인에 대한 반감 또한 매우 강했다. 이런 상황에서 서양국가들의 군대가 중국에 들어와서 백성들을 살상하고 괴롭히는 데도 청은 나라를 지켜내지 못하고 있었기 때문에 한인들은 서양 세력의 위협으로부터 벗어나기 위해서는 먼저 만주족을 제거하지 않으면 안 된다고 생각하고, 반청복명(反淸復明) 기운이 강하게 일어났다. 한인들의 반감이 커지자 만주족 또한 이에 대항하여 서양오랑캐에게 나라를 넘겨줄지언정 한인에게는 넘겨줄 수 없다고 할 정도로 민족 간 적대감정이 심하였다.

이러한 가운데 서양세력의 간섭과 민중들의 봉기로 청의 황실이 통치력을 거의 상실하게 되자 새로운 국가를 수립하려는 혁명세력들이 나서게 되었다. 이들은 만주족을 만주로 쫓아내고 한족만에 의한

---

217 천성림, 2006, p.195

국가를 수립하고자 하였다. 그런데 이러한 생각과 달리 만주족을 배척하지 않고 청왕조를 유지하면서 입헌군주제의 국가 수립을 주장하는 사람들도 있었다. 이렇게 지식인들은 두 부류로 나뉘게 되는데, 하나는 장빙린(章炳麟), 류스페이(劉師培), 조우롱(鄒容) 등으로 대표되는 혁명파였고, 다른 하나는 캉유웨이(康有爲), 량치차오(梁啓超), 옌푸(嚴復) 등으로 대표되는 입헌파였다. 입헌파는 주로 청의 국가운영에 참여한 사람들이었다. 장빙린은 만주족을 배척하는 반청 민족주의 혁명을 통하여 전제체제를 전복하고, 한민족에 의한 근대적인 공화정을 세워야 한다는 생각을 하였다.[218] 이에 대하여 캉유웨이는 한족과 만주족은 같은 중국 민족이라고 주장하면서 만주족과 함께하는 국가재건을 주장하였다. 량치차오는 한족 민족주의를 소민족주의라고 비판하고, 한족과 다른 민족을 포괄하는 대민족주의를 주장하였다. 한족중심의 민족주의는 만주족을 배격하는 것이고, 대민족주의는 한족과 만주족이 하나가 되어 서양과 일본의 외부 세력에 대항하는 것으로서 국가주의적 대한족주의이다. 1896년 변법자강운동(變法自彊運動) 실패로 일본으로 망명하여 그곳에서 서양의 문물을 접한 량치차오는 근대국가는 네이션을 기초로 이루어지며, 네이션이 혈연적 개념에서의 민족을 의미하는 것이 아니기 때문에 국가건설에 단일민족이어야 할 필요가 없고, 여러 민족을 포함하여 크고 강한 국가를 만들어야 한다고 생각했던 것이다.

그러다 보니 시조로 내세운 황제(黃帝)에 대한 생각도 달랐다. 혁명파에 있어서는 황제는 한족의 시조였다. 반면에 입헌파에 있어서 황제는 한족뿐만 아니라 만주족을 포함한 중국 내 민족들 전체에 대한 조상이었다.[219] 황제의 황은 누런색의 황(黃)이다. 즉 황제란 한족의 시조이기도 하지만, 황인종의 시조로서의 의미도 담고 있다. 황제는 중

218 조성환, 2010, p.194~216
219 이유진, 2006, p.430~431

국의 인종적인 의식을 갖고 있는 것이다. 백인종에 대항하는 황인종으로서의 의식, 또는 백인보다는 아래지만 홍인, 갈색인, 흑인보다는 우위에 있는 황인으로서의 중국인들의 의식을 담고 있다. 중국인들은 서양의 백색인종에 대하여 이에 대립되는 황색인종을 상정하게 되고 황색인종이 연합하여 백색인종을 물리치자는 의식이 나타나게 된다. 캉유웨이는 한족과 만주족이 통혼을 하여 민족 간에 단결하여 황색인종이 백색인종을 물리쳐야 한다는 주장을 하였다. 한족들에 있어서 적대적인 관계에 있었던 만주족 오랑캐였지만, 현실적으로 더 위협적인 서양 오랑캐들이 나타나면서 반만감정을 유보하지 않을 수 없게 된다. 새로운 강적이 나타남으로써 이전의 적이 동지가 된 것이다.

2 중화민국

중화민국의 수립

1899년에서 1901년 사이에 있었던 의화단운동 이후, 청조를 무너뜨리고 새로운 국가체제를 세우려는 정치적인 운동이 활발하게 일어나게 되었다. 쑨원(孫文), 황싱(黃興), 쑹자오런(宋敎仁), 장빙린(章炳麟) 등 혁명세력들이 모여 1905년 중국혁명동맹회를 결성하고 반청무장운동을 전개하였다. 쑨원은 서양의 사상과 제도에 기초한 국가로서의 민주주의공화국을 수립하고자 하였다. 쑨원이 원래 구상한 국가는 한족 국가였다. 1905년 쑨원은 만주족 축출, 중화회복, 민국창립, 균등한 토지소유를 주장하고, 이를 정리하여 삼민주의를 발표한다. 삼민주의는 민족주의, 민권주의, 민생주의였는데 여기서 민족주의는 한

족의 민족주의를 의미하였다.[220]

이렇게 하여 1911년 민중봉기 신해혁명(辛亥革命)이 일어나 청나라의 전근대적인 국가체제는 종식되고, 1912년 중국에 중화민국이라는 근대적인 국가가 수립된다. 신해혁명은 만주족의 지배에서 벗어나 한족의 나라를 되찾는 혁명이었다. 신해혁명이 성공하기 전까지 쑨원의 꿈은 만주족을 장백산맥으로 돌려보내고 한족에 의한 공화국을 세우는 것이었다. 그런데 신해혁명 이후 쑨원이 중국을 통치하게 되자 그의 입장은 완전히 달라지게 된다. 만주족의 지배 하에 있을 때는 한족에 의한 국가를 원했지만 한족에 지배가 이루어지게 되었을 때는 다른 이민족들 모두를 포함하는 중국으로 그 목표가 바뀌게 된 것이다. 원래 대다수 한족들은 반만의식을 갖고 있었지만, 새로운 나라를 세우는 데에 만주족을 포함한 이민족을 배제할 것인가에 대해서는 의견이 일치되지 않았다. 입헌파의 량치차오와 같은 사람은 한족만의 국가수립에 반대하고 한족 외의 이민족까지도 포함하는 국가로 나아가야 한다고 주장하였다. 이러한 영향으로 쑨원은 이전의 생각을 바꾸어 다민족국가 수립으로 나아가게 된 것이다.

그는 중화민국 임시대총통에 취임하면서 한족, 만주족, 몽고족, 회족, 장족의 여러 영토를 합하여 일국(一國)을 만들고, 한족, 만주족, 몽고족, 회족, 장족의 여러 민족을 합하여 일인(一人)을 만들어야 한다고 하였다. 그리고 한족, 만주족, 몽고족, 회족, 장족의 5족공화론을 주창하게 된다. 한족 이외의 이민족들은 자립이 불가능한 열등민족이기 때문에 이들을 동화시켜 중화민족으로 융화시켜나간다는 것이다. 쑨원의 뒤를 이은 원세개도 5족국민합진회를 만들어 여러 민족을

---

220 1924년 중국국민당 제1차 전국대표회의에서 삼민주의를 새롭게 해석하는데, 여기서 민족주의는 대외적으로 제국주의에 대한 반대, 대내적으로 각 민족의 평등으로 해석하였다.

융합하여 하나의 국가를 형성하는 방향으로 나아가게 되었다. 이와 함께 한족뿐만 아니라 소수민족까지 포함하는 의미로서의 중화민족이라는 개념이 만들어져 1912년 중화민국 위안스카이(袁世凱) 대통령에 의하여 공식적으로 지지되었다.[221] 이 시기 나오게 된 중화민족, 대민족주의, 오족입국, 오족공화론 등의 통합이념은 오늘날 중화인민공화국의 민족대가정, 통일적 다민족국가로 이어지게 된다.

이러한 체제로 국가가 수립되자 처음에는 소수민족 중에 민족자결주의적인 독립의 주장이 있었으나 이러한 주장은 곧 수그러들게 되었다. 일본과 서양국가들의 제국주의적 중국침탈에 중국이 분열되어서는 안된다는 생각이 지배하고 있었던 것이다. 그리고 무엇보다 중요한 것은 그때 소수민족들은 당시의 시대상황을 파악하고 이에 제대로 대처할 수 있는 역량을 갖추지 못한 상태였기 때문이다.

중화민국을 수립하면서 한족주의를 포기하고 다민족주의로 가게 된 이유는 세 가지를 들 수 있다. 첫째, 광대한 영토의 큰 국가로 되기 위해서이다. 중국에 한족이 절대다수를 차지하고 있지만 한족만으로 국가를 구성하게 될 때 중국의 국토는 이전의 영토에서 절반에 불과하게 된다는 사실을 간과할 수 없었다. 둘째, 한족들의 입장이 지배민족으로 되었기 때문이다. 청나라에서는 피지배민족으로서 민족적인 분리와 독립을 주장하던 사람들이 막상 자신들이 집권하게 되자 한족을 중심으로 모든 민족이 함께 해야 한다고 주장하게 된다. 셋째, 서양의 제국주의의 영향을 받았기 때문이다. 중국의 개화기에 당시 세계적으로 널리 퍼져있던 사상으로서 사회진화론이나 세계 조류로서의 제국주의, 팽창주의의 영향을 크게 받았다. 약육강식의 논리 속에 강한 국가가 되어야 한다는 것이고, 강한 국가가 되기 위해

---

221 Zhonghua minzu, n.d.

서는 이민족까지 합쳐진 큰 국가가 되어야 한다는 것, 그리고 여러 민족을 거느리는 대제국이 되어야 한다는 것이었다. 선진국들은 영토를 확대하고 식민지를 늘리기 위하여 전쟁도 불사하는데 왜 수중에 있는 영토를 버리느냐? 라는 생각이 나오지 않을 수 없었던 것이다.

이때의 시대적인 상황은 서양의 문물을 받아들이는 근대화과정에 있었고, 중국은 제국주의 국가들에 의하여 침탈당하고 있었기 때문에 제국주의 열강에 대항하는 과정에서 이들 제국주의를 쉽게 배울 수 있었던 것이다. 외국의 침탈에 의하여 자국의 운명이 위태로운 상황에서 당시의 사람들은 모두가 국인주의자가 될 수밖에 없었고, 어떻게든 강대국이 되어야 한다는 논리가 더 설득력을 얻을 수밖에 없었던 것이다. 중국은 서구와 일본의 제국주의를 비난하면서도 스스로는 주변 이민족들을 흡수 지배하는 제국주의를 실행하였던 것이다. 그런데 이것은 오랑캐로서의 청나라나 서양제국의 기조를 이어받은 것으로서 중국의 전통적인 통치철학과 사뭇 다른 것이다.

청말의 학자 류스페이는 한족왕조 하에서는 장기적인 대외팽창주의와 식민경영의 전략이 없었다고 하였다. "한족의 확장은 식민의 정략을 알고 한 것이 아니고 국민의 공의(公意)에 의한 것도 아니었으며, 단지 군주가 큰 것을 좋아하고, 공을 세우기를 좋아하는 욕망에 불과한 것이었다. 그런 까닭에 판도는 한차례 확장되고, 곧 한차례 축소하게 되니, 이는 전제정치의 허물로 귀결되었다."고 하였다.[222]

원래 중화사상은 영토를 확대하고 지배영역을 확대하는 공격적이고 제국주의적인 것이 아니었다. 원래 한족의 전통은 도덕을 바탕으로 한 덕치정치였고, 이적에 대해서는 그들은 그들 나름대로 내버려두었다. 중화민국이 청나라가 대거 확장한 영토를 그대로 인수하면서 국인주의에서도 유교적 가치에 기반한 원래 한족의 중화사상보다는 청나

222 이춘복, 2015, p.194

라 오랑캐의 사상과 서구제국주의의 서양적인 가치관의 위에 세워지게 되었다.

신해혁명으로 중국 역사상 처음으로 민주주의 이념 하에 중화민국이라는 국가를 수립하였다. 하지만 신해혁명은 미완의 공화혁명이었다. 신해혁명으로 만주족의 지배를 종식시키고 전제정치를 종식시키는 데에는 성공하였지만, 아래로부터 민중들의 지지 속에 이루어진 것이 아니라 일부 정치엘리트들에 의하여 이루어진 것이어서 주권의식을 가진 국민적 기반을 만들지는 못하였다. 그러나 일단 근대적인 국가가 수립되었기 때문에 이후에 근대적인 문화가 발전하게 된다. 1915~1924년 사이의 신문화운동기간 중 서양의 과학과 문화가 도입되면서 사회전반에 변화가 일어나고 민주주의적인 의식도 발전하게 된다.

이러한 가운데 1919년 오사(5.4)운동은 국민의 국가에 대한 의식에 큰 변화를 가져다주었다. 제1차 세계대전에서 중국은 연합국편에 참전하였다. 연합국이 승리하고 미국 윌슨(Woodrow Wilson) 대통령이 민족자결주의 원칙을 천명하는 등 국제적인 변화를 맞게 되자, 중국은 이러한 상황이 자국에 유리하게 돌아갈 것을 기대하며 승전국의 일원으로서 파리평화회담에 참가하였다. 그런데 당연히 되찾을 것으로 기대하였던 패전국 독일의 산둥반도에서의 이권을 일본이 가져가는 등 서구열강과 일본으로부터 중국의 이해는 철저히 무시당하였다. 이에 중국인들은 격분하였다. 여기에 중국정부가 이를 동의한 사실이 알려지면서 중국의 학생들이 시위에 나서게 되었고, 이 시위에 일반 국민들이 참여하면서 전국적인 규모로 확대되었다. 이와 함께 국민들 사이에 서양의 것을 배척하고 외래상품에 대한 불매운동을 하는 등 국인주의 운동이 일어나고, 반외세, 반제국주의 의식이 확산되었다.

민족주의자 쑨원

쑨원은 근대국가 중국을 세운 사람이다. 쑨원은 1924년 삼민주의 (三民主義)에 대한 강연을 하였는데, 이 강연을 모아 삼민주의를 썼다. 이 책의 민족주의 제1강은 다음과 같이 기술하고 있다.

> 민족주의란 무엇일까요? 중국 역사상의 사회적 습관 등 여러 상황을 토대로 한 마디로 간단히 말한다면, 민족주의는 바로 국족주의 (國族主義)라 하겠습니다. 중국인이 가장 숭배하는 것은 가족주의와 종족주의이므로, 중국에는 오직 가족주의와 종족주의만 있었지 국족주의란 것은 없었습니다. 이런 점에서 외국인들은 중국인들에 대해 흩어진 모래알과 같다고 했습니다.[223]
> 중국민족의 인구는 총 4억입니다. 이중에 몽고인 수만 명, 만주인 백여만 명, 티베트인 수백만 명, 회교도인과 돌궐인 백수십만 명 등이 섞여있는데, 이들 외래민족의 총수는 1천만 명 정도에 불과합니다. 그러므로 4억의 중국인은 대다수가 거의 한족으로서 혈통, 문자, 종교, 습관 등을 같이 하는 완전한 민족입니다.[224]

쑨원은 민족을 형성하는 요인으로 혈통, 생활의 영위방법, 언어, 종교, 풍습 및 습관의 다섯 가지를 들었다. 쑨원은 중국은 언제나 하나의 민족으로 하나의 국가를 이루어 왔다고 하였다. 쑨원이 새로운 국가건설을 위하여 혁명운동을 할 때만 하여도 멸만흥한(滅滿興漢)의 기치 하에 오로지 한족들에 의한 중국재건을 생각하였으나 이 뜻을 이루게 되자 곧 한족뿐만 아니라 주변 민족들을 중국에 포함시켰다. 쑨원은 이민족을 그 독자적인 정체성이나 동등한 집단으로 인정하기 보다는 한족이라는 큰 덩어리 속에 섞여있는 작은 이물질과 같은 존재로 간주하였다.

---

223 쑨원, 2000, p.16 ; 조봉래, 2011, p.526
224 쑨원, 2000, p.21~22

중국의 주변국가들에 대해서도 자국의 영토라고 생각하며 이에 대한 미련을 버리지 않았다. 쑨원은 그의 책 삼민주의에서 한국, 베트남, 타이완, 몽고, 버마, 일리 분지, 흑룡강 북녘땅, 류규열도, 부탄, 네팔 등을 중국의 잃어버린 땅이라고 하였다.[225] 쑨원의 뒤를 이은 장제스나 마오쩌둥도 그 인식에서 크게 다르지 않았다. 2018년 트럼프가 시진핑으로부터 들었다는 한국이 과거에 중국이었다는 말과 일맥상통함을 알 수 있다.

중국의 위상과 관련하여 쑨원은 다음과 같이 언급하였다.

> 이천 년 동안 중국은 동방에서 웅거했을 뿐만 아니라 구주(九洲)를 진동시켰다. 그럼에도 불구하고 중국은 평화주의로 세계를 훈화하여 각국이 전쟁을 멀리하고 평화를 유지하도록 해왔다.
> ⋯ 중략 ⋯
> 그런 까닭에 각 약소국과 약소민족들은 모두 중국을 상국으로 모시고 조공을 바쳤으며, 중국에 와서 조공을 할 수 있는 것을 영광으로 여기고 중국에 조공할 수 없는 것을 치욕이라고 여겼다. [226]

쑨원은 중국이 원래의 모습을 되찾게 되면 과거 중국의 조공국들이 다시 중국의 번병(藩屛)이 될 것으로 전망하였다.[227]

> 내가 10여년 전에 태국에서 태국 외무부 차관을 만났을 때, 그는 중국이 혁명을 완수하여 부강해진다면 태국은 중국의 한 성이 되고 싶다고 하였다. 중국이 강성해진다면 한국과 베트남도 중국에 가입하는 것을 허가해주도록 요구할 가능성이 있다.[228]

쑨원은 중국을 봉건적 왕정에서 벗어나 근대적인 국가로 재건한

---

225 Yahuda, 2000, p.27
226 쑨원, 1981, p.533 ; 양순창, 2013, p.191~192
227 중화질서, 미상
228 쑨원, 1981, p.768 ; 양순창, 2013, p.191~192

사람이었지만 그의 생각은 근대적이지만은 않았다. 쑨원은 중국 인민의 자유나 평등 따위에는 관심이 없었으며, 오히려 중국 인민들은 지나친 자유를 누리고 있고, 그로 인해 민족적 일체감을 해친다고 생각하였다. 따라서 쑨원이 말할 때의 자유는 바로 인민 개인의 자유가 아니라, 중국이라는 국가의 대외적 자유만을 의미하는 것이었고, 이는 자연스럽게 국가우선의 국가주의적 경향을 띠게 되었다.[229]

쑨원은 민족은 자연의 힘에 의해 형성된 것이고, 국가는 무력을 이용해서 형성된 것이라고 하고, 민족은 왕도에 의해서 성립하고, 국가는 패도에 의해서 성립한다고 하였다.[230] 그가 국가를 이끌게 되었을 때 그가 추구한 것은 패도였고, 이는 쑨원 이후에도 계속 이어지게 되었다.

3 중화인민공화국

● 중국 공산당

중화인민공화국은 중국 공산당이 이끄는 국가이고, 중국 공산당의 시작은 1917년으로 거슬러 올라간다. 1917년 러시아 볼셰비키 혁명이 일어난 이후 1918년경 북경대학의 리다자오, 천두슈 등에 의해서 중국에 막시즘 사상이 유입되었다. 그리고 1919년 코민테른(Communist International)이[231] 결성되어 세계 각국에 공산주의 활동을 확대해 나가게 되는데, 이러한 결과로 1921년 상하이에서 천두슈, 마오쩌둥, 리다자오, 리다, 마오둔, 덩중샤, 장궈타오, 리한쥔, 위슈쑹 등

---

229 송승석, 2000, p.201
230 조봉래, 2011, p.527
231 코민테른은 국제공산당 혹은, 제3인터내셔널로 불린다.

이 주동이 되어 중국 공산당을 창당하게 된다.

중국에 공산주의가 자리잡게 되는 데에는 1919년 5.4운동의 영향이 컸다. 이때를 같이 하여 노동자들이 사회운동에 적극 참여하고 지식인들도 노동운동에 참여하면서 1921년 중국 공산당이 창설되는 계기가 되었다. 이러한 상황에서 창설된 중국공산당은 처음부터 강한 반제국주의와 함께 저항적 국인주의의 성향을 갖게 되었다. 그래서 사실 중국 공산당은 사회주의 이념보다는 국인주의 이념의 산물이었다. 1922년 7월, 상하이에서 개최된 중국공산당 제2기 전국대표대회 당강령에서 혁명의 목표를 반제국주의, 반군벌, 반봉건으로 하였다.

1925년 쑨원이 사망하고 장제스가 국민당의 실권을 장악하자 공산당과 국민당은 대립하게 된다. 1930년대 일본이 중국에 진출할 때에도 국민당의 장제스는 일본의 침략에 대한 저항에 앞서 국내 공산당의 토벌에 집중하였다. 중국공산당은 국민당 군대에 대항하기도 하고 일본군과 싸우기도 하는 가운데 중국북부 농촌 산간지역에서 게릴라전을 하면서 농민들을 기반으로 하여 그 세력을 확장해 나갔다. 장제스는 공산당을 제거하여 국내정치를 안정시키는 것을 우선으로 삼았기 때문에 항일전선의 구축에 적극 나서지 않았다. 장제스의 이러한 행동은 반외세 국인주의의자들의 반발을 맞게 된다. 1936년 12월, 장쉐량은 시안에서 장제스를 감금하고 국민당과 공산당 간의 내전정지, 항일을 위한 거국적인 통일전선을 수립할 것을 강제한다. 이에 장제스는 마지 못해 1937년 제2차 국공합작을 하고 일본침략에 대한 저항에 적극 나서게 된다.

국민당에 비하여 공산당은 훨씬 더 국인주의적이었다. 마오쩌둥은 일본의 침략에 맞서서 항일민족통일전선을 구축하고 중국의 독립과 대외세력의 침탈을 막기 위하여 적극 투쟁하였다. 1931년 9월 18일, 일본의 만주침략이 시작되자 공산당은 그해 11월 중화소비에트공화국

임시정부를 수립하고 이듬해인 1932년 4월에 일본에 대하여 선전포고를 하였다. 중국공산당의 혁명투쟁은 계급투쟁에서 민족해방투쟁으로 그 우선 순위가 바뀌게 되었다.

1930년대 초 장제스 국민당이 공산당을 섬멸하기 위하여 그 토벌에 집중할 때 공산당은 외세의 일본침략에 대항할 것을 내세운 것은 열세인 상황에서 국민당의 공격을 피하기 위한 하나의 전략이기도 하였다. 그렇다고 하더라도 외세에 대항할 것을 내세운 것은 그만큼 중국인들에게 더 크게 공감을 이끌어낼 수 있었다. 반외세의 국인주의는 청말기부터 외세에 시달려온 중국인들의 의식 속에 강하게 작용하고 있었고, 이러한 의식이 정치에 반영되는 것은 당연한 일이었다. 항일투쟁을 내세운 공산당은 중국인들로 하여금 단결과 단합을 이끌어내는 구심점으로서의 역할을 하였고, 중국인들의 해방과 독립을 위해서 싸우는 세력으로서의 입지를 굳히게 된다.

또한 반외세의 내셔널리즘을 생각한다면 국민당은 미국과 가까웠고 공산당은 소련과 가까웠으므로 반미 내셔널리즘과 반소 내셔널리즘 간의 대치도 있었다. 학자들은 국민당의 패배는 반미 내셔널리즘이 반소 내셔널리즘을 압도하면서 일어난 일로 본다.[232] 레닌의 공산주의는 반제국주의를 담고 있기 때문에 반제국주의 내셔널리즘 성향을 가진 중국인들에게 있어서 환영받을 수 있었다. 반제국주의 내셔널리즘을 등에 업고 싸웠던 것이 장차 공산당이 국민당에 승리하는데 하나의 중요한 요인으로서 역할을 하였던 것이다.

공산주의와 내셔널리즘

마르크스(Karl Marx)는 자신의 공산주의 이론을 전개하면서 내셔

---

232 신수식, 최용호, 2003, p.4

널리즘에 관하여 특별히 다루지 않았다. 이러한 마르크스에 대하여 학자들의 의견은 다양하다. 학자들은 내셔널리즘을 다루기 힘든 변칙으로 여겼기 때문이라고 하기도 하고, 내셔널리즘은 결국 소멸할 것으로 보았기 때문에 무시하였다는 주장도 있다.[233]

그런데 공산주의를 주장하는 데 있어서 반드시 내셔널리즘을 짚고 넘어가야 할 이유는 없다. 사람의 집단을 그 사회계급에 따라 종적으로 나누어서 그 집단 상하 간에 대립하는 관계를 설정하고 있는 공산주의 이론에서 사람의 집단을 지역에 따라 횡적으로 나누어져 상호 대립하는 관계인 내셔널리즘의 문제를 함께 다룬다는 것은 그 성격상 맞지 않기 때문이다.

사람들 중에서는 마르크스가 "노동자는 국가가 없다"라고 했다고 하면서, 이를 근거로 마르크스가 내셔널리즘을 무시하였다거나 초월하였다고 주장하는 사람들을 종종 보게 된다.[234] 그런데 공산당선언(The Communist Manifesto)의 내용을 자세히 보면 이런 주장은 타당하지 않다. 원래 마르크스와 엥겔스는 공산당선언에서 노동자는 국가가 없다(The workingman have no country)라고 하였다. 그런데 이 말은 앞뒤의 문맥으로 읽어보면 정말 노동자는 조국이 없다는 말이 아니라 노동자는 나라 내에서 국인으로서 제대로 대접을 못받는다는 말이다. 즉, 자국 내에서 자신들의 존재감이 별로 없고, 자국 내에서 국인으로서 누리고 있는 것이 없어서 국가가 없는 거나 마찬가지라는 것이다. 공산당선언의 원문내용을 보면 "공산주의는 국가와 국인을 폐기시키려 한다는 비난을 듣고 있지만, 이미 노동자는 국가가 없

---

233 신봉수, 2009, p.70
234 Marx & Engels, 1992, p.23

다. 국인으로서 누리고 있는 것이 없기 때문이다."라고 하고[235] 있는 것이다.

그리고 마르크스가 네이션에 대해서 의미있는 말을 하지 않은 것도 아니다. 당시 마르크스는 세계화에 따른 국제주의적인 상황을 인식하고 있었다. 그래서 국가 간의 시장개방으로 국가 간의 경계가 무너지고 국가 간 차이와 반목이 줄어들고 있는데, 노동자 우위의 사회가 되면 이러한 현상은 더욱 가속화될 것이라고 하였다. 또, 국가 내의 계급 간 착취가 없어지면 국가 간 착취도 없어지게 될 것이고, 국가 내 계급 간 반목이 없어지면 국가 간 적의도 없어질 것이라고 하였다.[236] 개인의 차원에서 착취하는 사람과 착취당하는 사람 간의 불평등성 문제와 마찬가지로, 집단적인 차원에서 착취하는 국인과 착취당하는 국인과의 관계에서의 불평등성과 이에 대한 해방을 표방하였던 것이다.

이렇게 마르크스는 만국의 노동자가 단합할 것을 주문하면서 1864년 국제노동자연합(International Working Men's Association)이라는 제1인터내셔널(First International)을 창립하고 노동자 국제주의를 제창하였다. 공산주의에서는 국인주의가 국가 내의 계급 갈등을 은폐시킨다고 보았고, 대다수 공산주의자들은 궁극적으로 사회계급은 소멸되고, 이와 함께 국인도 함께 소멸되는 것으로 해석하고 있다. 국인주의는 개별국가를 단위로 국가 간에 대립하는 구도인 반면에, 사회주의는 개별국가의 범주를 넘어서서 세계적인 차원에서 부르

---

235 The Communists are further reproached with desiring to abolish countries and nationality. The workingmen have no country. We cannot take from them what they have not got. Since the proletariat must first of all acquire political supremacy, must rise to be the leading class of the nation, must constitute itself the nation, it is, so far, itself national, though not in the bourgeois sense of the word.

236 Marx & Engels, 1992, p.31

주아와 프롤레타리아 간에 대립되는 구도이다. 그래서 국인주의와 공산주의는 서로 정면으로 배치되지는 않지만 계급의 문제를 우선하는 공산주의에서는 국인주의가 장애요소로서 작용할 수는 있는 것이다.

개인적으로 보아 마르크스의 경우는 모국 독일에서 쫓겨나 영국을 자국처럼 살아온 사람으로서 국인주의를 강조할 수 있는 성향이 되기는 어려웠을 것이다. 현실적인 사안으로 폴란드와 아일랜드에서 국가독립과 관련한 문제가 있었을 때 마르크스는 독립을 지지하는 입장이었다. 폴란드의 독립을 지지한 것은 그가 독일인으로서의 러시아에 대한 감정, 그리고 짜르 하의 전근대적 체제를 가진 나라인 러시아의 지배에 대한 반감이 작용하였다. 그리고 1801년 영국의 아일랜드 합병 이후 아일랜드의 독립운동이 있었다. 마르크스는 처음에는 아일랜드가 영국연방 내에서 자치권을 갖는 것 정도가 좋다고 하였으나, 1860년대 이후에는 아일랜드의 독립을 지지하였다. 마르크스가 아일랜드 독립을 지지한 이유는 공산주의 혁명에 대한 기대 때문이었다. 많은 아일랜드 노동자들이 영국으로 유입됨에 따라 영국 노동자와 아일랜드 노동자 간에 대립이 심하였다. 양국의 노동자들이 서로 대립하느라 부르주아에 대한 적대감정을 가질 틈이 없었다. 그래서 아일랜드가 독립되어야만 영국의 노동자는 영국의 부르주아에 대한 적대감정을 갖게 되고, 아일랜드 노동자는 아일랜드 부르주아에 대하여 강한 적대감정을 가질 수 있게 될 것이라고 판단했던 것이다.

이후 레닌은 다민족국가인 러시아에서 공산주의 이론을 적용하는 데에 내셔널리즘 문제에 직면하게 된다. 그는 제국주의론에서 국가 간의 계급투쟁으로서 국인주의 문제를 다루었고, 이후에 마르크스주의자들은 국인주의를 계급투쟁의 연장선상에서 다루고 있다. 레닌은 국인주의에 대하여 우호적이었다. 레닌은 국인의 자결권을 옹호하며 억압받는 프롤레타리아와 마찬가지로 억압받는 국인의 해방을 주장하였다. 그는 모든 국인의 자유로운 발전과 함께 공산주의로의 자연스러운 통합을 이상적인 것으로 보았으며, 국인해방운동이 제국주의를 타파함으로써 프롤레타리아 공산주의 혁명의 주요 동력원이 될 수 있다고 보았다.[237]

중국 공산주의

중국이 공산주의를 도입할 때 그 사회적 상황이 유럽과 같지 않았다. 마르크스가 프롤레타리아 혁명을 상정하고 있는 유럽은 자본주의 모순이 노정된 사회였지만 중국은 그런 사회가 아니었다. 산업화가 되지 않았고 자본주의가 발전하지도 않은 전근대적 농업위주의 사회였다. 중국에서 프롤레타리아는 노동자 대신에 농민들이었고, 자본주의가 무르익는다 하더라도 농민들에 의한 프롤레타리아 혁명이 일어날 가능성은 거의 없었다. 그래서 중국의 상황에 맞는 이론이 필요하였다. 마오쩌둥은 농민 프롤레타리아를 중심으로 하는 공산주의 이론을 개발하게 된다. 그는 중국 농민 프롤레타리아는 두가지 특징이 있다고 했다. 하나는 가난하다는 점이고, 다른 하나는 백지와 같아서 그들의 생각 속에 무엇이든 그려 넣을 수 있다는 것이다. 마르크스는 자본주의의 발전에 따라 내부적으로 모순이 발생하여 혁명의 시기가 도래한다고 했지만, 마오쩌둥은 중국에 이러한 모순이 곪아 터지기를 기다릴 수 없었으므로 외부에서 이들을 이끌어서 혁명이 이루어지도록 해야 한다고 판단하였다.

그리고 당시 중국이 직면한 가장 심각한 문제는 무산계급과 유산계급의 계급적인 갈등보다는 외세의 침입이었다. 농민들이 가장 민감하게 생각하는 것은 외세침입이었고, 이러한 농민들의 지지를 기반으로

---

237 칼 마르크스, 1989, pp.200~201

하는 중국공산당은 강한 국인주의적인 성격을 가질 수밖에 없었다. 중국공산당은 강한 반일 국인주의 성향을 갖고 있었고, 이러한 사정으로 인하여 당시 일본침략을 먼저 당한 북부 중국인들로부터 더 강한 지지를 받았다.

그런데 중국은 소련으로부터 국제공산당을 통하여 공산주의를 전수받았기 때문에 중국 공산주의에는 국제주의적인 성격도 갖고 있었다. 그래서 중국은 강한 국인주의 속에서 국제주의를 수용하는 방식으로 중국식의 공산주의를 추구하게 된다.

●소수민족문제

신해혁명 후 중국 내 여러 민족들이 모두 함께 하는 국가를 수립하는 데는 큰 문제가 일어나지 않았다. 서방 오랑캐들이 중국을 넘보고 있고, 모든 국가들이 치열하게 경쟁하고 투쟁하는 세계에서 중국 내 민족들이 단합하고 협력하지 않으면 안된다는 생각을 하였던 것이다. 소수민족의 입장에서도 한족의 위협보다 서양의 낯선 사람들의 위협이 더 큰 것이었다. 그럼에도 불구하고 다민족 국가에서 소수민족문제는 있을 수밖에 없는데, 공산당은 국민당에 비하여 외세의 대응에 있어서도 더 적극적이었을 뿐만 아니라 소수민족의 문제에 있어서도 더 전향적이었다.

중국 공산당은 1922년 중국 공산당 제2차 전국대표회의 선언에서 변방 인민의 자주를 존중해야 한다고 하였다.[238] 그리고 1931년 11월, 중국 내 각 민족의 평등과 소수민족의 민족자결권을 승인하는 내용의 「중국 경내의 소수민족문제에 관한 결의안」을 채택하였다. 초기에 중국 공산당은 소수민족에 대하여 민족자결의 원칙에 따라 독립을 허용

---

238 조봉래, 2011, p.530

하는 것으로 하였다.

봉건적 체제에서는 중국 내 민족 간에 차별이 심하였고, 민족 간의 갈등이 많았다. 사회주의는 이러한 문제를 접근하는데 있어서 더 유리하였다. 사회주의는 민족 간의 평등을 추구하고 있고, 계급적인 대립으로 구도를 정하고 있기 때문에 민족적인 차이는 그만큼 묻히기 쉬운 것이다. 그래서 민족의 벽을 넘어 사회주의 이념으로 단결을 하면서 국가 전체로서의 통합에 더 유리하였다.

중국이 모든 민족을 포괄하는 하나의 국인으로서의 중국인을 내세워 국가를 이끌어 가는 점에서는 장제스가 이끄는 국민당이나 마오쩌둥이 이끄는 공산당이나 차이가 없었다. 하지만 그 접근 방법에서는 같지 않았다. 국민당은 한족이 절대다수를 차지하고 있는 중국에서 소수민족은 무시할만 하기 때문에 한족을 중심으로 생각하여 중국은 하나의 민족으로 간주되어야 한다는 식이었다. 즉 대민족주의이다. 중국에서 대민족주의는 대한족주의이고, 대한족주의는 한족 중심주의이다. 대민족주의라는 것은 레닌의 사상에서 시작된다. 큰 주류민족이 나라 안에서는 다른 소수민족을 억압하고, 나라 바깥으로는 다른 작은 국인을 억압한다는 것이다. 그래서 레닌은 민족평등원칙과 함께 반제국주의를 천명하였다. 레닌의 민족평등원칙에 따라 중국 공산당은 민족문제를 중시하고 민족 간 평등을 강조하였다. 공산당은 중국이 다민족으로 구성되어 있음을 인정하고 소수민족을 최대한 존중하는 가운데 다민족 국가로서의 중국을 이끌어가려 하였다. 그래서 소수민족은 민족자치의 원칙에 따라 최대한 자치권을 보장하는 것으로 하였다. 하지만 이러한 원칙은 시간이 가면서 변하게 된다. 초기의 민족자결주의는 점차 민족통합주의로 변화해 간다. 그러다가 대장정을 거치고 나서 1939년 이후에는 민족구역자치체로 바뀌게 된다. 소수민족의 독립을 불허하고, 소수민족을 포함하는 통일적 다민족국가를 이룩해나가야 한다는 것이었다.

공산당의 이러한 입장 변화는 마오쩌둥의 태도 변화와 궤를 같이 한다. 마오쩌둥은 중국에서 그의 힘이 그리 크지 않았던 시기에는 중국이 민족적으로 나누어져야 한다고 주장하기도 하였다. 그는 1920년 후난공화국의 수립을 주장하는 글에서 향후의 세계에서 생존할 수 있는 국가는 대국이 될 것이라는 생각은 그릇된 것이며, 이런 그릇된 생각으로 인하여 제국주의가 생겨났다면서, 각 성마다 인민자결주의를 실시하여 전국을 27개의 국가로 나눌 것을 주장하기도 하였다.[239] 그러다가 그의 힘이 커져 중국 권력의 중심부에 들어서자 이러한 생각은 바뀌게 된다. 그는 중국은 다수의 민족이 결합하여 이루어진 나라이며, 한족은 인구가 많고 소수민족은 땅이 넓고 물자가 풍부하다고 하고, 그래서 중국은 민족들이 유기적으로 연결하여 하나가 되어야 한다고 하였다.[240]

그렇다고 해서 소수민족의 존중의 기조가 완전히 폐기된 것은 아니다. 소수민족이 중국을 이탈하려 하지 않는 한 존중되는 것이다. 대륙통일 이후에도 소수민족 존중의 기조는 유지되었다. 이는 소수민족을 위해서가 아니라 하나의 큰 중국을 위해서였다. 한족뿐만 아니라 소수민족까지 포괄하는 큰 중국으로 갈 때 중국은 강국으로서 힘을 발휘할 수 있기 때문이다. 개인이나 민족보다 먼저 국가전체를 앞세우는 것으로서 이 또한 내셔널리즘인 것이다. 마오쩌둥은 소수민족을 중국 내에 붙들어 놓기 위해 최대한 노력하였다.[241] 그는 소수민족의 정체성을 인정하고 소수민족의 자결권과 자치를 내세우면서도 소수민족의 독립 요구에 대해서는 매우 단호하고 강경하게 억압하였다. 1959

239 신봉수, 2009, p.78
240 조봉래, 2011, p.531
241 조봉래, 2011, p.531

년 티베트에 독립운동이 일어났을 때 그는 인민해방군을 동원하여 강제로 진압하였다.

마오쩌둥

1945년 중국공산당 제7차 전국 대표대회에서 중국공산당 당헌총칙에 "중국공산당은 마르크스-레닌주의의 이론과 실천적 통일사상인 마오쩌둥 사상을 우리 모든 행위의 지침으로 삼고 그 밖의 어떠한 교조주의적 혹은 경험주의적 편견을 반대한다"는[242] 조문이 삽입된다. 1959년에는 "마오쩌둥의 책을 읽고, 마오쩌둥의 말을 듣고, 마오쩌둥의 좋은 군인이 되라"는 구호가 나오게 된다. 이만큼 중국인민공화국에 있어서 마오쩌둥은 절대적인 영향력을 가진 인물이다. 마오쩌둥은 중국에 대한 애국심을 가진 사람으로서 그리고 이러한 애국심으로 위기에 처한 중국을 구한 인물로서 중국을 상징하는 인물이 되었다.

마오쩌둥도 다른 여느 중국지도자들과 마찬가지로 중화사상을 갖고 중화의 옛 영광을 되찾아야 한다는 생각을 갖고 있었다. 마오쩌둥은 공산주의자이면서도 국인주의자였다. 그는 원래 만주족의 청에 대하여 반감을 갖고 있었고, 사회주의자가 된 이후에도 중국의 역사는 한족의 역사이며, 한족의 문명으로서 문화민족 중국을 인식하고 있었다.[243] 마오쩌둥은 서양의 문화나 제도를 높게 보지 않았고, 그대로 받아들이지도 않았다.

마오쩌둥은 사회주의 이념을 제국주의에 대항하고 중국의 국인주의를 실현할 수 있는 하나의 효과적인 방법으로 생각하였다. 전통적으로 공산주의와 국인주의는 함께 하기 어려운 것으로 생각하여 왔다.

242 김충열, 1979, pp.180~181
243 신봉수, 2009, p.77

하지만 마오쩌둥은 프롤레타리아 혁명과 근대적인 국인주의를 결합시켜 두 가지를 병행하였다. 마오쩌둥은 그의 저서『모순론』에서 모순을 주요모순과 부차모순으로 나누는데, 시대상황에 따라 민족모순을 주요모순으로 설정하기도 하고, 계급모순을 주요모순으로 설정하기도 한다. 국민당의 장제스와 투쟁해야 했던 시기에는 국민당정권을 부르주아계급의 이익을 대변하는 것으로 규정하고 이에 대항하여 계급모순을 주요모순으로 삼았고, 국공합작으로 항일통일전선을 형성하여 일본에 대항하여 싸워야 했던 시기에는 민족모순을 주요모순으로 삼았다.[244]

초기의 중국공산당은 코민테른의 지도를 받았지만 곧 중국의 현실에 맞게 이론을 개량하여 독자적인 노선을 만들어 나가게 된다. 중국공산당은 제국주의에 대항하는 민족해방적 성격을 지닌 중국식 사회주의를 건설하여 프롤레타리아 혁명 노선과 반제국주의 투쟁 노선을 함께 하였다.

1945년 항일전쟁 승리 이후 마오쩌둥은 자력갱생의 원칙을 천명하였다. 자력갱생이라는 말은 국인주의 사상을 담고 있다.[245] 마오쩌둥은 국인주의를 잘 활용하였다. 국인주의는 중국인들에게서 이끌어 내기 가장 쉽고 가장 강력한 감정이었기 때문이었다. 마오쩌둥은 중국이 일본과 싸우는 시기에는 일본에 대항하는 관계에서, 그리고 중국을 통일한 이후에는 미국에 대항하는 관계에서 끊임없이 국인주의적인 감정을 활용하여 중국의 단결과 통합을 이끌어내고자 하였다. 마오쩌둥과 중국 공산당이 결국 중국을 통일하고 하나의 강대국으로 자리매김하는데 가장 큰 역할을 한 것은 사회주의 혁명사상이라기 보다는 국인

---

244 신봉수, 2009, pp.72~74
245 자력갱생이라는 말은 한나라 무제시절 이후에 자주 쓰이는 말이다. 쑨원도 자력갱생이라는 말을 사용하였다.

주의였다.

중화인민공화국 정부의 수립

1949년 중화인민공화국이 수립된다. 1912년에 공화제 국가인 중화민국이 탄생하였지만 지역 군벌의 할거와 내전으로 국가가 분열되어 통일되고 안정적인 상태의 국가가 아니었다. 1921년 중국에 중국공산당이 창립되어, 1931년 11월 7일, 중화소비에트공화국이 수립되었고, 이후의 내전에서 장제스가 이끄는 중화민국정부를 대만으로 몰아내고, 1949년 10월 1일, 중화인민공화국의 수립을 선포함으로써 중국대륙에 통일된 국가가 수립된 것이다.

중국은 헌법 서언에서 중화인민공화국이 설립되기까지의 과정과 앞으로 중국이 나아갈 방향을 제시하고 있다. 여기 서언에서 담고 있는 주요 내용은 다음과 같다.

• 중국은 세계에서 역사가 가장 오랜 국가 중의 하나로 찬란한 문화를 갖고 있다는 것.
• 혁명 전통 속에 반식민, 반봉건의 역사적인 임무를 수행하며 국가독립, 민족해방, 민주자유를 위해 희생적으로 싸웠다는 것.
• 마르크스-레닌주의와 마오쩌둥 사상 하에 성취한 사회주의를 계속 진전시켜 고도문명, 고도민주의 사회주의 국가를 건설해 나간다는 것.
• 전국 각 민족인민이 공동으로 창립하여 통일된 다민족국가로서 평등, 단결, 협조 속에서 각 민족의 공동번영을 촉진한다는 것.
• 대만은 중화인민공화국의 신성한 영토의 일부분으로, 조국통일완성의 대업은 대만동포를 포함한 전 중국인민의 신성한 책무라는 것.
• 사회주의 국가로서 세계인민과 연대하여 제국주위, 패권주의, 식민주의를 반대하고 세계각국 인민과의 단결을 강화하여 피압박민

족과 발전 중인 국가의 민족독립 쟁취와 유지, 민족경제발전을 위한 투쟁을 지지하고, 그리고 세계평화유지와 인류진보를 촉진하기 위하여 노력한다는 것.

위의 중화인민공화국 서언을 보면 중국이 어떤 나라인가를 알 수 있다. 중국은 다민족국가, 사회주의국가, 긴 역사 높은 문화를 자랑하는 대국이다. 현재 중국은 다민족국가이다. 민족문제는 중국의 앞날에 있어서 무엇보다 중요한 문제이다. 그래서 중국 헌법에서는 각 민족 인민이 공동으로 창립한 국가임을 명시하고 평등과 단결을 강조하고 있다. 한족이 절대다수를 차지하고 있는 중국의 인적인 구성이나, 영토, 역사, 문화, 혈통 등의 제반 여건에서 볼 때 일부 소수민족의 독립 이탈은 언제든지 일어날 수 있기 때문에 민족문제는 중국의 아킬레스건이 될 수 있다. 그래서 소수민족을 중국 속에 붙들어 두기 위하여 각별히 신경 쓰고 있다. 단기적으로는 소수민족에 대하여 자치권을 부여하고 국가 내에서 여러 가지 특혜를 제공하여 중국으로부터의 이탈을 방지하는 한편, 장기적으로는 지역적, 문화적, 혈연적인 벽을 허물어 민족적인 융합을 이루려고 하고 있다.

중국은 사회주의 국가이다. 소련에서 시작된 공산주의를 받아들여 소련의 지도, 원조, 보호를 받으면서 중국 공산당이 성장 발전할 수 있었다. 초기에 중국은 소련의 지도적인 위치를 존중하고 따랐다. 이는 중국이 소련으로부터 원조를 받고 기술도입을 하며, 서방제국주의 국가들에 대항하는데 있어서 소련이 우군으로서 역할을 할 수 있었기 때문이지 사회주의 이념 자체가 중요한 것이 아니었다. 중국 공산당이 대륙을 장악한 이후 러시아의 중요성은 크게 줄어들게 되었지만, 1950년대만 하더라도 미국과 대치해야만 하는 상황에서 군사력을 가진 소련과의 동맹이 필요하였다. 특히 핵무기를 갖고 있는 미국에 대항하기 위해서는 핵무기가 있는 소련의 존재가 필요하였다. 하지만 1964년 중국이 핵실험에 성공함으로써 소련의 가치는 더욱 떨어지게 된다. 중국은 사회주의 진영에서의 소련의 일방적인 주도를 거부하고 더 나아가 주도권 경쟁을 하게 된다. 이러한 결과로 1960년 소련은 중국에 원조를 중단하고 고문단원을 철수하였고, 그 관계가 점차 악화되어 1969년 중소국경분쟁까지 겪게 된다.

중국은 건국 초기에 어려움이 많았음에도 불구하고 인적, 물적으로 막대한 비용과 희생을 감수하면서까지 미국에 대항하여 한국전쟁에 참전하게 된다. 한국전에 참전하게 된 것은 전후 자본주의와 사회주의 양진영 간에 적대감이 날로 고조된 상태에서 사회주의를 지원하기 위해서였지만, 또 한편으로 동북아지역에서 중국의 패권적인 지위를 확보하려는 의도가 있었기 때문이었다. 중국이 북한을 지원함으로써 한반도에서 중국의 영향력을 갖게 되었다. 한국인들이 한국의 분단상황에 대해서 미국에 대해서는 책임론을 제기하면서도 중국에 대해서는 잘 거론하지 않는 것은 이 지역에서의 중국의 지역패권이 워낙 오래전부터 있어온 터라 이에 대하여 무감각하게 되었기 때문인 측면도 있다. 중국은 한국에서 군사적인 대결을 마다하지 않으면서 미국과 대치하는 한편, 소련에 대해서도 보다 독립적이고 평등한 관계를 모색하게 된다. 당시 중국의 경제적 능력이나 기술적으로 핵무기를 개발하는 것이 정상적인 국가로서 하기 어려운 일이었다. 그럼에도 불구하고 중국은 많은 자원을 동원하여 어려움을 극복하고 핵무기를 개발하게 된다.

중국은 스스로를 세계의 지도국으로 의식하고 있었기 때문에 전후 양극체제에서 미국과 소련이 세계를 이끌어 나간다는 것을 인정할 수 없었다. 중국은 반제국주의 반패권주의의 기치 하에서 개발도상국들을 규합하여 제3세계 국가군을 형성하고 이들 국가들을 주도하는 역할을 하게 된다. 1954년 반둥회의를 계기로 평화5원칙을 제시하면서 제3세계 국가들과 활발한 외교관계를 수립하면서 이들 국가들에 영향력을 키워나간다.

중국은 세계 피압박민족의 독립 쟁취와 경제적 발전을 위한 투쟁을 지지하면서 제3세계의 사회주의 민족해방운동에도 큰 영향을 미친다. 마오쩌둥 사상과 중국 사회주의 이론은 농업중심의 전근대적 개발도상국에서 나온 이론이었기 때문에 이와 사정이 유사한 제3세계 국가들에서 공감의 폭이 넓었고, 제3세계 사회주의 혁명가들에게 큰 영향을 주었다. 중국이 반제국주의 국인주의가 강한 제3세계 국가들과 손잡고 이들을 이끌어 나가고자 한 것은 중국의 입장에서 국익을 극대화할 수 있는 하나의 전략이었고, 여기에는 사회주의 이념 이상으로 국인주의 이념이 작동하고 있었던 것이다.

1979년 중국은 베트남과 전쟁을 치르게 된다. 1975년 베트남내전이 끝나게 되는 시점까지 중국은 미국에 대항해 싸우는 베트남을 지원하였다. 그런데 통일 이후 베트남 정권이 원래 월남에 상권을 장악하고 있던 화교를 탄압한 데다가 중국과 친한 캄보디아를 침공하자 중국이 베트남을 침공하게 된다. 전우가 원수로 된 것이다. 같은 사회주의 국가로서의 연대의식은 국익과 국가적인 자존심 앞에서 아무런 힘을 발휘하지 못하였다. 베트남에서는 이 전쟁을 중국 팽창주의에 대항한 전쟁이라고 부른다. 한국전쟁에서의 참전과 마찬가지로 중국이 주변지역에 개입하는 오랜 전통이 지금도 계속되고 있음을 보여주고 있는 것이다.

이렇게 중화인민공화국 정부 수립 이후를 보면 전반적으로 국인주의가 매우 강한 상태에 있었다. 중국은 제2차세계대전 이후의 세계 평화기에 다른 나라와 달리 전쟁도 많이 치르고, 때로는 미국과 대립하고 때로는 소련과 대립하는 한편 이웃국가들과도 갈등과 대립속에 긴장관계를 유지하였다.

1972년 상하이공동성명으로 중국과 미국은 화해모드에 들어가게 된다. 1978년 12월, 중국은 개혁과 개방을 선언하고 정치적으로는 사회주의를 추구하면서도 경제적으로는 자본주의 시장경제를 도입한다. 사회주의로서는 경제적인 후진성에서 벗어날 수 없다는 것을 깨닫고, 이념적인 제약을 벗어나서 국내 경제활동에 이윤동기를 부여하여 생산성을 향상시키고 해외투자를 유치하고 자본주의 국제경제체제에 적극 참여하면서 경제발전에 박차를 가하게 된다. 덩샤오핑은 선부론(先富論)을 내세우면서 검은 고양이든 흰 고양이든 쥐 잘 잡는 고양이가 좋은 고양이라고 하였다. 자본주의든 공산주의든 국가만 부강하게 한다면 그것이 좋은 제도라는 것이다. 이는 실용주의 국가이익추구 노선의 국인주의였다.

1990년대 이후의 내셔널리즘

중국이 개방되기 이전에는 민족, 민족주의라는 말이 잘 사용되지 않았다. 민족주의는 중국 내의 각 민족에 대한 것으로 이해되어 국가의 분란을 조장하는 의미가 될 수 있기 때문이었지만, 공산당이 갖는 국제성도 하나의 이유였다. 공산주의에서는 만국의 노동자들이 함께 뭉쳐야 하므로 국인주의는 결코 장려될 만한 사상이 아니었다. 그리고 일반 국민들의 국인주의를 동원하려는 경우도 많지 않았다.

이러던 중국에 1990년대가 되면서 국인주의가 외부적으로 두드러지게 표출되기 시작한다. 중국의 각급 학교에서는 애국주의 교육이 실시되고, 국민들에게도 애국심을 강조하고, 애국심의 함양을 위한 교육과 선전이 시행되었다. 그리고 수많은 역사유적을 만들고 정비하여 애국학습장소이자 관광명소로서 개발하였다. 수많은 사람들이 중국의 시조인 황제릉을 참배하고, 공자의 논어를 읽게 되었으며, 중국의 고대사상에서 청말의 국학연구에 이르기까지 중국의 전통사상과 문화를 재평가하고 이를 이어가려는 연구들이 활발해지게 되었다. 그리고 대외관계에서 중국의 자존심을 건드리거나 중국인의 심기를 불편하게 하는 일이 생기면 많은 중국인들이 길거리에 나와 시위로서 분노를 표출하고, 사이버상에서도 사이버 공격과 해킹 그리고 여론몰이로 내셔널리즘을 가감없이 표출하였다.

1996년 중국의 자신감을 내세운 책으로 쑹챵(宋强)외 3인이 지은 『노라고 말할 수 있는 중국』은 발간된 지 20일만에 5만권이 팔리고, 300만부가 판매되어 중국 도서판매에서 신기록을 세울 정도로 큰 인기를 누렸다. 그리고 중국의 전통과 문화를 담은 영화와 드라마가 크게 흥행하게 된다. 이러한 기세는 계속 이어져 2000년대 이후에는 중국의 전통문화를 다시 찾는 국학열풍이 일었다. 2006년 중앙텔레비전의 백가강단(百家講壇)을 비롯하여 주요 방송매체들은 중국 국학에 대한 강의를 하고 중국전통문화에 대한 프로그램을 방영하고, 논어가 수천만 부가 팔리는 등 중국의 인문, 역사, 고전 등에 대한 독서 열풍이 일었다. 2019년 중국 건국 70주년을 맞아 개봉한 국인주의적인 영화 「나와 나의 조국」이라는 영화는 개봉 나흘만에 12억 위안(한화 약 2,000억원)을 기록하였다.[246] 일부 중국인은 예수 탄생을 기원으로 하는 서기를 폐지하고 황제기년으로 연력을 바꾸기를 주장하는 등 국인주의를 감추지 않고 있다.

중국에서 1990년대 이후에 내셔널리즘을 표출하게 된 주요 원인으로 다음 몇 가지를 들 수 있다.

첫째, 개방에 의한 영향이다. 개방을 하면서 국인주의도 드러나게 된 것이다. 정부 수립이후에 중국 내부적으로 국인주의가 결코 약하지 않았다. 하지만 공산정권의 수립 이후 계급투쟁과 프롤레타리아 혁명운동에 가려서 내셔널리즘을 드러낼 수 있는 상황이 아니었다. 게다가

---

246 "중국은 위대하다"…中 애국 영화 '나와 나의 조국'국경절 극장가 점령, 2019

사회주의 속성이 국가 간에 교류가 많지 않고 국민들의 의사표시가 활발하지 못한 체제이기 때문에 국인주의가 드러나기 어려운 환경에 있었다. 국인주의는 다른 나라의 존재를 전제로 하여 생기는 감정인데 국가가 대외적으로 폐쇄된 상태에서는 내국인과 외국인이 만날 기회가 작기 때문에 내셔널리즘이 드러나게 될 가능성이 그만큼 작을 수밖에 없었다.

그런데 중국이 개방을 하면서 사정이 달라지게 된다. 개방 이후 대외적으로 물품과 사람의 이동이 많아지면서 외국사람들과의 접촉이 많아지게 되고, 국가 간 경쟁체제에 들어서게 된다. 다른 나라들의 존재 속에서 자국을 더 많이 의식하게 된 상황으로 된 것이다. 이러한 가운데 다른 나라에 대한 정보도 많아지고 해외로부터 문물이 들어오게 되면 사람들은 외국문화나 유행을 따르고 싶거나, 다른 나라의 좋은 것을 보게 되면 자신들도 이를 누려보고 싶은 생각이 들게 된다. 이렇게 해서 1989년 천안문사건이 일어나게 된다. 민주주의와 자유에 대한 중국 국민들의 욕구가 폭발한 것이다. 중국정부는 무력을 동원하여 가까스로 이 사태를 막았지만, 대내적으로 큰 상처를 남겼고 대외적으로는 위신의 추락을 가져왔다. 천안문사태는 국가 내셔널리즘이 강화되는 하나의 계기가 되었다. 이 사건을 수습하고 같은 일의 재발을 막기 위해서는 강한 통제뿐만 아니라 국민들의 마음을 이끌어내는 것이 필요하다고 생각하였고, 여기서의 하나의 방법이 국인주의 강화였다. 중국정부는 국민들에게 서구의 것이 좋지 않고 중국의 것이 좋음을 인식시키기 위하여 중국 것의 우수함과 좋은 점을 알리는 정책적인 노력을 하게 된다. 이러한 결과로 국민들의 중국의 것에 대한 애착과 자부심이 커지게 되었고, 사회적으로도 서구의 것에 대하여 반발하고 중국의 것을 옹호하는 수구적인 국인주의가 일어나게 된다.

둘째, 사회주의 이념의 쇠퇴이다. 1980년대 말 소련 및 동구에 사회주의가 몰락하게 된다. 같은 사회주의 국가이자 다민족국가였던 유고슬라비아와 소련이 여러 국가로 쪼개졌다. 사회주의 체제의 붕괴와 함께 국가 통합력이 약화되면서 이러한 현상이 발생한 것이다. 이것을 보고 중국은 위기의식을 갖게 된다. 더이상 이전같이 사회주의 이념을 추구할 수 없게 된 상황에서 국민적 통합이 이완된다면 중국도 지방민족의 독립요구로 체제의 불안이나 분할되는 사태로 발전할 수도 있었다. 이러한 상황으로의 발전을 막기 위해서는 국가의 통합력을 유지하는 것이 무엇보다 중요하였고, 이를 위해서는 중국이라는 나라에 대한 국인주의를 강화시킬 필요가 있었다. 개별 민족으로서의 정체성을 압도할 만한 국가 전체로서의 중국에 대한 애국심과 중국인이라는 정체성을 갖게 하는 것이 중요하였다. 그래서 중국정부는 하나로 뭉친 전체로서의 중국의 우수함과 강함을 인식시키고 중국이라는 국가의 밝은 미래의 희망을 제시하면서 개별민족으로서의 정체성은 지우고 중국인으로서의 정체성을 각인시키는 작업에 심혈을 기울이게 된다.

셋째, 시장경제 도입에 따른 사회적 이완의 방지이다. 중국에 자본주의 시장경제체제를 도입하게 되자 빈부격차, 부정부패, 범죄증가, 배금주의, 구조적 실업, 지역 간 발전불균형 등 여러 문제들이 발생하였다. 특히 부자세력의 증가는 노동자 농민의 기반 위에 형성된 중국공산당의 기반을 와해시키는 위협이 될 수 있었다. 이러한 상황에서 국가와 사회를 위하는 애국심을 앞세워 개개인의 과도한 사적이익의 추구와 일탈행위를 막아 사회적 이익을 증가시키고자 하였다.

넷째, 정보통신의 발전이다. 1990년대 인터넷을 중심으로 하는 정보통신의 발달은 사람들의 소통환경에 큰 변화를 가져다주었다. 소통에 공간상의 제약이 제거되어 전 세계의 수많은 사람들이 국적과 지리상의 위치에 상관없이 언제든지 소통하고 토론할 수 있게 되었다. 사람들은 다른 나라 사람들과 함께하면서 다른 나라 사람들 속에서 자신의 국인적 정체성을 확인하고 강화하게 되었다. 국가를 달리하는 사람들이 언제든지 만날 수 있는 사이버공간으로 상호 간에 우정을 나눌 수 있는 장이 만들어졌지만, 국인주의가 펼쳐지는 장 또한 만들어진 것이다. 사람들은 국인주의적인 감정을 교환하고 공유하면서 자신들의 의사를 결집시키거나 적대세력에 대해서는 공동으로 대응한다. 사이버 공간은 지역과 거리에 상관없이 사람들을 한 곳에 모을 수 있다는 점을 생각하면 어느 나라보다 이를 더 활용할 수 있는 나라가 중국이다. 중국 본토의 수많은 국민에서 해외의 화교에 이르기까지 이 사이버 공간에 엄청나게 많은 사람을 모을 수 있다. 그래서 1990년대 이후 이 사이버 공간은 중국 사람들에 있어서 국인주의를 강화하고 표출하는 중요한 장이 되었다.

다섯째, 세계화의 추세이다. 중국이 개방된 지 얼마되지 않아 때마침 세계화가 확산되는 시기여서 중국은 빠르게 개방된 세계체제 속에 빨려들어갔다. 개방 이후 중국의 대외교역은 급속히 증가하였고, 수출과 대외투자유입을 근간으로 하는 국제경제활동에 힘입어 중국은 세계의 생산공장으로서 전세계를 중국산 상품으로 뒤덮으며 중국경제는 연 10% 이상의 고도성장을 이룩하게 된다. 자국의 경제적인 성공에 중국인들의 자부심은 하늘 높이 치솟았다. 조만간 세계 최대의 경제대국이 될 국가로서 세계의 이목을 사로잡는 가운데 세계 속에서 기대이상으로 성공하고 있는 자신들을 발견하게 된 것이다. 중국인들의 입장에서 이제 자신들이 해야 할 일은 세계의 무대에서 중화의 우수함, 그리고 그 기상과 힘을 떨쳐 보이는 것이다.

한편 세계화 속에서 자연히 국제경쟁이 치열해지고 국가 간 마찰 또한 많아지게 된다. 특히 인권이나 환경과 같이 인류보편의 문제나 세계공통의 문제로 미국 및 다른 선진국들과 마찰을 빚거나 군사적 경제적 문제로 대립하는 일이 많아지게 된다. 그리고 한국, 일본, 동남아국가와 같이 이웃국가들과도 갈등을 빚는 일이 많아지게 된다. 이런 일이 생길 때마다 중국인들은 국인주의를 감추지 않았다. 대규모 시위를 하거나 사이버 공간에서 상대국을 공격하거나 자신들 의견을 표출하면서 14억 인구의 거대국가로서의 위력을 보여주려 하였다. 그리고 외부에서 대우해 주는 자신들의 위상이 스스로 생각하는 자신들의 위상에 미치지 못할 때는 불만을 감추지 않았다. 중국정부는 이러한 국민들의 마음과 행동을 국정운영에 활용하였다.

여섯째, 과거사 문제를 두고 일어난 일본과의 마찰이다. 일본이 전후에 경제발전으로 경제대국의 위치에 올라서자 전전의 과오에 대하여 죄책감을 보이던 입장을 바꾸어 과거의 잘못을 덮으려는 식으로 태도를 바꾸게 된다. 과오의 사실을 지우고 호도하는가 하면, 일본의 지식인들은 언제까지 죄책감이 드는 역사를 배워야 하느냐며 왜곡된 역사교과서를 만들기도 하였다. 이에 대하여 중국이 반발하면서 반일감정이 고조되었다. 이전에도 이러한 문제가 부분적으로 노출되었으나 중화인민공화국 초기에는 국제무대에서 대만과 경쟁해야 하는 위치에 있었기에 일본의 환심을 사야만 하는 입장이었고, 개방 직후에는 일본의 자본과 기술을 끌어들이고 수출을 하기 위하여 일본의 눈치를 볼 수밖에 없는 입장에 있었다. 하지만 중국이 어느 정도 경제가 발전하면서 일본에 대한 감정을 드러내는 것이 국가에 유리한 상황이 되었다. 반일감정은 일본상품에 대한 소비수요를 줄이고 국산품 사용을 증가시킬 수 있고 일본기업에 대한 협상력을 높일 수 있을 뿐만 아니라 애국심의 고취로 국가전반에 긍정적인 영향을 줄 수 있기 때문이다.

지난 수십 년간 중국은 눈부신 발전을 하면서 그 위상이 크게 향상되었다. 1964년 핵무기 개발, 1970년 인공위성 발사 성공, 2003년 유인우주선 발사 성공, 2007년 달탐사선 발사 성공, 2008년 북경 올림픽 개최, 2009년 세계최대의 삼협댐 건설, 2010년 상해 세계박

람회 유치, 2013년 달착륙 성공, 2019년 자체 제작 항공모함 취역 등 많은 것을 이루었다. 그리고 이제 중국은 경제나 군사비지출 규모에서 세계 2위의 국가가 되었고, 조만간 미국을 제치고 세계 1위의 경제대국이 될 것으로 예상하고 있다.

중국은 이제 국제사회에서도 그 힘과 능력을 인정을 받는 가운데 그 영향력이 커졌다. 중국은 이미 대국으로서의 힘을 행사하고 있다. 이러한 상황에서 국민들의 자부심이 커졌다. 그동안의 열등의식과 피해의식은 점차 옅어지고 그 자리에 우월의식이 채워지고 있다. 중국의 국인주의도 외세에 대한 방어적인 것에서 국제사회에서 중국 중심의 국제질서 창출을 위한 적극적인 것으로 바뀌고 있다.

제 6 장

중국 내셔널리즘의 특징

1 자국 우월주의

중국인들은 중화사상을 갖고 있다. 중화사상은 중국이 동아시아 중심지역에 자리 잡아 강대국의 위치를 누려왔던 중국인들의 오랜 역사를 가진 자국우월적인 사상이다. 중국의 우월의식은 거대인구의 거대국가에서 나온다. 집단역학 측면에서 작은 집단에 소속된 개인보다 큰 집단에 소속된 개인은 자기집단의 힘이 더 세서 자신을 더 잘 보호해줄 것으로 생각하고 마치 자신이 힘이 더 센 것처럼 느끼면서 그만큼 자기 집단에 대한 자부심을 갖게 되는 것이다.

중국은 서구제국의 침탈을 당한 과거에 대해 모멸과 수치를 되새기며 이에 대한 복수심을 갖고 있다. 중국에서의 이러한 감정은 침탈을 당했던 다른 여느 국가들보다 더 강하다. 우리가 그렇게 당할 사람들이 아닌데 그렇게 당했다는 것이다. 보통 국가의 사람들이라면 서구의 위세에 눌리기도 하고 이미 서구의 문화를 받아들인 상태에서 그냥 현실로 받아들이고 넘어갈 터이지만 이것에 대하여 두고두고 분개하고 복수심을 갖는 것은 그만큼 강한 우월의식을 갖고 있기 때문이다.

오늘날 세계에 중국을 무시할 만한 나라는 많지 않다. 그리고 최근에는 중국이 경제적으로 발전하면서 강대국으로 부상하고 있고 이에 따라 중국인들의 자부심이 한껏 부풀어 오르게 되었다. 지금 중국에서는 중화회복을 외치고 있다. 이는 근세기 이후 중국이 겪었던 어두웠던 시간들을 뒤로 하고 다시금 옛적의 찬란했던 문화와 영광스러웠던 역사에서의 지위를 회복하겠다는 것이다. 이런 측면에서 중국은 실지

회복 국인주의(irredentism)와 같은 형태로서의 과거영광회복 국인
주의라 할 수 있을 것이다.

2 열등의식 국인주의

중국인들은 단순히 우월의식만 있는 것은 아니다. 우월의식 만큼
이나 열등의식도 가슴에 품고 있다. 근세기에 들어서 서구열강과 일
본의 침입을 맞아 중국은 참담할 정도로 무기력하고 나약한 모습을 보
였다. 중국인들의 나라와 관련한 열등의식은 사실 근대에 시작된 것
은 아니다. 중국의 절대다수를 점하는 한족은 청의 만주족 지배 하에
서 나라를 잃고 3백여 년을 살았고, 그 이전에도 적지 않은 기간을 원
나라 몽고족을 비롯하여 여러 이민족의 지배 하에 매우 가혹한 박해를
받으면서 살았다.

중국은 나라 안에 전체로서의 사람들은 많지만, 사람이 많다 보니
개개인으로 보면 못 먹고, 못 입고, 못 배운 사람들이 절대다수를 이
루고 있다. 사회 전반적으로 낙후된 부분도 많고 생활수준은 낮다. 그
래서 높은 수준의 삶을 누리는 외국사람들에 대하여 열등의식을 갖게
되는 것이다. 이러한 가운데 중국은 단순히 우등의식만 있는 것도 아
니고, 단순히 열등의식만 있는 것도 아닌 상태에서 양자가 복합적으로
작용하여 더욱 강화된 국인주의를 만들고 있는 것이다.

3 반외세 국인주의

1840년 아편전쟁 이후 중국은 서구 열강과 일본으로부터 끈질긴

침탈을 받으면서 고난의 시기를 견뎌내어야만 했다. 중국은 그동안 반제국주의를 기치로 내걸고 서구열강과 일본의 침탈에 대항해 왔다. 중국은 세계에서 몇 안되는 공산주의 국가로서 지금도 자본주의 국가로부터 체제에 대한 위협을 느끼고 있다. 그리고 중국은 국가 내부적인 약점을 갖고 있어서 서구국가들의 간섭을 극도로 경계한다. 중국정부는 소수민족 독립문제, 인권문제 등에 대한 서구국가에서의 우려를 내정간섭과 주권에 대한 침해로 간주하고, 이를 과거의 열강들의 중국에 대한 침탈에 대한 기억으로 연결시킨다. 지금도 중국인들은 미국이 대만에 무기를 판매하면서 중국의 통일을 방해하고 있으며, 티베트나 신장 지역의 독립을 은근히 부추기고 있다고 생각한다. 특히 미국이 세계 패권경쟁에서 장차 경쟁자가 될 수도 있는 중국을 견제하기 위하여 앞길을 막으려 하며 호시탐탐 공격의 기회를 엿보고 있다고 생각한다.

이러한 가운데 중국정부는 대외적인 갈등이 있을 때마다 외부세력에게 중국인의 반감과 분노를 보여줌으로써 외국에 대하여 압력을 가하는 동시에 국가와 정부를 향한 국민들의 통합과 결속력을 강화시키는데 활용한다. 이런 면에서 중국의 국인주의는 반외세 국인주의, 저항적 국인주의, 혹은 방어적 국인주의(defensive nationalism)의 성격을 갖는다.

4 민족주의 국인주의

전통적으로 동아시아에는 강한 혈통의식이 있다. 중국인들은 고대로부터 농경생활을 해왔기 때문에 농경사회의 정주성으로 민족 간의 이동과 교류가 많지 않았다. 그러다 보니 친족을 중심으로 마을과 지역을 형성하고 자기 민족들끼리 살아가는 형태로 살아온 것이다. 그래서 자기 민족은 자랑하고 다른 이민족을 비하하는 가운데 자신들의 혈통을 지키는 것을 중요한 가치로 삼아왔다. 국가적으로도 지배층 민족은 다른 피지배층 민족을 철저히 구분하고 차별하면서 통치해 왔다.

민족이 국인주의에서 중요한 한 요소인 것은 대다수 국가에서 공통된 현상이지만 개발도상국의 전통적 사회에서 특히 이런 요소가 강하게 작용한다. 그런데 중국은 다민족국가이기 때문에 국인주의에 있어서 민족적인 특성은 작다고 해야 할 만한 요인이 있다. 그렇지만 오랜 역사에 걸쳐 중국은 한족이라는 중국민족이 내려오고 있고, 또한 민족의 요인을 완전히 무시하는 것이 아니라 56개 민족을 통합한 하나의 중국을 내세우고 있기 때문에 민족의 중요성은 여전히 유지되고 있다고 보아야 할 것이다. 근대국가 수립이후 많이 달라지기는 하였지만 지금도 중국은 지역이나 계층에 따라 다른 민족에 대한 편견과 혐오가 심하며 전반적으로 자민족에 대한 의식이 강하다. 민족에 대한 의식이 강하기 때문에 중화민국이 수립된 이후 나라 내의 모든 사람이 하나의 민족이라는 의식을 갖게 하기 위하여 중화민족이라는 용어도 나오게 된 것이다.

중국에 서양 세력이 들어오자 이들에 대항하기 위하여 중국은 인종적인 대결구도를 설정하게 된다. 백인에게 대항하는 황인을 설정함으로써 중국 내의 모든 사람은 황인종으로서 국가 내 모든 민족이 단합하게 하였다. 인종에 대한 차별의식은 생물학적으로 이질적인 사람에 대한 차별의식이고, 이는 혈통, 민족 등에 대한 의식과 같은 맥락에 있다. 혈연을 중심으로 하는 민족 차별의식이 강하기 때문에 인종에 대한 차별의식은 또한 강하다. 중국은 본래 백인에 대해서는 열등의식을 갖고 있고, 그만큼 흑인에 대해서는 우등의식을 갖는 인종차별의식을 갖고 있다. 1920년대 초 중국의 초등학교 교과서에서는 다음과 같은 내용을 싣고 있었다.

인류는 다섯 인종으로 나누어진다. 이 중에서 황인과 백인은 상
대적으로 강하고 머리가 좋다. 다른 종은 약하고 머리가 나쁘다. 그
래서 다른 종들은 백인에 의해서 소멸되고 있는 가운데 황인만이 백
인과 경쟁하고 있다. 이것이 소위 말하는 진화이다.

…중략…

현재 인종들 중에 우수하다고 할 수 있는 종은 황인과 백인뿐이
다. 중국인은 황인종이다.

1988년 12월 난징에 대규모 학생폭동이 일어났다. 12월 24일, 난
징의 호하이대학(河海大學)에서 크리스마스 파티에 두 명의 흑인학생
이 중국 여성을 데리고 교내기숙사로 들어가려하자 경비원이 못 들어
가게 하면서 중국학생과 흑인학생 간에 다툼이 일어났다. 이 다툼으
로 학교에 있던 흑인학생들과 중국학생들 간에 싸움이 벌어져 13명이
다쳤다. 다음날 300여명의 중국학생들이 흑인들 추방을 외치며 흑인
학생 기숙사로 난입하여 기물을 부수고 폭력을 행사하였다. 흑인학생
들은 중국학생들에 쫓겨 베이징 대사관으로 피신하기 위하여 베이징
으로 갈 수 있는 기차역에 몰려들었지만 당국은 이들 흑인학생들의 기
차 탑승을 막았다. 조사하기 위해서였다. 호하이대학 시위에 다른 대
학 학생들도 참여하고, 시위인원은 3,000여명에 달하게 되었다. 이들
은 흑인학생들을 처벌할 것을 요구하고, 또 외국인학생에게 지원할 돈
이 있으면 중국학생들에게 더 많은 혜택을 줄 것을 요구하였다. 이후
중국의 다른 지역에서도 학생들의 시위가 일어났다. AP통신에 의하
면 스리랑카에서 온 한 학생은 피부가 검다는 사실 하나만으로 얻어맞
았다고 하였다.[247] 중국 학생들의 시위가 격해지자 경찰은 외국인학생
들을 보호하기 위하여 이들을 난징 바깥의 군부대로 대피시켰다. 폭동

---

247 Kristof, 1989

진압 경찰이 대거 투입되면서 폭동은 가까스로 진압되었다. 이 사건이 알려지자 베이징에서는 2,000여 아프리카 흑인학생들은 중국사람들의 행태가 인종차별적이라며 이에 항의하여 수업을 거부하기도 하였다. 이 학생시위는 다음 해 일어난 천안문사태에도 적지 않은 영향을 준 것으로 알려져 있다.

이 사건은 1980년대 중국의 대학에서 일어난 중국학생들과 흑인학생들 간에 일어난 여러 마찰들 중의 하나의 예이다. 중국은 1970년대 이후 아프리카 학생들에 장학금 혜택을 제공하며 중국에 데려와 교육해 왔다. 이에 따라 중국학생과 아프리카학생들 사이에 마찰이 많이 일어났는데, 주로 중국 여학생과 관련하여 아프리카 학생들이 공격을 당하는 경우가 많았다. 이같은 사태가 발생하게 되는 근본원인으로서 중국인의 정서에는 중국여성에 가까이하지 말라는 정서가 있고, 또 흑인을 비하하는 의식이 있기 때문이다.

5 관제적 국인주의

중국의 국인주의는 강한 관제적 성격을 갖는다. 국인주의는 어느 국가에서나 어느 정도 관제적인 성격을 갖는 것이 일반적이다. 국민들의 나라에 대한 사랑과 애착은 국가의 존립과 발전에 중요한 요소이기 때문이다.

그런데 중국은 공산당 독재의 사회주의 국가이다. 자유주의 자본주의 국가에서는 개인 행동의 동기가 사적인 이익이나 이윤추구에 바탕을 두고 있지만 사회주의에서는 사회나 국가에 대한 헌신에 두고 있다. 그래서 사회주의 국가에서는 국인주의가 더 강할 수밖에 없다. 또한 중국은 자유 민주주의 국가들과는 달리 개개인의 자유의사가 확산되어 하나의 여론을 형성하는 그런 구조가 아니다. 국가와 관련되는 모든 일은 당과 정부에 의하여 통제되고 관리되는 가운데 위에서 행동 지침을 전달하면 일반 대중들은 이에 따르게 된다. 언론은 국가에 의하여 관리되고 통제되기 때문에 개개인은 국가가 제공하는 대로 정보를 갖게 되고, 생각과 행동까지도 많은 부분을 국가가 이끌어 가게 된다.

이러한 상황에서 국인주의와 관련되는 사항에 있어서도 정부가 중요한 역할을 하게 된다. 국민들이 시위를 하거나 국인주의적인 감정을 표출하는 것은 국가와 관련되는 일이다. 중국에서 이러한 국가와 관련되는 일을 정부의 방침과 분리하여 국민 개개인이 공공리에 표출하는 것은 상상하기 어렵다.

원래 근대적 의미의 내셔널리즘은 사람들 개개인의 의사가 결집되어 이루어지는 구조였다. 즉 개개인의 나라에 대한 애착이 모여서 하나의 국가전체로서의 내셔널리즘이 형성되는 것이다. 개개인이 자기 부류의 사람들 상호 간에 갖는 형제애로서 우리는 하나라는 의식이 그 기초가 된다. 그런데 중국의 내셔널리즘은 이러한 부류의 것이 아니다. 중국에서 내셔널리즘은 국가에 의하여 배우고 지시받은 것이 큰 부분을 이루며, 이렇게 형성된 국가의식으로 자신을 국가에다 연결시키고 자신을 대리하는 국가에다 감정을 쏟아 넣는 것이다.

6 통합 국인주의

국가지도자는 언제나 국민들이 통합되고 단결하여 국가 목표를 향해 함께 가기를 원한다. 특히 독재체제에서는 통치자가 자신의 뜻대로 국민들이 움직이도록 국가를 강하게 통합하려 한다. 이러한 국가통합에 있어서 국인주의는 더없이 유용한 수단이다. 그래서 공산주의 전체주의 체제인 중국에서는 국인주의를 적극적으로 활용한다.

또한 중국은 다민족 국가이면서 복잡한 정치적 사정을 가진 국가이다. 국가 내의 민족들 중에는 신장, 티베트, 내몽고 등과 같이 독립을 원하는 민족들도 있고, 대만과 홍콩과 같이 중국이 흡수하고자 하는 독자적 정치영역도 있다. 이 모든 영역을 중국이라는 하나의 국가 안에 통합해 나가기 위해서는 우리는 같은 중국인이라는 의식 속에 중국인을 범주로 하는 국인주의가 굳건한 바탕을 이루지 않으면 안 된다.

한편 일부 분리독립 문제가 있는 민족 측면에서 보면 자신들 민족만의 자치와 독립을 원하는 분리 국인주의이고 독립 국인주의이다. 그래서 중국은 국가 전체적으로 볼 때는 통합 국인주의이지만 그 내에 국지적으로는 독립 국인주의 또한 존재하고 있다.

제 7 장
중국 국인주의와
국인주의 이론

1 중국 국인주의와 국인주의 이론

중국에 nation의 개념으로서 민족이라는 용어가 사용된 것은 19세기 말이다. 량치차오(梁啓超)는 1899년 「동적월단」에서 민족이라는 용어를 처음으로 사용하였는데, 일본을 통하여 서양의 nation이라는 개념을 들여오면서 이를 "민족"이라 번역한 것이다.

그리고 1901년 민족주의라는 용어도 사용되기 시작하였다. 량치차오는 1998년 캉유웨이 등과 함께 중국의 개혁을 추진하였으나 무술정변에 실패하고 일본으로 망명하게 된다. 여기서 일본의 지식인들과 국인주의자들과 교류하면서 당시 일본에 들어와 있던 서양에 대한 지식을 습득하였다. 그리고 캐나다, 호주, 미국 등을 여행하면서 서양문물을 익혀서 서양의 정치, 법, 국가제도 등을 중국에 소개하였다. 특히 1902년에 「논민족경쟁지대세」라는 글에서 민족주의를 소개하였고, 1903년 「독일의 정치학 대가 블룬칠리의 학설(政治學大家伯倫知理之學說)」이라는 글을 중국의 『신민총보(新民叢報)』에 게재하여, 독일의 블룬칠리(D. T. E. Bluntschli, 1808~1881)의 학설과 그의 『독일정치학(Deutsche Staatslehre fur Gebildete, 1874)』의 내용을 번역소개하였다. 여기서 량치차오는 독일어 폴크(volk)를 국민으로 번역하고 나치온(nation)을 민족으로 번역하였다.[248] 1901년, 량치차오는 「중국사서론(中國史敍論)」에서 중국민족(中國民族)이라는 용어를 사용하고, 1902년 「중국학술사상의 변천과 대세(中國學術思想之變遷之

---

248 조영정, 2016, pp.37~38

大勢)」라는 글에서 "중화민족(中華民族)"라는 용어를 사용하였다.

그런데 중국에서 민족이라는 용어가 처음으로 등장한 것은 19세기 초반이다. 1837년 9월에 간행된『동서양고매월통기전(東西洋考每月統記傳)』에서 이스라엘 민족이라 하여[249] 처음으로 민족이라는 용어가 사용된 것이다. 여기서 민족이라는 단어를 사용하였다는 것이지 그 이전에 민족이라는 것이 없었던 것은 아니었던 것은 말할 필요가 없다. 민족의 개념은 오랜 옛날부터 있었고, 단지 그 이름을 족(族)이나 류(類)와 같은 말로 불렀을 뿐이었다. 원래 민족이라는 말은 한자의 뜻으로 보나 처음 사용에서의 의미에서 보나 혈연적인 의미를 갖고 있었다. 당시 한족들은 민족국가라고 했을 때 한족의 국가를 생각하였다. 그런데 네이션(nation)의 개념으로서 민족이라는 말도 쓰이게 됨에 따라 혼동이 일어나게 된다. 민족이라는 말의 의미를 종족집단의 개념으로 생각해야 하는 것인지, 국가와 관련한 국인의 개념으로 이해해야 할 것인지 혼동이 일어나게 된 것이다. 이러한 가운데 량치차오 같은 사람들의 주장대로 대민족주의에 따라 한족을 중심으로 당시 청나라 내의 모든 민족을 포함하는 국가로서의 중화민국이 수립되고, 모든 민족을 뭉뚱그려 하나의 민족으로서 중화민족이라고 하게 되었다. [250]

이때 형성된 용어는 지금도 그대로 사용되고 있으며 그 혼란마저 계속 이어가고 있다. 민족을 문화적 공동체라 하여 혈연적 공동체에서 보다 그 범위를 넓혔지만 국가를 전제로 하는 개념으로서의 네이션과는 여전히 차이가 크다. 중국에서는 혈연적 문화적 공동체로서의 민족과 국인의 개념으로서의 민족이 뒤섞여서 사용되고 있는 것이다. 중국에서 사용하는 "중화민족"이라는 말에서의 민족이라는 용어는 이중적인 의미를 갖고 있다. 하나는 네이션으로서의 민족이며, 다른 하나는

---

249 최형식, 2007, p.111
250 Zhonghua minzu, n.d.

원래의 민족으로서의 민족이다. 전자는 다른 나라에서나 마찬가지로 국가를 구성하는 사람들로서의 네이션을 민족으로 번역했다는 것이 되고, 후자는 우리는 이제 국가 내에 한족, 소수민족의 민족적인 구분 없이 모두가 같은 하나의 민족이라는 것이다. 후자는 정치적인 의도를 담고 있는 것으로서 현재 중국에서는 여기에 더 역점이 두어지고 있는 것으로 보인다. 민족이란 역사성을 갖고 있는 것인데 중화민족은 역사에 없던 민족이 만들어진 것이다. 그래서 엄밀히 말하자면 중화민족이라는 것은 존재하지 않는 것으로서 정치적인 용어일 뿐이고, 중국인(Chinese people)을 말하는 것이므로 이에 대한 정확한 표현은 중화국인 혹은 중국인이다. 이에 대한 사항은 이미 제1장에서 기술하였다.

다음으로 중국의 국인주의를 국인주의 이론면에서 보기로 하자. 내셔널리즘의 이론은 크게 원초주의와 근대주의로 나뉜다. 먼저 원초주의는 사람이 국인의식과 국인주의를 갖는 것은 태곳적부터 내려오는 원초적인 성향이라는 것이다. 사람은 누구나 태어나면서부터 자신이 속한 사회의 언어, 종교, 관습, 전통을 접하게 되기 때문에 자신의 집단을 의식하게 되는 것은 자연스럽고도 당연한 것이다. 그래서 민족집단이나 국가집단에 대해서도 사람이 그 집단 소속원으로서의 자기 정체성을 갖고 자민족과 자국인에 대하여 애착을 갖게 된다는 것이다. 역사 이전부터 민족이 형성되어 왔고 국인은 이런 민족공동체를 토대로 자신들의 역사적 고토 위에서 그들 공통의 역사적 운명을 겪으면서 형성되었다는 것이다.[251]

이에 반하여 근대주의 이론에서는 국인주의는 18세기를 전후하여 유럽에서 발생한 것으로서 근대에 고유한 것으로 본다. 국인과 국인주의는 자본주의, 산업화, 세속주의 관료국가 등의 발전과 함께 근대화 과정에서 발생한 근대혁명의 산물이라는 것이다. 근대국가에서 순수

---

251 조영정, 2016, pp.80~82

제 7 장   중국 국인주의와 국인주의 이론   **259**

하게 민족을 중심으로 하는 민족주의에 의해 형성된 국가는 드물기 때문에 민족에 근거하여 국인과 국인주의를 설명할 수는 없다는 것이다. 사실 민족이라는 것도 민족적 기반이 자연적으로 형성되는 것이 아니며, 국인과 마찬가지로 사회적 형성물로서 민족화하여 생긴 결과물이다. 근대국가의 형성과정에서 보면 정치적 상부계층에서 자신들의 정치적 경제적 이익을 확보하기 위해서 문화적 상징성 등을 활용하여 하부계층에 국인이라는 의식을 주입함으로써 국인이 만들어지고 국인국가가 만들어졌다는 것이다. 여기서 국인은 민주주의 발전의 토대 위에서 개인들이 자신이 국가의 주인이라고 생각하면서 자기 국가에 대하여 애착을 갖는 것이다. 여기에는 같은 국인 간의 정치적 신념의 공유, 국가집단 내에서의 공민의식, 공동운명을 살아가는 사람으로서의 형제애 같은 것이 작동하게 된다.

여기서 우리는 근대주의 이론을 이해하기 위해서 이 이론이 근거로 삼고 있는 유럽국가들의 역사적 배경에 대하여 생각해 볼 필요가 있다. 많은 사람들이 네이션과 내셔널리즘이 근대에 와서야 생겼다고 하는데 대해 의아해할 것이다. 네이션을 민족이라고 번역하여 민족과 민족주의가 근대에 와서야 생겼다고 하는 상황에서는 더더욱 이해가 가지 않는 것이 당연하다. 우선 서양에서 네이션과 내셔널리즘이라는 말 자체가 생긴 것이 200~300여 년 전이었다는 사실을 생각하게 되면 이때 내셔널리즘이 생겼다는 주장에 대한 거부감이 좀 줄게 된다. 고대 유럽은 로마에 의하여 통치되었다. 로마가 망한 후 로마교황에 의한 기독교지배시대로 이어졌다. 이렇게 고대와 중세기를 보내면서 유럽은 지역별로 국왕이나 영주들이 나누어 통치하였지만 독립적인 국가로서의 개념이 없었고 국경도 분명하지 않았다. 30년 간의 종교전쟁이 끝나고 1648년 베스트팔렌 조약(Treaty of Westphalia)이 맺어지면서 유럽의 국가들은 국가주권에 대한 개념을 확립하게 된다. 그리고 민주주의 발전으로 국가에 소속된 사람들의 국가에 대한 주인의 식이 생기면서 각 지역마다 사람들의 국가에 대한 정체성이 생겨나게 되었다. 이러한 과정에서 자기 국가를 사랑하는 마음, 자기 국가를 가져야 되겠다는 의식이 생기면서 국가의 구분이 뚜렷해지게 되었고, 국인국가(nation-state)가 생겨나게 되었던 것이다. 이렇게 네이션과 내셔널리즘이 생겨나고 이를 바탕으로 하여 새로운 국가체제가 확립되고 새로운 국가가 탄생하기도 하였다.

근대주의 이론은 이러한 서구세계에서의 네이션과 내셔널리즘을 잘 설명하고 있는 것이다. 여기서 문제는 이 근대주의 이론이 중국의 내셔널리즘도 잘 설명할 수 있느냐이다. 지금 세계 대부분의 국가는 유럽에서 근대화기에 만들어진 그러한 형태로서의 근대적 국가이다. 근대화가 되면서 국가형태도 근대적인 국가로 된 것이다. 국가는 국민, 영토, 주권을 가지며, 민주주의라는 대의 아래 법치주의, 권력분립과 같은 국가의 틀을 갖고 있으며, 이러한 국가들이 모여서 근대적 국가 간 관계 틀로서의 국제체제를 형성하고 있다. 이렇게 근대국가는 분명히 그 이전의 전근대적인 국가와는 확연히 다르다. 그래서 근대주의자들은 근대적 국가의 그 성격을 정하고 비서구의 경우에도 국가마다 시기는 다르지만 근대화과정을 거치면서 근대국가가 수립되었고 근대국가의 내용은 같기 때문에 근대주의 이론이 공통적으로 적용될 수 있다고 보는 것이다.

그래서 지금 세계적으로 국인주의에 대한 주류이론은 근대주의 이론이다. 앤더슨(Benedict Anderson)은 세계 각지에서 국인주의가 일어난 것에 대하여 "세계 각지의 엘리트들이 유럽에서 만들어진 특허품을 도용해서 자기들의 사회에 적용함으로써 생긴 일"이라 하였다.[252] 이렇게 서구 학자들은 근대주의 이론을 전세계에 그대로 적용하여 비

---

252 Anderson, 1991, p.69

서구국가들의 국인과 국인주의를 설명하고 있으며, 비서구국가 학자들도 이를 그대로 따르고 있다. 세계의 다른 나라들과 마찬가지로 중국에 있어서도 대부분의 연구가 근대주의 이론을 따르고 있다.

2 근대주의 이론의 적용

중국의 내셔널리즘에서도 근대주의 이론은 부분적으로는 상당한 설득력을 갖는다. 중국도 서양과 마찬가지로 이 근대화기에 국인과 국인주의가 형성된 것으로 볼만한 요소들이 많이 있다. 중국은 오랜 전근대적인 역사를 이어오다가 19세기 서양세력이 들어오면서 정치, 사회, 경제, 문화 등 사회전반에 변화를 겪으면서 근대화를 맞게 된다. 1912년 수립된 중화민국이라는 국가는 이전 수천년 역사를 두고 내려온 그런 국가와는 완전히 다른 형태의 것이었다.

중국은 유사이래 황제 통치의 전제국가였다. 이전 청나라는 소수의 만주족이 인구의 절대 다수를 차지하는 한족을 지배하고 있었고, 한족은 만주족의 지배 하에서 벗어나 자민족의 국가를 세우려는 민족주의 사상이 팽배해 있었다. 이러한 상황에서 서양세력의 침입까지 더하게 되자, 한족은 만주족의 지배와 서양세력을 물리치고 자신들의 국가를 세워야 한다는 생각이 더욱 강해지게 되었다. 그리고 이 시기 서양문물을 도입하게 됨으로써 지식인들을 중심으로 수천년 역사를 두고 내려온 천자를 중심으로 하는 황정을 폐지하고 국민주권을 기반으로 하는 근대적 국가수립에 나서게 된다. 19세기 말 량치차오(梁啓超)는 "과거 중국의 국가관은 천하가 있다는 것을 알고 국가가 있다는 것을 모르며, 자기가 있다는 것을 알고 국가가 있다는 것을 모른다."고

하였다.[253] 이는 당시 중국인들이 나라에 대한 생각이 없었으며, 국인으로서의 정체성이 없었음을 알려주는 말이다.

근대화가 되면서 황제의 존재는 사라지고 백성들이 나라의 주역으로 등장하게 된다. 쑨원이 삼민주의라 하여 민(民)을 내세웠듯이 백성 중심의 나라가 된 것이다. 개인들에 있어서 근대화 이전에는 자신의 나라가 아니라 황제의 나라였다. 그래서 국가와 개인과의 관계는 황제에 대한 충성으로서 이루어지는 황제와 백성 간의 직접적인 관계를 거쳐서 황제의 나라에 대한 충성으로 연결되는 간접적인 관계였다. 이에 반하여 근대국가에서는 개인이 나라의 주인으로서 국가와 직접적인 관계에 들어가게 되어 자신의 나라에 대하여 애착을 갖게 되는 형태로서의 국인주의가 형성된 것이다.

1840년 아편전쟁 때 양쯔강에서 청의 군함과 영국의 군함이 포탄을 교환하며 싸울 때 중국인들은 이곳에 몰려가 강둑에 서서 구경하였다. 그리고 1900년 의화단 사건으로 청과 외국 연합군이 전쟁을 하게 되었을 때 북경사람들은 외국 연합군이 자금성 담장을 넘기 좋도록 사다리를 빌려주었다. 나라가 있어도 나랏일은 자기와 상관없는 일이었다. 그러던 사람들에 변화가 일어난 것이다. 나라와 자신이 직접적으로 연결되자 사람들은 나라의 운명이 자신의 운명이라고 생각하면서 나라가 잘 되는 것에 대한 마음을 쓰게 되었다. 중국의 지식인들은 서양과 일본을 본받아 근대적 국가 수립에 나서는 한편, 중국의 위대함과 문화적 우수성을 내세우기 위하여 중국의 역사와 문화를 발굴하고 체계화하는 노력을 하였고, 이와 함께 유가나 고대사상의 현대적인 가치를 찾는 등 중국의 고전과 문물에 대한 국학연구가 활발하게 일어났다. 지식인들은 중국인의 기원이 되는 조상으로서 황제(黃帝)를 내

---

253 이정남, 2006, p.77

세우면서 황제의 존재가 널리 알려지게 되었다.[254] 중화민족이라는 말도 이 시기에 만들어졌다. 중화민국이라는 국가를 만들기 위해서 중화민족이 만들어진 것이다. 일찍이 폴란드 국인주의자 조셉 필수드스키(Jozef Pilsudski)는 국인이 국가를 만드는 것이 아니고, 국가가 국인을 만드는 것이라고 했다. 이는 국인은 정치적으로 만들어진 것에 불과하다는 의미이다. 여기서 중화민족에서의 "민족"을 국인의 개념에서 본다면 필수드스키의 말 그대로이다. 그리고 "민족"을 종족과 같은 민족의 개념으로 본다면 중국에서는 필수드스키보다 한 걸음 더 나아가서 국가가 국인을 만들었을 뿐만 아니라 민족도 만들어낸 것으로 된다.

이러한 노력의 결과로 1912년 중국에서 최초의 근대국가인 중화민국이 수립된다. 중화민국은 청나라 내에 있던 한족과 네 개의 주요 민족, 그리고 많은 군소 민족들로 이루어진 복합민족국가이다. 민족과는 무관하게 국가가 수립된 것이다. 과거의 역사에서는 어느 한민족이 국가 내 다른 민족들을 지배하면서 국가를 이끌어가는 형태였지만, 근대국가 중화민국은 모든 민족들이 평등하게 위치하게 되었다. 이는 18세기 유럽에서 이질적인 민족들을 통합하여 국인을 만들고 국인국가를 탄생시킨 것과 같은 형태로서, 이는 근대적 국인국가의 개념에 부합한다. 원래 한족은 자신들만의 국가를 수립하고자 하였지만 중국의 지식인들이 서구의 근대적인 국가사상을 받아들이면서 현재와 같은 다민족국가를 수립하게 된 것이다.

근대주의 이론에서는 국인주의가 국인을 만들고 국가를 만드는 것으로 설명한다. 여기서 국인주의가 일어났다고 하기 위해서는 일부 엘리트나 일부 지도층에서만 해당되는 것이어서는 안되고, 널리 일반 사람들에게서 이러한 의식과 행동을 찾을 수 있어야만 한다. 중국의 경

---

254 천성림, 2006, p.195

우는 인구의 절대다수를 차지하는 한족들이 만주족의 지배에서 벗어나서 자신들의 나라를 갖기 원하였고 이러한 생각은 광범위하게 퍼져 있었다. 이러한 측면에서 국인주의의 존재는 의심의 여지가 없다. 그런데 근대주의 이론에서 말하는 국인주의는 나라에 대한 주인의식을 가진 사람들로서의 운동이다. 이 부분에 있어서도 처음에는 주인의식이 미약하였지만 중화민국이 세워지고 근대국가 체제를 경험하면서 일련의 혼란과 변화 속에서도 사람들의 의식수준은 점진적으로 개화되어 갔고, 여러 일들을 거치면서 일반 국민들의 주인의식은 커져 갔다. 특히 1919년 5.4운동은 큰 계기가 되었다. 제1차 세계대전 후 선진국들의 중국에 대한 차별과 박대에 대하여 중국인들이 모멸감을 느끼고 내셔널리즘을 표출하게 된 것이다. 처음에는 일부 지식인과 학생들의 시위에서 시작된 5.4운동은 곧 일반 국민들에 퍼져서 광범위한 대중운동으로 발전하였다. 이후 공산당이 결성되면서 노동자, 농민의 권리의식과 평등을 기반으로 하는 민주주의적인 사상이 확산되는 가운데 일반 국민들에게서 나라의 주인으로서의 국인의식이 확산되었다. 이후 일본의 침략을 겪게 되면서 국민들의 내셔널리즘은 한층 강화되는 계기를 맞게 되었다.

이렇게 중국의 국인주의도 근대주의 이론에 따라 설명하는 것이 가능하다. 지금의 중국 또한 근대국가이고, 중국도 서구국가들과 마찬가지로 근대화의 사회적 변화와 함께 근대국가를 갖게 되었으므로 근대화라는 사회적인 큰 변화 속에서 국인주의를 설명할 수 있는 요소들이 많은 것이다. 하지만 근대화라는 사회적인 변화와 별개로 국인주의의 본질을 이루는 사람들의 의식에서는 서구사람들과 중국사람들이 같지 않다. 서구를 따라 중국도 서구와 같은 근대화의 과정을 밟게 되었다고 해도 역사적 배경이나 사회적 환경에서 서구와 같지 않기 때문에 그 의식이 같을 수 없다. 그래서 서구사람들의 의식을 기준으로 설명한 근대주의 이론이 중국의 국인주의를 제대로 설명하는 데에는 한계가 있을 수밖에 없는 것이다.

구체적으로, 중국의 경우는 유럽사람들과 다른 점이 많다. 오랜 역사에 걸쳐 중국은 서양과 다른 문화를 갖고 살아왔다. 중국 스스로 생각하듯이 찬란한 문명을 가진 국가로서 뚜렷한 중국 고유의 문화와 전통을 갖고 있다. 그렇기 때문에 외부문화의 영향을 상대적으로 적게 받는 특성을 갖고 있다. 19세기 이후 중국은 서양문물을 받아들이면서 근대화과정을 거치게 되는데, 국가존망의 위기에서 살아남기 위하여 서양의 문물을 받아들이기는 하였지만 달가운 선택이 아니었다. 중국의 것이 우월하다는 생각이 자리잡고 있기 때문이다. 그래서 처음에는 중체서용(中體西用)이라고 하여 가능한 최소한의 범위에서 서양의 것을 받아들이고자 했지만, 이것으로 되지 않자 어쩔 수 없이 더 받아들이고, 그리고 다시 더 받아들이고 하는 식으로 하였다. 이렇게 서양의 것을 받아들이게 되었지만 내심으로는 받아들이고 싶지 않은 욕구가 있기 때문에 세계적인 서양문명의 쓰나미속에서도 중국에는 그들 고유의 문화를 그대로 고수하고 있는 부분이 많다. 또한 서양의 문물을 받아들였다고 해서 중국이 서양과 같이 변하게 된 것도 아니다. 중국은 서양과 같으려고 하지 않는다. 민주주의 국가라고 하지만 서구의 민주주의와 같지 않고, 사회주의를 들여왔지만 서구의 사회주의와 같지 않으며, 자본주의를 도입했다고 하지만 서구의 자본주의와 같게 할 생각이 없다. 어떻게든 서양과 다른 중국 고유의 것을 가지려고 한다. 그리고 여기에 더 나아가서 중국의 것을 세계로 확산시키려고 한다.

서양사람들과 중국사람은 세계관이 다르고 국가관도 다르다. 국가에 대한 생각이 같지 아니하며, 국가 사회 속에서 행동하고 처신하는 개인들의 모습도 다르다. 그렇기 때문에 국가에 대한 이념으로서의 국인주의도 같다고 할 수 없다. 서구와 같이 민주주의 체제의 틀 속에 있다고 하더라도 중국사람들의 의식 속에는 전제정치와 전근대적 사회의 것들이 많이 남아있다.

이러한 점을 감안한다면 서양사람들의 삶의 과정에서 나온 서양의 국인주의를 설명하면서 만들어진 근대주의 이론이 중국에서도 그 설명력을 갖는지에 대한 의문이 생기지 않을 수 없다. 그래서 중국의 국인주의를 근대주의 이론을 적용하여 설명하는 것이 적절한지를 검토해 보기로 한다. 이를 위해서는 다음 두 가지 측면에서의 검토가 필요하다. 첫째는 중국의 국인주의가 근대주의 이론에서 말하는 그런 내용의 것인가이고, 둘째는 근대화기 이전에는 중국에 국인주의가 없었는가이다. 즉, 근대주의 이론이 중국에서도 타당성을 갖기 위해서는, 중국의 국인주의가 근대주의 이론에서 말하는 그런 국인주의여야 하고, 근대화기 이전에는 중국에 국인주의가 없었어야 한다. 이 두 가지 문제를 중심으로 보다 자세히 검토해 보자.

3 근대주의 이론의 타당성 검토

근대국가를 생성하고 유지하는 국인주의에서의 근대성이란 민주주의의 발전, 사람들의 자율성, 국가에 대한 주인의식, 국가집단 내 사람들의 공동체의식이 중요한 요소이다. 그래서 이 4가지 요소들을 중심으로 중국의 국인주의가 근대주의 이론에서 상정하고 있는 그러한 국인주의인지를 검토해 보기로 한다.

민주주의

국인주의의 생성과정에서 중국은 서양과 같지 않다. 서양의 경우는 민주주의의 발전과 함께 국인주의가 생긴 반면에 중국의 경우는 민주주의와 상관없이 외세에 대항하는 국인주의를 바탕으로 하고 있다. 그래서 중국의 경우는 서구처럼 국가에 대한 주인의식을 가진 일반 대중들에 의한 국인주의가 아니라 이민족 만주족의 지배에서 벗어나고 제국주의 국가들의 침략으로부터 벗어나려는 의식에서 시작되었다. 서구의 근대국가와 달리 중국에서의 근대적 국가는 민주주의라는 바탕이 없는 상태에서 일반대중의 요구나 참여없이 일부 지식인과 엘리트들이 주도하여 도입하게 된 서양문물에 불과하였던 것이다.

이러한 측면에서 중국의 국인주의는 자발적인 공동체의식과 동포애에서 기초하는 서구적인 국인주의와 다르다. 예를 들자면 국인주의가 처음 대두하던 시절의 프랑스는 프랑스인이라는 국인들이 프랑스라는 나라를 만들었지만, 중국은 중화민국이라는 국가가 중국인을 만들었다. 공동체의식을 가진 사람들끼리 자발적인 의사에 의하여 만든 정치공동체가 근대적 국인국가이다. 그런데 중국은 이와 다르다. 이러한 자발적인 의사와는 무관하다. 먼저 국가가 만들어지고 우리는 같은 사람들이 아니라고 하는 사람들이 있더라도 너희들도 같은 사람이라거나 같은 사람이 되면 된다는 식으로 하여 국가가 일방적으로 국인을 결정하였다.

당시 근대적인 문물을 잘 아는 사람은 많지 않았으므로 중화민국이라는 근대적인 국가의 수립을 이끈 것도 소수의 지식인들이었다. 그리고 민주주의 측면에서 보았을 때 지식인들에서도 이러한 사상을 가진 사람이 많지 않았다. 근대 중국의 수립에 큰 영향을 준 량치차오만 보더라도 그에게 중요한 것은 국가였지 민주주의와 같은 것이 아니었다. 그는 국가 자체에 무한한 가치를 부여하였다. 사회진화론에 입각하여 적자생존의 치열한 경쟁주체로서 국가를 상정하여 국가가 살아남지 못하면 그 속의 개인도 망하고 만다고 하였다. 그는 국가의 주권은 통치자에게 있는 것도 아니고, 인민에게 있는 것도 아니며, 국가 자신에게 있다고 보았다. 국가를 최고의 본질이자 목적으로 두고, 인민은 단지 국가의 수단에 불과한 것으로 보았다. 쑨원 또한 마찬가지였다. 그가 주창한 삼민주의는 민족주의, 민권주의, 민생주의로서, 가장 먼저 민족주의를 두고 있다. 이렇게 민권보다 민족을 앞세우고 있는 것은 개인의 이해보다는 국가의 이해가 더 중요하다고 생각했기 때문이다.

당시 중국인들에게 중요한 것은 안정되고 강한 나라를 갖는 것이었다. 이러한 상황에서 개인의 자유나 인권과 같은 이해가 들어설 틈이 없었다. 중국에서 형성된 근대적 국인주의는 서구에서 그랬던 것처럼 자유롭고 평등한 사람들의 공동체를 위한 운동과는 거리가 있었다. 그때부터 이미 중국은 자유주의적 민주주의적 국인주의가 아니라 국가주의적 국인주의였다. 중국의 이러한 국인주의는 제1장에서 본 대로 오늘날까지도 계속 이어져 내려오고 있는 것이다.

⬤ 자율성

케두리(Elie Kedourie)는 지식인들이 국인의 자기결정원리를 정치이념으로 갖게 되면서 국인주의가 일어나게 되었고, 이러한 자기결정원리는 자발적인 의지만이 선의지가 될 수 있다는 칸트(Immanuel Kant)의 정치철학에서 영향을 받은 것이라고 하고 있다.[255] 유럽에서는 미국독립과 프랑스혁명을 계기로 정치권력이 왕족에서 일반 국민들에게 넘어가게 된다. 미국과 프랑스에 이어서 많은 국가들이 군주국체제에서 공화국체제로 바뀌게 된다. 공화국은 주권을 가진 국민이 자신을 대표하는 사람들로 하여금 통치하도록 하는 체제이다. 다수의 권

---

255 Kedourie, 1961, p.138 ; 조영정, 2016, pp.96~97

력 주체들이 화합하여 정치를 이끌어 나가는 것이다.

영어의 공화국 "republic"은 공공의 것이라는 의미의 라틴어 "res publica"에서 유래된 말이다. 근대화기에 일본은 이 republic을 "공화"라고 번역하였다. 공화(共和)는 기원전 841년에서부터 기원전 828년 사이 주나라에서 여왕(厲王)과 선왕(宣王)사이에 왕이 없는 상태에서 제후들이 나라를 다스렸던 기간을 말한다.[256] 원로원의 귀족들에 의하여 통치된 로마의 공화제와 같은 형태가 동양에서는 귀족들이 통치했던 주나라의 공화였으므로 공화라고 번역한 것이다. 『사기』에서는 이 공화시대부터 제후들 간에 서로 힘겨루기를 하면서 힘에 의한 질서 속에 나라가 어지럽게 되고, 결국 정국은 오패(五覇)에 의하여 좌우되었으며, 이를 계기로 주나라가 쇠하게 되었다고 하고 있다. 이렇게 중국에서는 공화를 부정적으로 생각하고 있는 것이다. 천자나 왕이라는 절대적인 권한을 갖는 한 사람 아래로 수직적으로 권력이 내려가는 동양의 전통적인 정치체제를 생각하면 공화는 중국에 친숙한 정치형태가 아니다. 그럼에도 불구하고 근대국가가 되면서 지금 중국의 이름은 중화인민공화국이다.

서양은 자율적인 사람들의 조합으로서 국가이다. 그래서 서양은 국가의 구성원인 개개인이 권리 의무의 주체로서 행동하는 가운데 자율적으로 국가를 이끌어 나가게 된다. 반면에 동양에서는 지배자에 의하여 이끌려지는 사람들의 집합으로서의 국가이다. 모든 것이 국가 지배자를 통하여 이루어진다. 자율성이 아니라 국가에 매달리고 지배자에 의존하고 추종하는 형태인 것이다. 예를 들자면 서양의 경우는 A와 B가 다투게 되었을 때 A와 B는 소송으로 법의 테두리 내에서 해결하든지, 아니면 결투를 하든지 해서 당사자 간에 해결을 한다. 여기서

---

256 『사기』에서는 주공과 소공 두 사람이 정무를 맡아서 했다고 하고, 『죽서기년』에서는 제후들이 추대한 공(共)나라의 백작(伯爵) 화(和)가 다스렸다고 하고 있다.

법이란 국민들이나 국민의 대표들이 만든 것이다.

그런데 동양의 경우는 갑과 을이 다투게 되었을 때 제3자인 권력자에게 가져간다. 황제나 임금으로부터 재판권을 받은 포청천이나 변사또와 같은 사람의 판단에 의하여 해결되는데, 백성에게는 "너 죄를 네가 알렸다"하고, 황제에 대하여 "만세, 만세, 만만세"를 외치면서 시비를 가리는 것이다. 지금도 이같은 문화권에서는 공무원이나 경찰과의 친분을 이용하는 것과 같은 국가 권력에 의존하여 해결하려 한다. 그래서 국가 최고권력기관 청원게시판에는 재판이 확정된 소송건도 이의 변경을 요청하는 내용이 올라오고, 헌법에 의하여 존속하는 정당을 해산시켜달라는 청원이 오르며, 형제 간의 재산상속다툼도 청원에 올라오고, 심지어 외국과의 경기에서 선수가 공을 잘 차지 못했다해서 그 선수를 외국으로 추방해달라고 청원하거나, 자신을 떠나려는 남자친구를 붙들어 달라는 청원을 하기도 한다. 그리고 중국은 피해를 입거나 국가의 조치에 반대하여 시위를 할 때에도 피해자들이 관공서 앞으로 몰려가 무릎을 꿇고 앉아서 혹은 눈물로 호소하고 탄원하면서 시위를 한다. 권력자에게 대하여 "통촉하여 주시옵소서."하는 오랜 전통의 의식이 지워지지 않고 있는 것이다.

이런 문화에서는 근대국가가 되어 형식상으로는 법치라고 하지만 실질적으로는 힘있는 자의 인치가 행해지는 영역이 넓다. 국인들의 공동의 의사로 형성된 것이라고 할 수 있는 법보다는 국가 조직의 힘을 실행하는 개인의 힘이 크게 작용하는 가운데 사회가 돌아가고 있는 것이다. 그리고 서양에 비하여 동양사회는 사람들 간에 평등하지 않은 수직적 사회이고, 이러한 수직적 사회를 만든 것이 바로 국가이다. 동양에서는 국가의 관리자를 사(士)라고 하여 사회계급의 상층에 두어 아래 사람들을 다스리게 하였다. 사농공상의 계급사회에서 사의 관리자 계급은 이러한 계급체계를 지탱하는 국가를 활용하여 다른 일반 백성들보다 더 좋은 삶을 영위할 수 있었던 것이다. 이것은 근대화 이전의 것이지만 지금도 이러한 문화가 완전히 사라진 것은 아니다. 공무원과 국가를 위하여 일하는 사람은 국가를 등에 업고 자신의 이익을 도모할 수 있는 여지가 많은 것이다. 그래서 한국과 중국과 같은 나라에서 국가기관에 근무하는 공무원은 그 급여에 관계없이 최상의 인기 직종이고, 그래서 공무원 시험에 엄청난 경쟁률을 보이는 데 이는 서양국가와는 사뭇 다른 모습인 것이다. 동아시아 국가들의 경제발전이 대부분 정부주도형으로 이루어진 것도 이러한 문화를 갖고 있기 때문이다. 근대화가 된 지금에도 이러한 사회적 특성이 있기 때문에 국민들은 국가를 이끌어가는 사람들이 아니라 노예처럼 국가에 이끌리고 매달려서 살아가는 모습을 보인다. 그래서 심지어 국민은 개돼지라는 말이 나오기도 한다. 이러한 것들은 자율적 국인들로 구성된 국가사회와는 거리가 먼 것이다.

공동체의식

겔너(Ernest Gellner)는 국인주의를 산업화과정에서 형성된 문화적 형태로 보았다. 그는 전통사회가 정태적이고 계층적이고 폐쇄적이었던 반면, 근대사회는 동적이고, 평등하며, 열린 사회이며, 같은 언어와 문화로 결속된 사회라는 것이다. 이러한 문화적 동질성이 공동체의식을 낳고 국인과 국인주의를 형성하게 하였다고 하고 있다.[257] 그리고 국인을 상상공동체(imagined community)라고 하였던 앤더슨(Benedict Anderson)은 일정한 범위의 사람들이 자신들이 자유롭게 결정할 수 있는 주권을 가진 것으로 상상하고, 모두가 평등한 동지들로 구성된 공동체인 것으로 상상하면서 국인이 형성되었고 이들 간의

---

257 조영정, 2016, pp.102~105

동포애로 국인주의가 일어나게 되었다고 하고 있다.

우리가 중국이라는 나라를 두고 근대주의 이론과 관련하여 직관적으로 갖게 되는 의문은 그렇게 넓은 영토의 그렇게 많은 사람들이 공동체의식을 갖는 것이 가능한 일인가이다. 근대주의 이론에서는 같은 사상과 이념을 가진 사람들이나 같은 민족의 사람들이 형제애를 가지면서 하나의 공동운명체로서의 국인을 형성한다는 것이다. 그래서 구성원 모두가 주인의식을 갖고 서로 의논하고 협의하면서 공동의 문제를 해결하고 형제애로서 서로를 위하는 가운데 상호의존하며 민주적으로 살아가는 것이다. 이것은 유럽국가들처럼 인구 면에서나 지리적인 면에서 그리 크지 않은 국가에서나 가능한 일이다. 중국은 그 인구가 14억이나 되고, 기후대는 온대에서부터 냉대까지 걸쳐있는 데다, 기후는 온대기후에서 고산기후와 건조기후에 이르기까지 매우 다른 환경에서 사는 56개의 민족들이 함께하고 있다. 각지의 사람들이 각자 직면하고 있는 문제가 다르므로 공동의 관심사가 많지 않고, 그래서 민주적으로 서로 의논하고 협의하면서 살아갈 만한 일이 많지 않다. 생활여건이 달라 운명을 같이 하기도 어려워 실제로는 공동운명체가 되기도 어렵다. 근대주의 이론대로라면 중국은 더 많은 국가로 나누어져야 한다.

고래로 중국은 천고황제원(天高皇帝遠)이라 하였다. 하늘은 높고 황제는 멀리 있다는 뜻이다. 중국은 땅이 워낙 넓고, 사람이 워낙 많다 보니 황제와 백성들은 항상 소원한 위치에 있을 수밖에 없었다. 일반 백성들에 있어서 황제는 수만 리 먼 곳에 구중궁궐 속의 산다는 이야기 속에서나 듣는 존재일 뿐이었다. 황제는 국민들과의 일체감이 없었다. 그래서 황제는 인구의 극소 비율에 해당하는 측근 지배층만 그를 생각하고 지지할 뿐 백성 대부분은 그를 지지하거나 생각할 수 있는 여지가 없었다. 그렇기 때문에 황제가 이끄는 나라에 대해서도 마찬가지였다. 그런데다 땅이 워낙 넓고 지리적으로 나뉘어져 있어서 일반 백성들이 나라전체를 의식하고 생각하면서 살아갈 수 있는 환경이 되지 못하였다. 중국인들은 오랜 기간을 이런 형태로 살아왔기 때문에 근대화가 된 지금에도 그 의식에 큰 변화가 없다. 그런데 앤드슨은 직접 본적도 없고 들은 적도 없으며, 보이지 않는 먼 곳에 있지만 나와 같은 사람으로서의 다른 구성원이 있다는 것을 의식하면서 우리는 같은 공동체의 일원이라는 상상 속에서 이루어지는 집단이 국인이라고 하였다.[258] 그렇다면 공동체 의식이 작동하기 어려운 중국인들은 앤드슨이 말하고 있는 국인이 되기 어려운 것이다.

그리고 겔너는 전통사회와 근대 산업사회를 확연히 구분짓고 국인주의를 근대 산업사회의 산물로 보았다. 그런데 근대화기 중국사회에서 일어난 변화는 유럽사회에서 일어났던 변화와 같은 것이 아니었고 더구나 국인주의에 영향을 주는 요소로서의 변화는 더더욱 같은 것이 아니었다. 기본적으로 중국 사회는 근대주의 이론에서 설명하고 있는 유럽사회와 같지 않다. 근대주의 이론에서는 산업화 이후의 유럽사회를 배경으로 하고 있고, 이는 이익사회(Gesellschaft)이다. 이익사회는 산업화된 사회에서의 개개인의 합리성과 선택적 의지에 따라 합목적적으로 형성되는 사회이다. 조직 내에서 각자의 권리와 의무를 다함으로써 전체로서의 공동선을 창출하는 사회이며, 이익에 기초하여 인간관계가 형성되는 사회이다. 서구국가는 이와 같은 이익사회로서의 사회가 형성되었고, 국인주의는 이러한 사회의 발전과 함께 형성되어 왔다. 하지만 세계의 많은 비서구국가들이 그렇듯이 중국도 서구국가와 달리 공동사회(Gemeinschaft)로서의 성격을 갖고 있다. 예부터 내려오는 전통적인 풍습과 전근대적인 사고와 행동양식이 사회를 지배한다. 가족, 친지, 혈연, 지연으로 맺어진 관계를 중심으로 하여 자

258 조영정, 2016, p.113

연적인 정(情)이 지배하는 사회이다. 중국은 최근에 높은 수준의 산업화를 이루었지만 아직도 산업화를 이루지 못한 지역이 많고, 또한 산업화가 되었다고 해도 기본적인 의식, 정서, 삶의 방식, 사회의 모습 등에서 서양사람들과는 많이 다르다. 비근한 예로 춘절을 보자. 중국인들은 음력 설인 춘절이 되면 조상에게 제사를 지내고 가족 및 친척과 함께하기 위하여 모두가 고향으로 간다. 그래서 이때가 되면 중국의 도로는 인산인해가 되고 교통혼잡 속에 몇날 며칠을 이동하는 사람들은 그 고통이 작지 않지만 이를 당연한 것으로 여긴다. 이러한 것은 서양사회에서는 볼 수 없는 모습이다. 같은 나라사람으로서의 공동체의식을 생각해볼 만한 또 다른 예들이 있다.

2012년 7월 12일, 호남(湖南)성 러우띠(娄底)시 손수하(孙水河)에서 한 청년의 익사사고가 있었다. 어느 일가족 4명이 물놀이를 하다가 물에 빠져 살려달라고 소리를 질렀다. 살려달라는 소리에 그 곳을 지나던 세 사람이 뛰어 들어가 가족 4명 모두 구해냈다. 그러나 불행하게도 구하기 위해서 뛰어들었던 사람 중 27세 청년 뜽멘쩨(邓锦杰)는 이들을 구해내느라 체력이 소진되어 물에서 나오지 못하고 익사하고 말았다. 그런데 물에 빠졌던 가족은 자신들이 구조되자 물에 빠져 죽은 사람은 관심도 주지 않고 바로 현장을 떠났다. 이에 주변에 있던 사람이 길을 막으며, "어찌 그냥 갈 수 있느냐"고 하자 그들은 "나와 무슨 상관이야(关我屁事)"하고 가버렸다.[259]

각양각색의 사람들이 있는 것은 어느 나라에서나 마찬가지이다. 하지만 유독 중국에는 이런 일이 많이 일어난다. 사람이 많기 때문에 그런 일도 많다라고 보기도 어려울 정도로 많이 일어난다. 길을 가다가 쓰러진 사람을 보고 그 곁을 지나가던 사람들 모두 못 본 체하고 지나가버려 한참 후 자동차에 치어 죽었다는 이야기, 도로의 싱크홀에

---

259 중국사회-나랑 무슨 상관이야? 꽌워피시, 2012

빠져 그 안에 세 사람이나 살아 있는데 싱크홀을 빨리 메워야 한다고 사람을 구조하지 않은 채 그대로 콘크리트 타설을 하여 메워버린 사건 등 등,[260] 이러한 일들은 같은 국민으로서의 형제애가 없음을 보여주는 사례이다.

중국에서 잘 알려진 문화 중의 하나는 꽌시문화이다. 또 중국에는 "꽌시가 많으면 모든 일에 문제가 없고, 꽌시가 없으면 일이 절대 안 된다."[261]는 말이 있다. 이는 아는 사람이 있으면 안 되는 일이 없고, 아는 사람이 없으면 되는 일이 없다라는 것이다. 이는 좀 극단적인 예를 들자면 경찰을 알면 교통위반을 해도 벌받지 않고, 국가의 허가를 받기 위해서는 규준을 잘 지켜야 하는 것이 아니고 공무원을 잘 알아야 한다는 것이다. 지금도 중국의 남부지방에는 "집안에 세무공무원 하나 있으면 온 집안이 부자가 된다."라는 말이 있다. 이러한 문화는 같은 나라 내에 사람이 워낙 많이 살고 있기 때문에 친척이나 아는 사람 중심으로 서로 의지하며 살아가지 않으면 안되는 환경에서 형성된 것이라고 볼 수 있다. 그런데 이것은 근대주의 이론에서 전제로 하고 있는 국인의 모습과는 거리가 멀다. 근대국가 사회는 국가 내의 사람 천체를 구성원으로 하여 구성원 상호 간에 서로 의지하는 관계이다. 즉, 국가라는 공동체 속에서 그 구성원은 국가의 법과 규범 속에서 상호 간에 권리와 의무를 다하면서 모두가 평등한 가운데 상호 간에 신뢰하고 협력하면서 살아가는 것이다. 이론에서의 국인은 국가 구성원으로서의 국가 내 공동 규약으로서의 법규나 윤리 준수에 자발적으로 참여하고, 국가 구성원 전체를 위한 공민의식을 가진 사람들이다. 그런 상태에서 국인주의가 작동할 수 있게 되는 것이다. 중국에는 유독 불량식품, 불법복제, 지적재산권침해 등 이런 부류의 뉴스들이 많다.

---

260 Light, 2019
261 有關係就沒關係, 沒關係就有關係

그런데 공동체로서의 국가라면 국가 테두리 내에서는 이런 것은 의심 없이 살 수 있어야 하지만 중국은 그렇지 못하다는 것이다. 이런 일로 낭패를 보지 않기 위해서는 신뢰하고 협력할 상대와 그렇지 못한 상대를 개개인이 일일이 판단하면서 각자가 자신의 능력껏 살아가야 한다. 이렇게 살아 가는 것은 국가가 없는 상태로서의 자연상태에 있는 것과 같다고 할 수 있다. 이는 국가 내 어느 구성원과 다른 구성원 간의 관계에 대한 문제로서, 국가 내에서 우리는 서로 믿을 수 있는 사람들이라는 동료의식과 국가 전체로서의 공동체 의식을 가진 사람으로서의 국인과는 거리가 먼 것이다.

●주인의식

홉스봄(Eric Hobsbawm)은 민주화는 국가로 하여금 국민의 여론에 귀 기울이게 하고, 참정권이 확대됨에 따라 국민들의 정체성과 충성심이 커지게 되는데 이러한 결과로 국가는 농민을 국민으로 만들었고, 국민을 주인으로 교육시켰다고 하였다.[262] 이렇게 사람들이 자신의 국가에 대하여 주인의식을 갖게 됨으로써 자국을 위하는 마음을 갖게 되는 것이다. 그런데 오랜 역사동안 중국에서 백성이란 천자의 나라에 천자의 은덕으로 살아가는 사람들이었다. 그리고 천자를 중심으로 하는 권력자들에게 절대복종하는 국가문화를 형성해왔다. 천자는 하늘의 아들로서 절대적으로 높은 위치에 있었다. 그러다 보니 국가사회의 상하 간의 계층은 많고 그 간격은 두터운 가운데 백성들의 위치는 너무 낮았다. 천자 말 한마디면 무수히 많은 백성이 생사를 달리하는 운명에 처하는 것이 보통이었다. 이러한 전제군주 정치문화는 동양국가에 있어서 일반적인 현상이기는 하지만 중국의 경우는 특히 더 심했

---

262 Hobsbawm, 1990, p.91 ; 조영정, 2019, p.99

다. 중국은 보통의 국가와 달리 엄청난 인구 속에 개개인은 워낙 많은 사람들 중의 한 사람에 불과하기 때문에 그만큼 존재감이 작았던 것이다. 그래서 중국인들은 절대권력을 가진 사람에게 복종하고 따르는 습성이 있다. 이는 수많은 기러기가 어느 한 리더를 따라 날아가는 형태와 같은 것이다. 즉 누구든 어느 리더를 정하고, 이 리더를 나라의 주인으로 삼고 그를 따라가는 것이 익숙하지, 자신이 나라의 주인으로서 살아가는 것이 익숙하지 않은 것이다.

천자의 중국은 세기 전의 일이지만 워낙 오랫동안 이런 문화 속에서 살아왔기 때문에 이것이 굳어져서 바뀌기란 쉽지 않다. 그래서 근대국가 체제에도 중국 사람들의 의식은 근대적이지 못한 구석이 많다. 근대국가가 불편했던지 중화민국이 수립된지 3년만에 중국은 다시 황제국으로 복귀하기도 하였다. 국가 수립 후 민주적 혁명가로서의 쑨원은 군벌 위안스카이에게 총통의 자리를 내어주게 되었고, 1915년 위안스카이는 황제로 추대되었던 것이다. 그리고 지금도 중국은 국가지도자가 막강한 권력을 행사하는 사회주의 일당독재체제이다. 중국은 민주주의 국가라고 하지만 그 국가운영은 과거 황제치하에서와 같은 분위기이다. 권력은 최고 통치자에게 매우 집중되어 있고 정치문화는 매우 권위적이다.

1958년 마오쩌둥이 중국의 곡창지대 쓰촨성에 농촌 현장지도를 나갔다. 여기서 곡식을 쪼아먹는 참새를 보고 마오쩌둥이 한 마디 말했다. "저 새는 나쁜 새다."이 말 한마디에 중국에 엄청난 일이 일어났다. 국가 간부들은 마오쩌둥이 훌륭한 지적을 하셨다고 찬양하고, 학자들은 참새를 없애면 얼마의 곡식이 더 늘어나고 얼마의 사람이 더 먹을 수 있다는 것과 같은 연구를 앞다투어 발표하였다. 그리고 모기, 파리, 들쥐와 함께 참새도 네 가지 해충 중의 하나로 들어가게 되고, 국가 내 모든 사람이 대대적인 참새없애기운동(消滅麻雀運動)에 돌입하게 된다. 1958년 한 해 동안 약 2억 1천 마리의 참새를 잡았고, 곧 중국땅에 참새들이 소멸하게 되었다. 그리고 곡물 수확량이 대폭 증가할 것을 기대하고 있었는데, 기대와 반대로 수확량이 크게 줄었다. 참새가 사라지니 해충이 창궐하고 메뚜기가 증가하여 농작물에 큰 피해를 보았기 때문이다. 이 시기 농산물 흉작으로 인한 기근으로 약 4천만 명이 굶어 죽었다.

중국에서 최고 권력자의 영향력은 이 정도로 막강하다. 물론 마오 쩌둥은 다른 권력자들보다 더 큰 권력을 가졌던 것은 사실이지만 다른 최고권력자들도 이와 크게 다른 것은 아니다. 덩샤오핑이 도광양회라고 하면 나라 내 모든 사람들에 도광양회를 신조로 삼고, 시진핑이 중국몽이라고 하면 모든 국민이 중국몽을 꿈꾸는 나라가 중국이다. 이렇게 황제와 같은 힘을 행사하는 최고권력자를 두고 그 아래 수많은 계층의 권력자들을 거쳐서 맨 아래에 있는 백성들이 누릴 수 있는 권력이 얼마나 되겠는가? 국민이 주인이라는 이름의 민주주의이지만 실질적인 측면에서는 천자 하의 백성들이나 큰 차이가 없는 것이다.

● 근대화 이전의 국인주의

다음은 앞에서 제시한 두 번째의 물음으로서, 근대화가 되기 이전까지는 중국에 내셔널리즘이 없었는가의 문제이다.

『맹자(孟子)』에는 다음과 같은 구절이 있다.

맹자가 이르기를 "공자께서 노나라를 떠나실 적에 '가려고 하니 발이 떨어지지 않는구나'라고 말씀하셨는데, 이는 부모의 나라를 떠나는 도리였다. 이에 반해서 공자께서 제나라를 떠나실 때에는 일었던 쌀을 건져 가지고 가셨는데, 이는 다른 나라를 떠나는 도리였다."

라고 하였다.[263]

　성현 공자도 인간인지라 자신의 나라에 대한 마음을 감출 수는 없었다. 그리고 그로부터 200여년이 지난 이후에 맹자가 공자의 행동을 교훈으로 삼고 있는 것을 보면 맹자 역시 공자의 마음과 조금도 다름 없음을 보여주는 것이다. 모국에 대한 마음이 얼마나 애틋하였기에 발이 떨어지지 않았을까? 타국을 떠나면서 얼마나 바삐 떠나고 싶었으면 밥을 해먹으려고 쌀을 씻다가 물에 젖은 쌀을 그대로 주워담아 챙기고 밥도 안 먹고 떠났을까?

　이러한 자국에 대한 애착이 있는데 근대 이전에는 중국에 국인주의가 없었다고 할 수는 없다. 이 문제는 먼저 내셔널리즘이 무엇인가에서부터 생각해 보아야 한다. 만약에 내셔널리즘이 근대 유럽에서 있었던 것처럼 민주주의와 일반 사람들의 나라에 대한 주인의식에 기반한 자국에 대한 애착이라고 정의한다면, 천자가 통치했던 수천년 역사에서는 이러한 일이 없었으므로 근대국가가 수립되기 이전에는 내셔널리즘이라는 것이 없었다고 하는 것이 옳다. 그런데 이러한 정의는 서구사람들에게 해당되는 것이고 서구 바깥에까지 일반화하기는 어렵다.

　우리는 앞에서 내셔널리즘을 정의하면서 "내셔널리즘을 자국을 자랑스러워하고 자국의 이익을 우선시하거나, 자신들의 독립적인 국가를 가지려는 사람들의 열망"이라고 하였다. 이러한 정의에 기초하여 볼 때 시대와 상황에 따라서 동일하지는 않았겠지만, 오랜 옛날 천자의 시대에도 중국사람들에서 중국에 대한 국인주의가 없었다고 할 수가 없다. 『대학(大學)』에서도 수신 제가 치국 평천하(修身齊家治國平

---

263 맹자, 진심 (하). (孟子曰孔子之去魯 曰遲遲 吾行也 去父母國之道也 去齊 接淅而行 去他國之道也)

天下)라고 하고 있듯이, 중국에는 고대로부터 국가에 대한 개념이 확고하게 있었다. 19세기 말 량치차오(梁啓超)가 "중국인은 천하가 있다는 것을 알고 국가가 있다는 것을 모르며, 자기가 있다는 것을 알고 국가가 있다는 것을 모른다"고 하였다고 해서 그 이전의 시대 모두에 있어서 중국인들은 내셔널리즘이 없었다고 하기는 어렵다. 량치차오가 그렇게 말한 것은 역사적으로 중국인이 항상 그랬던 것이 아니라 그 시대 상황 속에서 이해해야 할 것이다. 청나라는 소수 인구의 만주족이 다수 인구의 한족과 다른 민족들을 지배하였다. 만주족의 지배가 시작된 1644년경 만주족의 인구는 30만이 채 되지 않았고, 중국의 한족의 인구는 거의 8천만명 내지 1억명에 이르러 청나라에서 만주족의 인구비율은 0.3%도 되지 않았다. 극소수 인원으로 엄청나게 많은 사람들을 통치하다 보니 만주족은 피지배민족인 한족을 매우 가혹하게 대하였다. 한족들을 열등민족으로 취급하고 만주의 풍속을 강요하였고, 무수히 많은 사람들을 죽여 인류역사에 기록될 만한 대학살을 자행하였다. 한족은 이렇게 강압통치와 무력에 의하여 제압당하고 어쩔 수 없이 복종하며 살아가면서 내면적으로는 강한 저항의식을 갖고 있었다. 이러한 상황에서 대다수 한인들은 만주족이 세운 나라를 자신의 나라로 생각하지 않는 가운데 국가 없는 사람들로 되어 국가관은 천하관으로 대신하게 된 것이다. 청나라에서의 이같은 상황은 원나라나 금나라와 같은 다른 이민족 왕조의 경우에도 별반 다르지 않았다.

명나라, 송나라와 같이 한족왕조가 지배하는 시대의 경우에는 당연히 이민족의 지배때와는 달랐다. 자신의 국가에 대한 소속감이 강하고 또 그만큼 국인주의가 강했다. 다른 국가나 민족들을 침략하기도 하고 또 그들로부터 침략을 받기도 할 때 중국의 백성들은 목숨을 걸고 함께 싸움터에 나가서 싸웠다. 자신의 나라에 대한 의식과 애착이 없다면 어떻게 나라를 위해 싸움터에 나가는 일이 가능하겠는가? 그리고 중국에 대한 우월의식과 애착이 없었다면 어떻게 그렇게 두드러진 국인주의 문화로서의 중화주의가 형성될 수 있었을 것인가?

이렇게 보았을 때 근대화가 되기 이전에도 중국에 내셔널리즘이 있었다고 해야할 것이다. 이상의 여러 사실들을 종합해 보면 근대주의 이론이 중국의 내셔널리즘을 잘 설명한다고 보기 어렵다.

4 원초주의

중국의 내셔널리즘에 있어서는 원초주의 이론이 오히려 더 설득력을 갖는 측면이 있다. 동아시아에서는 원래 민족집단을 중심으로 국가를 형성해 왔다. 민족은 혈연관계에서만 찾는다면 그 범위가 너무 좁고, 문화에서 찾는다면 그 범위가 한정되기 어려운 문제가 있다. 문화라는 것이 범위가 정해지는 말이 아니기 때문이다. 예를 들어서 같은 문화를 공유하는 사람이 같은 민족이라고 했을 때 그 문화 속에는 언어, 종교, 풍속, 가치관, 생활양식 등 워낙 많은 요소들을 포함하고 있기 때문에 코에 걸면 코걸이 귀에 걸면 귀걸이가 되는 것이다. 현실적인 의미에서 민족을 보면, 민족에서의 족(族)이 기본적으로 가족, 친족, 씨족의 연장선상에 있는 의미이기 때문에 혈연적인 관계를 기초로 하고 있다. 하지만 국가 내 모든 사람이 혈연적으로 같은 핏줄의 사람들로 구성되는 것을 의미하지는 않는다. 어느 집단이 태곳적부터 내려오면서 혈연적으로 형성되고 있다고 해도 중간에 다른 사람들이 여기에 들어올 수 있고, 이 사람들이 함께 살면서 같은 문화를 형성하게 되고 이렇게 해서 하나의 민족이 되고, 또 이 민족집단이 하나의 국가로 발전하기도 하는 것이다. 또 여러 민족이 하나의 국가를 형성하기도 하고, 국가가 다른 민족들을 병합하면서 영역을 확대해 나가기도 한다. 여기서 국가는 여러 민족들을 하나로 융합시키는 역할을 한다. 국가 안에는 지배층이나 다수인구를 점하는 주류민족이 있고 이와 반대의 입장에 있는 비주류민족이 있게 되는데, 비주류민족은 자기 정체성을 유지할 수도 있지만, 대개 시간이 흐르면 주류민족에 동화되어 소멸하게 된다.

중국은 고대부터 민족을 중심으로 국가를 형성해 왔다. 춘추전국시대까지는 중국 내에서 많은 민족과 나라들로 나뉘어져 있었지만 진, 한 이후에는 중국이라는 나라의 대체적인 지리적 경계가 정해지고 한족이라는 이름 하에 누가 중국인인가에 대한 것도 정해졌다. 이후 중국의 힘이 강해지면 그 영역이 확대되기도 하고, 주변의 이민족이 강성할 때는 중국의 일부를 내주기도 하고 완전히 이민족에 의하여 지배당하기도 하였다. 그래서 한, 당, 송, 명 등과 같이 한족 왕조의 경우에는 중화주의와 함께 조공책봉제와 같이 주변국가들을 아래에 두고 패권국가로서의 자국의 위세를 떨치는 가운데 매우 강한 자국우월주의로서의 국인주의를 보였다. 하지만 원이나 청의 시대에는 한족들은 피지배민족으로서의 열등의식과 함께 지배민족에 대한 저항적 국인주의가 강하게 지배했다.

근대이전에는 무력을 가진 자가 통치자가 되고 국가는 통치자의 것이었다. 그런데 통치자의 무력은 대개 자신의 민족을 기반으로 한다. 통치자가 속한 민족의 사람들은 그 통치자와 자신을 일치시키고 그에게 지원과 사랑을 보낸다. 그리고 자신의 집단을 이끄는 지도자라고 하면 민족공동체 내의 자신을 대리하는 사람으로, 혹은 자기를 보호해주는 존재로서, 혹은 축구황제 펠레나 팝황제 마이클 잭슨의 팬들이 하는 것처럼 자신이 누려야 할 영광을 대신 누리는 존재로서 상상하며 막연한 지지를 보내는 것이다.[264] 그래서 황제시대 중국 사람들의 국인주의는 멀리 있어서 보이지도 않고 볼 수도 없는 황제를 두고 막연하고 관념적인 충성심과 자신과 부모형제가 사는 국가에 대한 애착으로 이루어지는 것으로서의 국인주의였다. 국가 내에 민족이 여럿일 경우에는 민족 간에 상하로 구분되거나 그렇지 않다고 하더라도 구분 짓고 차별하는 가운데 민족 간에 배타적인 성향이 강했다. 그래서 공동체 의식이 있다면 국가를 범위로 하는 공동체의식 같은 것 보다는 같은 민족 간 혹은 같은 지역에 함께 살아가는 친족집단으로서의 공동체의식이었다.

근대국가 중국에서는 민족적인 의미가 크게 줄어 들었다. 다민족 국가로서 민족에 큰 의미를 두게 되면 현재의 중국과 같은 국가를 유지할 수 없다. 그래서 중국정부는 민족 간의 평등의 원칙을 추구하는 가운데 대민족주의나 지역민족주의를 반대한다는 입장을 명확히 하고 있다. 하지만 한족의 비중이 워낙 크기 때문에 한족 중심의 힘이 항상 작용한다. 그래서 중국정부가 선포하고 있는 정치적인 입장에 상관없이 지금 소수민족들은 사회문화적으로 그 정체성이 점점 약화되면서 한족에 동화되어 가는 과정에 있다고 해야 할 것이다.

근대국가에서는 국인을 중심으로 국가 내 모든 사람이 하나의 공동체가 되는 것이므로 민족의 의미는 크지 않다. 이념과 가치의 공유,

---

264 학자들 중에는 계급적인 요소를 중요하게 생각하고 이를 대립관계로 보아 일반 백성들은 황제를 수탈자로 보고 원수 같이 생각하였을 것으로 가정하는 사람들도 많은데 그렇지는 않았다고 본다. 사람의 심리는 저 멀리 높은 곳에서 모든 것을 누리는 사람에 대하여 저사람이 저렇게 많이 누리기 때문에 내가 누리지 못한다고 생각하지 않는다. 사람은 자기와 경쟁이 될만한 사람에 대해서 불평등 여부를 따지지만 워낙 높은 위치에 있어서 자신과의 비교범위 밖에 있는 사람에 대해서는 질투심이나 적개심을 갖는 경우가 많지 않다. 많은 사람들이 엘리자베스 여왕을 좋아하거나 트럼프나 푸틴을 좋아하는 것처럼 누리고 싶은 자신을 대신하는 화신으로서의 황제를 흠모하고 충성하는 마음을 갖게 되는것이다.

국인 상호 간의 동료의식과 형제애, 공민의식과 같은 것을 바탕으로 하는 국가공동체를 이루게 되는 것이다. 그런데 중국은 중화민족이라고 하며 그 민족의 뿌리로서 황제를 내세워 중국 내 모든 민족이 하나의 핏줄임을 강조하고 있다. 이는 현대에 있어서도 민족은 여전히 중요한 의미를 갖고 있다는 것을 말해주는 것이다. 또한 티베트, 위구르, 몽고 민족과 같은 소수민족 중에는 중국으로부터 독립을 열망하는 사람들이 많다. 민족을 기초로 한 독립국인주의가 작동하고 있는 것이다. 이와 같이 중국에서는 전통적으로 내려오는 민족의식은 여전히 중요하고, 이는 중국뿐만 아니라 동아시아국가들에 공통된 현상이라고 할 수 있다.

중국에서의 국인주의는 어떤 감정인가? 중국에서의 국인주의는 앤드선의 상상공동체와 같이 근대주의 이론에서 말하는 국가 내의 국인들이 함께 갖게 되는 횡적으로 펼쳐진 감정이 아니라 종적으로 이어지는 감정이다. 왕을 주인으로 하는 국가에서 아버지와 그 아버지로 이어지는 역사성 속에서 형성되어 온 내 가족, 친척, 이웃, 그리고 내 삶의 터전에 대한 애착이 국인주의의 본질인 것이다. 국가의 중심은 왕이고 모든 백성들은 왕을 향하는 가운데, 왕과 백성은 충성과 시혜로 이루어지는 수직적인 의존관계이다. 왕에 있어서 백성은 자신을 받쳐줄 권력기반이고, 백성에게 있어서 왕은 자기의 안녕을 지켜주고 이끌어 줄 힘과 예지를 가진 수호자인 것이다.

이러한 왕과 백성의 관계로 형성되는 국가에서의 국인은 그 성격에서 근대주의 이론에서와 상당한 차이가 있다. 일찍이 공자는 "백성들은 쫓아 따르게 할 것이로되, 알게 할 것이 아니다."[265]고 하였다. 나랏일에 있어서 백성은 스스로 생각해서 판단하는 존재가 아닌 것이다. 맹자 또한 "군자는 동식물에게는 아껴주기는 하나 인자하게 해주

---

265 논어, 제8편 태백. (子曰 民 可使由之 不可使知之)

지 않고, 백성들에게는 인자하게 해주기는 하나 친밀하게 하지는 않는다"[266]고 하였다. 이는 백성들은 베품을 줄 대상이지 그들의 의견을 들어가면서 소통하는 존재가 아님을 말하고 있다. 그리고 현대에 마오쩌둥도 중국의 국민들에 대해서 백지와 같다고 하였다. 백지 위에 무슨 그림이든 그려 넣을 수 있는 것처럼 지도자가 이렇게도 저렇게도 끌어갈 수 있는 존재라는 것이다. 그리고 오늘날에 있어서도 마찬가지이다. 주인이 주인노릇을 하기 위해서는 뭘 알아야 한다. 그런데 중국에서는 정부가 모든 정보와 언론을 장악한 채 국민은 정부가 주는 정보로 생각하고 판단한다. 이러한 상황에서 국민은 통치자들이 이끄는 대로 끌려가는 것 외에 할 수 있는 것은 아무 것도 없다. 이는 주체적 의식을 가진 사람들로서의 근대적 국인과는 다른 모습인 것이다.

근대주의 이론에서의 국인들은 나라에 있어서 자발적 주체자이자 주인으로서의 의식을 가진 사람들이다. 지도자와 백성들의 관계는 지도자는 백성들 중의 한사람으로서 백성들과 같은 부류의 사람이다. 그래서 나라의 일에 있어서 국인들은 자발적인 주체자였다. 그런데 동아시아에서 국인들은 나라의 주인으로서의 의식을 가진 사람들이 아니다. 그들의 지도자는 그들과 같은 부류가 아니라, 하늘이 내린 자이고, 이러한 지도자 아래의 그들은 자발적인 주체자가 아니라 지도자를 추종하는 피동적인 백성인 것이다. 그래서 동아시아에서는 백성들을 흔히들 민초라고 부른다. 바람이 이리 불면 이리 눕고, 저리 불면 저리 눕는 풀잎과 같은 존재인 것이다.

지금 중국의 국인주의는 이렇게 중국 고유의 전통적인 것과 서양에서 들여온 근대적인 것이 혼합되어 있다. 서양문화가 도입되고 근대적인 사회체제가 되었지만 여전히 중국 고유의 전근대적인 의식과 사

---

266 맹자, 진심 (상). (孟子曰 君子之於物也 愛之而弗仁 於民也 仁之而弗親 親親而仁民 仁民而愛物)

고방식이 작동하고 있다. 이러한 가운데 국인들의 민주주의 의식, 이념과 가치의 공유, 국가공동체 의식, 공민의식과 같은 요소 이상으로, 가족과 민족, 그리고 지연과 혈연과 같은 요소들이 힘을 발휘하는 가운데 통치자를 추종하는 전통에 따라 국인주의는 국가정부에 의하여 주도된다. 그래서 중국의 국인주의는 부분적으로는 근대적 형태의 국인주의가 작동하고 있고, 부분적으로는 전근대적 형태의 국인주의가 작동하고 있는 것이다.

제 8 장

중국 내셔널리즘의 주요 문제

1 민족 문제

중국은 한족과 55개 소수민족으로 이루어져 있다. 55개 소수민족 수는 공식적으로 인정하고 있는 민족의 수이고 비공식적인 소수민족 까지 합하면 그 수는 훨씬 더 많다. 중국의 외곽지역은 대부분 소수민 족지역이다. 소수민족은 인구면에서는 2010년 기준으로 전체 인구의 약 8.5%에 불과하지만, 영토면에서는 전체 국토면적의 64.3%를 차 지하고 있다. 원래 한족의 영토는 현재 중국 영토의 35.7%밖에 되지 않는 셈이다. 그래서 중국은 총 22,000km의 긴 국경선 중에서 소수 민족 지역이 19,000km로 전체의 약 90%를 차지하고 있다. 또한 이 들 국경선 지역의 상당수의 소수민족 중에는 한국, 몽고와 같이 중국 의 소수민족 지역의 국경너머에 같은 민족의 독립된 국가가 있다. 국 가를 가진 민족들을 분할하여 그중 일부를 중국이 자국의 국민과 영토 로 삼고 있는 것이다. 소수민족 지역은 대부분 땅이 거칠어 사람이 살 지 않는 곳이 많지만, 산림자원과 광물자원이 풍부하고 중국의 안보와 군사 측면에서도 가치가 크다. 그래서 소수민족 지역에 대한 중국의 집착은 매우 크다. 그리고 그만큼 국가 내 문제지역으로서 중국의 불 안요소로 작용하고 있다.

이러한 소수민족지역을 포함하고 있기에 오늘날의 중국은 영토면 에서도 세계의 대국으로 자리하고 있다. 지금은 거의 중국 역사상 최 대의 영토이다. 이는 정복욕이 강했던 만주족 청나라 시절 중국 바깥 의 이민족지역들을 점령했던 영토를 그대로 물려받았기 때문이다. 이들 지역은 대부분 그 정체성이 명확하지 않은 상태에서 서양세력이 밀려옴에 따라 한족을 중심으로 함께 외부세력에 대항하게 되었고, 이러한 과정에서 함께 나라를 구성하게 되었다. 이질적인 사람들이었지만 더 이질적인 사람들 앞에서 덜 이질적인 사람들끼리 하나가 된 것이다. 특히 지난 세기 일본군의 침략에 대항하여 싸우면서 중국 내의 모든 민족은 더 결속하게 되었고, 또 공산주의 계급혁명 속에서 민족의 구별없이 하나의 사회를 형성하게 되었다.

소수민족문제에 있어서 중국 공산당은 초기 1922년에서부터 1927년까지는 민족자치를 허용하고 자유연방체제의 정책을 취하였고, 1936년까지는 민족자결원칙에 의거하여 민족 스스로 자신들의 장래를 결정할 수 있도록 하였다. 그러다가 1937년 이후에는 민족자치는 허용하되 독립은 허용하지 않는 것으로 정책이 바뀌게 된다. 그리고 1949년에 제정된 중국인민정치협상회의공동강령과 1954년 제정된 헌법 규정에 따라 소수민족은 중앙정부가 정한 정책들 중에서 선택권만을 갖는 것으로 되었다.

1949년 대륙을 통일한 이후 마오쩌둥은 "단 하나의 중국"이라는 기치 하에 민족통일정책을 시행한다. 당시 변방의 오지는 왕래가 없이 외부와 차단되어 있는 지역도 많았고, 토비들이 활동하는 지역들도 많았으며, 정부에 저항하는 국민당의 군대가 남아 있는 지역도 있었다. 그래서 소수민족에 대한 현황조차 파악하기 어려웠지만, 중국정부는 1950년부터 민족식별작업을 시작하여 1978년에 공식적으로 55개 민족을 소수민족으로 분류 발표하였다.[267]

정부 수립 후 중국 공산당 주도 하에 경제개혁, 토지개혁, 사회개혁을 통하여 중국 전역은 사회주의 사회와 무산계급 독재체제로 이행되었다. 초기에 공산당은 소수민족 사람들을 당 간부에 대거 임명하는

---

267 이진영, 2002, p.11

등[268] 유화적인 소수민족 정책을 펼쳐나갔다. 그러다가 1960년대 문화혁명을 거치면서 민족 지도자들과 소수민족 간부들은 대거 처형되고 숙청되었다. 소수민족의 풍습과 관습을 미신, 봉건주의, 혹은 수정주의로 몰아붙이면서 한족에 동화시키는 정책을 수행하였다.[269] 이는 초기에는 유화정책으로 나가다가 일단 이들을 통제 가능하다고 판단되었을 때 탄압정책으로 돌아선 스탈린의 민족정책 수행방식과 유사하였다.

중국이 내세우는 민족에 대한 기본입장은 중화민족 다원일체론이다. 중국은 원래부터 여러 민족이 모여서 하나의 통일된 국가를 이루어 왔다는 것이며, 이를 이론적으로 뒷받침하는 것이 통일적다민족국가론이다. 통일적다민족국가론은 중국의 민족주의 학자 페이샤오퉁(費孝通)이 주장한 것으로, 중국의 대다수 학자들이 여기에 동참하고 있다. 페이샤오퉁에 의하면 중화민족은 중국 고금 각 민족의 총칭이며, 중국은 원래 다민족 통일국가라고 한다. 중국은 진과 한의 시기에 이미 완벽한 통일적 다민족국가를 형성하여 그 이후에도 한족과 주변의 민족들이 경쟁하는 가운데 합치기도 하고 분열하기도 하면서 오랜 역사에 걸쳐 통일된 다민족국가를 형성해왔다는 것이다.[270] 즉, 중국의 역대 왕조의 중앙정권은 한족이 수립하기도 하고, 또 소수민족이 수립하기도 하는 국면이 이어지며, 혼란과 분열의 시기도 있었으나 큰 흐름상으로는 대통일을 지향해 왔다는 것이다. 그리고 장기적인 대통일 과정 속에서 한족과 각 소수민족은 정치, 경제, 문화 등 각 방면에서 밀접한 상호의존으로 중화문명을 창조 발전시켜 왔으며, 점차 공동의 운명과 공동의 이익에 대한 의식과 함께 강고한 친화력과 응집력을 지

---

268 이진영, 2002, p.18
269 이진영, 2002, p.20
270 페이샤오퉁, 1989 ; 박정수, 2013, p.12

닌 통일적 다민족국가로서 스스로를 정립하게 되었다고 주장한다.[271]

중국은 현재의 소수민족을 인정하고 이들의 존재를 인정하는 바탕 위에서 다민족국가임을 천명하고 있다. 당장으로서는, 엄연히 존재하는 민족 간의 차이를 부정할 수 없고, 이들의 존재를 인정하지 않으면 반발로 인하여 현재와 같은 국가를 유지하기 어려울 것이기 때문이다. 하지만 이것은 원치 않는 현실을 어쩔 수 없어서 인정하는 것이다. 그래서 시간을 두고 장기적으로 소수민족을 동화시켜 하나의 민족으로 가는 것으로 그 방향을 설정하고 있다.

1954년에 제정된 중국 헌법은 중국 민족에 대한 사항을 명시하고 있는데, 헌법 서언[272]과 제4조에서 민족에 대한 사항을 다음과 같이 규정하고 있다.

〈서언의 민족관련 부분〉
… 중략 …
중화인민공화국은 전국 각 민족 인민이 공동으로 창립하여 이루어진 통일된 다민족국가이다. 평등, 단결, 상호협조의 사회주의 민족관계는 이미 확립되었으며 장차 계속하여 강화한다. 민족단결을 옹호하는 투쟁 중에서 대민족주의(大民族主義) 즉, 대한족주의(大漢族主義)를 반대하여야 하고, 지방민족주의도 반대하여야 한다. 국가는 일체의 노력을 다하여 전국 각 민족의 공동번영을 촉진한다.
… 중략 …

〈제4조〉
①중화인민공화국 각 민족은 일률적으로 평등하다. 국가는 각 소수민족의 합법적인 권리와 이익을 보장하고 각 민족의 평등, 단결, 상호협조관계를 유지하고 발전시킨다. 어떠한 민족에 대한 차별과 압박도 금지하고, 민족단결을 파괴하고 민족분열을 조장하는 행위를 금지한다.

---

271 장효정, 2006 ; 최형식, 2007. p.122
272 우리 헌법에서 전문에 해당한다.

②국가는 각 소수민족의 특징과 필요를 근거로 각 소수민족지구가 가속적으로 경제와 문화를 발전시키는 것을 돕는다.

③각 소수민족 집거(聚居)지방은 구역자치를 실행하고 자치기관을 설립하고 자치권을 행사한다. 각 민족자치지방 모두는 중화인민공화국과 분리할 수 없는 한 부분이다.

④각 민족 모두는 자기의 언어문자를 사용하고 발전시킬 자유가 있고, 자기의 풍속 습관을 유지하고 개혁할 자유가 있다.

헌법 서언에서 중국은 대민족주의와 지방민족주의의 대립되는 두 개의 민족주의를 상정하고 이들을 모두 배격함을 천명하고 있다. 대민족주의는 큰 민족이 소수민족을 억압하는 가운데 특권을 유지하는 형태를 말하며, 이는 지배적인 위치에 있는 민족이 다른 민족을 정복하고, 노예화하고, 동화시키는 것이다. 이 대민족주의의 개념은 이전에 러시아 사회주의에서 논의되었는데, 레닌은 대민족주의를 반대하고 민족자결주의를 옹호하였다. 1953년 3월, 마오쩌둥은 이 대민족주의를 대한족주의(大漢族主義)라 하여[273] 일부 지역에서의 민족간 갈등을 언급하며 대한족주의를 강하게 비판하였다. 중국은 다민족의 대국으로 가야 한다는 것이었다. 중국은 56개 민족으로 이루어진 다민족국가이며, 그래서 한족 민족주의와 지방민족주의 모두 다 극복해나가야 한다고 하였다.

대민족주의와 함께 지방민족주의도 배격한다는 것은 소수민족의 독자성을 인정하면서도 이러한 민족들이 독립하지 아니하고 전체로서 함께 한다는 것이다. 헌법에는 각 민족자치구역은 중화인민공화국의 결코 분리될 수 없는 한 부분임을 명시하는 가운데, 어떤 민족도 멸시 또는 박해받지 않는 반면, 민족단결을 파괴하거나 분열을 일으켜서도 안 된다고 하고 있다. 그리고 각 소수민족이 거주하는 지역은 자치기

---

273 대한족주의(大漢族主義) 또는 황한주의(皇漢主義)라고도 부른다.

구를 통하여 자치권을 행사하는 것을 보장하고 있다.

중국 공산당의 민족문제에 대한 입장은 앞에서 언급한 대로 시간에 따라 변화해 왔다. 공산당 수립 후 초기에는 소수민족의 자결권을 보장하여 민족분리도 용인하는 방향이었다. 그러다가 민족자치는 중국이라는 하나의 통일국가 내에서의 자치일 뿐인 것으로서 소수민족을 중국에서 분리하는 것은 절대 허용하지 않는 것으로 바뀌게 된다. 그리고 문화혁명기를 맞으면서 민족간 차이를 부정하고 소수민족을 강압적으로 동화시켜 나가게 된다.

소수민족의 문화파괴는 문화혁명기에 특히 심하게 일어났다. 1958년부터 1976년 사이에는 소수민족의 언어를 금지하고 일률적으로 중국 표준어를 사용토록 하는 것을 포함하여, 사회 문화 전반에 걸쳐 매우 가혹하게 문화변경을 강요하였다. 소수민족의 문화를 말살하는 것은 전통적 유목에서 농경에로의 변경, 의복의 변경, 언어의 변경, 종교생활의 변경, 전통적 농경방식의 변경, 의식과 관습의 변경 등 그 범위가 매우 넓다. 소수민족의 풍속을 전근대적인 것이고 야만적인 것으로 치부하여 이를 금지하거나 무시하게 되면, 이는 결국 새로운 문화로서 중국 공통의 문화로 바꾸라는 것이고, 이렇게 하여 소수민족 고유의 문화는 소멸되고 민족적 고유성은 사라지게 되는 것이다. 이것이 동화의 과정이다. 우매하고 낙후한 민족으로 멸시하고 근대화, 문명화라는 이름으로 변화를 강요하는 것은 과거 서구제국의 사람들이 비서구지역의 사람들에게 대했던 방식 그대로이다. 1977년 이후부터 소수민족에 대한 강압정책에서 벗어나 어느 정도 자율성이 부여되면서 상황이 다소 나아지기는 했지만 소수민족들은 여전히 적지 않은 어려움을 겪고 있다. 상황이 이렇다 보니 소수민족 중에는 중국으로부터 벗어나고 싶어하는 사람들이 생겨나기 마련이고, 그래서 중국정부는 소수민족에 대한 감시와 통제를 강화하면서 경계의 고삐를

늦추지 않고 있다.

1993년 장쩌민 주석은 소수민족과 관련하여 분리될 수 없는 것 세 가지를 발표하였다. 이는 첫째, 한족은 소수민족과 분리될 수 없고, 둘째, 소수민족은 한족과 분리될 수 없으며, 셋째, 소수민족 서로는 분리될 수 없다는 것이다. 이와 같이 소수민족은 중국 내에 있어야 한다는 것과 다민족일체는 중국정부의 건드릴 수 없는 원칙이다. 중국이 소수민족지역 자치체제를 시행하면서 소수민족에 대하여 자율성을 부여한다고는 하지만, 자율적이지 않은 테두리 속의 자율이어서 실질적이고 본질적으로는 전혀 자율적이 아니다. 중국과 같이 강한 중앙집권체제 하에 중앙정부가 지방 소수민족에 대한 장악력을 확보하고 있는 상태에서 소수민족은 자신의 운명에 대한 자기 결정권을 상실하고 있는 것이다.

중국정부는 거대국가로서의 중국으로 있어야 한다고 생각한다. 그러기 위해서는 반드시 소수민족을 중국 내에 두어야 하고, 이를 위한 방안으로서 소수민족에게 자치를 허용하고 소수민족을 존중해 주고 있는 것이다. 그리고 중국 전체를 중화민족이라고 하고, 중화민족 대가정(大家庭) 만들기를 강조한다. 국가 전체를 하나의 가족과 가정으로 상정하여 통합과 단결을 이루어 내려 하는 것이다. 중국의 민족문제와 관련한 전략과 정책은 동화정책에 맞추어져 있다. 중국은 민족문제와 관련하여 다음과 같은 전략을 두고 있다. 첫째, 각 지역의 민족을 서로 교류하여 융합시킨다. 둘째, 민족의 역사관을 교육한다. 셋째, 중화민족의 민족의식을 강화한다. 넷째, 각 민족의 풍속, 습관을 통일해 나간다. 다섯째, 공통의 규범을 만들어 넓혀 나간다. 여섯째, 정치적으로 소수민속이 이탈하지 않도록 우대해 준다. 일곱째, 인구 과소지역에 한인들을 이주시킨다. 여덟째, 변방 소수민족지역에 개발사업을 추진하고 여기에 한인들을 많이 참여시킨다. 그리고 국가적인 차원에서 많은 민족관련정책들을 시행하고 있다. 민족평등정책과 민족단결정책을 비롯하여 민족구역자치정책, 사회개혁정책, 경제문화사업정책, 언어문자존중정책, 풍속과 관습 존중정책, 종교신앙자유정책 등[274] 매우 다양하다.

2014년 중국 신장자치구 체모현은 소수민족과 한족의 결혼을 장려하는 정책을 발표하였다. 그 내용을 보면 소수민족과 한족이 결혼해 정부의 혼인증명서를 취득하면 매년 1만 위안의[275] 장려금을 5년간 받게 되고, 결혼 후 3년이 지나면 1인당 연간 2만 위안의 범위 내에서 의료비 지원을 받을 수 있다. 이들 자녀는 고등학교까지 학비가 면제되며, 전문대 이상의 고등교육기관에 진학하면 매년 5천 위안의 장학금이 지급된다. 이런 금전적 지원 외에도 소수민족과 한족 통혼 가정에 대해서는 정부가 공급하는 일자리와 주택을 우선배정해 준다.[276] 이는 신장 지역의 소수민족을 중국 내에 동화시키기 위한 정책이다. 이와 같이 중국에는 소수민족에 대해서 특별한 배려를 하는 정책과 제도들이 적지 않다. 여기에는 소수민족의 경제적 자립성 확보, 재정우대, 조세혜택, 소수민족 공업 및 농업 육성정책, 민족무역장려, 빈민구제, 한자녀정책에서 예외, 소수민족에게 대학입학 특전 등 다양한 혜택이 포함된다.

한편 이렇게 드러내는 유화정책의 이면에는 드러내지 않게 시행되는 통제정책이 있다. 중국정부는 암암리에 소수민족을 철저히 감시하고 통제한다. 2019년 2월, 로이터 통신은 네덜란드의 인터넷 보안 전문가인 빅터 게버스(Victor Gevers)가 신장위구르 주민에 대한 감시 자료를 입수해 공개한 것을 보도하였다. 이 자료는 광둥성 선전시 소

---

274 이진영, 2002, p.11
275 당시 환율 중국위안화 1위안은 한국원화 165원에 해당한다.
276 한국일보, 중 위구르족 동화전략은 한족과 결혼? 2014

재 안면인식관련 IT 업체인 센스네츠(SenseNets)가 관리해온 것으로 신장 위구르 주민 260만명 이상의 개인신상과 동선정보가 담겨 있었다. 중국정부는 안면인식기술을 활용하여 주민들을 24시간 추적 감시하고 있었던 것이다.[277] 안면인식기술에 있어서 중국은 세계 최고 수준이다. 이렇게 세계 최고가 된 것은 서구사회에서는 개개인의 자유와 사생활을 존중하는 가치관을 갖고 있기 때문에 이같은 기술을 발전시키는 것을 기피하는 반면, 중국은 이 분야에서 기를 쓰고 발전시켜 왔기 때문이다.[278] 중국에서는 누구나 휴대폰을 개통하려면 반드시 안면인식을 하여야 한다. 이렇게 수집한 정보는 국가기관의 개인에 대한 통제와 감시에 활용되고 있다. 이러한 감시체제는 소수민족의 통제에 특히 많이 활용되고 있다.

또한, 2020년 2월, CNN은 중국 당국이 작성한 것으로 판단되는 위구르 주민에 대한 감시문건이 공개되었다고 보도하였다. 667쪽에 이르는 이 문건은 반체제 성향 위구르족 주민뿐만 아니라 평범한 사람들의 일상생활과 종교활동 등을 속속들이 감시하고 있음을 보여주고 있었다. 중국에는 대규모의 구금시설을 두고 불량한 위구르인들을 구금하여 교화해오고 있는 것으로 알려져 왔다. 이 문건에서 드러난 사람들이 구금된 이유를 보면 공공장소에서 이슬람식 스카프를 쓰거나, 집에서 이슬람식 기도를 올리거나, 불법 서적을 소지했다고 하여 구금하는 등 대다수가 문명사회에서는 죄가 될 만한 것이 아닌 이유로 구금되고 있었고, 심지어 아이를 너무 많이 낳았다는 이유로 구금시설에 보내진 여성만 해도 114명이었다.[279]

이처럼 중국 당국의 소수민족에 대한 감시와 통제는 국가가 장악

---

277 중국, 안면 인식 기술 활용해 위구르족 260만명 위치 추적, 2019
278 Wang & Kang, 2019
279 中, 위구르족 일상 속속들이 감시…아이 많다는 이유로 구금도, 2020

하고 있는 첨단과학과 조직적인 시스템을 동원하여 행해지고 있고, 여기서 일어나는 인권유린은 매우 심각한 상태에 있다. 문제가 있는 소수민족에 대해서는 국가권력으로 물자와 자원, 그리고 인력을 동원하고, 모든 정보, 과학, 첨단기술 등을 총동원하여 개개인을 꼼짝 못하게 통제하고 있으며, 매우 체계적이고 교묘하게 통제하고 있다. 사람들은 국가의 탄압이 두려워 반발도 못하고 살아가는 상황에 있다. 국제사회에서도 중국이 강국의 위력으로 이를 부정하거나 무시하면서 넘어가기 때문에 이에 대해서 제대로 목소리를 내지 못하고 있는 실정이다.

중국도 개혁 개방이 시작된 1979년 이후에는 다문화주의 정책을 시행해오고 있다. 이전의 동화정책이 성공하지 못하였고 개방 후에도 이를 계속하기 어렵기 때문에 소수민족의 문화를 보호하고 존중하는 정책으로서의 다원일체문화정책을 시행하게 된 것이다. 하지만 다문화주의 정책 이후에도 소수민족의 비중은 줄어들고 그 정체성은 날로 약화되어가고 있다. 중국 내 소수민족은 1978년에는 8,000여만명으로 전체인구의 14%를 점했으나 2010년에는 8.5%로 그 비중이 줄었다. 중국의 다원일체문화정책은 다른 나라에서의 일반적인 다문화주의 정책과 다른 면이 있다. 민족을 위계적으로 설정하여 개별 민족 상위에 중화민족을 두고 중화민족을 앞세운다. 지식인들은 지역 민족의 문화적 차이를 부각시키고 정체성을 강조하는 일이 국가의 분열과 갈등을 가져올 수 있다고 하면서 국가정체성의 기반이 되는 중화민족에다 의미를 부여하는 일에 힘을 쏟고 있다. 이것은 그만큼 개별민족의 의미를 축소시키고 여러 민족을 하나의 민족으로 만들어 나가는 것이 된다. 외형적으로는 소수민족을 존중하고 보호하는 다문화주의이지만 실제에 있어서는 통합민족의 단문화를 추구하고 있는 것이다. 중국정부가 2009년 발표한 "소수민족 문화사업 진일보 발전과 번영에 관한 약간의 의견"을 보면 소수민족 보호를 위한 소수민족 문화사업의 의의가 중화민족의 문화정체성과 구심력 강화에 있음을 밝히고, 중화민족 문화의 발전과 진보를 위해 각 소수민족 모두가 노력할 것을 주문하고 있다.[280]

이렇게 중국은 교육제도, 행정관리체제, 대중매체 등을 통하여 민족에 상관없이 중국 내 모든 민족 공동의 정체성으로서의 중국 정체성을 형성하도록 많은 지원을 해오고 있다. 이러한 노력에 힘입어 그동안 중국정부는 적지 않는 효과를 거두었다. 중국 공통의 가치관과 문화가 많이 형성된 것이다. 그런데 중화민족의 문화와 한족의 문화는 차이가 없다. 이것은 결국 소수민족의 문화가 한족 문화로 바뀌고 있는 것을 의미한다. 중국의 것으로 오랑캐를 변화시킨다는 말은 들었어도, 오랑캐에 의해서 중국이 변화되었다는 말은 여태껏 들어보지 못했다고 맹자가 말했듯이[281] 중국 역사에서 민족이 융합되었다는 것은 이 민족이 한족에 동화되었다는 것을 의미하는 것이고, 이는 오늘날에도 같은 역사가 반복되고 있는 것이다.

제도적인 면이 아니라도 현실적으로 중국의 소수민족은 유지되기에 어려운 점들이 많다. 중국은 공식적 표면적으로는 소수민족 문화의 존중과 보호를 강조하고 있지만, 실질적으로는 보호되고 있지 못하다. 제도와 상관없이 전통문화를 고수하면 사회적으로 불리하여 소수민족은 자연적으로 도태될 수밖에 없는 구조다. 예를 들자면 공식적으로는 소수민족의 언어사용을 보장하지만 소수민족의 언어와 문자 사용은 점점 더 줄어들고 있다. 표준어와 민족 고유어를 함께 사용할 수 있다고 해도 표준어를 잘하는 것이 중요하다. 학교에서도 상급학교로 올라갈수록 표준어의 사용이 중요해지고, 좋은 직장일수록, 높은 위

---

280 박정수, 2013, p.14
281 맹자, 등문공(상). (吾聞用夏變夷者, 未聞變於夷者也)

치에 올라갈수록 표준어 사용능력이 중요해진다. 중앙에서 시행하는 교육과 자격시험에서 표준어를 잘 해야 하는 것은 말할 것도 없고, 중앙정부나 대기업에서는 표준어를 사용하고, 소수민족지역 내에도 주요 도시지역이나 주요 산업의 경우에는 한족이 많이 진출하고 있기 때문에 표준어를 잘 하는 것이 유리하다. 소수민족 개인의 입장에서 볼 때 자신의 문화를 고수할수록 자신에게 불이익이 돌아오기 때문에 불이익을 당하지 않기 위하여 자기 민족의 대오에서 이탈하려는 유인이 생기는 것이다.

자본주의 시장경제제도 도입 또한 소수민족에 불리하게 작용하고 있다. 시장경제는 모든 중국국민이 중국이라는 국가를 단위로 하는 국인경제에 참여케 하여, 이에 따라 경제적으로 민족적인 경계가 허물어지고 국가전체가 하나로 통합된다. 또 시장은 문화를 보편화시키기 때문에 개별 문화의 특성과 가치관이 사라지게 되고, 돈이라는 국가전체에 통용되는 하나의 경제가치가 여타 사회 문화적인 가치를 지배하게 된다. 시장생산된 획일화된 재화를 사용하게 됨으로써 전통적으로 내려오던 민속 고유의 물품은 사라지게 된다. 이렇게 산업사회로의 전환과정에서 지방의 소수민족은 경제적으로 점점 취약해지고 어려워지게 된다. 소수민족의 경우 대부분 경제적으로 경쟁력이 없고 비효율적이어서 사업에 실패하고 자본주의 방식에 적응하지 못하여 경제적으로 어려움을 겪는 사람들이 많다. 소수민족의 소득수준격차 해소와 생활수준 향상을 위하여 중앙정부의 지원에 더 의존하게 되고 이와 함께 간섭 또한 더 늘게 되면서 소수민족의 자치역량은 점점 더 줄어들게 된다. 소수민족은 노동자로서 대도시나 산업단지에 일자리를 찾아나가게 되고 한족의 사업자나 관리자들이 들어오면서 해당지역에 소수민족의 비율이 낮아지게 된다. 그래서 소수민족지역이 되기 위해서는 소수민족 인구비율이 30% 이상이어야 하는데 이 기준을 충족하지 못하여 소수민족지역에서 해제되는 지역도 늘어나고 있다.

이러한 현실에 직면하여 소수민족 중에는 불만인 사람들이 많다. 소수민족들은 나라의 절대적인 비중을 차지하고 있는 한족에 대하여 압박감을 느끼고 있다. 중국정부는 한족 간부를 소수민족지역에 발령하여 통치하게 하고,[282] 국가 내 민족들을 융합하기 위하여 소수민족지역에 해당 민족의 밀도를 희석시켜 나가고 있다. 그래서 어느 지역이든 한족이 유입되고 있고, 소수민족 지역에서 이젠 한족이 다수를 차지하는 경우가 많다. 국가에서 한족이 주도권을 장악하는 것은 당연하다. 중국은 소수민족을 우대하는 정책으로 2008년을 기준으로 보면 전국인민대표 중 소수민족 대표가 차지하는 비율은 13.76%이고, 전국공무원 중 소수민족 공무원의 비율은 9.6%로서 소수민족의 인구비율보다 높다. 하지만 국가의 중요한 직위는 한족이 독점하고 있고 중요한 결정에서는 한족의 이해가 우선하는 것은 피할 수 없는 현실이다. 소수민족들은 이중의 압박감을 갖고 있다. 하나는 한화(漢化)에 대한 압박감, 다른 하나는 서양화(西洋化)에 대한 압박감이다. 소수민족 중에는 환경의 변화나 사회제도의 변화를 원하지 않는 사람들이 많다. 변화가 자신들을 이롭게 하지 않는 경우가 많기 때문이다. 경제발전의 불균형, 한화현상, 서구화현상, 개인주의 사상의 만연, 황금만능주의, 문화와 언어의 상실, 미풍양속의 소실, 지방자치의 약화 등 소수민족에게 부담으로 다가오는 변화가 한두 가지가 아니다.

또한 여러 민족이 함께 살아가는데 있어서 단합하고 공동의 이익을 추구해야 한다는 큰 명제에서는 민족 간에 차이가 없지만 구체적이고 개별적인 문제에 들어가서는 대립과 갈등이 생기게 된다. 소수민족지역에 이권이 있는 곳에 한족들이 많이 진출하고 있기 때문에 한족과 지역민족 간에 대립도 발생한다. 자본주의적인 경제거래에서 한족 상

---

282 신수식, 최용호, 2003, pp.29~30

인들에 의하여 착취당하고 있다고 생각하여 한족에 거부감을 갖는 사람들도 있다. 풍속, 종교, 언어 등의 차이와 같이 민족 간에 갈등을 야기할 수 있는 상황도 많고, 또, 사람들 중에는 민족 간의 갈등을 야기하려는 사람들도 있고, 외부적으로도 분열을 부추기고 지원하는 세력이 있을 수 있기 때문에 겉으로 평온하다고 해도 평온한 것이 아니다. 특히 티베트지역과 신장지역에서 갈등이 심하다. 이들 지역에서는 독립을 요구하는 시위나 폭동이 수시로 일어나고 있다. 이미 1959년에 달라이라마가 인도에 티베트 망명정부를 세웠고, 2004년에는 신장지구 위구르인들이 미국 워싱턴에 동투르키스탄 망명정부를 세웠다. 이들 지역에서 분리독립의 요구가 많은 데는 역사, 문화, 종교, 언어 등 많은 요소에서 중국과 하나의 국인이 되기 어렵기 때문이다. 특히 종교가 중요한 부분을 차지하고 있는데, 사회주의는 종교를 무시한다는 점에서 그동안 사회주의 체제가 분리주의 기운을 잠재우는 데에 어느 정도 기여하였다. 하지만 지금은 사회주의가 쇠퇴하고 있고 앞으로 사회가 발전하면서 주민들의 의식이나 사회환경이 다원적으로 변하게 되면 분리 독립의 열망이 더 커질 가능성이 높다.

한편 중국 내 한족들도 민족주의가 있다. 2013년 상하이 국제영화제에서 중국 여배우 쉬자오가 중국의 전통한복 한푸를 입고 나왔을 때 비난을 퍼붓는 사람들이 많았다. 그 이유는 일본옷을 입고 나왔다는 것이었다. 이런 말들이 돌자 이 옷이 일본옷이 아니라 한족전통의 옷이라고 해명하였고, 이에 비난은 다시 칭찬으로 바뀌었다. 한족들 대다수가 한족의상을 모르고 있었던 것이다. 그들은 자신들이 전통 예복으로 입고 있는 치파오가 호복(胡服)인줄 모르고 전통 한복(漢服)이라고 생각하고 있었던 것이다. 만주가 중국을 지배하면서 한족들을 모두 자신들이 입는 옷으로 갈아입혔고 근 이백 년의 세월이 흘렀기 때문에 한족들은 자신들의 조상들이 수천 년을 입었던 의상을 잊어버린 것이다.

청말에 한족들이 멸청복한(滅淸復漢)의 기치를 내걸고 운동을 벌였으나, 그 결과에서 보면 청은 멸망하였지만 한은 회복되지 않았다. 실제 새로 수립된 국가 중화민국은 청나라 하에 있던 모든 민족을 포괄하는 국가였기 때문에 한족의 것을 회복하는 일은 없이 청의 것을 그대로 이어받았던 것이다. 그래서 문화혁명기에는 오히려 한푸와 같은 중국 전통의상이 된서리를 맞기도 하였다. 하지만 최근 중국이 경제적인 여유를 갖게 되고 문화 예술이나 패션에 대한 관심이 높아지면서 전통의상이 알려지게 되었고, 이를 이어서 한족의 한푸 착용에 대한 유행이 일어나고 있다. 이러한 상황에서 이를 경계하는 분위기 또한 감지되고 있다. 청년정치학원의 장셴 교수는 한푸운동은 한족의 순결성과 우월성을 과시하려는 것으로서, 이는 민족의식의 회귀가 아니라 민족의식의 퇴화이며, 문화의 자각이 아니라 역사의 퇴보라고 하였으며, 또 어떤 이는 한푸운동은 대민족주의를 반대한다는 헌법에 저촉된다고 지적했다.[283]

중국이 더 큰 국가가 되기 위해서 소수민족을 다독거리다 보니 막상 한족의 입장에서는 손해를 감수해야 하는 일이 일어나게 된다. 더 중요한 문제는 한족 자신의 정체성이다. 소수민족들과 모두 함께하는 집단이 되다 보니 한족 자체의 정체성이 희미해지게 된다. 역사에서 당시 몽고족이나 만주족과 같은 외적의 침략으로부터 중국을 지켜낸 역사적 영웅이 내전의 싸움꾼에 불과한 것으로 평가절하되는가 하면, 청나라 황제와 같이 과거에는 중국을 침략하고 애국자들을 학살한 이민족 정복자가 중국의 영웅이 되었다. 모두 다 우리라고 하다 보니 누가 우리이고 누가 우리가 아닌지 혼동하게 되고, 드디어는 내가 누구인지도 혼동스럽게 되는 것이다.

---

283 치파오 벗고 한푸 입는 중국…한족주의 부활하나, 2019

그래서 한족 민족주의자는 원나라, 청나라와 같은 이민족지배 시대를 중국의 역사로 포용하는 것에 반대한다. 이들은 중국은 한족 왕조에 의한 중국 본래의 역사와 문화를 왜곡해서는 안된다고 주장하며, 송, 명 시대를 중국의 전성기로 보는 한편, 원, 청을 중국의 망국사로 보고 이러한 시대를 거치면서 중국이 퇴보하고 낙후하게 되었다고 주장한다. 그리고 정부가 소수민족을 우대하는 것에 반대한다. 한족의 문화는 우수한 문화로서 주변의 소수민족들을 이끌어왔다고 생각하고, 지금도 중국 내에 한족이 이끌어가는 것이 당연하기 때문에 소수민족은 한민족에 동화되든지 따라와야 한다고 생각한다. 소수민족에게 2자녀 이상을 허용하는 것은 역차별로서 폐지되어야 한다고 주장한다. 중국이 안정된 나라로 유지되기 위해서는 중국 내 한인들의 비중이 항상 90% 이상은 되어야 하는데, 한인의 인구비중이 지금보다 더 줄어들어서는 안된다는 것이다. 한인 민족주의자들도 중국의 특성상 자신의 주장을 드러내서 펼치기는 쉽지 않기 때문에 이들의 생각이 주로 표출되는 곳이 사이버공간이다. 예를 들면 웹사이트 한왕은 한민족의 문화와 정체성을 주장하며, 블로거 chinazi (china + nazi)는 나치스타일의 인종차별주의를 표방한다. 이들은 한족이 이민족에 오염되지 않고 한족의 우월한 피를 보존하여야 한다고 주장한다.[284] 사실 냉정하게 보면 중국의 한족들이 소수민족을 보듬는 것은 사람이 좋아서가 아니라 그들의 땅이 탐이 나서 그러는 것이다. 영토를 얻으려다 자신들을 잃을 수도 있다는 점을 생각하게 되면 욕심을 버리고 자신에게 되돌아가는 것이 더 나은 길일 수 있는 것이다.

중국이 소수민족을 성공적으로 융합하여 미래에 하나의 민족이 될 수 있느냐의 문제에 있어서 낙관과 비관이 공존한다. 먼저 낙관적 측면이다. 오늘날은 국가가 민족들을 통합하는데 어느 때보다 유리한 환

---

284 Leibold, 2010, p.11

경에 있다. 시대적으로 과학 기술의 발달로 국가 내 원거리의 사람들 간에 소통이 원활해지고 있다. 즉, 곳곳에 도로와 다리가 놓이면서 지역을 가로막고 있던 산과 강이 뚫리게 되고, 고속도로와 고속열차, 공항, 항만이 건설되고, 통신망이 개설됨으로써 이전에는 차단되고 고립되어 있던 지역들이 이제는 전국이 한 지역처럼 소통이 가능하게 되고 시간거리가 단축되고 있다. 국가 내 모든 민족이 같은 방송과 신문을 보면서 언어가 표준화되고 소수민족의 풍습이 사라지고 전국민적 차원의 문화적 통합이 이루어지고 있다. 또 전통적인 가치관은 근대적인 법체제와 가치관으로 대체되고 있다. 여기에 중국정부의 큰 국가를 유지하려는 의지가 워낙 강한데다 과학 기술의 발전은 정부의 주민들에 대한 통제력을 더 강화시켜 주고 있기 때문에 중국정부가 이러한 여건들을 활용해서 계속 통합작업을 하게 될 것이고 그렇게 되면 결국 하나의 민족으로 될 것이라는 것이다.

다음으로 비관적인 측면이다. 멀리 있던 사람들 간에 시간적 의식적 거리가 단축되고 문화적인 통합이 이루어지고 있는 것은 중국 내에서만의 일은 아니고, 전세계적인 차원에서 일어나고 있는 현상이기도 하다. 소수민족들이 중국 바깥의 세계와 소통하게 되면 자기들만의 국가를 더 많이 의식하게 되고 중국에 대한 의존이 줄어들 수 있다. 18~19세기 유럽의 국인주의 시대에도 교통통신의 발달로 더 멀리 더 다양한 사람들과 교류하게 되었을 때 사람들은 자신의 정체성을 발견하고 자신들만의 나라를 만들었다. 중국이 소수민족을 잘 통제하고 있지만 앞으로도 계속 효과적으로 잘 통제해 나갈 수 있다는 보장은 없다. 중국이 권위주의 독재국가 체제에서 모든 인민을 국가가 원하는 대로 통제하는 가운데 소수민족도 통제되고 있는 것이다. 중국은 그동안 근대화를 이루었지만 인권과 자유, 그리고 정치적 의사결정권과 같은 기본권을 향유할 수 있는 위치에 도달하지는 못하였다. 이러한 상태에서 소수민족들도 그 자결권을 갖지 못한 상태에 있는 것이다. 티베트민족이 티베트인인지 중국인인지는 티베트민족이 자신을 어떻게 생각하는지에 달려있다. 하지만 현재에는 중국정부가 강압통치를 하고 있는 상황에서는 이를 확인할 길이 없다. 앞으로 중국 내 많은 사람들이 개인의 자유와 권리를 요구하게 되면 지금과 같은 통제를 계속하기 어렵게 될 것이다. 이러한 사태를 촉발시킬 수 있는 중요한 요인이 국가 외부로부터의 정보와 사상의 유입이다. 그래서 중국정부는 국가 외부로부터의 정보와 사상의 유입을 막아야 하지만 이것이 여의치 않다. 중국이 원하는 경제발전을 계속해 나가기 위해서는 대외시장을 활용해야 하고, 그러기 위해서는 경제를 개방해야 하고, 경제가 개방되면 사회와 문화도 열리게 된다. 외부로부터 다양한 문화와 사상을 접하게 되면 지금처럼 통제된 사회에서 벗어나고 싶어하는 사람들이 많아질 것이다. 또 사회가 발전하고 교육수준이 높아질수록 자신들의 정체성을 찾고 자신들만의 공동체의 이익을 지켜나가려는 의지와 능력이 향상되는 것이 일반적이다. 자신의 역사와 전통을 찾으려는 사람들이 늘어나고 자신들만의 독자적인 정치체제를 추구하는 집단이 생길 수밖에 없을 것이다. 지금까지 사회가 발전하지 못하였기 때문에 동아시아지역은 유럽에서와 같은 민족자결주의가 일찍이 실현되지 못하였고, 이에 따라 독립해야 할 나라들이 독립하지 못하고 있는 것일 수도 있는 것이다. 더 민주적이고 자유로운 국가가 된다면 14억 인구, 56개의 민족을 하나로 묶어 놓기 어려울 수 있다. 또 효율성 측면에서 보더라도 중국은 하나의 나라로서 획일적으로 움직이기에는 나라가 너무 크다. 그래서 큰 국가로서의 비효율성이 발생할 수 있고 이에 대한 부담은 소수민족들에게만 돌아가는 것이 아니라 한족 또한 마찬가지이다. 그래서 중국이 발전하고 세계와의 교류가 많아질수록 분열의 힘이 더 커질 가능성이 있다.

결국 중국의 소수민족 문제는 미래의 세계 발전과 함께 소수민족을 포용하는 중국의 역량에 달려 있다. 중국이 민족문제를 잘 다루어나간다면 지금과 같은 상태를 유지하면서 장기적으로 민족들은 통합되는 길로 가게 될 것이다. 그러기 위해서는 중국이 경제적으로 발전하면서 중국내 모든 민족에게 경제적 사회적 발전의 희망을 제공하여야 한다. 만약 그러지 못한다면 소수민족의 중국으로부터 이탈하려는 힘은 더욱 커지게 될 것이다.

2 역사공정

역사공정은 중국정부가 시행하고 있는 중국역사 프로젝트다. 이는 역사 내셔널리즘으로서 중국의 역사를 발굴하고 개발하여 중국의 위대함과 중국인의 우월성을 드높이기 위한 작업이다. 이 역사공정은 크게 두 가지의 목적을 갖는다. 하나는 유구하고 찬란한 역사를 발굴하는 것이고, 다른 하나는 중국 내 소수민족 지역을 중국 영토로 만들기 위한 역사적 근거를 만들어 내는 것이다. 앞의 공정이 중국이라는 국가의 시간적인 범위를 넓히는 작업이라면, 뒤의 공정은 중국의 공간적인 영토를 넓히는 작업이라 할 수 있다.

먼저 유구하고 찬란한 역사를 발굴하는 것은 주로 신화로만 내려오던 것을 탐사발굴을 통하여 역사로 편입시키는 것이다. 중국이 고대의 역사를 발굴하여 중국의 역사적인 기원을 더 이전으로 끌어올리는 작업을 시작한 것은 1980년대 후반이다. 1996년에 하상주단대공정(夏商周斷代工程)을 시행하였는데 이 작업에서 나온 결과를 토대로 하여 중국 역사의 시작을 대폭 상향 조정하였다. 중국 최초의 왕조로 알려진 하왕조는 기원전 2070년에, 그 다음 왕조인 상왕조는 기원전

표 8-1	중국의 역사공정	

공정	사업연도	연구대상
하상주단대공정	1996-2000	하, 상, 주나라 연대 연구
중화문명탐원공정	2002-2005	중국문명의 시원 발굴
서남공정	1986-	티베트 중심 서남지역
서북공정	2002-	신장 위구르 중심 서북지역
동북공정	2002-	동북3성 중심 동북지역

1600년, 그리고 그 다음 왕조인 주왕조는 기원전 1046년에 시작된 것으로 발표하였다. 이는 지금까지 기원전 841년 서주시대로부터 시작하던 중국의 역사는 1,200여년 더 위로 올라가게 된 것이다.

또, 2002년부터 2005년까지 중국은 중화문명탐원공정(中華文明探源工程)을 하였다. 중국 요녕성의 홍산지역의 유적이 발굴되면서 이 지역의 요하문명이 황하지역의 문명보다 더 앞섰음을 발견하게 되자, 이를 중국문명으로 편입시키기 위하여 발굴과 연구작업을 하게 된 것이다. 요하지역의 홍산문화는 기원전 약 6,000년까지 거슬러 올라가는 신석기시대 문명으로[285] 1908년 일본의 인류학자 도리이 류조이에 의하여 처음 발견되어 세상에 알려지게 되었다. 이곳은 적석총, 옥장신구 등이 만주와 한반도에서 발견되는 유적 유물과 거의 같아서 고조선 혹은 한반도의 고대문명과 연관된 것으로 추측되는 곳이다.[286] 이곳은 중국이 지금껏 중화 영역 바깥의 오랑캐 영역으로서 동이(東夷)

---

285 홍산문화, 미상 1
286 홍산문화, 미상 2

라고 명명해왔던 곳이다. 하지만 이곳의 문명이 중화문명 보다 먼저 발달하였다는 것을 발견하고서는 중국의 학자들은 어떻게 해서든 이 곳을 중화문명으로 편입시키기 위하여 노력을 하고 있다. 그래서 이 곳을 중국 황하문명의 원류라는 주장을 하기도 하고, 이 지역이 중국 의 시조인 황제의 근거지였다는 주장을 하기도 한다.[287] 이 공정을 통 하여 삼황오제의 신화를 역사적인 사실로 만들어 중국 역사의 시작을 5,000여년에서 10,000여년 더 이전으로 끌어 올렸다. 이렇게 역사를 끌어올림으로써 중국 문명은 이집트문명을 앞서는 세계에서 가장 오 래된 문명으로 주장하게 되었다.

다음으로 중국내 소수민족을 중국인으로 만들기 위한 역사적 근거 를 만들어 내는 역사공정이다. 중국이 소수민족 지역에 대해서 굳이 이렇게 역사공정 작업을 하는 이유는 소수민족 지역이 중국의 영토라 는 것을 기정사실화하는 역사적인 근거를 마련하기 위해서이다.

1951년 5월, 역사학자 백수이(白壽彝)가 광명일보(光明日報)에서 현재의 중국 영역을 기준으로 중국역사의 범주를 정해야 한다는 주장 을 제기한 이래, 중국에서는 이러한 생각을 기초로 현재 중국 내 소수 민족을 포함하여 중국의 역사로 하고 있다. 이는 이전에는 중국사와 변방민족사를 구분했던 것과 다른 것이다. 중국 학자들 중에는 여기에 서 더 나아가 과거의 조공책봉제도를 중국의 국내제도로 하여 이 관계 에 있었던 모든 국가까지도 중국 내로 봐야 한다고 주장하기도 한다.

중국은 1986년 서남공정을 수행하였다. 서남공정은 티베트의 중 국으로부터의 독립문제와 관련하여 이를 억제하기 위한 근거를 마련 할 목적으로 행해졌다. 이 공정을 통하여 티베트는 독립국가가 아니라 중국의 역사에 속하는 중국 내의 일개 지방정부에 불과한 것으로 결론 지었다. 또 2002년에 시작된 서북공정에서는 위구르족이 살고 있는

---

287 이유진, 2006, pp.434~437

신장지역은 중국 전한의 무제 이후로 중국 역사의 일부로 되었다고 하였다. 이와 같은 역사 연구와 해석을 통하여 중국 내의 소수민족 지역을 독립적인 국가로서의 역사적인 흔적을 지우고 중국의 역사로 개조함으로써 이들 민족이 독립적인 국인이 아니라 중국인임을 인식시키려 하는 것이다. 여기에 더 나아가 이웃국가의 역사를 중국의 역사라고 하고 이웃 국가의 땅을 자국의 영토라고 주장하기 위해서는 근거가 필요하므로 역사공정을 통하여 이에 대한 근거를 마련하는 것이다.

동북공정은 한국인들에게 널리 알려진 공정이다. 이 공정을 통하여 중국의 역사공정이 알려지고 한국인들에게 적잖은 충격을 주었다. 동북공정은 2002년에 시작된 것으로 동북변강역사여현상계열연구공정(東北邊疆歷史與現狀系列研究工程)의 약어이다. 즉 중국동북부 변경 지역의 역사와 현황에 관한 체계적인 연구작업이라는 말이다. 중국은 이 공정을 통하여 체계화한 사실과 논리에 근거하여 고구려와 발해를 비롯한 중국동북 지역의 고대역사를 중국 역사의 일부라고 주장한다. 또, 중국은 원나라의 역사를 중국의 역사로 하고 있다. 중국은 1995년 『몽골국통사』를 출간하여 몽골의 영토는 중국의 영토라고 주장하자 몽고는 이에 대하여 반발하였다. 그리고 1997년 서남공정에서는 베트남 북부에 기원전 203년 건립된 남비엣(南越)왕국을 중국의 지방정권이라고 주장하여 베트남의 반발을 샀다. 중국은 이 같은 역사 문제로 타슈켄트, 키르기스 등 중앙아시아 국가들과도 갈등을 빗고 있다.

이러한 역사관련 문제는 현실적으로 중국의 변방 지역에 대한 지배와 관련되어 있다. 사실 중국의 긴 역사과정을 보면 지금처럼 변방의 이민족지역들이 중국의 일부분으로 들어와 있는 것은 비정상적인 상태이다. 이러한 비정상적인 상태를 그대로 두고 가면 결국은 이들 지역이 중국으로부터 이탈하게 될 것이므로 중국 내에 있는 것이 정상으로 인식될 수 있도록 과거의 역사를 만들어 내고자 하는 것이다. 중국의 변방지역이 중국의 땅임을 확실하게 하기 위해서는 역사적인 근거가 필요한데 지금까지의 역사로는 중국에게 불리하다. 그래서 중국은 자국에 유리하게 역사를 재정립하고, 이를 동원하여 변방 소수민족지역들이 중국의 영역인 것을 기정사실화함으로써 중국의 소수민족 지배를 정당화하고, 이들이 중국으로부터 이탈될 수 있는 힘을 약화시키는 것이다.

이러한 역사공정은 중국의 내부문제로만 끝나지 않고 중국 바깥의 이웃국가들에게도 큰 문제를 일으키고 있다. 지금 중국의 학교에서는 고구려는 고대 중국의 지방정권이라 하여 고구려의 역사를 중국의 역사로 가르치고 있다.[288] 중국의 역사대로라면 한국사람들은 자신들의 고대 국가를 잃고 자신들의 선조를 잃게 되는 것이다. 이렇게 되면 한국인들이 자랑스럽게 생각하는 수나라 대군을 물리친 살수대첩도 중국의 내전에 불과하고, 한국인이 존경하는 을지문덕 장군도 중국의 장수가 된다. 그리고 2011년 5월, 중국 국무원은 아리랑, 가야금 예술, 씨름, 판소리, 조선족 회혼례 등을 국가 무형유산으로 발표하였다.[289] 또 중국은 최근 한국의 전통의상 한복(韓服)을 중국의 사극 드라마나 게임에 등장시켜 중국의 전통의상이라고 주장하는가 하면, 2020년 11월에는 중국생산 김치를 국제표준화기구(ISO)에 국제표준으로 등재하는 등 한국의 문화를 자신의 것으로 주장하는 일들이 자주 일어나고 있다. 이는 문화적인 침략행위로서 국가적인 자존심을 생각해서라도 국제사회에서 잘 일어나지 않는 일이다. 그런데도 중국이 유난히 한국에 대해서 이렇게 하는 것에 주의깊게 볼 필요가 있다. 보통 자국의 문화를 타국에 강요하는 형태를 취하지만 중국은 만주의 치파오를

288 김소중, 2003, p.230
289 이동율, 2012, p.64

자신들이 입음으로써 만주를 자국화시키는 데서 보듯이 자신들이 그 나라의 문화를 사용함으로써 그 나라를 자국으로 만들려 한다는 사실을 유의할 필요가 있다. 중국이 왜 이러는가를 생각하면 자연 시진핑이 트럼프에게 한 말이 떠오르게 되는 것이다.

현재 동남아시아 국가 인근의 남중국해에서 바다 대부분의 영역을 자국해라고 주장하는 중국이 그 근거로서 제시하는 것 중의 하나도 역사적인 권리이다. 중국은 국경을 마주하여 인접하는 국가도 많은데, 그 국경을 두고 인접하는 국가 거의 대부분과 영토분쟁을 하고 있다. 이러한 영토 분쟁에 있어서 중국이 자주 동원하는 근거가 역사적인 권리이고, 이를 위해 역사공정을 하는 것이다. 중국은 이웃나라와 서로 상충되는 역사문제에 있어서 서로가 인정할 것은 인정하는 자세로서의 타협을 하려 하지 않는다. 강대국의 위압적인 태도로 자국이 정한 역사를 일방적으로 주장할 뿐이다. 그동안 중국은 중화회복이라 하여 과거의 영광을 되찾는다는 것을 표방해 왔다. 그런데 지금 일어나고 있는 일들을 보면 과거의 영광을 회복하는데 거칠 것 같지도 않다. 이렇게 자기중심적인 중국이 앞으로 그 힘이 더 강해진다면, 또, 어떤 역사공정을 하여 무슨 주장을 하게 될지 예측하기 어렵다.

3 대만 문제

대만은 원래 원주민으로서 말레이 폴리네시아계의 사람들이 살았다. 그러다가 서양세력이 밀려오면서 17세기 스페인이 대만 북부지역을 지배하고, 네덜란드의 동인도회사가 섬의 남쪽지역을 차지하여 통치하였다. 동인도회사는 농업생산에서의 노동력을 확보하기 위하여 중국 남부 푸젠 및 광둥 지역의 한족을 대만으로 이주시켰다. 이를 기화로 중국 대륙사람들의 인구유입이 늘어나게 되었고 이들과 대만사람들 간에 혼혈이 형성되었다. 이후 1661년 만주족이 명(明)을 침입하면서 항청복명의 기치를 내걸고 청(淸)에 저항하던 명의 정성공이 1661년 대만에 진입하여 네덜란드 세력을 축출하고 세력을 잡게 되었다. 이후 청은 1683년 정씨일가를 정벌하고, 1732년 원주민 국가 다두왕국을 멸망시켜 대만을 지배하에 두게 되었다.

그리고 1894년 중국이 청일전쟁에서 패하여 대만은 일본에 할양되었다가 일본의 세계대전 패배로 1945년 중화민국에 반환되었다. 국공내전에서 패배한 중화민국 장제스는 1949년 12월에 그의 정부를 대만의 타이베이로 이전하였다. 이로써 중화민국은 그 영토를 중국전체로 선언하고 있었지만 실효 통치지역은 대만으로 되었다. 이후 대륙에서 내려온 사람들이 대만에서 지배력을 행사하게 되는데, 이들은 본성인과 외성인으로 나누어진다. 본성인은 1945년 일본이 패전하기 이전에 대만으로 온 한족을 말하며, 대만인구의 약 85%를 차지한다. 이에 대해 외성인은 1945년 이후 중국 국민당이 공산당에게 패하면서 피신하여 내려온 사람들이다. 이들은 대만에 내려와 실권을 장악하게 되는데, 주로 대만의 북부지역에 살며 대만 인구의 약 13%를 점하고 있다.

대만은 1950년대부터 2000년까지 국민당의 장기집권 하에 있다가 1996년 직접선거에 의한 총통선출제로 되면서 2000년 50여년만에 처음으로 정권교체가 이루어졌다. 2000년 총통선거에서 민주진보당의 천수이볜이 총통이 선출된 이후 지금은 국민당과 민주진보당 양당체제를 이루고 있다. 국민당은 대륙과의 통일을 추구하는 반면, 민주진보당은 대만의 독립을 추구한다. 국민당은 처음에는 대륙수복을 기치로 내걸고 반중화인민공화국과 반공주의를 추구하였으나 민주진보당을 비롯한 진보세력이 대만의 독립을 추구하자 친중성향으로 바꿰게 되었다. 여기서도 정치이념보다 민족이 우선되고 있는 것이다.

중국의 입장에서는 대만은 중국의 일부로서 다시 중국에 편입되어야 한다고 주장하고 있고, 그 입장은 매우 단호하다. 중국은 근세의 외세침략과 내분 속에서 중국의 통치 영역으로부터 벗어났던 대만, 홍콩, 마카오 등을 자국 내에 완전히 통합함으로써 국가의 완전한 통일을 이루겠다는 계획을 하고 있다. 비록 체제는 다른 상태에 두고 있지만 홍콩은 1997년에, 마카오는 1999년에 중국이 주권을 회복함으로써 중국의 목표는 대만만 남은 셈이다. 대만과는 우선 경제협력협정 같은 공동의 장을 구축하고 이를 통하여 상호 우호와 신뢰를 넓혀 나감으로써 장차 정치적으로도 통합으로 나아가겠다는 의도이다.

하지만 대만의 대다수의 국민들은 중국과의 통일을 원치 않는다. 원래부터 대만의 독립의지는 강했다. 청일전쟁 이후 청나라가 일방적으로 일본에 할양하자 대만에서는 대만민주국을 선포하여 일본의 점령에 대하여 저항하였다. 그리고 일본의 패전으로 중국에 반환되었을 때인 1947년에는 대륙에서 내려온 중화민국의 관료들에 항거하였고, 이에 국민당 정부에서 병력을 파견하여 유혈진압을 하였다. 이 과정에서 본성인 3만여 명이 사망 또는 실종하는 비극을 당하였고, 이때 생긴 본성인과 외성인 간의 앙금이 지금도 남아 있다.

시간이 갈수록 대만은 탈중국화의 방향으로 나아가고 있다. 2015년 여론조사에서 자신을 대만인이라고 응답한 사람의 비율은 59.5%였던 반면에 중국인이라고 응답한 사람의 비율은 3.3%였다. 그런데 2019년에는 자신을 대만인이라고 응답한 사람의 비율은 83.1%인 반면에 중국인이라고 응답한 사람의 비율은 1.1%였다.[290]

이런 대만에 대하여 중국은 통일의 의지를 재확인하며 더욱 강경하게 나오고 있다. 2019년 1월 시진핑은 「대만동포에 고하는 글(告台

---

290 차이인원과 중국풍, 2020

灣同胞書)」이라는 연설에서 "우리는 통일에 필요한 다양한 수단들에 대한 선택권을 갖고 있으며 무력사용 포기를 약속할 수 없다"고 하여 [291] 대만과의 통일을 위해서라면 무력사용도 할 수 있다고 하였다. 중국은 대만을 자국 영토의 일부라고 하면서 일국양제의 체제를 제시하고 있지만, 이는 대만의 의사와는 상관없는 중국 일방의 주장이다.

일국양제와 같은 것은 흔히 볼 수 있는 체제가 아니다. 중국의 체제와 대만의 체제가 다르기 때문에 그대로 통일을 할 수 없기 때문에 서로 다른 체제를 두면서도 하나의 나라라고 한다는 것이다. 체제가 다르다는 것은 삶의 방식이 다르다는 것이고, 삶의 방식이 다르다는 것은 다른 사람들이다. 같은 민족이라고도 할 수 없고, 더구나 정치체제에 있어서까지 서로 다른 집단이라면 같은 국인이 아니다.

중국이 대만을 중국 내의 일부로 간주하게 된 것은 청(淸)이 침공하면서 부터이다. 중국은 같은 민족이라고 하지만 이는 설득력이 약하다. 청때 한족이 들어오기 이전에는 무인도로 있었던 것도 아니고 원래 중국땅에 사람이 살기 시작했을 즈음에 대만땅에서도 사람이 살기 시작했던 것이다. 그럼에도 대만에 한족의 사람들이 많은 것은 이주한 한족도 있지만 많은 사람들이 원래 한족이 아니라 한족으로 만들어진 사람들이다. 청 이후 한족의 위세에 눌려서 차별에 시달려서 한족의 혼혈이나 원주민들이 자신들을 한족이라 할 수밖에 없었던 것이다.

이렇게 볼 때 중국이 대만에 대하여 같은 민족이라고 주장하는 것은 옳지 않다. 혈통적으로나 문화적으로나 같은 민족으로 볼 근거가 없다. 여기에다 같은 국인이라고 주장하는 것은 더더욱 옳지 않다. 중국의 일부라고 주장하는 것은 청나라 침략에 의한 지배와 중국 본토의 내전에서 패배한 국민당이 대만에 내려와 행한 강제지배 외에는 그 근거를 찾을 수 없다. 자신을 대만인이라고 응답한 사람의 비율

---

291 Haynes, 2019

은 83.1%인 반면에 중국인이라고 응답한 사람의 비율은 1.1%인 것을 두고 볼 때, 대만 사람들이 이렇게 생각한다면 더 이상 무엇이 필요한가?

중국이 제시하는 일국양제라는 것은 지금은 삶의 양식이 서로 달라 같은 제도 하의 하나의 하나의 나라가 될 수 없으니 일단 하나의 나라로 통일부터 하고 시간을 두고 삶의 양식을 하나로 만들어 가자는 것이다. 그것은 중국의 체제를 대만처럼 변화시키겠다는 것일 리는 만무하고 대만을 중국과 같이 만들려고 할 것인데 이는 결국 대만인들의 고통과 희생을 예고하는 일이다. 같은 예가 홍콩이다. 중국으로 반환 후 홍콩에서 일어나고 있는 일들을 본 대만인들은 중국에 대한 두려움과 함께 독립의 의지를 강화해 나가고 있다. 대만이 멀어지고 있다고 생각한 중국은 대만에 더욱 강압적으로 통일을 강요하고 있고, 그럴수록 대만은 더욱 멀어지고 있는 현실이다.

4 홍콩 문제

현재 홍콩은 중국령 반자치국가이다. 홍콩은 자체적인 국기, 국가, 통화, 여권, 통관영역을 갖고 있고, 올림픽과 같은 국제경기에서 독자적인 팀을 구성하여 출전한다.

홍콩은 아편전쟁 이후 1842년 「난징조약」에서 영국에 할양되었다. 그후 1898년 「경계확장전문조약」으로 영국이 99년간 조차하게 되었고, 그 조차기간이 만료됨으로써 1997년 중국에 반환되었다. 홍콩은 그동안 영국의 통치 하에 있으면서 아시아 지역의 금융, 제조업의 중심지로 번영을 누려왔다. 반환 후 홍콩이 바로 중국의 사회주의 체제에 들어가게 되면 홍콩은 혼란이 일어나고 그 번영은 무너질 수도 있었다. 그래서 중국은 홍콩을 반환받으면서 이후 50년동안, 즉 2047년까지 자치체제를 유지하기로 하였다. 체제변동으로 생길 수 있는 혼란을 막고 지금 누리고 있는 홍콩의 번영을 중국이 활용하고자 했기 때문이다. 그래서 일국양제의 원칙에 따라 중국과 홍콩은 하나의 나라이지만 사회주의 체제의 중국국가 안에서 홍콩은 독자적인 자본주의 체제를 유지한다는 것이었다.

중국은 국가 통치체제의 현대화와 통치능력 향상 계획에 맞추어서 홍콩에 대해서도 점진적으로 중국의 국가체제에 일치시켜나가려는 계획을 하고 있다. 이러한 상황에서 홍콩사람들은 홍콩이 다시 중국의 품에 안기게 된 것에 대하여 반기는 사람들도 있지만 달가워하지 않는 사람들도 많다. 달가워하지 않는 주된 이유는 중국 사회주의체제로의 사회변화에 대한 두려움과 거부감때문이다. 중국사회에 편입된다는 것은 지금 누리고 있는 자유를 반납해야 한다는 것이고, 번영 또한 반납하면서 삶의 질이 저하될 가능성이 매우 높기 때문이다.

실제로 홍콩반환 이후 정부의 규제와 간섭은 많아지고, 또 본토인의 유입으로 주거문제, 물가문제, 사회문제 등 경제 사회적인 측면에서 점점 어려워지고 있다. 중국정부의 입장에서는 홍콩의 번영보다는 중국 내 다른 도시나 지역의 번영이 더 우선이기 때문에 홍콩의 번영과 부를 중국 내 다른 지역으로 서서히 옮기고 있다. 이러한 결과로 홍콩은 중국편입 이후 그 존재감이 크게 줄고 있다. 그 경제규모가 반환 전에는 중국의 20% 정도이던 것이 2015년에는 3%가 채 되지 않는다. 그리고 무엇보다 홍콩사람들을 힘들게 하는 것은 중국의 통제가 앞으로 점점 더 커지게 될 수 있다는 불안감이다.

중국의 직접적인 통치압력에 저항하여, 2005년 12월, 홍콩 행정장관 및 의회의원 직선제를 요구하는 민주화 시위가 일어난 이래 홍콩사람들의 중국정부의 통제와 간섭으로부터 벗어나려는 저항이 계속 있어왔다. 2014년 9월에는 우산혁명민주화시위가 있었다. 이는 중국이 차기 2017년 홍콩 행정장관 선거에서 반중(反中) 인사를 후보군에서 배제하고 친중(親中) 인사만 후보로 나설 수 있도록 제한하자 이에 반발하여 시위가 일어난 것이다. 그리고 2019년에 대규모의 시위가 있었다. 이 시위의 발단은 「범죄인인도법안」이었다. 범죄인인도법안은 중국본토, 대만, 마카오 등을 포함하여 범죄인인도조약이 체결되어 있지 않은 국가에 범인을 인도할 수 있도록 하는 것을 내용으로 하고 있었다. 홍콩사람들은 이 법이 생길 경우 반중활동을 하는 사람들이 중국정부에 의하여 범죄자로 규정될 경우 중국으로 인도될 수 있는 가능성을 우려하였다. 이에 이 법안에 반대하여 2019년 3월 31일에 반대시위가 일어났고, 이 시위는 점차 확대되어 동년 6월 9일의 시위에서는 약 100만의 시민들이 참여하였고, 점차 반중국시위로 발전하게 되었다. 9월 4일, 행정장관 캐리 람이 범죄인인도법안 철회를 공식 발표했지만, 시위대는 범죄인인도법안 완전철폐 외에도 행정장관 직선제 등을 내세우는 등 홍콩의 독립성 보장을 요구하는 시위가 계속되었다. 이후 11월 24일에 있은 홍콩 구의회선거에서 친중파의원들이 대거 낙선하고 범민주진영이 86.7%의 의석을 차지하면서 홍콩사람들의 민주화에 대한 갈망을 드러내었다.

2019년 9월 10일, 홍콩의 축구경기장에서 홍콩과 이란의 월드컵 축구 출전권 시합이 있었다. 시합 전에 양팀의 국가연주가 있었는데 중국국가가 연주되자 스타디움에 있던 관중들은 일제히 우우하는 야유의 소리를 내면서 중국국가 연주를 방해하고 홍콩의 영광(Glory to Hong Kong)[292] 노래를 제창하기 시작하였다. 자신들은 중국인이 아니라 홍콩인이라는 것이었다. 이렇게 홍콩의 민주화를 위한 요구가

---

292 이 노래는 2019년 만들어진 홍콩 민주화시위대들이 부르는 노래로 홍콩시위운동의 내용을 담고 있다.

계속되면서 2014년 우산혁명 이후로는 중국으로부터 독립을 주장하는 사람들이 크게 늘어나고 있다. 홍콩의 독립을 주장하는 정당으로 2015년에 홍콩독립당(香港獨立黨)이 창당되었고, 2016년에는 홍콩민족당(香港民族黨)이 창당되었다. 하지만 아직까지 대다수의 사람들은 중국으로부터 완전한 독립을 주장하기보다는 홍콩의 자결권보장을 요구하는 수준에 그치고 있다. 홍콩 사람들은 당장 중국으로 독립해야 한다든지 통일해야 한다든지 하는 여론은 크지 않다. 왜냐하면 원래 2047년 까지는 자치를 보장받고 있기 때문이다. 홍콩의 중문대학이 2016년 7월, 홍콩의 성인 1,010명을 대상으로 행한 여론조사에 의하면 2047년 이후 홍콩이 독립해야 하느냐는 질문에 대하여 찬성 17.4%, 반대 57.6%였고, 22.9%가 중립적인 태도를 보였다.[293]

한편, 중국정부는 홍콩의 시위에 대하여 엄중히 경고하고 홍콩 주변에 군대를 배치하는 등 위압적인 태도를 보여왔다. 또, 중국본토의 사람들은 홍콩시위대에 대하여 극도로 반감을 보이는 가운데 일부는 이들을 바퀴벌레, 폭도 등으로 표현하면서 비난과 혐오의 발언을 거침없이 쏟아내었다.[294] 중국은 그간 홍콩에 대하여 기존의 자본주의 체제와 자율성을 유지시키면서 홍콩이 기존에 갖고 있던 국제경제 위치를 활용하여 홍콩을 통하여 자본을 조달하고 무역을 활성화하는데 이용하여 왔다. 중국에서 생산된 물품들을 홍콩을 통하여 수출하고 많은 기업들이 홍콩의 자본시장을 통하여 자금을 조달하는 등 중국은 홍콩을 앞세워서 경제적인 이익을 확보할 수 있었던 것이다.

그런데 중국은 홍콩에서 민주화에 대한 요구가 일게 되자 홍콩보안법을 제정하는 등 중국의 홍콩편입을 위한 조치들은 가속화하고 있다. 이에 2019년 11월, 미국은 「홍콩 인권과 민주화법(Hong Kong

---

293 One in six support Hong Kong independence from China: poll, 2016
294 테러범, 바퀴벌레, 홍콩시위 향한 중국의 거침없는 혐오 여론, 2019

Human Rights and Democracy Act of 2019)」을 통하여 홍콩에 특별지위를 박탈할 수 있도록 하였다. 홍콩반환 당시 중국은 영국과의 협정에서 홍콩에 자치를 유지하겠다고 하였다. 그래서 세계의 국가들은 홍콩이 자치정부라는 가정 하에 홍콩에 대하여 무역상의 특혜, 사람의 출입국관리, 각종 규제 등에서 혜택을 제공해 왔던 것이다. 그러나 중국이 홍콩의 자치를 유지 않는 상태에서 중국이 홍콩을 통하여 미국의 중국에 대한 무역규제를 피하는 등 홍콩에 제공하는 혜택이 중국의 이익을 위하여 활용되고 있는 것으로 판단하고 홍콩에 대한 특별지위를 박탈하게 된 것이다.

원래 큰 나라 중국에서 주변지역은 큰 의미를 갖지 못한다. 중국은 중원을 중심으로 하는 정치세력의 힘의 변화에 따라 주변지역은 중국으로부터 떨어져 나가기도 하고 포함되기도 한다. 중국은 중앙세력의 사정에 따라 영국에 홍콩을 떼어 주었고, 일본에 대만을 떼어 주었던 것이다. 이들 주변지역은 이러한 역사를 겪으면서 중국 내에서의 자신들 존재감이 약해질 수밖에 없는 것이다. 또한 중국에 대하여 버림받고 희생의 제물이 되었던 자로서의 서운한 감정이 있다. 그래서 자신들만의 국가를 이루고 싶지만 중심세력의 위력에 눌려서 이것도 자신들이 원하는 대로 할 수가 없다. 이렇게 볼 때 홍콩과 같이 어느 정도 자치권을 획득한 상황에서는 이를 포기하고 그대로 중국의 일부로 복귀하려고 하지 않는 것은 당연한 일이다. 중국에 복귀될 때 홍콩사람들은 자신의 의지와 상관없이 삶에 엄청난 변화를 강요받게 된다. 지금까지 누리던 자유를 반납하여야 하며, 갖고 있는 사유재산에 대한 권리를 보장받을 수 없다. 누구든 이를 좋아할 리 없다. 복귀하게 된다면 중국 중심세력의 위력에 눌려서 어쩔 수 없이 복귀하게 되는 것인데 이는 민주주의의 문제이다. 주민 자신들의 뜻과는 전혀 무관하게 자신들의 운명이 결정된다고 한다면 이는 민주주의라고 할 수가 없기 때문이다.

홍콩과 중국은 같은 한족이다. 홍콩은 혈연적으로는 중국의 사람들과 같은 사람들이라고 할지라도 문화적으로는 다른 사람이라고도 할 수 있다. 민족을 구분하는 기준을 문화에 둔다면 중국과 홍콩은 다른 민족이라고 할 수도 있지만 이는 통념에 반한다. 중국인과 홍콩인을 다른 민족이라고 말하는 사람은 거의 없기 때문이다. 그런데 홍콩의 사람들이 자신들만의 독립된 국가를 원한다면 국인에 있어서는 중국과 홍콩은 다르게 된다. 즉 구분되는 국인으로서의 중국인(Chinese)이 아니라 홍콩인(Hongkonger)으로 되는 것이다.

5 화교

세계 어느 곳이나 중국인 없는 곳은 없다. 해외에 나가 살고 있는 중국인들을 보통 화교라고 하는데, 화교는 보다 엄격하게 구분하면 화인, 화교, 화예, 화족 등이 있다. 우리가 보통 화교라고 하는 개념은 정확하게 말하자면 화인이다. 화인(華人)은 현지의 국적을 가진 중국사람으로, 문화적으로 중국인의 속성을 유지하는 사람들이다. 화교(華僑)는 해외에 거주하는 중국국적의 사람이다. 공무로 해외에 거주하거나 유학생은 제외된다. 이 범주의 사람은 우리가 일반적으로 말하는 화교의 약 7% 정도로서 약 200~300만명에 이르는 것으로 알려져 있다. 화예(華裔)는 중국인의 후손을 말한다. 보통 현지에서 5대 이상 살게 되었을 때를 화예라고 하는데, 주로 중국 바깥에서 살아온 시간이 오래되어 문화적으로 중국인의 속성이 약하게 된 사람들이다. 그리고 화족(華族)은 혈통적으로 중국인의 피를 가진 사람을 말하며, 문화

적인 속성과 상관없이 혈연적인 의미에서 중국인인 것을 의미한다.[295]

중국은 인구가 많다 보니 해외에 있는 중국인의 숫자도 많다. 중국은 세계에서 해외에 자국인을 가장 많이 진출시킨 나라다. 2012년 추계에 의하면 세계에 중국 화교는 약 5,000만명으로 이 화교만 하더라도 세계 국가인구 순위에서 세계 30위권에 해당한다. 태국에 930만을 비롯하여, 미국 520만, 호주 120만, 일본에 92만, 그리고 한국에도 약 78만명이 있다. 싱가포르와 같이 중국인이 절대다수인 상태에서 독립된 나라를 세운 경우도 있고, 중국인 인구가 전체 인구의 23%를 차지하는 말레이지아와 같이 중국인이 인구의 큰 비중을 차지하는 나라들도 있다.

중국이 동남아와 같은 주변지역으로 진출한 것은 역사적으로 오래되었지만, 전세계적으로 진출하게 된 것은 19세기 이후이다. 원래 청은 중국인의 해외여행이나 이주를 엄격히 금지하고 있었지만, 1893년 이후 이주 통제가 완화되면서 많은 빈민들이 동남아시아, 오스트레일리아, 미국 등지로 나갔다. 그들은 노동을 제공하고 삶을 영위하였는데, 흑인 노예이상으로 가혹하게 노동착취를 당하였다.

이들이 해외에서 차별과 학대에 시달린 만큼 자신의 고향과 모국에 대한 그리움이 클 수밖에 없었다. 중국인들은 자신들은 파미르 고원이 있는 높은 나라에서 왔으며 황제의 후예라고 자신들을 위안하였다. 이러한 이국의 노동자 생활에서 달구어진 근면성으로 화교들은 강인한 생활력을 갖게 되어 부를 축적할 수 있었다. 해외로 진출한 화교는 대부분 한족이었으므로 멸청복한(滅淸復漢)의 한족의 해방과 독립에도 본토 사람들 이상으로 앞장섰다. 근대 중국을 세운 쑨원 또한 이러한 부류의 사람이었다. 국내의 사람들보다 훨씬 더 강한 국인주의를 가졌던 것이다.

---

295 조정남, 1998, pp.40~41

중화민국의 근대적인 국가가 수립된 이후 학교에서 국인주의 사상을 철저히 가르쳤는데, 이는 해외에 있는 중국인들에게도 마찬가지였다.[296] 쑨원과 장제스가 이끈 국민당정부는 해외에 나간 중국인들과 연계하여 현지에 중국학교를 세우고 중국에 대한 교육을 철저히 하였다.[297] 해외의 중국인들은 중국문화를 간직한 채 중국어를 사용하며, 중국인으로서의 정체성을 잃지 않도록 하였다. 20세기 초 중국이 어려운 상황에 있었음에도 불구하고 해외의 중국인들을 소홀히 하지 않은 것은 중국인들의 민족중심적인 성향 때문이다. 이러한 결과로 중국인들은 세계 각지에 나가서도 중국인으로서의 정체성을 유지하는 경우가 많으며, 특히 동남아에 진출한 중국인들은 현지화되지 않고 그들만의 독자적인 세력을 구축하고 있다. 중국인은 해외에 나가서도 중국인들만의 공동체를 형성하고 중국의 문화를 간직하는 것으로 유명하다. 해외 어디에든지 큰 도시에는 중국시장(China market)이 있으며, 중국인들끼리는 중국말을 하고 자녀들에게도 중국말을 교육시킨다.

1949년 중국인민공화국이 수립되었을 때 중국정부는 해외에 있는 화교들에게 중국에 돌아와서 나라를 위해 봉사하거나, 현지국과 중국과의 관계발전을 위하여 기여해줄 것을 요청하였다. 당시는 중국이 사회주의 정신에 투철할 때였으므로 중국정부는 화교들이 현지에서 사회주의 혁명을 확산시키는데 활약해 줄 것을 기대하였지만 실제 이 영역에서 현지의 화교들이 할 수 있는 일들은 많지 않았다. 1950년대 초 한때 중국 공산당은 화교와 통일전선을 구축하려 하였으나 화교와 긴밀한 관계를 유지하지 못하였다. 동남아 등지에서 화교들은 현지인들과의 불화를 겪으면서 어려움에 처하게 되는 경우가 많았는데, 이때

---

296 Wu, 1991, pp.163~165
297 Wu, 1991, pp.163~165

화교들은 중국정부에서 도움을 주길 바랬다. 하지만 중국정부는 현지 국가들과의 관계를 우선적으로 고려하여 타국 문제에 대한 내정간섭이라고 하여 관심조차 주지 않았고, 이에 현지 중국인들의 원성이 적지 않았다. 그리고 문화혁명기에 들어서면서 동남아 화교를 유산계급으로 매도하고 이들의 중국접근을 차단하였다. 중국정부는 화교들을 자본주의자들로서 사회주의의 적대세력이거나 좋게 보아도 별 도움이 되지 않는 존재로 간주하였다. 사회주의 국가 특성상 해외에 있다가 중국에 돌아가면 재산은 국가에 몰수당하게 되므로 화교의 입장에서도 사회주의 중국정부와 가까이하려는 사람이 많지 않았다.[298] 그러다가 중국에서 화교들의 역할이 커지게 된 것은 정부의 목표가 사회주의 혁명사업에서부터 국내 산업발전으로 바뀌게 되면서 부터이다. 중국정부가 경제개방을 하고 자본주의 제도를 수용하면서 화교를 적극 이용하게 된다. 중국정부는 세계 각지의 화교들로부터 투자를 유치하여 경제개발에 필요한 자금을 마련하고, 이들의 네트워크를 활용하여 중국경제의 발전에 활용하였다. 그리고 1985년부터 해외여행과 이주에 대한 제한을 완화하면서 많은 중국학생들이 외국에 유학을 가게 된다. 선진국의 화교 교수들은 중국학생들을 끌어 주었다.

한편 화교에 대한 문제에 있어서 국민당의 중화민국은 중화인민공화국과 달랐다. 국민당 정부는 대만에 쫓겨가서도 화교에 대해서 관계를 적극적으로 계속 유지하였다. 국제사회에서 중국에 밀려 소외되는 상황에서 해외 화교에서라도 지원을 받아야 했는데다가 같은 자본주의체제의 사람들이었기 때문에 관계유지가 용이했던 것이다.

1970년대 이후, 중국은 대만의 중화민국을 국제사회에서 밀어내면서 세계의 화교들에 대해서도 적극적인 정책을 펴게 된다. 중국은 중국문화의 뿌리는 중국이지 대만이 될 수 없다면서 해외의 화교들을

---

298 최형식, 2007, p.117

끌어들였다. 중국에서는 그가 어디에서 태어났든 그가 어느 나라의 국적을 가졌든 상관없이 어머니나 아버지가 중국인이면 중국인이 된다. 중국정부는 중국 국내의 중국인과 해외의 화교들을 하나로 밀접하게 연결시켜 중국인들의 세계를 만들어내려 하고 있다. 중국정부는 해외 중국인들의 현지화를 권고한다. 그리고 국적과 상관없이 이들과의 민족적 연계성을 확보하고 민족적인 일체감을 형성하기 위한 노력을 한다. 해외의 화교가 중국의 국가발전에 도움을 주고, 중국 또한 화교들을 후원한다. 중국은 해외 화교들에 대한 관리도 중국 외교정책의 중요한 한 부분으로 삼고 있는데, 이를 담당하는 기관으로 국무원화교판공실(國務院僑務辦公室)을 두고 있다. 화교사회를 이끌어가는 3대 축으로서 중국인단체, 중국학교, 중국어미디어를 드는데 중국정부는 이들을 통하여 화교사회와 긴밀한 연결을 유지한다. 먼저 중국정부는 해외로 나가는 사람들에게 해외에 가서도 중국을 잊지 않고 그곳에서 중국을 건설하도록 정신적인 무장을 시킨다. 그리고, 중국정부는 해외에 있는 중국인들에게 중국의 역사와 문화를 가르쳐 중국인으로서의 정체성을 명확하게 하고, 우리는 같은 민족이라는 정신교육으로 중국에 애국하도록 가르친다. 그리고 화교들은 중국인의 이익을 옹호하고 중국정부의 입장을 대변하는 것을 중국인으로서의 하나의 의무로 부여받고 있다. 올림픽 성화봉송 때 각국의 현지 중국인 시위에서 보았듯이 화교는 중국정부의 입장을 대변하고, 중국을 위해서 나서며, 중국정부의 국가선전에도 동원된다. 화교들은 자신들의 고향인 중국이 크고 강한 나라이기를 원한다. 그래서 대부분의 화교들은 소수민족문제에 대하여 중국정부의 입장을 지지하고 대만의 독립을 반대한다.

흔히 세계금융시장에서 화교는 유대인에 필적할 만한 힘을 갖고 있으며, 전세계 화교의 경제권은 미국, 유럽연합에 이어서 세계 3위의 경제규모라고들 한다.[299] 특히 동남아시아에서는 화교가 경제력을 장악하고 있다. 인도네시아 상위 20대 기업 중 18개가 화교 소유이고, 말레이시아에서는 10대 부호 중 화교가 9명에 이르는 등 화교가 해당 국가 상권의 70% 이상을 장악하고 있다.[300] 중국정부는 이러한 화교들을 활용하여 세계 전역을 대상으로 하는 대중화경제권(大中華經濟圈)을 구상하고 있다. 중국 본토에서 마카오, 홍콩, 대만을 연결하고, 여기에 싱가포르를 비롯한 동남아의 화상(華商)집단으로 확대해 나가는 것이다. 화교들은 1991년 싱가포르에서 세계화상대회(世界華商大會: World Chinese Entrepreneurs Convention)를 개최한 이래 매 2년마다 모임을 가지면서 전세계의 화교 간에 연대를 강화해 나가고 있다.

세계적인 통신 네트워크의 발전은 세계 중국인들의 단합에 커다란 변화를 주고 있다. 이전에는 불가능하였던 전세계의 중국인들을 하나로 묶는 것을 이제는 가능하게 만들고 있는 것이다. 이러한 구상에 있어서 혈연중심의 민족내셔널리즘이 중요한 에너지원이 되고 있다. 지금 중국정부는 중화민족대가정 만들기를 내세우면서 중화민족의 자손의 단결과 단합에 대한 목소리를 점점 더 높여가고 있다. 앞으로 중국의 힘이 강해지면 현지의 화교문제에 대해서도 더 큰 목소리를 낼 것이다. 하지만 중국이라는 국가중심의 내셔널리즘을 그대로 수용하거나 하나의 중국인 공동체를 만드는 것에는 한계가 있다. 화교는 반정치적인 성향을 갖고 있으며, 다원적이면서 초국가적인 정체성을 갖고 있기 때문이다. 그렇다고 하더라도 화교의 중국에 대한 마음 역시 중국 국인주의의 중요한 한 부분임에는 틀림없다.

---

299 Callahan, 2010, p.148

300 화상, 동남아 경제 70% 장악 … '일대일로'타고 글로벌 진격, 2019

6 중국의 세력 확대

중국은 사회주의 체제를 유지하면서도 폐쇄경제에서 탈피하여 자국경제를 세계경제에 적극 편입시켜 경제발전에 성공을 거두었다. 성장한 경제력을 바탕으로 국가의 힘이 커짐에 따라 중국은 이제 과거의 소극적이고 수세적인 입장에서 벗어나 적극적으로 세계에 펼쳐 나아가고 있다.

중국은 1980년대에 덩샤오핑이 제시한 "도광양회(韜光養晦: 빛을 감추고 은밀하게 힘을 기른다)"를 외교노선의 기조로 하여 국제사회에서 조용하고 유화적인 태도를 견지해왔다. 그러다가 2003년, 주석에 오른 후진타오가 화평굴기(和平屈起: 평화롭게 일어선다)를 내세우면서 중국이 세계에 좀 더 적극적으로 나서게 된다. 조용히 입지를 강화하여 평화적으로 대국으로 우뚝 서겠다는 것이다. 그런데 중국이 국제사회에서 자국의 이해에 더 적극적으로 나서고 목소리를 높여감에 따라 대외적으로 마찰이 점점 더 많아지고 이러한 결과로 내셔널리즘 또한 더욱 강해지게 되었다. 그리고 시진핑이 집권한 이후에는 이러한 양상이 더욱 강해지고 있다. 2013년 중국 외교부 주간지 「세계지식」은 중국외교가 도광양회에서 주동작위로 바뀌고 있다고 하였다. 주동작위(主動作爲)란 할 일을 주도적으로 한다는 것이다. 시진핑은 중국몽과 세계 최강국의 비젼을 제시하며, 이를 위해 일대일로와 같은 여러 적극적이고 팽창적인 대외정책 추진하고 있다.

2013년 9월, 시진핑주석은 카자흐스탄에서 실크로드 경제벨트를 제시하였고, 동년 10월 인도네시아에서 21세기 해양실크로드를 제시하였다. 그리고 2014년 아시아태평양경제협력체(APEC) 정상회의에서 하나의 경제권 구축을 위한 사업으로서의 일대일로를 발표하였다. 중국에서부터 중앙아시아를 거쳐 유럽으로 이어지는 육상의 연결로를 일대(One Belt)라고 하고, 중국의 해안에서 동남아를 경유하여 아프리카와 유럽으로 이어지는 해양연결로를 일로(One Road)라 하여 일대일로(One Belt One Road)라 하였다. 이 일대일로는 중국을 중심으로 하는 경제협력클러스터 전략으로서, 일대일로상의 국가들 간에 인프라 연결, 무역, 금융, 인적교류 등을 활성화하는 경제협력벨트를 구축하겠다는 것이다. 이 일대일로 사업은 아시아, 유럽, 아프리카를 잇는 경제권으로서 여기에 포함되는 국가수는 약 60개국, 인구는 약 44억명으로 지구상 인구의 63%에 해당하고, 이들의 국내총생산의 합계는 세계 전체의 약 29%에 해당한다.

일대일로는 중국이 세계로 그 세력을 확대해 나가는 것이며, 이는 다음 세기 세계주도국 또는 패권국가의 길로 나가기 위한 시작단계라고도 할 수 있다. 중국이 이 일대일로를 추진하는 배경은 간단히 세 가지로 요약된다. 첫째는, 중국이 그간 축적한 외화자산을 활용하여 주변의 국가들에 개발자금을 지원하고 인프라사업에 투자함으로써 이들 국가와의 경제협력을 강화함과 동시에 중국의 산업을 고도화할 수 있다. 둘째는, 미국의 대중국전략에 대한 대응책이다. 중국이 대국화하고 그 세력을 세계로 확대해 나갈 조짐을 보이자 미국이 일본, 동남아, 인도를 잇는 포위망을 구축하여 중국을 가두어 두려는 전략을 취하고 있기 때문에 이를 뚫고 나오는 하나의 전략으로서 의미를 가진다. 셋째, 중국이 그 세력을 확대해 나가기 위해서는 중국에 협력하고 우호적인 국가들이 있어야 하는데 이러한 국제사업을 통해서 그 기틀을 마련할 수 있다.

중국을 지정학적으로 보면 아시아 대륙 동쪽에 위치하여 동쪽과 남쪽은 바다이고, 북쪽은 몽고와 시베리아의 인구 희소 지역이며, 서쪽으로는 히말라야 고산지대가 막고 있어 바깥으로 폐쇄되어 있다. 중국이 속한 동아시아 지역이 바깥의 세계와 연결되었던 것은 기원전 2

세기경 한나라 때 개척된 것으로 알려진 실크로드가 있었다. 이 실크로드는 중앙아시아를 거쳐서 유럽에까지 이어졌다. 그리고 해상으로는 15세기 명나라 때 정화의 원정이 있었다. 정화의 해상원정은 동남아시아와 인도양을 거쳐 아프리카에까지 갔었지만 곧바로 이러한 활동은 폐쇄되고 말았다. 중국에 있어서 이러한 역사는 아쉬움이 남는 부분이다. 이렇게 개척된 길을 따라 중국이 보다 적극적으로 그 세력을 확대해 나갔더라면 지금과 같이 서방세력에 밀려서 수세에 서는 역사가 아니라 그 반대의 역사를 만들 수도 있었다는 가정을 하게 되는 것이다.

이 일대일로 사업은 아프리카 지원사업과도 연관되어 있다. 중국은 아프리카 국가들에 경제지원을 하면서 이들 국가와의 우호적인 관계구축에 나서게 된다. 중국은 그동안 축적한 경제력과 무역에서의 흑자로 쌓아온 자금을 활용하여 투자하거나, 대부하거나, 원조하는 방식으로 아프리카 국가들에 대한 경제지원에 나선 것이다.

아프리카 국가들은 대개 개발을 위한 자금수요는 많지만 자금을 확보할 만한 길이 없어 만성적인 자금부족에 시달리고 있다. 지난 개발과정에서 국제금융기관이나 서방국가들로부터 자금을 지원을 받았지만 권력의 전횡, 부정과 부패 등으로 빌린 자금이 생산적인 곳에 투자되지 못하고 낭비되는 경우가 많았다. 이런 결과로 해외로부터 빌린 자금을 상환하지 못하여 많은 국가들이 채무불이행을 겪었다. 그래서 지금 세계은행과 같은 국제금융기관과 서방국가들에 의한 자금지원은 제한되고 있는 경우가 많은데, 그 이유는 민주적 개혁, 부패방지, 인권의 개선, 빈곤퇴치, 국가의 책임있는 관리, 등과 연계해서 자금을 지원하고 있기 때문이다. 그런데 중국은 서방세계국가나 국제금융기구와는 전혀 다른 입장에서 이들 국가에 접근하고 있다. 중국은 천연자원 확보나 대외 전략적 측면에서 중국에 필요한 국가들에 대하여 자금과 필요한 물자를 지원하면서 중국의 세력을 확대해 나가고 있다.

아프리카 국가들은 대부분 과거 서방국가의 식민지였으므로 서방국가에 대한 적대의식이 있다. 이러한 국가들에 대하여 중국은 자국 또한 서방국가들에 의하여 침탈당한 국가로서 혹은 비선진국으로서의 같은 입장에 있는 국가로 접근하여 아프리카에서의 중국세력확보에 상당한 성과를 거두었고, 그래서 전반적으로 아프리카 국가들과 중국은 상당히 좋은 관계에 있다.

그간 중국은 아프리카 국가들에게 많은 지원을 하여 왔다. 2012년 이티오피아 아디스아바바에 2억달러를 들여 아프리카 연합 본부 건물을 지어주었으며, 위성발사를 위한 지원으로 6백만 달러를 제공할 것을 제안하였다. 2019년 중국은 부룬디에 2천 2백만 달러를 들여 대통령궁을 지어서 선물하였고, 세네갈에 흑인문명박물관 건설을 지원하고, 짐바브웨, 콩고공화국, 가봉에 국회의사당을 지어주는 등[301] 아프리카 국가들에 사회간접자본을 건설하거나 권력자들이 원하는 것들을 지원해주고 있다.

중국은 세계의 공장이라고 할 만큼 세계 제일의 제조업국가로서 제조생산에 필요한 원자재를 안정적으로 확보하는 것이 무엇보다 중요하다. 그런데 아프리카 국가들은 천연자원들을 갖고 있다. 중국이 지금 아프리카로 진출하는 것은 19세기에 유럽국가들이 공업생산원료를 찾아 식민지를 개척했던 것과 같은 입장에 있다. 그리고 지금 중국은 아프리카 국가들이 원하는 것을 지원하는데 필요한 자금, 노동력, 기술력을 갖고 있어서 쌍방이 서로의 필요를 충족시켜 줄 수 있다. 그리고 중국은 아프리카 국가의 개별적인 어려움에 도움을 줄 수 있고, 아프리카 국가들은 국제기구나 국제회의에서 표를 몰아 중국을 밀어줄 수 있다.

---

301 중국의 아프리카 공들이기. 부룬디에 대통령궁 지어줘, 2019

하지만 중국의 아프리카와의 유착관계에 대하여 국제사회는 우려의 시선을 보내고 있다. 아프리카 국가들에 내재되어 있는 문제들이 중국이 지원한다고 해서 해결될 수 있는 것은 아니며, 중국의 이해에 의해서 이루어지는 이러한 관계는 아프리카 국가들을 오히려 더욱 더 곤궁에 빠뜨리는 결과를 초래할 수도 있기 때문이다. 이미 아프리카 국가들 중에는 중국이 지원한 사업이 경제성을 갖지 못하여 자금지원에 대한 상환을 하지 못해 채무불이행에 빠지고 채무에 대한 댓가로 자원개발권, 항만이용권, 사회간접자본운영권 등을 양도하거나 국가주권에 관한 사항까지도 이양하는 일들이 일어나고 있다.[302] 이렇게 중국이 아프리카에서 영향을 확대해 나가고 있는 것에 대해서 서방국가들은 신경을 곤두세우고 있다. 중국의 아프리카로의 세력진입은 아프리카에서 물러났지만 어느 정도 영향력을 갖고 있는 서방국가들과 경쟁관계를 유발할 수도 있다. 2017년 중국은 지부티(Djibouti)에 수도라인, 가스라인, 철도 등을 건설해주고 지부티 도랄에(Doraleh)에 중국의 해군기지를 설치하였다.[303] 이곳은 세계 물동량 20%가 통과하는 홍해와 아덴만의 접점인 바브엘만데브(Bab-el-Mandeb)해협에 위치한 전략요충지로서 이미 여기에 군사기지를 두고 있는 미국과 긴장관계가 조성되고 있다.

이러한 상황에서 중국의 지원이 아프리카 국가들의 정치사회적인 발전에도 역행하는 경우도 많다. 2000년대 이후 아프리카 내전이나 분쟁에 중국산 무기들이 많이 사용되고 있다. 아프리카의 분쟁과 관련하여 이를 제재하기 위하여 유엔에서는 이들 지역에 무기 수출을 금지하고 있지만, 중국은 이에 호응하지 않고 무기를 공급하고 있는 것으로 알려지고 있다. 친중세력에게 무기를 지원하고 있는 것이다. 중국

---

302 중국 애국가 부르는 케냐 어린이들, 2019
303 美中 힘겨루기 각축장 된 아프리카 소국 지부티, 2019

은 아프리카 국가에 철도, 도로, 항만, 학교, 병원 등 각종 인프라투자 사업을 지원하고 있는데, 여기서 중국은 자금을 지원할 뿐만 아니라, 작업도 대부분 중국 노동자들이 하기 때문에 아프리카 현지인들에 있어서는 고용창출효과나 기술이전효과가 작다. 게다가 경제성에 대한 합리적인 평가 없이 정치 외교적으로 이루어지기 때문에 아프리카 국가들이 빚의 덫에 걸리게 될 가능성이 상당히 높다.

케냐는 중국 수출입은행으로부터 30억달러의 차관을 들여와 수도 나이로비와 항구도시 몸바사를 잇는 철도를 건설하였다. 경제적 타당성이 없다는 비판을 일축하고 우후루 케냐타(Uhuru Kenyatta) 대통령은 자신의 재선을 위하여 유망사업으로 부풀려서 추진하였다. 철도 개통 후 엄청난 적자를 보게 되자 철도이용량을 의무적으로 할당하여 무역업자들이 항구로 물건을 이동하는데 무조건 철도만 이용토록 하고, 그 요금은 다른 운송수단 요금의 2배를 받고 있다. 중국은 2005년 이후 짐바브웨의 독재자 무가베에 무기를 판매하여 그 정권연장을 도왔으며, 2015년 짐바브웨의 빚을 탕감해주는 대신 중국 위안화를 짐바브웨의 공식통화로 채택토록 하였다. 중국에서 빌린 돈을 갚지 못한 스리랑카는 2017년 인도양의 전략요충지인 함반토타(Hamban-tota) 항의 운영권을 99년간 중국에 넘겼다. 이런 식으로 특정 정권의 이해에 맞추어 경제적 타당성이 없는 사업을 함으로써 국익이 유출되고 국민들은 무거운 짐을 안게 되는 사태가 일어나고 있다.

그리고 문화 사회적인 측면에서도 중국은 아프리카에 적지 않은 영향을 주고 있다. 아프리카에 세워진 중국학교는 아프리카 아이들을 대상으로 중국의 소림사 승려와 같은 중국 전통의 도복을 입히고, 중국어를 사용토록 하고, 중국식 체벌을 주기도 한다. 그리 "중국 안에서 우리는 한 가족"이라는 중국에서 부르는 노래를 부르게 한다. 케냐는 전국 모든 학교에서 제2외국어에 중국어를 포함시키고 있으며, 수도 나이로비 일부 초등학교는 아이들에게 중국어를 가르치면서 중국의 국가를 부르게 한다.[304] 이러한 상황에서 서방국가를 비롯한 국제사회의 비난이 적지 않다. 이는 경제적으로 힘이 약한 국가들을 자국의 영향력 하에 두려는 것으로서 과거 제국주의 시대의 유럽국가들의 행태나 큰 차이가 없다는 것이다.

한편 중국은 미래의 세계 패권국가로의 등극을 염두에 두고 문화적인 측면에서의 중국문화의 세계적인 확산에도 심혈을 기울이고 있다. 그 대표적인 것이 중국사상의 세계전파이다. 중국은 중국어와 중국 문화와 가치를 확산시키기 위하여 오대양 육대륙에 공자학원을 두고 있다. 2004년 11월, 서울에서 공자학원이 설립된 이후,[305] 2020년 1월 기준, 162개 국가에 545개 공자학원(孔子學院), 1170개 공자과당(孔子課堂)이 설치돼 있다. 공자학원은 중국의 소프트파워로서의 공자와 유학사상을 활용하여 문화적인 차원에서 국력을 향상시키려는 취지로 설립되었다. 외관상으로는 각국에서 활동하는 영국문화원, 프랑스문화원 등과 유사하지만 공자학원은 이보다 다양한 활동과 중요한 역할을 맡고 있는 것으로 알려져 있다. 공자학원은 국가적 사업으로서 국무원 교육부 산하 국가한어국제보급지도소조(國家漢語國際推廣領導小組) 소속이지만, 여기에는 교육부를 포함해 재정부, 상무부, 외교부, 문화여유부, 국가발전개혁위원회, 국가광파전영전시총국, 국가신문출판총서, 국무원 신문판공실, 국가언어문자공작위원회 등 12개 부처가 참여하고 있다. 중국어를 교육하고 중국문화를 매개로 현지와 교류하는 것을 목적으로 하고 있지만, 시진핑 정부 이후에는 해외에서의 국가 선전활동의 기능을 강화하였다. 그런데 공자학원이 현지에서 스

---

304 중국 애국가 부르는 케냐 어린이들, 2019
305 한국에는 2004년 서울 강남구 역삼동에 최초 공자학원인 서울 공자아카데미가 설립된 후 총 23개 공자학원·과당이 설립되었고, 이는 아시아 국가 중 가장 많은 숫자다.

파이 활동을 하여 왔다는 것이 알려지면서 미국, 캐나다, 스웨덴을 비롯한 여러 국가들에서 폐쇄하는 곳이 늘어나고 있다.

중국정부에서 공자를 이렇게 내세우는 이유는 지금 이 시대에 활용할 만한 가치가 크기 때문이다. 20세기 초 반봉건 혹은 사회주의 사회로의 개혁을 해야 하는 시기에는 국가가 추구하는 목표에 유학이 걸림돌이 되었지만, 이제는 안정과 평온을 추구하는 유학의 이념이 오히려 나라를 안정화시키는데 있어서 도움이 될 수 있기 때문이다. 유학의 충의 사상으로 공산당정부에 통치에 순응하는 국민들을 만들 수 있고, 유학의 사회구성원 간 조화사상으로 국가 내 모든 민족의 화합을 이끌 수 있다. 대외적으로는 유학을 이용하여 중국은 조화사상을 갖고 있다는 것을 세계에 널리 알림으로써 중국이 평화를 지향한다는 것을 부각시켜 패권추구 국가로서의 미국 러시아의 이미지와 차별화하고, 중국이 대국으로 나아가는데 중국위협론을 불식시킬 수 있다. 여기에 더 나아가서 유학의 전통문화를 내세워 중국문화의 우월성을 알리고 문화적 정신적 측면에서 중국의 영향력을 확대하고자 한다.

이렇게 볼 때 유학과 공자는 국인주의적인 차원에서 중화민족의 내적 동일성을 강화할 수 있는 역사적 요소일 뿐만 아니라, 이와 동시에 중화민족의 독창성과 위대성을 증명하는 요소를 갖고 있다.[306] 공자 사상은 한족뿐만 아니라 다른 소수민족들과 공유하는 사상이고, 더 나아가 동아시아에 문명권에서 공유하는 사상으로서 이의 종주국으로서 중국의 위상을 드높이는데 유학이 큰 역할을 할 수 있는 것이다. 공자와 맹자 같은 사람을 성인이라 하여 중국의 조상들을 그대로 숭상하고 있는 것이 유교이다. 중국 본토와 홍콩과 대만 그리고 전세계에 퍼져 있는 화교에 이르기까지 공통의 조상을 모시고, 그리고 비중국인들에게까지 중국인 조상을 숭배하게 함으로써 공통의 정신세계로서의 유

---

306 김경국 외, 2006, p.405

교가 주는 효익은 막대하다. 그래서 중국은 공자와 관련된 문화행사나 학술행사를 개최하면서 공자를 신격화하고 공자 높이기에 열중하고 있다. 공자가 하나의 제국주의 문화상품과 같은 역할을 맡게 된 것이다.

중국은 2050년까지는 세계 최강국에 등극하겠다는 목표를 세우고 있다. 중국이 세계 최강국으로 된다는 것은 단순히 세계 여러 국가들의 일원으로서 앞선 국가가 되는 것을 의미하는 것이 아니다. 다른 국가들 보다 크게 앞서지도 못한 지금의 상태에서도 일대일로와 같은 중국 중심의 네트워크 형성에 열중인데 앞으로 힘이 커질수록 더 더욱 자국을 세계의 중심으로 만들어가려 할 것이다. 이것은 이미 오래전부터 예견할 수 있었던 것으로서 중화의 회복이라는 것이 바로 그런 것이기 때문이다. 과거 동아시아가 하나의 세계였을 때 동아시아에서 패권을 누리는 것이 중화였다면 세계화된 시대에 있어서 중화란 세계 속에서 패권을 누리는 것이다.

과거 덩샤오핑은 빛을 감추고 은밀하게 힘을 길러야 한다고 했지만 이제 중국이 힘을 기르는 것은 더 이상 은밀하지 않다. 과거를 들먹이며 복수의 감정을 감추지도 않아 왔던 중국이 세계 최강국에 등극하겠다는 것에 대하여 서방세계에서 반길 리 없다. 미국은 대중국 포위망을 구축하고 있고, 중국 주변의 국가들도 이런 중국을 경계를 하지 않을 수 없게 되니 동과 남으로 일본, 타이완, 베트남, 인도로 이어지는 포위망이 자연스럽게 형성되었다. 또한 서쪽으로 이슬람교를 믿는 국가들과 북쪽의 러시아도 중국에 대해 경계하고 있다. 다른 나라 입장에서 중국의 꿈을 그대로 반길 나라는 없으므로 중국의 힘이 더 커지는 것을 견제하려는 분위기는 강해지고 있다. 이러한 상황에서 중국이 직면하는 대외환경은 점점 나빠지고 있고, 이에 따라 중국은 그 목표 달성에 더 많은 힘을 들여야만 하게 되어가고 있다. 설사 중국이

운 좋게도 그 꿈을 이룬다고 해도 그 과정까지 세계는 얼마나 많은 갈등과 투쟁을 겪게 될지 모른다.

흔히들 Pax Sinica라는 말을 한다. Pax Sinica는 중국에 의한 세계평화라는 의미다. 하지만 이는 중국에 어울리지 않는 말이다. 현재의 중국은 패권만 생각하지 세계 평화는 생각하지 않는다. 다른 나라도 생각하는 국제주의도 있어야 하는데 중국인들은 너무 국인주의에 치우쳐 있는 것이다. 그래서 사람들의 생각과 행동이 국내에만 머물러 있기 때문에 세계의 패권국가가 되기 위해 우리만 열심히 노력하고 단결하면 된다고 생각하는 것이다. 그런데 이렇게 자국을 위하는 뜨거운 열정이 다른 나라의 견제를 불러 일으키고, 이것이 오히려 자국에 나쁜 결과를 가져다주게 되는 것이다. 굳이 중국이 그렇게 일찍 빛을 드러낼 필요가 없었는데 그랬던 이유는 국인주의 때문이다. 국민들에게 중국의 꿈을 제시하면서 희망을 주고자 했지만 이는 너무 자국만 생각한 것이었다. 그렇다고 했을 때 지금까지 보여주고 있는 중국의 국인주의는 너무 강하기만 한 데다가 투박하고 단선적이어서 세련되지 못하였다. 이러한 중국의 국인주의는 이 세계에 이롭지 못할 뿐만 아니라 중국에도 결코 이롭지 못한 것이다. 중국이 진정으로 세계의 패자가 되기 원한다면 중국이 자국의 이익보다는 세계의 발전과 평화를 위하여 헌신하겠다는 모습을 보여야 한다. 자기이익에 집착하지 않는 모습을 보일 때 오히려 중국이 이루고자 하는 꿈은 더 쉽게 다가올 수도 있는 것이다.

7 부국빈민 강국약민

중국인은 자국을 이야기할 때는 신나지만, 자신을 이야기할 때는

표 8-2	중국의 경제 사회 지표		

기준연도 : 2018년

항목	지표	세계순위	비고
국내총생산	13,608,152(백만달러)	2	
일인당국민소득	9,460(달러)	72	
외화보유고	3,168,216(백만달러)	1	
인간개발지수	0.758	85	
기대수명	76.7(세)	59	
소득불평등지수 (GINI)	38.60	68	2015년 기준

자료: *World development indicators*, by The World Bank, 2019.

Human development reports, human development index ranking, by United Nations Development Programme, 2019.

기가 죽는다. 중국인들은 이제 곧 미국을 제치고 세계 제일의 경제 대국이 된다면서 들뜬 마음을 감추지 않고 있다. 중국의 국내총생산 (GDP)이 구매력평가(PPP)에 의한 수치로는 이미 미국을 추월했다고 자랑스러워하는 사람들도 있다. 세계은행 통계에 의하면 2018년 현재, 중국은 약 13조 6천억 달러로 미국의 약 20조 5천억 달러에 이어 세계 2위이다. 그런데, 2018년 현재, 중국의 일인당 국민소득은 9,460달러이지만, 미국의 일인당 국민소득은 63,080달러로서 중국의 6.7배에 이르고 있다.[307] 아무도 언제면 중국인들의 개인소득수준이 미국인들보다 높아진다고 말하지는 않는다. 사람이 많으면 경제규모도 큰 것이 당연한데 세계 제일의 경제규모가 무슨 의미있는가? 이

---

307 The World Bank, 2019

는 힘센 "국가"로는 될 수 있어도 행복한 "사람"으로는 연결되지 않는다. 중국이 좋은 나라라고 자랑하기 위해서는 그 속에 살아가는 국민들이 행복한 나라이어야 한다. 2019년 유엔발표에 의하면 중국은 인간개발지수 0.758로 189개국 중에 85위를 기록하고 있다.[308]

그동안 중국의 경제가 발전한 것은 중국이 세계의 공장이 되었기 때문이고, 중국이 세계의 공장이 된 이유는 중국 노동자의 낮은 임금 때문이었다. 세계 각국의 사람들이 중국과 교역을 함으로써 중국인들의 값싼 노동력을 이용한 것이다. 중국이 미국에 싸게 수출한다는 것은 중국사람들이 미국사람들을 위하여 작은 대가를 받고 많은 피땀을 흘린다는 것이다. 미국과 중국의 노동자 임금비율이 5:1이라고 가정하면 미국노동자가 중국노동자를 위하여 1시간을 일할 때 중국노동자는 미국노동자를 위하여 5시간을 일해야 하는 것이다.

중국이 세계에 물건을 많이 팔고 무역수지 흑자를 이루는 것은 이러한 분업구조를 바탕으로 하여 이루어진 것이다. 노동자의 임금을 올리면 무역수지 흑자가 줄어들 것이기 때문에 더 많은 무역수지 흑자를 보기 위해 낮은 임금을 지불하는 것이다. 중국의 국제수지 흑자와 자본형성은 국가 입장에서는 좋은 일이지만 국민들은 그만큼 고생을 한다는 것이다. 중국은 이렇게 국제수지 흑자를 시현하고 여기서 마련한 외화보유고를 국가의 영광을 위해서 쓰고 있다. 군사비에 지출하고, 호화로운 관공서와 국가기념물을 건축하고, 아프리카 국가에 원조하면서 국가의 위엄과 위신을 높이고 있는 것이다. 중국은 이렇게 국가경제가 발전하고 있는 것이 국민의 복지향상과 행복으로 연결되지 못하고 있다. 노동자를 위한 사회주의국가인 중국에서 노동자들이 다른 나라 보다 더 힘들게 살아간다는 것은 아이러니가 아닐 수 없다.

그렇다면 지금 중국인들이 경쟁의 대상으로 삼고 있는 미국은 어

---

308 United Nations Development Programme, 2019

표 8-3	1950-2020년 사이 국가별 이민 유출입 현황				

단위: 천명

이민 순유출 상위 5개국		순위	이민 순유입 상위 5개국	
국가	이민 순유출		국가	이민 순유입
방글라데시	-15,990	1	미국	+53,618
멕시코	-14,632	2	독일	+13,022
중국	-11,987	3	러시아	+10,883
시리아	-8,329	4	캐나다	+10,627
필리핀	-7,961	5	오스트레일리아	+7,909

참고: -는 순유출, +는 순유입을 의미함

자료: *Net number of migrants*, by United Nations Department of Economic and Social Affairs, 2020.

떤가? 사회적 역사적인 상황이 다르긴 하지만 미국은 중국과 반대다. 미국은 그렇게 많은 국제수지를 적자를 시현하면서도 노동자들의 임금은 높기만 하다. 미국은 무역수지 적자에도 미국 상품의 수출증대를 위하여 노동자의 임금을 낮추는 일은 없고, 국민들이 더 싸고 좋은 제품을 소비할 수 있도록 수입의 문을 크게 열어놓고 있다. 국가는 국제수지 적자를 이루며 어려움을 겪고 있지만 국민은 살기 좋은 것이다. 그래서 전세계의 사람들이 미국에 살고 싶어한다. 중남미 사람들은 미국에 살고 싶어 목숨을 걸고 국경을 넘는다.

　[표 8-3]에서 보듯이 1950~2020년 사이 국가별 이민유출입 현황을 보면 미국은 다른 나라에 비하여 압도적으로 많은 이민을 받아들이고 있다. 그런데 중국은 어떤가? 1950~2020년 기간 동안 중국은 세

계에서 세번째로 이민유출이 많은 나라였다. 이민을 간다는 것은 쉬운 일이 아니다. 정든 고향산천과 사랑하는 친지와 이웃을 떠나 모국을 버리고 타국으로 간다는 것은 정말로 눈물나는 일이다. 그럼에도 불구하고 사람들은 왜 떠나는가? 1950년대 이래 중국은 통일되어 안정된 나라였고, 어느 지도자든 중국이 좋은 나라이고 좋은 나라로 되어가고 있다고 하였다. 그럼에도 불구하고 중국에 가서 살겠다고 하는 사람은 없고 왜 중국을 떠나고자 하는 사람만 그렇게 많은가?

중국은 개개인으로서의 사람의 가치를 높게 인정받기 어려운 나라이다. 그도 그럴 것이 국가는 하나인데 사람은 워낙 많으니 당연히 국가는 귀하고 개인의 가치는 낮을 수밖에 없다. 하지만 이것이 전부가 아니다. 중국이라는 사회가 국가를 너무 앞세우다 보니 개인의 가치는 더욱 무시당하는 측면이 있다. 국가를 앞세우다 보니 국가의 운영과 관련되는 당의 간부나 관료들에 권력이 집중되어 이들에 의하여 일반 국민들은 억압당하게 된다. 또 국가 전체로의 산출극대화나 효율성을 우선하다 보니 개인에 대한 배려는 뒤로 밀린다. 중국에서 개인의 자유나 행복을 추구하는 논의는 허용되지 않는다. 중국은 개개인이 빈곤하기도 하면서 빈부격차마저 심하다. 세계은행 통계에 의하면 중국의 소득불평등지수(GINI)는 2015년 기준으로 38.60으로서 불평등한 순위로 볼 때 세계 비교대상 159개국 중에서 68위였다.[309] 사회주의 국가이면서도 이렇게 불평등하기까지 하니 평등을 위해서 포기한 자유를 비롯한 다른 가치는 어디에서 보상되고 있는가? 중국은 국가자본주의(state capitalism) 하에 국가와 관련된 당간부나 관료들과 이들과 연결된 사람들이 부를 차지하고 있다. 그동안 중국의 경제발전에 의한 국민소득의 증가는 이들의 소득과 부의 증가였을 뿐, 대다수 국민들은 여전히 빈곤의 늪에서 벗어나지 못하고 있다.

---

309 The World Bank, 2019

표 8-4	중국과 서부유럽의 비교	

기준연도 : 2017년

항목	중국	서부유럽
영토	$9,597km^2$	$4,945km^2$
인구	13.86(억명)	5.15(억명)
국내총생산	12.14(조달러)	20(조달러)
일인당국민소득	8,759(달러)	40,000(달러)

참고: 서부유럽은 EEA(European Economic Area 회원국의 통계로 대신함. 따라서 여기에 포함되는 국가는 EU 26개국, EFTA 3개국, 영국이 포함된 통계치임.

중국은 이미 매우 거대한 국가이면서도 더 큰 국가, 더 강한 국가를 추구하고 있는데, 큰 국가의 문제를 짚어볼 필요가 있다. [표 8-3]에서 보듯이 2017년 기준으로, 중국은 서부유럽에 비하여 영토는 약 2배이고, 인구는 약 2.7배에 달하지만, 국내총생산은 서부유럽의 약 3/5에 불과하고, 일인당국민소득은 약 1/5수준에 머물고 있다. 서부유럽은 근대화를 먼저 이룩한 선진국이어서 그렇다고 말할 수도 있으나 중국도 근대화가 시작된 지 이미 1세기가 넘었고, 통일국가로서 안정을 되찾은지도 70여 년이 넘었다. 중국이 말하는 대로 유구한 역사와 찬란한 문화를 가진 우수한 국가라면서도 유럽국가를 추월하거나 근접한 수준까지는 가지 못할지라도 이렇게 차이가 나는 것은 무언가 문제가 있다고 해야 할 것이다. 그런데 중국은 한 개의 국가이지만 서부유럽은 약 30여개 국가로 나뉘어져 있다. 그렇다면 이러한 중국의 거대함이 비효율성을 낳아 발전을 더디게 하고 국민들의 생활수준을 낮추는 작용을 할 가능성도 생각해 보아야 한다. 더구나 같은 민족이지만 그 규모에서 작은 홍콩이나 대만은 중국에 비하여 훨씬 더 잘 살고 빨리 발전하였다는 사실 또한 이러한 생각을 더욱 강하게 한다. 작은 국가는 동질적인 국인들이 거리감없이 소통하며 협력하는 가운데 외부환경에 유연하게 대처해 나갈 수 있는 반면에 거대국가는 그렇지 못할 뿐만 아니라 국가가 내 여러 이질적 집단 간의 갈등과 거대한 조직의 상하 간의 큰 권력간격으로 효율적으로 기능하기 어려운 점이 있다. 거대국가의 건설과 유지에 과도한 자원과 에너지를 쏟게 되면 그만큼 국민들의 삶은 어려워질 수밖에 없는 것이다.

중국에서 국민들의 내셔널리즘의 유지와 동원은 국가에 의하여 관리되는데, 이러한 내셔널리즘의 관리에 있어서도 개인의 권리와 가치는 무시되고 있다. 학교교육을 비롯한 국민들을 위한 교육에서 애국심 고양을 위한 부분이 너무 큰 비중을 차지하다 보니 다른 가치는 무시되고 희생된다. 애국심을 자극하기 위하여 교과서에는 외국 군인들에 의하여 난자당한 중국인들의 차마 볼 수 없는 잔인한 장면들을 싣고 있으며, 또 여성의 신체가 그대로 노출된 사진을 보여주기도 한다. 이는 희생당한 사람을 국인주의를 자극하기 위한 도구로 삼고 있는 것으로서 사람의 존엄성을 무시하는 일이다.

그리고 개인의 감정적 영역에 대한 국가의 간여가 너무 자의적이고 편의적으로 이루어진다. 2020년 10월 2일, 미국 트럼프 대통령이 코로나바이러스 확진판정을 받았다는 뉴스가 나왔을 때 중국사람은 환호했다. 뉴스 아래에는 중국 국경절의 선물이라거나 축하한다는 등의 트럼프를 조롱하는 댓글들로 가득했다. 그러다가 다음날 트럼프 대통령에 대한 시진핑 주석의 위로전문이 나온 이후 중국의 여론은 돌변했다. 이전의 댓글들은 삭제되고 쾌유를 비는 내용으로 바뀌었다.[310] 평상시에는 아무 일도 없었던 상대국가에 대하여 정부가 공격하기로 판단하면 국민들은 느닷없이 반감을 표출하는 상황이 일어나기도 하

---

310 어, 좋은 뉴스아니네 … 트럼프 확진 조롱한 중, 태도 바꿨다, 2020

고, 이와 반대 상황이 일어나기도 한다. 우호 분위기가 대립 분위기로 되기도 하고, 대립 분위기가 우호 분위기로 변하기도 하는 것이 국제관계의 속성이다. 그런데 이에 감정을 맞추어야 하는 국민들은 힘들다. 정부 당국의 의도에 따라 국민들에게 있어서 상대국가 사람들은 한 순간에 천사가 되기도 하고 악마가 되기도 하는 가운데, 국민들은 상대국에 애정을 표현하다가도 갑자기 돌변하여 증오를 표출하는 사람들이 되지 않으면 안 된다.[311] 국인주의라는 순수한 마음을 두고 정부가 자의적으로 국민들을 이리 끌고 저리 끌고 하는 가운데 국민들은 더욱 우매해지고 수동적인 존재로서 어릿광대가 되고 마는 것이다. 많은 전체주의 국가가 그렇듯이 국가중심체제 하에서는 국가의 영광을 개인의 영광으로 유도하면서 국인주의를 불러 모은다. 하지만 고조된 국인주의에서 개인에게 돌아오는 것은 희생뿐인 경우가 대부분이다.

중화회복으로 이전의 영광을 찾으면 국민에게 좋은가? 중국이 위세를 떨치던 시절의 조공책봉체제에서도 황실만 좋았지 백성들에게 좋은 것은 없었다. 이웃국가들이 조공을 하게 되면 황제는 하사품을 내리는데, 조공보다 하사품이 더 많았다. 조공은 황실에서 실속없이 쓰고 하사품은 백성들이 힘들게 마련해야 했던 것이다. 미래에 중국이 패권국가가 된다면 국민들에 좋은 시절이 올 것인가? 패권국가가 된다는 것은 다른 나라로부터 이권을 착취한다는 것도 있지만, 그 이상으로 다른 나라들에 베풀 수 있어야 한다. 다른 나라로 하여금 그 패권체제에 안주하면서 패권국가에 협력할 수 있도록 하기 위해서는 이익을 제공해야만 하고, 그래야만 그 체제를 유지할 수가 있다. 다른 나라들에게 자국의 큰 시장을 제공하거나, 원조를 제공하거나, 세계의 질서유지를 위해서 젊은이들을 전쟁터로 보내는 등 자국민들은 희생을 치루지 않으면 안 된다. 이렇게 볼 때 설사 중국이 세계의 패권

---

311 Callahan, 2010, p.190

국가가 된다고 하더라도 중국인들에게 좋은 것은 거의 없는 것이다.

관의 동원에 의하여 아무리 많은 국민들이 나와서 국인주의적인 시위를 하고 애국적인 모습을 보인다고 할지라도 자국을 떠나고 싶어 하는 사람들이 많다는 것은 국민들이 진심으로 나라를 좋아한다고 보기 어렵다. 그리고 국민들이 진심으로 나라를 좋아해야 나라도 강할 수 있다. 청과 외국군이 전쟁을 하게 되었을 때 많은 중국인들은 구경만 하였고, 심지어 외국군을 도왔다. 이전의 명나라도 이자성의 난, 삼번의 난과 같은 명나라 내부에서의 반란과 반역으로 망하게 되었듯이 국민들이 자국에 대하여 애착을 느끼지 못하면 아무리 많은 군대가 있고 좋은 무기가 있어도 소용없는 것이다. 중국에서 이러한 일은 역사적으로 유독 많았을 뿐만 아니라, 이러한 것에 대한 지혜도 이미 오래전부터 알려져 있었다. 위나라 혜왕이 당시 강국인 진(秦)나라와 초(楚)나라에 영토를 빼앗기고 치욕을 당하였다고 하소연하였다. 이에 맹자는 왕이 정치를 잘하여 백성들이 자기 나라를 좋아하게 되면 백성들이 몽둥이를 들고도 진나라와 초나라의 견고한 갑옷과 예리한 무기를 치게 만들 수 있다고 하였다.[312]

국가만 앞세우고 국민은 이에 따라가기만 하는 국가는 좋은 국가가 될 수 없을 뿐만 아니라 강한 국가도 될 수 없는 것이다. 국가가 잘 되어야 개인도 잘 될 수 있다는 것은 옳은 말이다. 하지만 국가를 위해서 개인이 희생되는 경우까지는 가지 않아야 한다. 국가의 영광을 개인의 영광으로 삼고 이에 몰입하게 되면 가치는 균형을 잃게 되고, 이렇게 되면 국인주의는 더 이상 국가에도 좋지 않은 우매한 국인주의가 되고 마는 것이다.

---

312 맹자, 양혜왕(상). (可使制梃 以撻秦楚之堅甲利兵矣)

제 9 장

중국 국인주의의 공과

중국은 특이할 정도로 거대한 국가이다. 이러한 특이성의 바탕에는 중국인들의 남다른 국인주의로서의 중화주의가 있다. 중화사상은 중국이라는 나라를 유지하게 하였고 또 중국이라는 나라가 거대인구를 가진 큰 나라로 발전하는데 기여하였다. 중화사상이라는 중국 우월주의는 중국인으로 하여금 중국인으로 남게 하는 동시에 이민족을 중국인으로 동화시킴으로써 중국인의 숫자가 늘어나게 했던 것이다. 중국은 이러한 전통적인 중화주의 기조 위에서 근대국가에서도 국인주의를 발전시켜왔다. 사회주의 국가인 중화인민공화국에서는 국가중심주의적인 체제 속에서 국민들로 하여금 철저히 국인주의로 무장시키고 있다. 중화민족이라는 이름 하에 국가 내 모든 국민을 중국인이라는 정체성을 갖게 하고, 이를 통하여 국가 내 모든 민족들을 하나로 통합시키려 노력해 왔다. 이러한 노력은 국가 내 한족, 소수민족 할 것 없이 그 민족적 정체성을 약화시키고 이를 통하여 소수민족의 분리독립의 기운을 사전에 차단하는데 적지 않은 역할을 하였다.

그리고 대의로서의 국가를 위한다는 명분 하에 소의로서의 개개인의 불만이나 불평이 있더라도 이를 참고 정부가 행하는 일에 따르고 협조하게 함으로써 정부의 원활한 업무수행과 정권의 안정을 돕는 역할을 하였다. 특히 대외적인 갈등의 상황에서 애국심으로 충만한 국민들이 외국에 대하여 강하게 성토할 때 또 그만큼의 열의로써 자국 정부에 대하여 지지를 보내기 때문에 정부는 이러한 상황을 활용하여 정권의 안정을 이끌어낼 수 있는 것이다. 공산당 일당 독재 하의 중국에서는 당과 정부가 국가의 모든 권력을 장악하고 있기 때문에 국민들은 당과 정부가 의도한 대로 이끌려갈 수밖에 없다. 이러한 상황에서 국민들의 국인주의는 국가가 원하는 대로 만들어지고 조작되고 동원된다. 대외적인 갈등상황이 있을 때 정부는 국민들의 국인주의를 동원하여 그 많은 인구가 만들어 내는 국인주의적인 행동을 십분 활용하고 있다. 반미시위나 반한시위와 같이 외국에 대하여 규탄시위를 하게 되면 해당국가는 압박을 받게 된다. 중국의 경우는 해외에 많은 화교를 두고 있고, 중국 내에서의 시위에 맞추어 현지에 있는 화교들도 시위를 하는 경우가 많아 해당국가는 더욱 부담을 느끼게 된다. 또한, 반까루프 불매운동과 반롯데 불매운동과 같이 특정 외국기업도 중국 국인주의의 표출 대상이 된다. 기업의 입장에서는 생산, 판매 할 것 없이 중국에서는 사업규모가 크기 때문에 중국인들의 반감을 갖게 되는 것은 치명적인 손실을 가져다줄 위험이 있다. 결국 이는 중국의 국인주의는 대단한 위력을 갖는다는 말이 된다. 그래서 중국은 이러한 힘을 기회만 있으면 동원하여 활용하는 것이다.

그리고 중국정부는 세계 각지에 살고 있는 화교들을 활용하는 데에도 중국의 국인주의는 매우 큰 역할을 하였다. 해외에 나가 살고 있는 중국인들의 숫자는 5,000만명에 이른다. 이들 대부분은 현지의 국적을 가진 국민이지만 중국인이라는 민족적인 정체성을 잃지 않고 있기 때문에 중국을 돕고 중국을 위하는 일에 기꺼이 나서는 경우가 많다. 그래서 중국이 개방을 하고 자본이 필요했을 때 화교들이 중국에 많은 투자를 하여 조국의 경제발전을 도왔고, 선진지식을 배우기 위해서 중국학생들이 해외에 나갔을 때 해외의 교육, 연구 계통에 있는 중국계 현지인들이 이들을 이끌어주었다. 또 해외에 있는 중국인 학자나 기술자들이 지식과 기술을 제공함으로써 중국이 선진기술을 따라잡는 데에도 해외 중국인들이 크게 기여하였다. 여기에 더 나아가서 중국이 현지국가에서 필요한 정보를 확보하거나 정치 사회적인 영향력을 행사하는 데에도 해외 중국인들이 적극 활용되고 있다.

이러한 국인주의는 중국인 개개인의 입장에서도 긍정적인 효과를 가져올 수 있었다. 나라를 중심으로 함께 애국심을 모으고 국가 내 모두가 하나됨을 확인함으로써 심리적인 안정감을 가질 수 있고, 여러 사람들이 단합하는 가운데 더 좋은 삶을 만들어 갈수 있으며, 자국에 대해 긍지를 가짐으로써 더 행복할 수도 있다. 다른 한편으로는 중국인들은 대외세력을 규탄하는 시위를 하거나 자국이 위대하다는 사실에 대한 자신들의 믿음을 상호교환함으로써 지난 세월 중국인들이 가졌던 열등의식과 피해의식에 억눌린 마음의 스트레스를 발산시키는 계기가 될 수도 있는 것이다.

반면에 중국 국인주의의 부정적인 영향 또한 적지 않다. 대내적으로 국가중심의 내셔널리즘 속에서 개개인에게는 희생이 따르게 된다. 애국심을 강조하다 보면 국가가 사람에 우선하고 개인은 그가 원하든 원치 않든 간에 국가를 위해서 무엇이든 양보해야 한다. 더구나 현재 중국은 국가주의적인 국인주의다. 중국은 국가에 가치가 집중되어 개인은 거의 가치를 찾지 못하고 있다. 이러한 상태에서 중국의 국인주의는 개개인의 자발적인 의지에서 나온 것이라기보다는 국가에 의해 이끌리어 국민들에게 부과되는 하나의 의무로서의 국인주의이다. 국인주의는 기본적으로 국가를 위하는 것이므로 개인의 국가를 위하는 마음이 클수록 개인은 국가를 위해서 더 많이 희생하지 않으면 안되는 것이다.

중국에 국인주의가 특별히 강조되는 데에는 다민족국가라는 요인이 크게 작용하고 있다. 중국 내의 일부 민족이 분리됨으로써 국가가 나누어지고 그 영토가 축소되는 것을 염려하여 중국이라는 국가공동체를 앞세우면서 국인주의를 끊임없이 주입시키고 있는 것이다. 그런데 여러 민족이 하나의 국가를 이루면서 사는 것이 반드시 좋은 것은 아니다. 대외전쟁과 같이 공동의 적을 맞아 싸우는 상황에서는 여러 민족이 모여서 더 큰 하나의 국가를 형성함으로써 더 강한 힘을 만들 수 있다면 좋을 수 있다. 하지만 이 같은 상황이 아니라면 굳이 그렇게 할 이유가 없다. 서로 다른 사람들이 한데 살아가게 될 때 그만큼 불편함이 따르고 비효율이 발생한다. 특히 소수민족은 국가 내 다수를 차지하고 있는 타민족 사람들과 거대 권력의 국가 앞에서 자신들의 의지를 제대로 펴기 어려울 뿐만 아니라 민족적 독자성과 자율성에 제약을 받을 수밖에 없다. 이러한 상황에서 다수민족이라고 해서 개개인들이 좋을 것도 없다. 단지 자국이 영토가 더 넓고 인구가 조금 더 많다는 것을 자랑거리로 삼을 수 있을 뿐이다. 중국의 한족도 국가를 위하여 희생을 참고 있는 부분이 많다. 더 큰 국가가 되기 위하여 소수민족들을 달래려고 소수민족을 우대한다면 한족은 그만큼 손해를 감수해야 한다. 무엇보다 한족 또한 소수민족을 의식해서 소수민족의 눈치를 보아야 하며 이러한 가운데 자신들의 문화를 드러내서 향유하고 발전시킬 수 없다는 점이다.

원래 근대적 국가는 자신들만의 이념이나 자신들만의 문화와 풍습을 가진 민족이 다른 이질적 집단으로부터 방해받지 않고 그들이 원하는 삶, 고유의 삶의 방식으로 살아가기 위하여 공통성을 갖는 사람들끼리 정치적인 집단을 만드는 것이었다. 그리고 이런 국가를 수립하는 사람들의 집단이 국인인 것이다. 그런데 이 같은 국가성립의 원리에 있어서 중국은 앞뒤가 뒤바뀌어 국가가 먼저 있고 국가가 원하는 대로 국가 구성원을 채워 넣어서 국가를 이루고 있는 것이다. 큰 국가, 강한 국가를 위한다는 것은 국가를 위한 것이다. 집단의 이질성에 상관없이 국가 내에 사람과 영토를 많이만 포함시킨다면 국가는 커지지만 그 안의 개인들은 그만큼 더 불편하고 만족스럽지 못한 삶을 살 수밖에 없는 것이다. 밀(John Stuart Mill)은 국인성이 같은 사람들 간에 국가를 형성하는 것이 자유로운 사회체제를 형성하는데 무엇보다 중요하다고 하였다. 같은 국인들 간에는 더 잘 협력하는 반면에 다른 국인과는 협력적으로 살아가기가 어렵다고 보았다. 무엇보다 언어가 다르고 동료의식이 없는 상태에서는 단합된 여론을 형성할 수 없어서 대의정치가 불가능하다고 하였다.[313] 민주주의는 모든 사람이 함께 정치의 장을 만들어 가는 것이고 이것이 가능하기 위해서는 서로 소통하고 타협하고 이해할 수 있어야 한다. 민족들의 자유의사에 따라 함께 살고 싶으면 함께 살고 나뉘어져 살고 싶으면 나뉘어져서 살아야 한다는 것이 민족자결의 원칙이다. 국가의 틀에 맞추어서 살기 위하여 사람들이 자신의 정치적인 신념을 펴지 못하거나, 그 민족의 사람들이 갖고 있는 자연러워야 할 고유의 문화, 관습, 행동양식에 제약을 받으면서 살아가야 하는 것은 결코 바람직하다고 할 수 없다.

그리고 대외적으로 다른 국가와 좋은 관계를 유지하는데 부정적인 영향을 주게 된다. 자국을 우선하는 생각은 의도하였든 의도하지 않았든 결국 다른 나라에 피해를 준다. 상대국에 피해를 주는 자국의 행동과 태도는 상대국도 같은 행동과 태도를 갖게 만든다. 어느 국가가 자국의 이익을 챙기면 상대국도 자국의 이익을 챙기게 되고, 어느 국가가 힘을 과시하면 상대국도 힘으로서 대항하려 하는 것이다. 제2차 세계 대전이 끝나고 나서 세계는 역사상 유례없는 평화시기를 맞았다. 하지만 중국은 이러한 평화기간에도 한국, 소련, 베트남 등과 전쟁을 치렀고, 인근의 수많은 나라들과 전쟁과 다름없는 치열한 분쟁을 치르는 등 여러 국가들과 갈등과 마찰을 이어오고 있다.

또 반드시 분쟁과 갈등까지 가지 않는다고 하더라도 지나친 국인주의는 대외적으로 다른 국가로부터 미움을 산다. 어느 국가든 자국의 이익만 내세우고, 자국의 힘을 과시하는 국가를 좋아하는 나라는 없

---

313 Mill, 2001, p.144

다. 사람들에 있어서도 자국만 내세우고 자국이 최고라고 우쭐대는 것은 좋은 인상을 주지 못한다. 이렇게 하면 자국의 국가적인 호감이 낮아지고, 이는 장기적으로 국가적인 손실이 된다. 중국은 경제개방을 하면서 세계 무대에 적극 나서게 되는데, 이후 중국이 경제적인 성공을 거두자 곧 대국행세를 하기 시작하였다. 이에 더 나아가서 중국인들의 우월의식은 자연스레 세계의 패권국가가 되어야 한다는 목표에 이어지게 하였고, 또 이러한 의도를 너무 쉽게 드러내게 하였다. 이러한 우월의식은 결국 중국에게 좋지 않은 결과를 가져다 주었다. 거대국가 중국이 급속하게 경제대국으로 부상한 것만 해도 경계심을 가질 만한데 세계의 패권국가가 되려는 야심까지 보이자 다른 국가들의 견제를 받게 된 것이다.

세계의 많은 국가들이 중국과의 거래를 기피하고 부정적으로 대하면서 중국은 패권국가는 말할 것도 없고 경제를 안정적으로 발전시켜 나가기도 쉽지 않게 되었다. 중국의 입장에서는 그동안 국제무대에서 대국으로서의 당당함으로 여겼을 수도 있는 자국의 우월의식이 다른 나라에게는 오만과 독선의 모습으로 보이게 되었고, 이러한 결과로 중국은 지금 국제사회에서 적잖은 어려움을 겪고 있는 것이다.

제 10 장

결 론

중국은 그 이름에서부터 내셔널리즘이 드러나고 있다. 중국이란 세상 한가운데에 있는 나라라는 것인데 둥근 지구표면에 가운데가 어디 있단 말인가? 이는 중국인의 자기중심적인 우월의식을 담고 있는 것이다. 고대 미개사회의 민족들 중에는 자신들만을 사람, 혹은 진짜 사람이라고 하거나 자신들이 있는 곳이 세상의 중심이라고 하는 경우가 많았는데, 중국이라는 이름도 원래 이러한 의식에서 나온 것이다. 산맥과 사막으로 격리된 동아시아지역의 그들만의 세계에서 과거 동아시아 사람들이 이 지역의 중심이자 강국을 이루던 중국지역에 대하여 부르던 이름이었고, 그래서 지금도 동아시아에서는 통상 중국이라고 부른다. 같은 동아시아이지만 중국과 먼 거리에 있어서 중국의 영향력에서 멀리 떨어져 있었던 일본에서는 중국을 "한(漢)", "당(唐)", "당국(唐國)", 혹은 "하은주(夏殷周)", 혹은 지나(支那) 등으로 불렀고, 중국(中國)은 자신들의 나라 일본을 뜻하였다.[314]

좋은 이름을 원하는 것은 어느 나라나 마찬가지인데 중국이라는 이름이 무슨 문제인가라고 반문할 수도 있을 것이다. 좋은 나라라거나 멋진 나라라고 말하는 것은 문제가 되지 않지만 중국은 문제가 될 수 있다. 그 이유는 중(中)이 상대적인 개념이기 때문이다. 어느 나라가 좋은 나라라고 한다고 해서 다른 나라는 좋은 나라가 될 수 없는 것이 아니지만, 어느 나라가 가운데 있다면 다른 나라는 가운데 있을 수 없는 것이다. 중국이 자국에서 쓰는 명칭이 중화인민공화국 혹은 중국

---

314 조영정, 2019, p.117

이므로 만약 국제연합(United Nations)에다 이 명칭 의미를 그대로 담아서 국가명을 Center Country 혹은 People's Brilliant Center Country로 하겠다고 한다면 허용될 수 없는 것이다. 그래서 세계는 중국을 차이나(China)로 부른다.

중국은 중화인민공화국이라 하고 중국인을 중화민족이라 한다. 중화(中華)란 세계의 중심에 위치하여 최고의 문화를 가졌음을 의미한다. 중화사상은 고대로부터 내려오는 중국 국인주의의 핵심이다. 이 사상은 자국은 위에 두고 타국은 아래에 두며, 자국은 앞세우고 타국은 뒤에 두는, 위계적이고 차별적인 사고에 기초하고 있다. 이는 중국인들에게는 좋지만 평등하고 평화로운 세계를 만들어가는 데에는 도움이 되지 않는다.

중국인들의 자국우월의식은 대국의 우월의식이다. 중국이 이렇게 거대인구의 큰 나라로 발전하게 된 것은 주변의 민족들을 동화시켜왔기 때문이고, 이러한 동화를 도운 것이 중화주의이다. 특히 중국은 근세기에 영토가 크게 확대되었는데 이는 정복 왕조 청이 주변의 민족들을 정복하여 청의 지배영역에 포함시켰고 이후 중화민국이 이를 그대로 인수 받았기 때문이다.

청의 뒤를 이은 중화민국은 한족들만에 의한 국가로 수립될 수도 있었지만 더 큰 국가가 되기 위하여 한족뿐만 아니라 기존 청나라 내에 있던 모든 민족들이 함께 다민족의 근대국가를 수립하게 된 것이다. 이는 서세동점의 시기를 맞아 한편으로는 서구세력에 대항하면서도 다른 한편으로는 그들로부터 사회진화론의 약육강식 윤리를 배우고 제국주의를 경험하면서 중국도 그대로 따라하게 되면서 생긴 결과였다. 그리고 소수민족의 입장에서도 서양국가와 일본의 침략위협에 놓이면서 모든 민족들이 같은 운명에 처한 공동운명체가 되어 자연스레 하나의 국인이 될 수 있었다. 당시 세계적으로는 민족자결주의의 기류가 강했지만 중국에서는 서구와 일본의 제국주의에 대항하는 준식민지 국가 중국의 자결주의 문제로만 이해되었고, 중국 내의 소수민족의 자립과 독립에 대한 문제로는 연결되지 않았다.

청 시기에 편입된 민족들은 오래전에 중국인으로서 정체성을 갖게 된 한족과는 종교, 언어, 문화를 비롯한 많은 면에서 이질성을 갖고 있다. 그럼에도 불구하고 중국이라는 나라 속에서 중국인으로서 큰 문제없이 오늘에 이르고 있는 데는 몇 가지 이유가 있다. 첫째, 주류민족인 한족이 숫적으로나 세력면에서 워낙 압도적이어서 이들의 의사를 거슬러 독립한다는 것이 쉽지 않다. 둘째, 사회주의 국가로서 계급의식에 매몰되어 민족문제가 묻혔다. 셋째, 끊임없이 다른 나라들과 대립하고 갈등하면서 국내 민족 간의 대립과 갈등이 생길 겨를이 없었다. 넷째, 사회주의 독재체제 하에서 정부의 강압통치와 강한 공권력 행사로 민족적인 분열을 힘으로 막아왔다. 다섯째, 사회주의 이념이 쇠퇴한 이후에는 세계경제와 국제사회에 적극 진출하면서 경제적인 발전을 이룩하고 중국의 국제적인 위상을 높임으로써 민족들의 내부불만을 줄일 수 있었다.

하지만 티베트, 신장, 내몽고를 비롯한 몇몇 지역은 독립을 위한 움직임이 끊임없이 있어왔고, 이러한 민족문제가 중국의 가장 심각한 문제 중의 하나로 되어 있다. 그래서 중국정부는 중국 내의 모든 사람이 민족적인 정체성보다는 중국인이라는 정체성을 더 강하게 갖도록 하기 위하여 심혈을 쏟고 있다. 그리고 중국 내의 워낙 많은 인구에 다양한 사람들을 통합하기 위해서 정부는 과거를 되새기고 강국으로서의 희망찬 미래를 제시하며 애국심을 고취시키고 있다. 오랜 역사와 큰 나라의 우월의식, 지난날 치욕적인 역사와 못사는 나라로서의 열등의식, 대외갈등, 게다가 정부의 강한 애국심 고취까지, 이러한 여건 속에 중국인들은 국인주의가 강할 수밖에 없다.

중국 내 민족문제의 미래와 관련하여 지금까지는 중국정부가 잘 통제해 오고 있지만 앞으로 이 문제가 어떻게 발전되어 나갈지는 불확실하다. 여기서 예측되는 미래는 낙관과 비관이 공존한다. 또한 중국은 지금 홍콩, 대만 등과의 통합문제가 있다. 중국은 대만을 중국의 일부라고 주장하면서 통일을 위해서는 무력사용도 불사하겠다고 하고 있고, 홍콩주민들의 자유에 대한 요구를 억누르면서 중국 내의 편입을 서두르고 있다. 이들 문제는 해당지역은 물론이고 중국 자체의 안정을 위협하는 요인이 되고 있다.

이 같은 민족 혹은 국인 문제에 있어서 중국이 보여주는 의지는 확고하다. 중국은 오로지 더 큰 국가가 되겠다는 것이다. 중국은 점하나 만큼도 작아질 수 없다(中國一点都不能少)라고 중국인들이 하는 말대로 중국의 영토에 대한 집착은 강하기로 유명하다. 세상에는 중국만 있는 것이 아니므로 여기서 국가는 어떻게 만들어져야 하는가, 혹은 어떤 사람들끼리 하나의 국가를 이루어야 하는가의 문제가 대두된다. 국가 성립의 원천이 되는 두 요소는 피와 신념이다. 독일 사람들은 우리는 민족적으로 같은 사람들이라고 하고, 미국이나 프랑스 사람들은 우리는 신념면에서 같은 사람들이라고 한다. 그런데 중국에서는 홍콩, 대만에 대해서는 같은 민족이기 때문에 하나의 국가로 되어야 한다고 하고, 티베트, 신장에 대해서는 하나의 국가가 되는 데에 같은 민족 같은 것은 의미가 없다고 한다. 모두가 중국의 일부라고 하는 주장에는 일관성이 결여되고 상호 모순되고 있는 것이다. 중국에서 하나 일관된 기준이 있다면 그것은 국가의 무력이 국인을 결정한다는 사고이다.[315] 이것은 제국주의의 논리이다. 이것은 중국이 그토록 나쁜 것으로 성토했던 것이었고, 지금은 역사의 뒷편으로 사라진 구시대의 논

315 2019년 1월, 시진핑 주석은 대만에 대해서 통일을 위해서는 무력사용도 할 수 있음을 천명하였다.

리이다. 국인자결의 원칙(principle of national self-determina-tion)은 이미 오래전에 확립되어 오늘날 국제사회의 기본원칙으로 되어 있다. 국가는 국인에 의하여 형성되고 국인은 개개인의 마음속에서 이루어진다. 국가가 아무리 너는 중국인이다라고 하더라도 개인 자신이 스스로를 대만인이라고 생각한다면 그는 대만인인 것이다. 그리고 이러한 개개인의 정치적인 의사를 존중해주는 것이 문명사회이다. 이미 19세기에 르낭(Joseph Ernest Renan)은 국인의 결정은 매일매일의 국민투표와 같다고 하지 않았는가? 국가는 사람들을 위한 제도이고 국인주의 또한 개개인이 자신의 이해에 따라 갖게 되는 것이다. 중국이 이들 땅을 중국영토로 만들고자 한다면 여기의 사람들 스스로가 중국의 일원이 되기 원하도록 하면 되는 것이다.

내셔널리즘 이론의 측면에서 지금 세계의 주류이론이 근대주의 이론이기 때문에 중국의 경우도 주로 근대주의 이론으로 설명된다. 중국에 근대적 국가로서의 중화민국이 수립된 것이 1912년이고 여러 민족을 구성원으로 하는 하나의 국인으로서 중화민족이 만들어진 것이 이 시기이다. 중화민국은 서구에서 근대화기에 만들어진 그러한 형태로서의 근대적 국가이다. 근대화라는 내용과 국인주의가 연결되어 있고, 근대화에 있어서 중국도 서구와 같은 내용을 담고 있기 때문에 근대주의 이론이 적용될 수 있는 것이다.

근대국가 중화민국은 지난 수천 년간 중국에 있었던 국가와는 완전히 다른 형태의 것이었다. 중국에는 진, 한, 당 등 여러 국가들이 이어져 내려왔지만, 이전의 국가들은 그 이름에 상관없이 황제의 나라였다. 그래서 국민들이 나라에 대하여 애착을 갖기는 하였지만 나라와 백성과의 관계는 황제를 거쳐서 이루어지는 황제의 나라에 대한 간접적인 관계였다. 즉 황제에 대한 충성의 관계가 나라에 대한 충성으로까지 이어지는 형태였던 것이었다. 또한 국가는 주로 민족 단위로 이루어지고 여러 민족일 경우 국가 내에는 지배민족과 피지배민족으로 나누어져 있었다. 황제는 그가 속한 민족의 힘을 토대로 그 자리에 오르게 되는 것이다. 그래서 황제가 속한 민족은 지배민족으로서 나라는 그 민족의 나라였고, 피지배 민족은 나라 내에 있지만 나라가 없는 거나 다름없었다. 그러다가 근대국가가 되면서 국민들의 나라로 되었다. 국민과 국가 간에 직접적인 관계로서 국민이 나라의 주인이 되었다. 황제는 없어지고 특별한 신분이 아닌 일반 국민들이 나라를 이끌어가게 되었다. 지배민족 피지배민족 구분없이 민족의 의미는 사라지고, 국가라는 집단의 같은 소속원으로서 모두가 평등한 관계 속에 하나가 되었다.

근대화기의 서양에서와 마찬가지로 이 시기 중국에도 나라 만들기 작업들이 있었다. 더 크고 강한 국가를 만들기 위하여 민족적인 구분 없이 많은 민족들이 함께하는 다민족국가가 되었고, 많은 사람들이 주권의식을 갖고 나라의 이익을 수호하기 위하여 나서게 되었다. 근대적인 현상으로서의 국인과 국인주의를 갖게 된 것이다. 이렇게 볼 때 중국의 내셔널리즘에 있어서도 근대주의 이론이 어느 정도 설득력이 있는 것처럼 보인다. 하지만 구체적인 내용에서 보면 많은 점에서 중국의 국인주의는 근대주의 이론에서 설명하고 있는 것과 다르다는 사실을 간과할 수 없다.

첫째, 근대주의 이론은 근대화가 되면서 민주주의가 발전하였고, 여기서 발전된 민주주의를 바탕으로 하여 국인주의가 형성되고 근대적 국가가 탄생하게 되는 것으로 설명한다. 그런데 서구에서는 근대국가가 민주주의 발전의 토대 위에서 형성되었지만, 중국에서 근대적 국가라는 것은 민주주의라는 바탕이 없는 상태에서 서양에서 도입한 서양문물에 불과하였던 것이다.

둘째, 근대주의 이론에서 국인주의와 국가의 형성에 대한 설명이 적용되는 곳은 원래 서양이고, 여기서 국가의 구성원인 개개인은 권리와 의무의 주체로서 행동하는 가운데 자율적으로 행동하는 사람들이다. 그런데 서양은 이렇게 자율적 능동적으로 행동하는 사람들의 집합으로서의 국가인 반면에, 동양에서는 개개인이 지배자에 의하여 이끌려지는 수동적인 사람들의 집합으로서의 국가라는 점에서 그 구성원의 성격이 같지 않다.

셋째, 근대주의 이론에서는 어느 민족이나 집단이 자신들만의 공동체의식을 느끼면서 국인주의를 갖게 되고 국가를 형성한다는 것이다. 그런데 중국은 이러한 공동체의식을 갖기가 어렵다. 국가가 워낙 거대하고 다양한 지역에 다양한 민족들로 구성되어 있어서 국가 내의 모든 사람이 같은 동질적인 의식을 갖기가 어렵다. 그리고 서양사회는 이익사회(Gesellschaft)로서 국가의 테두리 내에서 각자의 소임을 다함으로써 전체로서의 공동선을 창출하는 사회인 반면에 중국사회는 공동사회(Gemeinschaft)로서 가족, 친지, 혈연, 지연으로 맺어진 관계를 중심으로 하여 자연적인 정이 지배하는 사회이다. 그래서 중국에서는 국가 테두리 내의 사람들을 구성원으로 하여 공동체 의식을 갖는다는 것은 기대하기 어렵다.

넷째, 근대주의 이론에서는 민주주의가 되면서 개개인이 국가에 대한 주인의식을 갖게 되고, 이러한 의식을 바탕으로 하여 국인주의가 형성되는 것으로 설명한다. 서양에서는 민주주의가 발달하고 개인간 수평적인 문화 속에서 개개인이 국가의 주체자로서 주인의식을 갖는 것이 어렵지 않은 일이이지만, 중국인들은 종적 구조의 사회에서 살아왔고, 오랫동안 천자의 나라에 천자의 은덕으로 살아가는 사람들로서의 백성으로 살아왔기 때문에 이것이 쉽지 않다. 그래서 중국에서도 사람들의 국가 주인의식이 국인주의를 불러왔다고 말하기는 어렵다.

마지막으로, 근대주의 이론대로라면 근대화기 이전에는 중국에 국인주의가 없었다고 해야 한다. 하지만 이에 대한 측면을 검토해 보면 그렇다고 하기 어렵다. 그리고 고대로부터 오늘날에 이르기까지 중국인들에게 있어서 중화주의라는 강한 의식이 내려오고 있는 것만 보더라도, 이렇게 분명한 국인주의의 한 모습을 앞에 두고 국인주의가 없었다고 할 수는 없는 것이다.

이렇게 볼 때 근대주의 이론으로 중국의 국인주의를 설명하는 것은 충분하지 못하고 오히려 원초주의 이론이 더 설득력을 갖는 측면이 있다. 원초주의는 민족을 중심으로 역사성 속에서 내셔널리즘을 설명하는데, 중국인들의 국인의식은 고대로부터 내려오는 긴 역사와 분리될 수 없고, 중국정부에서 중화민족을 강조하는 것도 그만큼 민족이 갖는 의미가 크기 때문이다.

2012년 시진핑(習近平) 주석이 중국몽(中國夢)을 내세우며 2050년까지 세계 최강국으로 우뚝 서겠다는 목표를 제시한 이후 중국의 세계 패권을 향한 도전은 기정사실화되었다. 중국인들은 한편으로는 지금까지의 녹록치 않은 현실을 생각하고, 다른 한편으로는 국가정부가 제시하는 장대한 비젼을 들으면서 반신반의하면서도 패권국이 된다는 꿈에 부풀어 있다. 또한 중국 바깥에서도 근래의 비약적인 경제발전을 보고 머지않아 중국이 미국을 밀어내고 패권국가가 될 것이라는 주장을 하는 사람들도 늘어나고 있다.

하지만 많은 학자들은 설령 중국이 경제력이나 군사력에서 미국을 추월한다고 해도 중국이 미국이 가진 패권을 빼앗아 오기란 쉽지 않을 것으로 예상한다. 그 이유는 다음과 같다. 첫째, 지정학적으로 중국은 미국에 비하여 불리하다. 미국은 좌우의 대서양과 태평양이 전세계와 연결되어 있어서 세계의 모든 대양을 자국의 바다와 같이 사용하고 있다. 또한, 태평양과 대서양이 자연적 방어막의 역할을 한다. 반면에 중국은 북쪽으로는 러시아, 동쪽으로는 한국과 일본, 남쪽으로는 동남아 국가, 서쪽으로는 인도, 파키스탄, 중앙아시아 국가들에 의하여 둘러싸여서 바깥으로의 진출이 막혀 있다. 둘째, 미국은 유럽을 비롯한 세계 대부분의 국가들과 동맹을 맺고 있으며, 파이브아이즈(Five Eyes)와 같은 핵심동맹국가도 있는 반면에 중국은 동맹국이 거의 없다. 셋째, 미국은 인근에 적대국이 없지만, 중국은 적대국들에 둘러싸여 있다. 넷째, 미국과 달리 중국은 식량과 에너지에서 자급자족이 되지 않는다. 다섯째, 미국은 달러화가 기축통화인데다 국제금융에서 실권을 쥐고 있다. 여섯째, 무역에서 미국이 중국에서 사는 물품은 다른 나라에서 살 수 있지만, 중국이 미국에서 사는 물품은 다른 나라에서 사기 어렵다. 일곱째, 중국은 국내 소수민족의 분리독립과 같은 취약점이 있다. 여덟째, 영어가 세계 공용어이다. 아홉째, 세계에 자유민주주의가 사회주의보다 보편화되어 있다. 열째, 미국은 전쟁경험이 축적되어 있다. 이외에도 이유로 들 수 있는 것들은 많다. 더더구나 미국이 이미 초강대국으로서 힘을 행사할 수 있는 고지들을 선점하고 있는 것들이 워낙 많아서 이들을 다 빼앗아 오기가 쉽지 않다. 지금까지 국제무대에서 중국은 주변국에 불과하였다. 이러한 중국이 그 위치가 갑자기 바뀌기를 기대하기는 어렵다. 어떻게 보면 지금까지 중국이 누려오던 것을 더 잃지 않으면 다행일지도 모른다.

또한 패권국가는 군사적인 힘으로만 될 수 없다. 헤게모니는 약자의 강자에 대한 인정을 필요로 한다. 무력 외에도 다른 나라들이 인정해 주고 따라줄 수 있도록 정치, 사회, 경제, 문화 그리고 도덕성과 윤리적인 측면에서도 리더가 될 수 있어야 한다. 이렇게 볼 때 패권국가가 되기 위해서는 자국 내에서만 발휘될 수 있는 힘만으로는 부족하다. 자국을 방위하기에 충분한 군사력이라든지 자국 내에서 안정적으로 작동되는 정치체계, 자국 사람들만 통용되는 도덕성과 윤리만으로는 패권국가가 될 수 없는 것이다. 패권국가가 되기 위해서는 이러한 것들이 다른 나라에서도 힘으로서 작동될 수 있어야 한다. 세계의 지도적인 위치에 서기 위해서는 민주주의, 인권, 자유, 평등과 같은 도덕적, 윤리적인 면에서도 모범을 보이면서 다른 나라들이 따라올 수 있도록 해야 하는데 중국이 과연 무엇으로 따라오게 만들 수 있을지 의문이 생기게 된다. 현재의 중국은 개개인이 자유롭지 못하고 인권이 보장받지 못하는 국가에 머물러 있고, 이러한 것이 쉽게 바뀔 것으로 예상하기도 어렵다. 그렇다면 이런 중국에 대하여 자유와 인권 보장이 이루어지고 있는 선진국들을 포함한 세계의 많은 나라들이 따르게 될 것인가? 불가능한 일이다. 이런 면으로 볼 때 비록 미중 간에 경제력이나 군사력에서 위상의 변화가 생긴다고 하더라도 중국이 패권을 잡기는 어려운 것이다.

그럼에도 불구하고 중국의 세계 최강의 패권국가에 대한 집착은 단순해 보이지 않는다. 빈곤하고 후진적이었던 중국이 경제가 좀 나아지고 세계에서 좀 인정받을만하게 되자마자 세계 최강의 국가로 등극하겠다고 하는 것은 예사롭지가 않다. 지금 세계는 과거 제국주의시대처럼 무력으로 확보할 수 있는 식민지가 있는 것도 아니고, 미국이 중국을 침략하려 하는 것도 아니다. 그런데도 중국이 그렇게 성급하게 군사강국으로의 길에 치중하고 있는 것은 세계 초강국이 되고 세계 패권국가가 된다는 계획이 중국인들에게 그만큼 의미있게 받아들여지기 때문이다. 중국인들은 지금까지 가져온 중화사상으로 중국이 패권국가가 되는 것은 당연한 일이며, 중국의 제 위치 찾기라고 생각한다. 중국인들의 의식에 있어서 중국은 세계를 주도하는 나라이고 세계의 중심이 되는 나라이어야 하는 것이다.

지난 세기 중국은 어려운 시간들을 보냈다. 열강들의 침략에 시달리면서 전근대적인 황정을 청산하고 근대국가를 수립하여 국력강화를 위해 노력하였으나 군벌들의 발호와 국공내전을 겪었고, 이후 일본의 침략을 받아 연합군이 승리하지 않았더라면 거의 나라를 잃을 뻔하였다. 그리고 사회주의 운동과 문화혁명 등으로 혼돈의 시간을 보내고, 1970년대 말 시장경제의 도입과 개방으로 세계시장에 참여하면서 경제발전을 하기 시작하였다. 이후 짧은 기간에 중국은 급속하게 경제발전을 하였고 이를 토대로 사회전반의 발전과 함께 국력을 신장시켜 나가고 있다. 하지만 발전의 기간이 얼마되지 않았으므로 중국이 더 발전시켜 나가야 할 부분과 새롭게 직면한 문제들이 산적하다. 이러한 중국이 선진국이 되었다거나 장차 세계를 이끌어 갈 국가가 될 것이라고 예견하기는 어렵다.

중국이 지금까지 경제발전을 이룩하는 데에는 세계경제를 최대한 이용함으로써 가능하였다. 중국은 세계경제를 활용하여 발전하였지만 세계경제는 중국으로 인하여 나아진 것이 별로 없다. 중국이 무역을 하면서 많은 흑자를 누리고 외화자산을 축적했다는 것은 상대국은 그만큼 적자를 보고 외화부채가 늘었다는 것을 의미한다. 무역을 하게 되면 그럴 수 있는 것이기는 하지만 그 정도가 너무 과했다. 중국이 사회주의 국가로서 자본주의 시장경제의 국제경제체제에 참여하고 있고, 그것도 매우 큰 규모로 참여하고 있기 때문에 세계시장을 왜곡시키는 부정적인 효과가 적지 않았다. 그동안 국제경제에서는 중국과 관련하여 보조금지급, 덤핑, 환율조작, 기업활동에 국가개입, 지적재산권 침해, 기술과 영업비밀 도용 및 절도 등 많은 좋지 않은 일들이 일어났다. 그리고 중국은 큰 시장을 가진 대국으로서의 힘을 유감없이 행사하고, 정치적 목적에 따라 무역을 통제하고, 원조제공으로 자국의 외교적 이익을 확보하며, 외국 군사기지 곁에 부동산투자를 하는 등 국가전략에 맞추어서 국제경제활동을 해왔다. 여기에 더 나아가서 중국은 자국의 이익을 위하여 외국의 선거나 국제기구관리자 선출에 개입하거나, 외국 혹은 국제기구 관리를 매수한다는 등의 추문이 끊이지 않았다.

여기에서 더 나아가 중국은 세계시장을 활용하여 경제발전에 성공을 거두자 세계의 산업과 경제를 장악하고 세계의 패권을 장악하겠다고 나섰다. 이에 세계 사람들이 좋아할 리가 없다. 세계는 거대인구, 거대영토, 거대권력을 가진 중국이 세계를 위협하는 괴물국가로 되지는 않을지 우려하기 시작하였다. 이러한 상황에서 미국이 견제에 나서게 되고 많은 국가들이 이에 동참하게 되었다. 미국과 그 동맹국들은 이미 중국의 세력확장을 억제할 포위망을 구축하고 있으며, 유럽국가들도 중국 견제에 나서고 있다. 동남아시아 국가들은 중국이 두려워 과거 일본으로부터 침략을 당했던 나쁜 기억에도 불구하고 일본에게 재무장을 권하고 있다. 세계의 많은 기업과 투자자들이 중국에서 철수하고 세계 시장에서 중국 상품의 판매는 줄어들고 있으며 중국과의 사업계획은 취소되고 있다.

특히 코로나 사태 이후에 중국은 전세계적으로 지탄받는 입장이 되었다. 중국에 대하여 국가적으로 거부감을 갖게 되었을 뿐만 아니라 중국인이라는 개인에 대해서도 부정적인 인식이 확산되었다. 세계각지에서 중국인이라는 이유 하나로 테러를 당하는 일까지 빈번하게 일어나게 되면서 중국인뿐만 아니라 외관이 비슷한 다른 아시아인들도 중국인으로 오인되어 피해를 입는 사태까지 일어나고 있다.

이러한 상황 속에 중국은 이전보다 더 어려운 환경을 맞게 되었다. 중국이 해외의 많은 나라로부터 배척받게 됨으로써 대외거래가 더 줄어들게 되면 지금까지 누리던 수출과 외화획득이 더 어려워질 수 있고, 경제의 성장과 발전이 더 더뎌질 수 있다. 중국에 있어서 경제발전은 매우 중요한 문제이다. 중국은 많은 인구에 개인소득수준은 낮으며 아직도 많은 사람들이 절대 빈곤의 상태에 있다. 게다가 경제가 뒷받침되어야 사회전반에 발전을 이룰 수 있고 군사력도 증강시킬 수 있다.

앞으로 해외시장을 활용하기 어렵게 되면 중국은 경제의 성장과 발전을 국내시장에 더 많이 의존하는 수밖에 없다. 중국은 그 자체로 수십 개 국가에 해당하는 규모인데다 그동안 어느 정도 경제발전을 이루어 구매력을 가진 인구도 많아져서 국내시장 규모가 매우 크고, 부분적으로 높은 기술수준을 갖추었기 때문에 이것이 불가능한 것은 아니다. 하지만 자본주의 체제에 비하여 사회주의 체제에서는 창의력의 창출과 기술혁신에서 뒤처질 수밖에 없고 효율성에서 뒤질 수밖에 없다. 더더구나 자본주의 개방경제 하에서 전세계적으로 경쟁하는 상황에서의 경제발전은 폐쇄적 경제활동의 상황과 비교가 되지 않는다. 그렇기 때문에 지난날 사회주의 교리와 자력갱생의 구호를 버리고 시장경제도입과 경제개방을 하였던 것이다. 이렇게 볼 때 중국은 지금 매우 큰 난관에 봉착해 있다. 중국이 여기까지 오게 된 데에는 어쩔 수 없는 상황도 있지만, 중국 스스로 이러한 길을 만든 측면이 있으며, 여기에는 국인주의도 적잖은 역할을 하였다.

중국은 독립하려는 민족들을 중국 내에 두고, 홍콩을 중국 내로 복귀시키고 대만을 흡수하는데 매우 강한 집착을 보이고 있으며, 여기에 더 나아가 세계의 중화가 되려고 애쓰고 있다. 원래 중국에서는 이상적인 국가로서 소국과민(小國寡民)사상과 대일통(大一統)사상이 있었다. 소국과민은 작은 나라의 적은 수의 백성이라 하여, 작은 국가 작은 정부를 지향하는 것이다. 도가(道家)에서는 전쟁이 없고, 통치세력의 억압과 착취도 없는 세상을 만들기 위해 작은 국가를 생각하였다. 이러한 세계는 소박하고 평화롭다. 일부의 지배자가 아니라 많은 사람들의 행복을 생각한다면 소국이 대국보다 더 나을 수 있다. 그래서 오늘날에도 이러한 사상을 가진 사람들이 적지 않다.

이에 반해서 대일통이란 온 천하를 하나로 통합한다는 것이다. 진

(秦)이 중국을 통일하면서 대일통사상이 승리하였다. 이후 중국에서 권력을 가진 자는 누구나 전체를 통일하여 천하를 쟁취하는 것을 목표로 삼게 되고, 이를 당연한 것으로 여기게 되었다. 중국에서 진정한 왕자(王者)는 대일통을 이루는 자이다. 대일통사상은 유교에서도 함께 한다. 공자가 "하늘에 두 개의 해가 없고, 땅에는 두 임금이 없다"고 한 것이나, 대학(大學)에도 수신 제가 치국 평천하(修身齊家治國平天下)라는 구절의 "평천하"를 최고의 목표로 설정하고 있는 것은 대일통사상 위에 있다. 오늘날 중국이 더 큰 나라를 이루려고 하고, 패권국을 꿈꾸는 것은 이러한 사상과 무관치 않다. 그러나 이것이 진정으로 중국적인 것이라고는 할 수 없다. 대일통사상이라고 하더라도 중국의 주류사상인 유교에서는 그렇게 강성의 것이 아니었다. 유교에서는 무력을 배척하고 덕으로 이끌어 가는 방식을 취하였다. 이웃국가에 대해서도 상대의 존재를 인정하는 가운데 유화적이고 타협적으로 접근하였다. 유교의 왕도주의는 군주로 하여금 백성들의 안위와 세상의 평화를 구현하기를 권하였고, 군주의 정복욕과 같은 욕망을 패도로 규정하여 억제시켜왔던 것이다.

유교사상에서와 같이 한족에 의한 중국은 원래 정복국가적인 성격이 아니었다. 한족왕조의 경우 침략을 하기보다 침략을 당한 경우가 더 많았으며 공격적이기보다는 방어적이었다. 그 이유는 여러 가지 측면에서 찾을 수 있는데, 진나라 이후의 중국은 당시 사람들의 과학기술과 사회발전 정도에 비추어 관리하기 벅찰 정도로 이미 국가 규모가 컸다는 점이 있고, 또 한족이 유목민족들에 비하여 호전성이 약한 농경민족이라는 점도 있다. 그리고 여기에는 중화사상의 영향도 컸다. 중국의 바깥지역은 사람으로서 같이 살 수 없는 오랑캐들이 살고 있었기 때문에 영토를 확대한다는 것은 오랑캐들과 함께 살아야 하는 일이었으므로 권장할 만한 일이 못되었다. 그래서 중국의 여러 왕조들 중에서 통일된 강국의 왕조는 대개 중화보다는 이적 민족이 세운 왕조였다. 중국의 통일국가이었던, 진(秦), 한(漢), 수(隋), 당(唐), 송(宋), 원(元), 명(明), 청(淸) 중에서 한족 왕조의 나라는 한(漢), 송(宋), 명(明)에 불과하고, 나머지는 이적이나 이에 가까운 사람이 중국 내에 수립한 국가들이었다. 먼저 최초의 통일국가인 진(秦)은 서융의 변방국이었다. 진은 춘추전국시대에 제후가 되었지만 풍속적으로는 중원 제후국과 크게 달라 야만국가로 인식되고 있었다. 그리고 수나라를 세운 수문제 양견(楊堅)은 중국 북쪽의 선비족이었고, 당고조 이연(李淵) 또한 북쪽 변방인 농서 성기 출신으로 선비족 혹은 한족과 선비족의 혼혈로 알려져 있다. 그리고 원나라는 몽고족. 청은 만주족 왕조였다.

2017년 중국에서 방영된 「전랑2」는 중국 박스 오피스 사상 최고의 흥행을 기록했다. 중국을 건드리면 지구 끝까지라도 따라가서 복수하는 전사들 이야기를 다루고 있는 영화였다. 오늘날 "전랑외교"라 하여 중국의 강하고 보복적인 외교정책을 지칭하기도 한다. 전랑(戰狼)은 늑대전사라는 것이다. 원래 늑대는 북쪽 유목민들이 함께하는 동물이었고, 농경사회의 중화에서는 그들이 멸시하는 오랑캐들의 상징이었다. 그런데 오늘날에 와서는 이렇게 오랑캐의 것을 중국의 상징으로 삼고 있는 것이다. 또 「늑대토템(狼圖騰)」은 2004년 중국 베스트셀러이다. 이 책은 몽고초원의 늑대의 생태를 소재로 하고 있는데, 저자 쟝룽은 농경민족인 한민족은 약하고 그래서 강해지기 위해서는 유목민족의 야성을 수혈받아야 한다고 주장한다. 중국의 북경은 몽고족 원이 건설한 수도이고 만주족 청의 수도였다. 오랑캐가 지배한 국가인 청나라가 끝나고 중화민국이 수립된 이후에 북쪽에 치우쳐 있는 수도를 남쪽으로 옮겨야 한다는 의견이 많았고, 그래서 한때 수도를 남경으로 옮기기도 하였다. 하지만 수도를 다시 북경으로 옮겼고 오늘날 한쪽에 치우쳐 있고 공기 나쁜 이 도시를 수도로 고수하고 있는 것은 야성 넘치는 강한 국가로의 목표와 무관하지 않다.

중국인들은 지금 이렇게 강한 중국을 추구하고 있다. 그래서 지금 중국은 전통적인 한족의 문화와 유교사상은 유약하여 쓸모없다고 하고 옛날 오랑캐의 것을 더 가치 있게 생각하는 것이다. 이렇게 볼 때 오늘날 중국이 추구하고 있는 중화주의는 원래 중국의 전통적인 사상과도 다른 것이다. 유교사상에서는 지금처럼 국가의 힘을 추구하지 않았으며 여러 민족을 복속시켜 거대국가를 만들어가려 하지 않았다. 중국인들은 인의와 예교를 추구하며 그 정치는 덕치주의와 왕도정치나 민본사상에 기초하여 도덕적으로 높은 수준에 있었고, 이러한 세계에서의 국제관계는 비록 계서적이었다고 해도 평화적이었다. 그래서 이웃국가들은 중국을 높은 문화를 가진 나라로서 존중하였고 중국 또한 이웃국가를 존중하는 가운데 평화적인 국제관계를 형성하여 왔던 것이다. 그러나 지금의 중화주의는 정복왕조 청나라의 패도주의를 이어받고 있다. 그리고 서양의 문물로서의 제국주의를 본받고 있다. 서양의 문물을 받아들이면서 중국은 서양의 우수한 문물로서 민주주의와 인권과 같은 것은 제대로 받아들이지 않고 서양의 나쁜 문물이자 지금은 거의 폐기된 구시대의 제국주의, 사회주의, 패권주의와 같은 것을 본받아 이에 집착하고 있는 것이다.

중국에서는 통일된 왕조를 치세라 하고 분할된 왕조를 난세라 하여, 통일된 왕조를 이상적으로 생각하여 왔다. 이것은 왕조중심의 사관에서 비롯된 것이다. 한 무제 때는 통일된 중국의 기세가 오랑캐지역까지 떨쳤지만 외정을 위한 군사와 물자의 동원으로 경제는 파탄이 나고 백성들은 엄청난 고통 속에 살았다. 반대로 오대십국 때의 중국은 작은 나라들로 구성되었지만 이들 나라 중 전쟁과 휩쓸리지 않는 나라들에서는 경제적으로 번영하고 문화의 꽃을 피운 나라들이 많았다. 분할되었으면 분할된 대로 통일되었으면 통일된 대로 그냥 그렇게 살면 평화와 번영을 누리면서 잘 살 수 있는데도 불구하고, 권력자들의 대일통과 같은 생각 때문에 전쟁이 끊이지 않는 가운데 백성들을 희생의 제물로 삼아왔던 것이다.

오늘날을 보면 중국은 스스로 오랜 역사와 높은 문화적 전통을 가진 국가라고 하면서도 중국인들은 유럽인들보다 훨씬 더 어렵게 살아가고 있다. 서부유럽은 중국에 비하여 인구면에서나 영토면에서 중국의 절반도 되지 않지만 나라수는 30여개국에 이른다. 중국의 덩치가 너무 크기 때문에 여기서 발생하는 비효율성이 국가의 발전을 더디게 하고 개개인의 삶을 더 어렵게 하고 있지는 않은지 의문이 가지 않을 수 없다. 주변에 규모가 작은 대만이나 홍콩이 중국에 비하여 훨씬 더 잘살고 있는 사실도 이러한 추측을 뒷받침한다. 지난 세기 젊은 마오쩌둥이 여러 나라로 나뉘어진 상태로의 중국을 구상했듯이 막연하게 큰 국가만 추구하는 것이 능사는 아닌 것이다.

사람들이 자국이 큰 나라이기를 원하는 것은 어느 나라에서나 공통된 일반적인 현상이다. 그렇지만 큰 나라가 자신에게 주는 이점보다 훨씬 더 큰 희생을 요구하는 데도 불구하고 막연하게 큰 나라를 칭송하고 갈망하는 것은 어리석은 일이다. 큰 나라는 왕조의 이익이고 왕조의 영광일 뿐이다. 지배자는 대제국을 꿈꾼다. 쑨원도 그가 백성이었던 시절에는 한족만의 국가를 주장하였지만 그가 지배자가 되고서는 다민족의 큰 국가를 주장하게 된다. 지도자가 이러한 꿈을 내세우면 백성들은 막연하게 꿈에 부풀어 이를 따른다. 하지만 조금 더 냉정하게 생각해보면 대제국은 지도자에게는 영광이지만 백성들에게는 고통이다. 그럼에도 불구하고 사람들이 거대제국을 좋아하는 것은 왕조 중심의 사관에 따라 그렇게 교육 받아왔기 때문이다. 역사의 중심을 왕조나 국가에서 민중으로 바꾸어 본다면 거대국가는 영광도 아니요 찬란한 역사도 아니다. 대국이란 통치자와 국가의 영광을 위해 명예와 훈장으로 유혹하여 애국심과 같은 열기로 민중의 마음을 사로잡아 그들을 죽음과 희생으로 내몰아 나온 결과물에 불과한 것이다.

오늘날 중국인들은 세계 대부분의 국가이상으로 강한 국인주의를 보이는 가운데 통일국가 거대국가 패권국가에 집착하고 있다. 중국인들이 국가에 너무 많은 가치를 두고 있는 것은 다분히 시대착오적인 측면이 있다. 세계는 민주주의를 바탕으로 하여 전체주의, 권위주의, 독재 등을 멀리하고 자유와 평등이 확대되는 방향으로 발전되어 왔다. 지금의 세계는 과거에 비하여 국가의 의미는 크게 줄었고 개인의 자유와 인권은 크게 신장되었다. 사람들은 이전의 시대보다 훨씬 덜 국가에 매이게 되었다. 조상 대대로 내려오는 정든 땅에서 살아야만 하는 것이 아니라 더 자유로운 삶이 보장되는 나라, 경제적으로 더 풍요로운 곳, 종교적으로 자신과 맞는 국가 등으로 삶의 터전을 옮기는 사람들도 늘어나게 되었다. 그래서 과거에는 국가가 역사적 민족적 공동체였지만 지금은 신념의 공동체로서 그 성격이 바뀌고 있다. 홍콩이 중국에 편입되기를 거부하는 것도 같은 현상이다. 과거 같으면 같은 민족이기 때문에 당연히 중국에 편입되어야 한다고 생각했겠지만, 이제는 체제와 이념이 다른 점을 더 중요시하여 홍콩과 중국은 다른 나라이며 다른 나라가 되어야 한다고 생각하는 사람들이 많은 것이다. 유럽연합이라는 준국가가 창설되기도 하는 데서 보듯이 국가 상호 간에 의존성은 커지고 국가의 장벽은 낮아지면서 국제주의가 진전되어 왔고 그만큼 국인주의는 퇴조하여 왔다.

하지만 중국은 이러한 추세에 동떨어져 있다. 중국은 오랜 역사에 걸쳐 내려온 자국우월의 중화사상을 갖고 있다. 근세에는 서양의 문화를 받아들이면서도 문화적 자존심으로 대립의식이 많았고, 공산정권 수립 후에는 바깥 세계로부터 고립되고 차단되어 온 기간이 많았다. 중국이 대외적으로 경제를 개방하고 국제교류를 활성화하였지만, 이는 오로지 중국이라는 국가발전을 위한 수단으로서만 인식하였기 때문에 세계 속에서 자연스럽게 융화되지 못하였다. 그리고 중국이 세계주의 성향이 약한 것은 중국인들이 스스로 생각하는 것보다 실제 세계에서는 그만한 위상이 되지 못하기 때문인 점도 있다. 세계에서 중국은 문화적, 인종적, 역사적으로 주도국으로 인정받기에는 어렵게 되어 있다. 이러한 상태에서 자신들을 대단하다고 생각하고 그렇게 인정을 받기 원하는 중국인들에 있어서 그 이상과 현실의 간격은 크다. 그래서 더러는 우월의식에 의한 기대감으로 더러는 열등의식에 의한 좌절감으로 중국인들 중에는 맹목적 국인주의로서의 국수주의(chovinism) 행태를 보이는 사람들도 있다. 이렇게 중국은 국제주의는 없고, 국인주의에다 그 힘이 커져왔을 뿐이다. 중국이 세계인의 삶의 환경을 개선하기 위하여 나선 적이 없고, 사회주의 국가이면서도 세계의 노동자들을 위해서 나선 적이 없다. 중국이 지금껏 국제주의가 약했던 것은 여력이 없어서가 아니라 중국인들에게는 중국이 워낙 중요하기 때문에 국제주의가 들어설 틈이 없었던 것이다. 그리고 중국인에게는 중국이 중심이고 표준이므로 중국의 것을 확산시키는 것이 국제주의인 것이다. 앞으로 중국의 힘이 강해질수록 중국이 이룩한 사회주의 이념이나 국가주의 체제를 세계에 확산시키려 할 것이다.

중국의 국인주의는 관제적 성격이 강하다. 관제적인 국인주의는 겉으로는 강한 것처럼 보이지만 실제로는 견고하지 못하다. 강요와 설득으로 이루어진 국인주의는 또 다른 강요와 설득을 하게 되면 다시 그쪽 방향으로 향하게 되어 있다. 이러한 국인주의는 국민들로 하여금 국가에 대한 진정한 충성심보다는 국가의 힘을 저울질하여 강자의 편에 붙는 습성만 길러줄 뿐이다. 청나라 말기 열강의 외국연합군이 베이징을 공격해 왔을 때 많은 중국인들이 외국군대를 도와주었다. 청나라뿐만 아니라 명나라도 나라를 배반하는 사람들이 속출하면서 이민족에 나라를 넘겨주게 되었다. 또한 개개인의 마음에서 진정으로 우러나는 국인주의이어야지 막연한 분위기에 편승한 열기는 분위기가 달라지면 또 다른 방향으로의 열기가 되고 마는 것이다. 우민들의 군중심리에 편승한 열기로서 표출되는 국인주의는 국가에 진정한 힘이 되지 못한다. 중국은 군중의 감정적인 대응과 과격한 모습으로 국인주의를 드러내 보이는 경우가 많은데, 이것은 진정으로 나라를 위하는 길이라기보다 집단환각과 현실회피의 자위와 자기도취가 되기 쉽다. 이런 식으로 국민들이 국인주의를 표출하는 것은 자신들의 감정적인 위안을 가져다주고, 국가지도자의 정치권력 안정에 기여할 수 있지만 국가에는 오히려 해가 될 수 있다. 세계 최대 경제대국이 된다고 우쭐대면 중국의 경제 성장과 발전은 그만큼 지체될 것이고, 미래에 중국이 패권국가가 될 것이라고 자랑하면 패권국가와는 거리가 그만큼 더 멀어진다. 국인주의가 진정으로 나라를 위하는 것이 되기 위해서는 냉정함과 합리성을 잃지 않아야 하고 상황에 따라 자기절제도 필요하다. 특히 배타적인 국인주의가 국익에 도움되지 않는 것은 중국이라고 해서 예외가 될 수 없다.

원래 국가의 국인주의를 지탱하는 주요 요인은 피와 이념이다. 중국은 피도 묽고 이념도 옅다. 많은 민족들으로 구성되어 있고, 한족만 해도 워낙 넓은 땅에 다양한 지방의 사람들이기 때문에 공동체의식이 약할 수밖에 없다. 또 사람들이 워낙 많기 때문에 개개인으로 볼 때 나 아니라도 누군가 나라를 돌보겠지 하는 심리가 작용하여 개개인에 있어서 국인주의의 강도는 약할 수밖에 없다. 여기에 국가가 국민들에게 애국심을 강요하고 국가의 이익을 앞세워 국민을 감시하고 통제하려 한다면 국가와 국민은 한편이 되는 것이 아니라 적대관계가 된다. 이러한 상태에서는 국인주의는 겉으로 강하게 표출된다고 할지라도 실제는 약하게 되는 것이다. 그래서 국가가 강해지기 위해서는 국가를 위하는 길이 곧 국민을 위하는 길로 되어 국가와 개인의 이익이 일치되는 가운데 국인주의가 형성되도록 해야 되고, 그러기 위해서는 더 민본적이고 민주적으로 되어야 한다. 맹자는 국민이 국가에 대하여 애국심을 갖게 되면 백성들의 몽둥이로 적군의 칼과 창을 이길 수 있다고 하였다. 국민들이 자국을 진심으로 사랑하고 좋은 나라라고 생각한다면 국가는 자연히 강해지는 것이다.

국가는 사람들이 함께 잘 살아가기 위한 하나의 도구이다. 따라서 국인주의는 국가를 위한 것이 아니라 사람을 위한 것이어야 한다. 중국도 민주주의가 발전하는 가운데 개인의 자율성이 더 많이 가미되고 세계인인 동시에 중국인으로서 가질 수 있는 열린 국인주의가 되어야 한다. 앞으로 중국이 국인주의에서도 더 발전하고 진보하여 중국인들이 더 행복하고 좋은 삶을 살아가고, 중국이 더 좋은 세계를 위해서 나아가는 국가들의 일원이 되기를 기대한다.

-끝-

중국의 내셔널리즘

참고 문헌

I. 동양문헌

가쓰라지마 노부히로. (2009). 동아시아 자타인식의 사상사 (김정근 외 역). 서울: 논형.

강동국. (2006). 근대 한국의 국민·인종·민족 개념: Gukmin, injong, minjok. 한국동양정치사상사연구, 5(1).

강상중. (2004). 내셔널리즘 (임성모 역). 서울: 도서출 이산.

강효민. (2008). 스포츠와 내셔널리즘: 월드컵축구경기에서의 한일 네티즌의 사례. 한국스포츠사회학회지, 21(1), 97~113.

'과학 굴기' 中, 인재 1만명에 손짓 … 美 "기술 도둑 잡아라" 제동. (2020.7.4). dongA.com. https://www.donga.com/news/Inter/article/all/20200704/101814684/1

'국기' 때문에 마라톤 우승 놓쳐 억울한데… '국기 소홀' 비난까지? (2018.11.20). dongA.com. https://www.donga.com/news/Inter/article/all/20181120/92950357/1

국민. (미상). 다음한국어사전. http://dic.daum.net/search.do?q=%EA%B5%AD%EB%AF%BC

권선홍. (2017). 전통 시대 유교문명권의 책봉·조공제도: 그 비판론에 대한 재비판. 서울 : 한국국제정치학회, 국제정치논총, 제57집 1호, 33.

김경국 외. (2006). 대중화론과 당대 중국민족주의 분석. 중국학논총, 제21권 21호.

김방출, 권순용. (2007). 스포츠 민족주의 재인식: 전지구화, 스포츠, 기업 민족주의. 체육과학연구, 18(1), 75~85.

김소중. (2003). 중국 민족주의 상황과 전망. 한국동북아학회, 한국동북아논총 제38집, 209~248.

김충렬. (1979). 모택동의 실천론과 모순론 비판. 아세아연구, 제62호, 180~181.

김희교. (2006). 중국 애국주의의 실체: 신중화주의, 중화패권주의, 민족주의. 역사비평, 통권75호, 305~311.

남대엽, 박용삼. (2018). 차이나불링(China Bullying) 대비가 필요하다. 포스코경영연구원.

남정휴. (2005). 중국 근대국가 형성과정을 통해서 본 중국의 민족주의. 한국동북아학회. 한국동북아논총, 37집, 79~102.

남중국해 무너지면 西海도 위험하다. (2018.11.14). 문화일보. http://www.munhwa.com/news/view.html?no=2018111401033711000001

논어, 위정.

논어, 자한.

논어, 제8편 태백.

논어, 팔일.

달라진 위상, 우리의 시선은? (2008.08.24). 오마이뉴스. https://sports.v.daum.net/v/20080824134710324?f=o

대대례기, 성덕.

대학, 치국평천하.

또 트럼프 도발하는 중국… "14억 인민에 맞설 생각 마라". (2020.7.17). 국민일보. news.kmib.co.kr/article/view.asp?sid1=all&arcid=0014814027&code=61131811

맹자, 만장(상).

맹자, 공손추(상).

맹자, 양혜양(상).

맹자, 양혜왕(상).

맹자, 진심(상).

맹자, 진심(하).

맹자, 등문공(상).

맹자, 등문공(상).

明憲宗實錄, 권91, 成化 7년 5월 경자.

미 FBI 국장 "10시간마다 하나씩 중국 관련 새로운 방첩수사 개시". (2020.7.9). The epoch times. https://kr.theepochtimes.com/share/535545

미 의존 줄이려 중에 밀착한 '파이브아이즈'의 후회. (2020.7.16). chosun.com. https://biz.chosun.com/site/data/html_dir/2020/07/16/2020071602895.html

"미국은 최고 적대국"…중국인 지목. (1995. 07.14). 연합뉴스. https://news.v.daum.net/v/19950714173800433?f=o

"미국이 때려도 우릴 동정하는 나라 없다" 中의 통절한 반성. (2020.7.20). 중앙일보. https://news.joins.com/article/23828567

미·중, 또 다른 접전지는 메콩강…미 "중국 댐에 태국·베트남 가뭄". (2020.8.3). 중앙일보. https://news.joins.com/article/23839636

미중 무역전쟁, 중국은 과거 누구나 마음대로 괴롭히던 나라가 아니다. (2018.9.19). 이코노뉴스. www.econonews.co.kr/news/articleView.html?idxno=36704

미중 힘겨루기 각축장 된 아프리카 소국 지부티. (2019.5.27). 매일경제. https://www.mk.co.kr/news/politics/view/2019/05/354548/

민족. (미상). 다음 한국어사전. http://dic.daum.net/search.do?q=%EB%AF%BC%EC%A1%B1

민족주의. (미상). 표준국어대사전. http://stdweb2.korean.go.kr/search/List_dic.jsp

박기철. (2011). 중국의 '인터넷 민족주의' 형성과 대외정책 연구. 중국학연구, 55권, 93~119.

박양신. (2008). 근대 일본에서의 '국민' '민족' 개념의 형성과 전개: nation 개념 수용사. 동양사학연구, 104집, 235~265.

박정수. (2013). 민족주의와 다문화: 중국식 다문화주의 '다원일체문화론'의 비판적 고찰. 한국정치학회보, 제47집 제2호, 5~23.

박찬승. (2011). 민족, 민족주의. 서울: 소화.

박훈. (2005). "유구처분기 유구지배층의 자국인식과 국제관". 역사학보, 186집, 135~172.

반고. (82a). 한서, 권75 하후승전.

반고. (82b). 한서, 권94 흉노전(하).

방중 성과 컸지만…이면에는 대국답지 못한 중 사드 '뒤끝'. (2017. 12. 16). 뉴시스. https://newsis.com/view/?id=NISX20171216_0000178316&cID=10301&pID=10300

백지운. (2005). 전지구화 시대 중국의 '인터넷 민족주의'. 한국중국현대문학학회. 중국현대문학, 제34호, 255~278.

베이징올림픽 성적표는…대회운영 '성공', 판정시비 '눈살'. (2008.08.27). 세계일보. http://www.segye.com/newsView/20080826002715

베이징올림픽은 대성공. (2008.08.24). 연합뉴스. https://news.v.daum.net/v/20080824103707022?f=o

불법조업 중국어선, 해경 고속단정 침몰시키고 도주. (2016.10.8). 연합뉴스. https://www.yna.co.kr/view/AKR20161008055851065?input=1179m

45兆 역대급 기록 쓴 광군제…'명품 조연' 韓 기업은? (2019.11.24). 아시아경제. https://www.asiae.co.kr/article/2019112322182232791

사마천. (BC 91a). 사기, 권2 하본기.

사마천. (BC 91b). 사기, 권43 조세가.

사카모토 히로코. (2006). 중국민족주의의 신화: 인종, 신체, 젠더로 본 중국의 근대. 서울: 지식의풍경.

서상민. (2001). 중국의 소수민족 현황과 정책. 민족연구, 제6호, 137~148.

세계사이버전쟁 주도하는 중국해커. (2011.05.03). 홍인표의 차이나 투데이. https://inpyohong.khan.kr/23

세계 최고층 빌딩, 중국에 두바이 보다 높은 220층 높이 건물 세워진다. (2013.8.27). 한국아이닷컴. http://sports.hankooki.com/lpage/lifen-joy/201308/sp2013082709545294470.htm

세계 최장 488m 中 '유리다리' 폐쇄. (2019.11.1). MBC뉴스. https://imnews.imbc.com/replay/2019/nwtoday/article/5573792_28983.html

송승석. (2000). 동의 민족주의: 쑨원의 민족주의를 중심으로. 중국어문학논집, 제13호, 191~204.

시진핑, "중국군 2050년까지 세계최강 만들라"…장비 첨단화 착수. (2017.10.19). 연합뉴스. https://www.yna.co.kr/view/AKR20171019126800009

시진핑, 원세개式 중화주의 되풀이? (2017.4.21). 조선일보. http://news.chosun.com/site/data/html_dir/2017/04/21/2017042100123.html

시진핑이 '한국은 중국의 일부였다'고 하더라. (2017.4.20). 조선일보. http://news.chosun.com/site/data/html_dir/2017/04/20/2017042000287.html

신동준. (2009). 점진적 변혁으로 富國强兵을 꿈꾸었던 經世家. 월간조선. http://monthly.chosun.com/client/news/viw.asp?ctcd=&n-NewsNumb=200901100073

신봉수. (2009). 계급과 민족의 변증법: 마오쩌둥의 민족주의. 한국정치학회, 한국정치학회보, 제43집 제1호. 67~86.

신수식, 최용호. (2003). 중국 경제성장이 중국 소수민족의 민족주의에 미치는 영향. 경상논집, Vol.31 no.1, 105~150.

신용하. (1994). 한국민족주의의 형성과 전개. 서울: 서울대학교출판부.

쑨원. (1981). 국부전집, 제2책. 대북:국민당당사편집위원회.

쑨원. (2000). 삼민주의 (김승일 외 역). 서울: 범우사.

애국주의로 무장한 중국만의 해커조직 홍커. (2016.3.30). 디지털타임스. http://www.dt.co.kr/contents.html?article_no=2016033002109960813005

楊思信. (2003). 文化民族主義脇近代中國, 北京: 人民出版社.

양순창. (2013). 동아시아 평화와 중국 민족주의. 한국평화연구학회 학술회의, p.183~195.

어용인터넷 전사들이 판치는 중국 온라인 세상. (2019.9.8). 서울신문. https://www.seoul.co.kr/news/newsView.php?id=20190908500076

어, 좋은 뉴스아니네…트럼프 확진 조롱한 중, 태도 바꿨다. (2020.10.4). 중앙일보. https://news.joins.com/article/23885551

연 4억 댓글 쏟아내는 中 '50센트軍'의 공습…美대선 노린다. (2019.9.24). 중앙일보. https://news.joins.com/article/23584913

熱河日記, 太學留館錄, 秋八月 初10일 丙辰

오사와 마사치. (2010). 내셔널리즘론의 명저 50 (김영작, 이이범 역). 서울: 일조각.

오타 타카코. (2003). 한국 내셔널리즘에 대한 고찰. 한일민족문제연구, 5, 3~35.

요시자와 세이치로. (2006). 애국주의의 형성: 내셔널리즘으로 본 근대 중국. 서울: 논형.

유근호. (2002). 한·일 국학사상의 중국관과 자국관의 비교. 국가이념과 대외인식 17-19세기. 서울: 아연출판부, 193~223.

유인석, 서준섭. (2002). 문명충돌 이야기: 宇宙問答. 춘천: 의암유인석선생기념사업회.

유종하. (1999). 민족주의 이론연구 근대주의적 민족주의 비판을 중심으로. 명지

대학교 석사학위논문.

조민. (1994). 한국민족주의 연구. 서울: 민족통일연구원.

윤경우. ((2012). 중국의 애국주의 교육과 사이버민족주의. 인문사회과학연구, 34, 153~178.

윤경우. (2011). 중국 사이버민족주의의 성격과 특징. 중국학논총, 제34호, 342~348.

윤휘탁. (2008). '신중화주의': 중국 민족주의의 새로운 바람. 역사와 문화, 16호, 144~168.

毅菴集, 卷51 宇宙問答

이경희. (2009). 중국 문화민족주의와 그 실천전략. 한국동북아논총, 52권, 51~79.

이동률. (2012). 중국 민족주의 고조의 대외관계 및 한중관계 영향. 중소연구, 제35권 제4호, 41~77.

이민자. (2018). 중국식 인터넷 문화: 민족주의 담론 분석. 현대중국연구, 20(2), 55~90.

이선민. (2008). 민족주의 이제는 버려야 하나. 서울: 삼성경제연구소.

이유진. (2006). 중국민족주의 담론으로서의 黃帝서사에 대한 계보학적 고찰. 중국어문학논집, 제57집, 429~455.

이정남. (2006). 천하에서 민족국가로: 중국의 근대민족주의 형성 및 현재적 의의를 중심으로. 중소연구, 30권 1호, 67~89.

이진영. (2002). 중국의 소수민족정책. 민족연구, 제9호, 10~35.

이춘복. (2015). 중국 전통시대 中華와 夷狄을 식별하는 구성요소 試論. 중앙사론, 41, 163~208.

이혜경.(2002). 천하관과 근대화론: 양계초를 중심으로. 서울: 문학과 지성사.

일(日) 공장서 일 못한다" "중 관광객 필요 없다" 두 나라 국민 감정싸움 격화. (2012.9.24). 동아일보. http://www.donga.com/news/article/

all/20120924/49620032/1

임규섭. (2008). 베이징올림픽 전·후로 표출된 중국민족주의 연구. 아태연구, 15(2), 97~118.

임지현. (1999). 민족주의는 반역이다. 서울: 소나무.

장문석. (2011). 민족주의. 서울: 책세상.

張曉靜. (2006). 淺議統一的多民族國家的形成胁發展, 敎學月刊(中學版).

전재호. (2004). 세계화 시대 북한과 중국의 민족주의. 한국과 국제정치, 20(3), 61~92.

정종필, 이장원, 김문주. (2011). 중국 관주도 민족주의의 유가적 특성에 관한 연구. 중국연구, 제51권, 277~295.

정지호. (2007). 근대 중국 내셔널리즘의 형성과 국민국가. 인문학연구, 12권, 259~298.

JYP '쯔위'중국 활동 중단결정…中 정부 "금지시킨 적 없다." (2016.1.18). 헤럴드경제. http://biz.heraldcorp.com/view.php?ud=20160118001178

조봉래. (2011). 현재 중화민족주의의 형성과 그 본질: 손문과 모택동의 민족주의 사상을 중심으로. 중국학보, 64집, 517~535

徂徠集, 권10, 中國論.

조선왕조실록, 선조수정실록 25권, 선조 24년 3월 1일.

조선왕조실록, 성종실록 6권, 성종 1년 7월 8일.

조선왕조실록, 태조실록 2권, 태조 1년 11월 29일.

조선왕조실록, 태조실록 4권, 태조 2년, 8월 15일.

조성환. (2010). 진화론과 근대 중국의 민족주의-양계초와 장병린의 민족사상을 중심으로. 정치사상연구, 16집 1호, 194~216.

조영정. (2009). 국제통상론, 제2판. 서울: 법문사.

조영정. (2016). 국인주의 이론. 서울: 박영사.

조영정. (2018). 미국의 내셔널리즘. 서울: 사회사상연구원.

조영정. (2019). 일본의 내셔널리즘. 서울: 사회사상연구원.

조우연. (2009). 황제, 그리고 중국의 민족주의. 파주: 한국학술정보.

조정남. (1998). 중국인의 민족상황과 화교 집단. 민족연구, Vol. 1, 37~63.

존귀한 황제와 비천한 죄인의 문답집 '대의각미록'. (2012.2.1). 타임블라썸공방. http://blog.naver.com/PostView.nhn?blogId=mapleblossom&log-No=100149859805

주원장. (1373). 황명조훈(皇明祖訓).

중국 누리꾼 'BTS 발언 지지했다가'…계정삭제에 사과까지. (2020.10.15). 연합뉴스

中, 코로나 차단 공조는 커녕 한국 압박이라니. (2020.02.05). 서울경제. https://www.sedaily.com/NewsView/1YYSXQ8MWJ

"중국이 세계에 시간 벌어줬다" "미군이 우한에 전파 가능성". (2020.3.13). 국민일보. http://news.kmib.co.kr/article/view.asp?ar-cid=0014356733&code=61131111&cp=du

중 위구르족 동화전략은 한족과 결혼? (2014.09.13). 한국일보. https://www.hankookilbo.com/News/Read/201409031311253866

중, 대만 선거 개입? "친중 후보에 선거자금 댔다". (2019.11.26). News1. https://www.news1.kr/articles/?3778831

중, 위구르족 일상 속속들이 감시…아이 많다는 이유로 구금도". (2020.2.18). New-sis. https://newsis.com/view/?id=NISX20200218_0000922216&cI D=10101&pID=10100

'중국 애국가' 부르는 케냐 어린이들. (2019.12.4). 머니투데이. https://news.mt.co.kr/mtview.php?no=2019120415015071313&out-link=1&ref=http%3A%2F%2Fsearch.daum.net

'중에 굴복'한 애플? 이번이 처음 아니다. (2019.10.12). 머니투데이. https://news.mt.co.kr/mtview.php?no=2019101116054150028&out-

link=1&ref=http%3A%2F%2Fsearch.daum.net

"중, 호주의회에 '간첩의원' 심으려 했다" 호주정보당국 확인. (2019.11.25). 연합
뉴스. https://www.yna.co.kr/view/AKR20191125048900009

"중국에 한족은 없다". (2007.2.16). 중앙일보. https://news.joins.com/ar-
ticle/2637790

"중국은 위대하다"…애국영화 '나와 나의 조국' 국경절 극장가 점령. (2019.10.3).
조선일보. http://news.chosun.com/site/data/html_
dir/2019/10/03/2019100300973.html

중국 관영 매체, '쯔위 역풍'에 이번에는 자국 네티즌 두둔. (2016.1.19). YTN.
https://www.ytn.co.kr/_ln/0104_201601191927507379

중국 음식점서 '미국 코로나19 축하' 현수막 눈총. (2020.3.24). 연합뉴스.
https://www.yna.co.kr/view/AKR20200324169800097?in-
put=1179m

중국, 안면 인식 기술 활용해 위구르족 260만명 위치 추적". (2019.2.19).
조선일보. http://news.chosun.com/site/data/html_
dir/2019/02/19/2019021900180.html

중국. (미상1). 한국민족문화대백과사전, https://100.daum.net/encyclopedia/
view/14XXE0053702

中國. (미상2). In Wikipedia. Retrieved May 20, 2020, from https://
ja.wikipedia.org/wiki/%E4%B8%AD%E5%9B%BD

중국사회-나랑 무슨 상관이야? 꽌워피시. (2012. 12. 30). 베이징스토리.
http://cafe.daum.net/storybeijing/RrOT /294?q =%EA% B4%
80%EC%9B%8C%ED%94%BC%EC%82% AC(% E5%85%B3%
E6%88%91%E5%B1%81%E4%BA%8B

중국의 아프리카 '공들이기'…부룬디에 대통령궁 지어줘. (2019.2.21). 연합뉴
스. https://www.yna.co.kr/view/AKR20190221065700009?in-

put=1179m

중국이 초고층 빌딩 행진을 멈추기로 했다. (2020.5.22). 한겨레. www.hani.
　　co.kr/arti/science/future/946044.html

중국인들이 사랑하는 황제들. (2013.4.1). 인민망. http://kr.people.com.
　　cn/203092/206142/8190265.html

중의, 중에 의한, 중을 위한 축제. (2008.08.18). 세계일보. http://www.segye.
　　com/newsView/20080817001474

세계법제정보센터. (미상). 중화인민공화국 국가정보법.

中華民族. (n.d. 1). In Baidu. Retrieved January 23, 2019, from https://
　　baike.baidu.com/item/%E4%B8%AD%E5%8D%8E%E6%B0%91%E6
　　%97%8F/1186

中華民族. (n.d. 2). In Wikipedia. Retrieved January 23, 2019, from
　　https://zh.wikipedia.org/wiki/Wikipedia: %E9%A6%96%
　　E9%A1%B5

中華民族. (n.d. 3). In Wikipedia. Retrieved January 23, 2019, from
　　https://ja.wikipedia.org/wiki/%E4%B8%AD%E8%8F%AF%E6%B0
　　%91%E6%97%8F

중화질서. (미상). 다음백과 역사용어사전. http://100. daum. net/encyclo-
　　pedia/view/177XX61301087

集義外書, 권2.

차기벽. (1984). 민족주의. 서울: 종로서적.

차기벽. (1991). 민족주의 원론. 서울: 한길사.

차이잉원과 '중국風'. (2020.1.13). 동아일보. https://www.donga.com/news/
　　Opinion/article/all/20200113/99192819/1

천성림. (2006). 20세기 중국 민족주의의 형성과 전개. 동양정치사상사, 제5권
　　제1호, 189~207.

최연식. (2004). 탈냉전기 중국의민족주의와 동북아질서. 21세기 정치학회보, 14권 1호, 245~267.

최은선. (2018). 시진핑의 신형대국론과 전통적 천하관. 서강대학교 공공정책대학원.

최형식. (2007). 중국의 현대화와 민족주의. 시대와 철학, 18권 4호, 105~137.

치파오 벗고 한푸 입는 중국…한족주의 부활하나. (2019.11.04). 중앙일보. https://news.joins.com/article/23623273

칼 마르크스. (1989). 마르크스-레닌주의 민족이론: 민족해방이론의 주체적 정립을 위하여 (나라사랑 편집부 역). 서울: 나라사랑.

코로나19 확산 비상, "우한 봉쇄, 세계가 중국에 빚졌다"는 WHO. (2020.2.25). 경향신문. http://news.khan.co.kr/kh_news/khan_art_view.html?artid=202002251640011&code=970100#csidx254ae0dfcc662c48520699bc84cc231

테러범, 바퀴벌레…홍콩 시위 향한 중국의 거침없는 혐오 여론. (2019.11.12). 한겨레신문. http://www.hani.co.kr/arti/international/china/916747.html

통계청. (2019). 온라인쇼핑동향조사.

"follow the party"민경욱, 4·15 총선 중국 해커 개입 의혹 제기. (2020.5.22). 아시아경제. Retrieved May 22, 2020, from https://www.asiae.co.kr/article/2020052207114919088

페이샤오퉁. (1989). 중화민족다원일체격국. 北京: 中央民族學院出版社.

펜스 "중국이 美 중간선거 개입" 맹공. (2018.10.5). 조선일보. https://www.chosun.com/site/data/html_dir/2018/10/05/2018100500464.html

하늘 뚫을 기세의 중국 마천루 올해만 88개 지어 세계 최다. (2018.12.15). 중앙일보. https://news.joins.com/article/23211365

하휴. 춘추공양전해고, 은공 2년 봄.

혐한·혐중·반일. (2008.11.28). 세계일보. http://www.segye.com/news-View/20081128003031

화상(華商), 동남아 경제 70% 장악…'일대일로'타고 글로벌 진격. (2019.7.28). 한국경제. https://n.news.naver.com/article/015/0004182917

홍산문화. (미상1). 다음백과. https://100.daum.net/encyclopedia/view/24XXXXX88747

홍산문화. (미상2). 위키백과. https://ko.wikipedia.org/wiki/%ED%9B%99%EC%82%B0_%EB%AC%B8%ED%99%94

後漢書, 卷86 南蠻傳.

II. 서양문헌

Anderson, B. (2006). *Imagined communities: Reflections on the origin and spread of nationalism* (2nd ed.). London: Verso.

Armstrong, J. (1982). *Nations before nationalism.* Chapel Hill, NC: University of North Carolina Press.

Armstrong, J. (1992). The autonomy of ethnic identity: Historic cleavages and nationality relations in the USSR. In A. Motyl (Ed.), *Thinking theoretically about Soviet nationalities* (pp.23~44). New York: Columbia University Press.

Armstrong, J. (1995). Towards a theory of nationalism: Consensus and dissensus. In S. Periwal (Ed.), N*otions of nationalism* (pp.34~43). Budapest: Central European University Press.

Armstrong, J. (1997). Religious nationalism and collective violence. *Nations and Nationalism*, 3(4), 597~606.

Armstrong, J. (2001). Myth and symbolism theory of nationalism. In A. S. Leoussi (Ed.), *Encyclopedia of nationalism* (pp.197~202). New Brunswick and London: Transaction Publishers.

Arnason, J. (1990). Nationalism, globalization and modernity. In M. Featherstone (Eds.), *Global cultur*e (pp.207~250). London: SAGE Publications.

Avineri, S. (1991). Marxism and nationalism. *Journal of Contemporary History,* 26(3/4), 637~57.

Balakrishnan, G. (Ed.). (1996). *Mapping the nation.* London: Verso.

Baldwin, C. & Shi, S. (2016. July 25). One in six support Hong Kong independence from China: poll. *Reuters.* Retrieved October 19, 2019, from https://www.reuters.com/article/us-hongkong-china-survey-idUSKCN1050GT

Bar-Tal, D., & Staub, E. (1997). *Patriotism in the lives of individuals and nations.* Chicago: Nelson-Hall Publishers.

Battle of Okinawa. (n.d.). In *Wikipedia.* Retrieved January 10, 2019, from https://en.wikipedia.org/wiki/Battle_of_Okinawa

Beckley, M. (2015, Spring). The myth of entangling alliances. *International Security*, Vol. 39, No.4.

Beiner, R. (Ed.). (1999). *Theorizing nationalism.* New York: State University of New York Press.

Berlin, I. (1972, October). *The Bent Twig. Foreign affairs.* Retrieved July 10, 2018, from https://www.foreignaffairs.com/articles/1972-10-01/bent-twig

Billig, M. (1995). *Banal nationalism.* London: SAGE Publications Ltd.

Breuilly, J. (1982/1993). *Nationalism and the state* (2nd ed.). Manchester: Manchester University Press.

Breuilly, J. (1993). Nationalism and the state. In R. Michener (Ed.), *Nationality, patriotism and nationalism in liberal democratic societies* (pp. 19~48). Minnesota: Professors World Peace Academy.

Breuilly, J. (2001). The State and nationalism. In M. Guibernau & J. Hutchinson (Eds.), *Understanding nationalism* (pp. 32~52). Cambridge: Polity.

Briefs. (2012, October 17). *South China Morning Post.* Retrieved August 5, 2019, from https://scmp.com/news/china/article/1062724/briefs-october-17-2012

Brown, D. (1999). Are there good and bad nationalisms? *Nations and Nationalism*, 5(2), 281~302.

Brown, D. (2000). *Contemporary nationalism.* New York: Routledge.

Brubaker, R. (1992). *Citizenship and nationhood in France and Germany.* Cambridge, MA: Harvard University Press.

Burns, W. (2010). *Knowledge and Power.* New York : Routledge.

Buruma, I. (2015). *Wages of Guilt, New York: Memories of War in Germany and Japan.* New York: New York Review Books.

Calhoun, C. (2008). Cosmopolitanism and nationalism. *Nations and Nationalism, 14*(3), 427~448.

Callahan, W. (2010). *China: The pessoptimist nation.* Oxford: Oxford University Press.

Carr, E. (1945). *Nationalism and after.* London: Macmillan.

Chan, J. (2008, August 8). Beijing olympics celebrate the capitalist market and nationalism. *World Socialist Web Site.* Retrieved August 7, 2019, from https://www.wsws.org/en/articles/2008/08/olym-a08. html

China Embassies and Consulates. (n. d.). *Embassy Worldwide.* https://www.embassy-worldwide.com/country/china/

China's Great Wall is 'longer than previously thought'. (2012, June 6). *BBC.* Retrieved October 24, 2019, from https://www.bbc.com/news/world-asia-china-18337039

China. (n.d.). In *Wikipedia.* Retrieved February 4, 2019, from https://en.wikipedia.org/wiki/China

Citizenship. (n.d.). In *Enciclopedia britanica.* Retrieved January 3, 2017, from https://www.britannica.com/topic/citizenship

Citizenship. (n.d.). In *Wikipedia.* Retrieved December 17, 2015, from https://en.wikipedia.org/?title=Citizenship

Connor, W. (1990). When is a nation? *Ethnic and Racial Studies, 13*(1), 92~

103.

Connor, W. (1994). *Ethnonationalism: The quest for understanding.* Princeton: Princeton University Press.

Connor, W. (2005). The dawning of nations. In A. Ichijo & G. Uzelac (Eds.), *When is the nation?* (pp.40~46). London and New York: Routledge.

Contest to kill 100 people using a sword . (n.d.). In *Wikipedia.* Retrieved January 10, 2019, from https://en.wikipedia.org/wiki/Contest_to_ kill_100_people_using_a_sword

Daigle, T. (2019, October 2). A closer look at the arsenal China paraded to stir pride at home and unnerve rivals abroad. *CBC News.* Retrieved May 6, 2020, from https://www.cbc.ca/news/technology/china-high-tech-weap-ons-parade-1.5304891

Dale, P. (1986). *The Myth of Japanese Uniqueness.* London: Croom Helm Ltd.

Dikötter, F. (1996). Culture,"race"and nation: The formation of national iden-tity in twentieth century China. *Journal of International Affairs*, 49(2), 590~605.

Dorf, L., Fay, E., Gilbert, M. E., Loftus, A., Maguire, C., Petlinski,J., ... Walters, T. (2004). *World history.* Parsippany: Peason Learning Group.

Dower, J. (1999). *Embracing Defeat: Japan in the Wake of World War II.* New York: W. W. Norton & Company.

Duke Student Targeted for Mediating Tibet Protest. (2008, April 21). *NPR.* Retrieved October 11, 2019, from https://www.npr.org/templates/story/ story.php?storyId=89803198

Earle, S. (2017, October 14). Trolls, bots and fake news: The mysterious world of social media manipulation. *Newsweek.* Retrieved April 21, 2020, from https://www.newsweek.com/trolls-bots-and-fake-news-dark-and-mysterious-world-social-media-manipulation-682155

Eley, G., & Suny, R. (Eds.). (1996). *Becoming National.* London: Oxford University Press.

Gellner, E. (1964). *Thought and change.* London: Weidenfeld & Nicolson.

Gellner, E. (1983/2006). *Nations and nationalism* (2nd ed.). Oxford: Blackwell.

Gellner, E. (1987). *Culture, identity and politics.* Cambridge: Cambridge University Press.

Gellner, E. (1994). *Encounters with nationalism.* Oxford: Blackwell.

Gellner, E. (1996a). The coming of nationalism and its interpretation: The myths of nation and class. In G. Balakrishnan (Ed.), *Mapping the nation* (pp.98~145). London: Verso.

Gellner, E. (1996b). Reply: Do nations have navels? *Nations and Nationalism,* 2(3), 366~71.

Gellner, E. (1997). *Nationalism. London*: Weidenfeld & Nicolson.

Gellner, E., & Smith, A. D. (1996). The nation: real or imagined?: The warwick debates on nationalism. *Nations and Nationalism,* 2(3), 357~370.

Gibbs, A. (2015, March 19). Who still owes what for the two world wars? *CNBC.* Retrieved June 12, 2018, from https://www.cnbc.com/2015/03/18/who-still-owes-what-for-the-two-world-wars.html

Giddens, A. (1991). *The Consequences of modernity.* Cambridge: Polity Press.

Greenfeld, L. (1992). *Nationalism: Five roads to modernity.* Cambridge, MA: Harvard University Press.

Greenfeld, L. (1993). Transcending the nation's worth. *Daedalu*s, 122(3), 47~62.

Greenfeld, L. (2003). *The spirit of capitalism: Nationalism and economic growth*. Cambridge, MA: Harvard University Press.

Greenfeld, L. (2005). Nationalism and the mind. *Nations and Nationalism*, 11(3), 325~41.

Greenfeld, L. (2006). Modernity and nationalism. In G. Delanty & K. Kumar (Eds.), *The sage handbook of nations and nationalism* (pp.157~168). London: Sage.

Griffiths, J. (2020, February 17). The coronavirus crisis is raising questions over China's relationship with the World Health Organization. *CNN*. Retrieved March 9, 2020, from https://edition.cnn.com/2020/02/14/asia/coronavirus-who-china-intl-hnk/index.html

Grosby, S. (1994). The verdict of history: the inexpungeable tie of primordiality-A reply to Eller, and Coughlan. *Ethnic and Racial Studies*, 17(1), 164~71.

Grosby, S. (1995). Territoriality: The transcendental, primordial feature of modern societies. *Nations and Nationalism,* 1(2), 143~62.

Grosby, S. (2001). Primordiality. In A. S. Leoussi (Ed.), *Encyclopedia of nationalism* (pp.252~255). New Brunswick: Transaction Publishers.

Grosby, S. (2005a). *Nationalism: A very short introduction*. Oxford: Oxford University Press.

Grosby, S. (2005b). The primordial, kinship and nationality. In A. Ichijo & G. Uzelac (Eds.), *When is the nation?* (pp.56~78). New York: Routledge.

Guibernau, M., & Hutchinson, J. (Eds.). (2001). *Understanding nationalism*. Cambridge: Polity.

Haines, M. (2002). The population of europe: The demographic transition and ater. *Encyclopedia of european social history.* Retrieved from https://www.encyclopedia.com/international/encyclopedias-almanacs-transcripts-and-maps/population-europe-demographic-transition-and-after

Haynes, S. (2019, January 2). Xi Jinping says Taiwan's unification with China Is 'inevitable'. *Time.* Retrieved February 13, 2019, from https://time.com/5491569/xi-jinping-taiwan-china-unification-inevitable/

Hall, D. (2005). Japanese spirit, western economics: the continuing salience of economic nationalism in Japan.In E. Helleiner & A. Pickel(eds.), *Economic Nationalism In a Globalizing World.* Ithaca: Cornell University Press.

Hechter, M. (1975). *Internal colonialism: The celtic fringe in british national development, 1536~1966.* London: Routledge & Kegan Paul.

Hechter, M. (2000). *Containing nationalism.* Oxford: Oxford University Press.

Hein, L & Selen, M. (eds.). (2015). *Censoring History: Perspectives on Nationalism and War in the Twentieth Century.* New York: Routledge.

Helleiner, E., & Pickel, A. (2005). *Economic nationalism in a globalizing world.* London: Conell Universy Press.

Heywood, A. (2012). *Political Ideologies* (5th Ed.). NewYork: Palgrave Macmillan.

Hobsbawm, E. J. (1990). *Nations and nationalism since 1780: Programme, myth, reality.* Cambridge: Cambridge University Press.

How are global views on China trending? (2016, February 15). *ChinaPower.*

Retrieved August 17, 2020, from https://chinapower.csis.org/global-views/

Hroch, M. (1985). *Social preconditions of national revival in Europe: A comparative analysis of the social composition of patriotic groups among the smaller European nations.* Cambridge: Cambridge University Press.

Hroch, M. (1996). Nationalism and national movements: Comparing the past and the present of Central and Eastern Europe. *Nations and Nationalism,* 2(1), 35~44.

Hroch, M. (2006). Modernization and communication as factors of nation formation. In G. Delanty & K. Kumar (Eds.), *The Sage Handbook of nations and nationalism* (pp.21~32). London: Sage.

Hunt, H. (2015). *The world transformed: 1945 to the present: a documentary reade*r. Boston: Bedford/St. Martin's.

Hutchinson, J., & Smith, A. D. (Eds.). (1994). *Nationalism.* Oxford: Oxford University Press.

Ichijo, A., & Uzelac, G. (Eds.). (2005). *When is the nation?: Towards an understanding of theories of nationalism.* London: Routledge.

Institute for Economics and Peace. (2018). *Global Peace Index.*

International Military Tribunal for the Far East. (n.d.). In *Wikipedi*a. Retrieved January 10, 2019, from https://en.wikipedia.org/wiki/International_Military_Tribunal_for_the_Far_East#Parole_for_war_criminals_movement

Japanese war crimes. (n.d.). In *Wikipedia.* Retrieved J Feburary 7, 2019, from https://en.wikipedia.org/wiki/Japanese_war_crimes#cite_note-113

Kedoulie, E. (1961). *Nationalism* (Rev. ed.). Hutchinson & Co. LTD.

Kelly, W. & Brownel, S. (2011). The olympics in east Asia: nationalism, regionalism, and globalism on the center stage of world sports. *Council on East Asian Studies, Yale University.*

Kohn, H. (1950). Romanticism and the rise of German nationalism. *The Review of Politics,* 12(4), 443~72.

Kohn, H. (1955). *Nationalism, its meaning and history.* New York: Van Nostrand.

Kristof, N. (1989, January 5). Africans in Beijing boycott classes. *The New York Times.* Retrieved May 13, 2019, from https://www.nytimes.com/1989/01/05/world/africans-in-beijing-boycott-classes.html

Light, O. (2019, December 5). Three may have been buried alive after Guangzhou sinkhole. *The Epoch Times.* Retrieved January 16, 2020, from https://www.theepochtimes.com/three-may-have-been-buried-alive-after-guangzhou-sinkhole_3166333.html

Marx, K. & Engels, F. (1992). *The communist manifesto.* Oxford: Oxford University Press.

Maza, C. (2018, December 12). China involved in 90 percent of espionage and industrial secrets theft, Department of Justice reveals. *Newsweek.*

Mitchell, T., & Liu, X. (March 19, 2017). Chinese children protest against Seoul's Thaad defence system. *Financial Times.* Retrieved June 23, 2019, from https://www.ft.com/content/76759388-0a05-11e7-97d1-5e720a26771b

Nation. (n. d.1). In *Merriam-Webster Online.* Retrieved December 16, 2015 from http://www.merriam-webster.com/dictionary/nation

Nation [Def. 1]. (n. d.2). In *Dictionary. com Unabridged.* Random House, Inc. Retrieved December 16, 2015 from http://dictionary.reference. com/

browse/nation

Nation. (n. d.3). In *Online Etymology Dictionary.* Retrieved December 16, 2015 from http://www.etymonline.com/index

Nationalism. (n. d.). In *Dictionary. com. Unabridged.* Retrieved December 20, 2015 from Dictionary.com website http://dictionary.reference.com/browse/ nationalism

Özkırımlı, U. (2005). *Contemporary debates on nationalism: A critical engagement.* New York: Palgrave Macmillan.

Ozkirimli, U. (2010). *Theories of nationalism* (2nd ed.). New York: Palgrave Macmillan.

Reidenbach, C. (1918). *A Critical analysis of patriotism as an ethical concept.* Ph. D. Dissertation of Yale University. San Bernadino: Leopold Classic Library.

Renan, E. (1990). What is a nation? In H. Bhabha (Ed.), *Nation and Narration* (pp.8~22). London: Routledge. (Original work published 1861).

Rocker, R. (2015). *Nationalism and culture* (R. Chase Trans.). ChristieBooks. Retrieved from Amazon.com.

Saideman, S., & Ayres, W. (2015). *For kin or country.* New York: Columbia University press.

Samuel. H., Spencer, R., & Gammell, C. (2008. April 8). Olympic flame put out four times in Paris. *The Telegraph.* Retrieved August 28, 2019, from https://www.telegraph.co.uk/news/worldnews/1584388/Olympic-flame-put-out-four-times-in-Paris.html

Seton-Watson, H. (1965). *Nationalism, old and new.* Sydney: Sydney University Press.

Seton-Watson, H. (1977). *Nations and States.* London: Methuen.

Shaw, P., & Wong, Y. (1989). *Genetic seeds of warfare*. Boston: Unwin Hyman, Inc.

Sheng, Y. & Siqi, C. (2019, October 1). China's grand military parade showcases confidence, transparency, stokes patriotism. *Global Times*. Retrieved October 23, 2020, from http://www.globaltimes.cn/content/1165951.shtml

ShiJie. (n.d.). On China. *Books and the Early Modern World*. https://devinfitz.com/translations/zhengtong-and-history/shi-jie-on-china-%E4%B8%AD%E5%9C%8B%E8%AB%96/

Shin, G. (2006). *Ethnic nationalism in Korea*. Stanford: Stanford University Press.

Smith, A. (1991). *National identity*. London: Penguin.

Smith, A. (1998). *Nationalism and modernism: A critical survey of recent theories of nations and nationalism*. London and New York: Routledge.

Smith, A. (1999). *Myths and memories of the nation*. Oxford: Oxford University Press.

Smith, A. (2001a). *Nationalism: Theory, ideology, history*. Cambridge: Polity.

Smith, A. (2001b). Ethno-Symbolism. In A. S. Leoussi (Ed.), *Encyclopedia of nationalism* (pp. 84~87). London: Transaction Publishers.

Smith, A. (2002). When is a nation? *Geopolitics*, 7(2), 5~32.

Smith, A. (2009). *Ethno-Symbolism and nationalism*. London: Routledge.

Smith, A. D. (2010). *Nationalism* (2nd ed.). Cambridge UK: Polity Press.

Smith, A.D. (1995). *Nations and nationalism in a global era*. Cambridge: Polity Press.

Smith, T., & Kim, S. (Spring 2006). National pride in cross-national and temporal perspective. *International Journal of Public Opinion Research*,

18. 127~136.

Spencer, P., & Wollman, H. (2002). *Nationalism: A critical introduction.* London: Sage.

Spencer, P., & Wollman, H. (2005). N*ations and nationalism: A reade*r. Edinburgh: Edinburgh University Press.

Stalin, J. (2015). *Marxism and the national question*, CreateSpace Independent Publishing Platform. (Original work published 1913).

SIPRI Military Expenditure database. (2018). *Stockholm International Peace Research Institute.* Retrieved from https://www.sipri.org/databases/ milex

Stokes, B. (2015, September 2). How Asia-Pacific Publics See Each Other and Their National Leaders. *Pew Reaerch Center.* Retrieved January 11, 2019, from http://www.pewglobal.org/2015/09/02/how-asia-pacific-publics-see-each-other-and-their-national-leaders/

Sweden summons Chinese envoy over lightweight boxer remark. (2020, January 19). *Alarabiya.* Retrieved March 20, 2020, from https://english. alarabiya.net/en/variety/2020/01/19/Sweden-summons-Chinese-envoy-over-lightweight-boxer-remark.html

Talbott, S. (2009). T*he great experiment: The story of ancient empires, modern states and the quest for a global nation.* New York: Simon and Schuster.

The elusive 90% solution. (2011, March 11). *Pew Research Cente*r. Retrieved from http://www.pewresearch.org/2011/03/11/the-elusive-90-solution/

The World Bank . (2019). *World development indicators.* Retrieved November 22, 2019, from https://databank.worldbank.org/reports. aspx?source=2&country=CHN

Tian, N., Fleurant, A., Kuimova, A., Wezeman, P.,A & Wezeman, S. (2018, May). T*rends in World Military Expenditure, 2017.* Stockholm International Peace Research Institute. Retrieved November 4, 2018, from https://www.sipri.org/publications/2018/sipri-fact-sheets/trends-world-military-expenditure-2017

United Nations. (2016). *Trends in International Migrant Stock.*

United Nations Development Programme. (2019). *Human development index ranking. Human Development Reports.* Retrieved April 10, 2020, from http://hdr.undp.org/en/content/2019-human-development-index-ranking

United Nations Human Rights Office of the High Commissioner. (2018, August 7). *Committee on the elimination of racial discrimination discusses situation in Latvia and China with civil society.* Retrieved August 18, 2019, from https://www.ohchr.org/EN/NewsEvents/Pages/DisplayNews.aspx?NewsID=23431

United States. (2012). *Amendment XIV to the United States Constitution, Section 1*

United States. (2012). *The Preamble to the United States Constitution*

United States. (2012). *United States Code, Supplement 3, Title 8, Section 1408 nationals but not citizens of the United States at birth.*

U.S. Government. (2015). *Nationalism: The Media, State, and Public in the Senkaku/Diaoyu Disput*e. Progressive management Publication.

van den Berghe, P. (1978). Race and ethnicity: A sociobiological perspective. *Ethnic and Racial Studies*, 1(4), 401~11.

van den Berghe, P. (1979). *The ethnic phenomenon.* New York: Elsevier.

Vincent, A. (2002). *Nationalism and particularity.* U.K. Cambridge: Cambridge University Press.

Wang, J & Kang, D. (Feb. 19, 2019). Exposed Chinese database shows depth of surveillance state. *AP News*. Retrieved April 4, 2020, from https://apnews.com/article/6753f428edfd439ba4b29c71941f52bb

Weiger, L. (1921). *Moralisme Officiel des Ecoles, en 1920*. Hien-hien.

Williams, P. (2020, July 8). FBI director: Nearly half of all counterintelligence cases relate to China. *nbcnews*. Retrieved August 4, 2020, from https://www.nbcnews.com/politics/national-security/fbi-director-nearly-half-all-counterintelligence-cases-relate-china-n1233079

Wills, J. (2019, June 25). The economic impact of hosting the Olympics. *Invetopedia*. Retrieved June 30, 2019, from https://www.investopedia.com/articles/markets-economy/092416/what-economic-impact-hosting-olympics.asp

World Directory of Minorities and Indigenous Peoples – China. (2017, November). *refworld*. Retrieved June 29, 2019, from https://www.refworld.org/docid/4954ce5b23.html

World Health Organization. (2020, July 7). *WHO Coronavirus Disease (COVID-19) Dashboard*. Retrieved July 8, 2020, from https://covid19.who.int/

Wu, D. (1991). The construction of Chinese and non-Chinese identities. *Daedalus*, 120(2), 159-179. Retrieved October 17, 2019, from www.jstor.org/stable/20025378

Xiaoxia. (2019, August 30). China has 854 mln internet users: report. *XINHUANET*. Retrieved December 5, 2019, from http://www.xinhuanet.com/english/2019-08/30/c_138351278.htm

XU,G. (2012). Chinese anti-western nationslism, 2000~2010. *Asian and African Studies*, XVI, 2.

Yahuda, M. (2000). Demensions of Chinese nationalism. In M. Leifer (ed.), *Asian nationalism*. London: Routledge.

Young, M., Zuelow, E., & Sturm, A. (Eds.). (2007). *Nationalism in a gobal era*. New York: Routlege.

Zhang, Y. (2001). System, empire and state in Chinese international relations. *Review of International Studies,* 27 (5), 43~63.

Zhonghuaminzu. (n.d.). In *Wikipedia*. Retrieved March 27, 2019, from https://en.wikipedia.org/wiki/Zhonghua_minzu

색 인

ㅈ

로마자

A

B

C

D

E

중국의 내셔널리즘

인쇄: 2020년 12월 12일
발행: 2020년 12월 12일

지은이: 조영정
펴낸이: 조영정

펴낸곳: 사회사상연구원
서울시 서초구 사평대로 154
출판등록: 제2018-000060호(2018. 3. 14)
전화: 070-4300-7997
팩스: 02-6020-9779
홈페이지: www.sir.re.kr
E-mail: zjoyz@naver.com

ISBN 979-11-963520-3-5 03300
CIP2020050038
copyright©조영정
Printed in Korea

정가 20,000원